在三个体现了现代文明和文化最高形态的都会中，各有一条代表城市高度和品位的主干道，它们是巴黎的和平大道，纽约的第五大道和伦敦的邦德街，在这三条街道上都有一个名字：卡地亚。

《L' illustration》杂志，1939 年 6 月副刊

CARTIER
EXCEPTIONAL OBJECTS

案上风华
卡地亚的非凡器物

OLIVIER
BACHET
奥利维尔·巴切 [法]

ALAIN
CARTIER
阿兰·卡地亚 [法]

PALAIS ROYAL

上海人民美術出版社

目 录
CONTENTS

Olivier Bachet

奥利维尔·巴切

巴黎华雅（Palais Royal）的重要合伙人，法国国家企业专家协会（Compagnie Nationale des Experts）和法国国家古董商协会（Syndicat National des Antiquaires）成员

Alain Cartier

阿兰·卡地亚

卡地亚家族第五代成员，祖父为路易·卡地亚 （Louis Cartier）

致谢
ACKNOWLEDGEMENTS

这本书的创作缘起于一次偶然的邂逅。2005年6月的一个星期六，一位优雅的绅士在我的店铺窗前停下了脚步。就在几秒钟前，我刚刚在橱窗里上架了一件漂亮的，带有装饰艺术风格的镶钻烟盒。一切都是巧合，我的店铺主要销售古董珠宝，而当时恰巧陈列着这个烟盒。这是一场幸福的偶然，而这位先生也是第一次经过我店铺的橱窗。

“早上好，先生，我有兴趣仔细看看你橱窗中展示的黑色盒子。”

“当然可以，先生，您请坐。”

这场平淡的对话是我们交往的开始。十分钟后，这位先生买下了这个漂亮的物件并离开。我当时坐在办公室里，回味了这次愉快的交易。但这场看起来完全是一次性的交易却又在下个周六出现了，之后是再下个周六，这种情况持续了数个月。在此期间这位绅士每周都会来我的店铺，来访的频率赶上了回家探亲。

我很快意识到他是一位重要的卡地亚器物收藏家。也非常清楚我不能再传授他更多新的东西了。随着时光流逝，我们的商业关系转变为深深的尊重，必须说一句，这是真正的友谊。

通过在各自办公室中进行的深入探讨，我们仔细分析了卡地亚器物的风格、制造和加工，讨论虽然艰深但总是气氛愉快，并由此交流了彼此的想法。终于有一天，我得以观摩了他的藏品。收集这般规模既珍贵又有原创性的藏品，是需要相当品位以及多年热情的，这其中当然不仅仅有我卖的东西。在长达一个世纪里，卡地亚的生产范围非常广泛。所有的一切都在这里有展现：神秘钟、盒子、封蜡印章、硬石动物、裁纸刀、唇膏管，甚至是娇弱又精细的珐琅金制牙签。

源于我对卡地亚作品的热情，在此激励下，我很快就有了一个想法：我想尽可能地展示这些独一无二的藏品，使它们散发光芒，并能与单纯的爱好者们或充满激情的专业人士们来一起分享这些奇迹，这才是最重要的。我获得了收藏家朋友们的支持。但是应该从哪里开始呢？藏品太多了，这个项目似乎是一座不可逾越的高山……当然，我冒出了好几个念头。许多年来我一直对卡地亚情有独钟，阅读和研究了好多书籍和实物，并建立了自己的私人档案，渐渐地我发现了品牌中一些鲜为人知的秘密。库存编号、金匠大师的印记和对物品的不同论述慢慢变得不那么模糊了。然后，作为一名古董商，以及“国家企业专家协会”（Compagnie Nationale des Experts）和“国家古董商协会”（Syndicat National des Antiquaires）的成员，有机会利用我的知识和对专业领域的了解为我的客户们鉴定许多古董藏品。然而，我无法独自一人开始这场冒险，这个任务实在是太过漫长和艰巨。在一次晚宴上，我和同行兼友人阿兰·卡地亚（Alain Cartier）讨论了这个项目。还有谁更适合写卡地亚呢？他的祖父就是路易·卡地亚

（Louis Cartier）——家族的灵魂人物，带领卡地亚成为“King of Jewellery”（珠宝之王），并把查尔斯·雅库（Charles Jacqueau）和贞·杜桑（Jeanne Toussaint）带到公司。当然，阿兰和他的祖父并未谋面，但他见过祖父的合作者路易·德沃（Louis Devaux）和热拉尔·德苏赛斯（Gérard Desouches），也曾多次与他们谈及祖父，而且采访过他们。他认识汉斯·纳达尔霍弗尔（Hans Nadelhoffer），第一位真正把卡地亚传奇记录成文字的人；埃里克·努斯鲍姆（Eric Nussbaum），卡地亚典藏的第一位总监，他清楚品牌详细的产品出入库情况，还亲自整理了品牌的档案。最重要的是，阿兰·卡地亚对卡地亚的热情是最自然的，品牌就在他的基因里。

因此，我们开始努力从众多私人藏品中寻找一些可以添加到我们现有清单中的珍贵器物。

为了拍摄藏品，我们非常谨慎地联系了认识的收藏家，也对一些可能发生的婉拒做好了心理准备。然而事实却大出意料，我们受到了热烈的欢迎。从巴黎到纽约，途径日内瓦、米兰和香港，我们所有的需求都得到了回应，而且远超我们的想象。

所以我们由衷地感谢所有给予支持的人们，有时候这些珍贵器物甚至经过了家族几代人的精心保管。其中，我们要特别感谢一位纽约的收藏家和他的助手，皮尔斯·赛康达（Piers Secunda），他邀请我们在他家里停留了足足一个星期，可以不遗漏任何一件藏品地尽情拍摄照片，这真的是世界上最令人惊叹的私人收藏之一。

非常感谢罗尼·托塔（Ronny Tota），他以他特有的善意欢迎我们，并允许他的女儿纳德热（Nadège）和桑德林（Sandrine）为我们提供了宝贵的帮助，并做了充足的准备，知无不言，言无不尽。

在香港，彼得（Peter）和冯依凌（Lynn Fung）为我们敞开了他们博物馆的大门，并立即为我们展开了协助工作。

在巴黎，让－皮埃尔·布鲁恩（Jean-Pierre Brun）运用他丰富的技术知识来帮助我们补充和丰富了这部作品中的某些段落。万分感谢。

在摩纳哥，蒂埃里（Thierry）和韦罗尼克·班普斯（Véronique Bamps）以他们一贯的热情接待了我们，并帮助我们进行了研究。无法用语言表达我们的感谢。

在海顿·威廉斯（Haydn Williams）先生的帮助下，哈利里（Khalili）博士慷慨地授意我们挑选了一些他的独特珐琅收藏品进行拍摄。为此我们表示感谢。

我们要感谢各家博物馆、机构及其代表对我们的需求表现出的善意和积极的回复，它们是：装饰艺术博物馆、巴黎市立美术馆、伦敦皇家收藏、华盛顿希尔伍德庄园博物馆和花园、里士满弗吉尼亚美术馆、日内瓦皮埃尔·卡地亚基金会。

非常感谢那些同意给予本书授权且要求匿名的人们。

尽管拍得的照片数量众多，但我和阿兰·卡地亚很快意识到，这其中存在着一些空白，而且是非常重要的一部分。只有一种方法可以填补，就是联系卡地亚，并试图获得我们所需部分的授权。事实上，世界上最精美的这一品牌的藏品都属于卡地亚典藏系列，如果我们想要这本书更加全面，那么就必须囊括这些藏品。然而，这些藏品理应很难触及。毕竟这个品牌仍然相当活跃，而且对品牌形象尤其谨慎，不容易接近，至少我们是这么想的。而事实上，我们联系了品牌的形象、风格及传承总监皮埃尔·雷内罗（Pierre Rainero），他非常平易近人，且真诚地欢迎我们的到来。在仅仅讨论了几分钟来意后，他便爽快地答应帮助我们，也没有要求任何回报。我们由衷地赞叹他自信的气度，感谢他对我们的信任。同样也要感谢卡地亚的传播总监米歇尔·阿利亚加（Michel Aliaga），他在第一次会面上就对我们的项目表现出了极大的热情。

感谢卡地亚典藏的管理者帕斯卡尔·勒珀（Pascale Lepeu），她耐心地向我们提供了她所负责的美妙收藏品的所有必要细节。

还要感谢他们所有的同事对这个项目的热情，维罗妮卡·萨库托（Véronique Sacuto）、伊莎贝尔·尼古拉（Isabelle Nicora）和维奥乐蒂·佩蒂（Violette Petit）。我们还要感谢伯纳德·伯杰（Bernhard Berger）、蒂埃里·布斯凯（Thierry Bousquet）和格雷戈里·毕肖普（Gregory Bishop），他们是最为活跃的古董珠宝经销商，为我们展示卡地亚的优雅和坚持自我的专业形象做出了各自的贡献。

最后，我们热烈感谢所有帮助此书工作取得成果的人。首先，要感谢让·巴谢（Jean Bachet），他与我们共同阅读并讨论了书中的不同要点，他对于常识和逻辑性的建议是非凡智慧的体现。

感谢斯蒂芬妮·霍斯塔利亚（Stéphanie Hostalie）和朱莉·杜福（Julie Dufour），她们陪伴我们完成了这本书的写作，由衷地感谢她们。感谢那些让这本书顺利出版的人们，维罗妮卡·萨库托（Francis Bourjot）、钟闻彦（Phoenix Chung）、安吉利卡·杜维利耶（Angélique Duveillier）、米歇尔·卡米迪安（Michel Kamidian）、奥德瑞·拉布鲁尼（Audrey Labrunie）、朱尔斯·勒·巴拉泽（Jules Le Barazer）、瓦莱丽·勒索瓦（Valérie Lesauvage）、盖尔·里约（Gaëlle Rio）、尼娜·斯拉夫切娃（Nina Slavcheva）、迪迪埃·托拉（Didier Tolla）和朱丽叶·魏－德·拉·罗谢福克（Juliet Weir-de La Rochefoucauld）。

我们为同事吉勒·查路理翁（Gilles Zalulyan）和汤姆·克波秀柯（Tom Korpershoek）在心里保留了一个特别的位置，他们的耐心和持久的支持是我们伟大友谊的见证。

最后，感谢那位不愿透露姓名的绅士，当然该知道的人都知道他是谁，感谢他在 2005 年 6 月的那个星期六走进了我店铺的大门。

前言
FOREWORD

本书的英文版共两卷，展示了卡地亚在 1875-1965 年期间的超过 1000 件器物。本次中文版发行了其中第一卷。

在这本书里，读者找不到纯粹意义上的珠宝和手表。因为首先两卷书的篇幅显然不足以囊括这些，人们似乎已经淡忘，这个著名品牌的大部分作品和声望是源于他们所制作的珍贵器物。这里的“objects”源起于拉丁语中“objects de vertu”，是指用珍贵的材料制成的卓越和奢华的器物。《Vogue》杂志的一位编年史作家写道：“配件是不可或缺的。”我们本可以把这句话作为座右铭，因为有理由相信，应该将注意力放在那些探索较少的领域，而不是高级珠宝，以此与读者分享上个世纪这家公司所创造的一些卓越珍宝。

卡地亚品牌意识到了自己的传承和历史的重要性，便着手打造一系列重要的收藏，里面有超过 1500 件卡地亚在 20 世纪制作的最美丽的古董。这意味着，公众可以通过他们举办的大型展览来了解这些藏品，并在世界的各大博物馆里欣赏到它们。其展览还配有朱迪・鲁多（Judy Rudoe）在 1997 年和李秋星（Estelle Nikles Van Osselt）在 2015 年撰写的藏品目录。然而显而易见的是，在这些不同的展览中展出的器物往往是雷同的。因此，我们想要展示一些鲜为人知的作品，比如一些私人收藏，这样可以提供一个焕然一新的视角，即使只是在很小程度上的视角转变，还是可以重新审视这个著名品牌的创作。我们想重述卡地亚的故事，但同时也想展示卡地亚艺术的起源和创作灵感的来源。这就解释了英文版两卷书的存在，一卷按时间顺序排列，另一卷按主题排列。卡地亚举办古董展览的目的自然是为了推广卡地亚品牌，这涵盖了很大部分的高端产品，而我们的初衷则是为了突出卡地亚作品其作为一件珍贵的收藏品存在的意义。得益于潜心搜集近四十年的私人档案，我们琢磨拍卖行或自己店铺出售的数千件物品中最微小的细节，研究价格相对较低或那些中档的物品，正是这些建立了珠宝商的声誉。如果说我们真的常常可以从物品来判定主人的个性，那么我们也不必过分关注作品傲人的出处，而应去强调它们个体的艺术性和独创性。

我们还想让大家注意到路易・卡地亚身边的人，因为他们经常会被遗忘。比如他的父亲阿尔弗雷德（Alfred），他的兄弟皮埃尔（Pierre）和雅克（Jacques），贞・杜桑和查尔斯・雅库，当然还有大量的合作者、供应商和珠宝商，正是这些人的贡献使卡地亚成为一个传奇。在我们看来，说出他们的名字并展示他们的工作和他们的创造力是歌颂他们对品牌的贡献、承诺和奉献的最好方式，也许这样他们就不会再被遗忘。

我们在器物的描述中会指出它们的制作材料、展示特征，尤其是贵金属印记和制作者印记。如果没有的话，则不会提到。而那些通常出现的签名缺失会特别提及。有时很难知道器物最终的归属在哪里，它们基本都在品牌的三个主要分店之间游走，法国制造的一件作品最终送到伦敦或纽约出售的情况也不少见。产品有时会有几个库存编号，也许有一个巴黎编号的同时还有一个纽约编号。也有属巴黎制造，但专门为纽约库存定制的情况。如果是这样的产品，那每次出现都会提到这一点。产品所示日期取决于器物上压印的库存编号。当数字不存在或难以辨认时，根据不同的风格元素或档案，我们给出了以“circa”或“c.”（约）开头的大致日期。给出的日期对应的是其入库日期，而文献中所示的日期通常对应于上一年中初步设计的注明日期。当一个款式被再制时，我们会提到第一款样品的生产制作日期。

这里我们没有讲到卡地亚为那些法国院士们制作的宝剑，因为每把剑都是基于其杰出主人而设计制作的，也是他们个性的象征，而未必具有同一时期的卡地亚风格。除此以外，我们确实希望提供尽可能多，甚至显得冗余的信息来描述这些作品，这是我们认为最好的解释这些作品的方式。只要有可能，每一次我们都会向读者展示一张照片来辅助说明。尽管当下有人工美化照片技术，但我们还是决定还原它们现在最真实的样子，这些照片在书中的呈现尽量按照原尺寸或略小的尺寸摆放，由于开本的原因，有个别大件作品为缩小摆放，这种情况都附有说明。

最后想说的是，我们请求读者能够谅解。我们也意识到这本书不尽完美。仔细的读者可能会找到一些小错误。尽管困难重重，我们还是尽了最大的努力来分享这些器物时而严肃，时而有趣；有的浮华，有的实用；兼具创造性和实用功能，同时散发着优雅、珍贵又独特的美。简而言之，正是这些品质使它们成为杰出的器物。

I

传奇初诞，风格落定

The birth of a myth,
the affirmation of a style

起 源
THE ORIGINS

从五岁开始皮埃尔·卡地亚（Pierre Cartier，1787—1859）就成为了一个孤儿，所幸他的一个姨妈收留了他。在其呵护下，皮埃尔度过了他的童年和青春期。当皮埃尔也面临职业抉择时，拿破仑（Napoléon）的铁蹄正席卷欧洲，他在机缘巧合下加入了拿破仑大帝的“大军团”。在跟随拿破仑的征程中，他亲历了半岛战争，画家戈雅（Francisco Goya）在其作品里描绘了这场战斗场景的惨烈。后来皮埃尔在萨拉戈萨战役中被俘，不过万幸的是，他在行将处决前得以逃脱。然而最后他还是成为了英国人的俘虏，被送去了普利茅斯的监狱，和众多战俘一起度过了一段漫长而枯燥的时光。 也许就是在那里，皮埃尔为了打发时间尝试去学习雕刻木头和牛骨，他做了一些像船模、烟斗和烟丝盒之类的小玩意儿。经历了煎熬和磨难后，最终他在帝国消亡之后重获自由，回到巴黎开了一间火药筒工作室。

卡地亚作为一个真正意义上的钟表及珠宝品牌来讲， 要从皮埃尔的儿子路易–弗朗索瓦·卡地亚（Louis–François Cartier，1819—1904）说起。路易–弗朗索瓦出生于1819年，得益于从小在工作室的耳濡目染，他熟悉各种工艺技巧，从皮革制作、牛角加工，到金属焊接和螺丝铆钉的制作。随着火器技术的不断发展，火药筒逐渐退出了历史舞台。在路易–弗朗索瓦接手父亲的生意后不久，他认为与其看着生意渐渐消亡，不如运用自己灵活的头脑和自幼掌握的纯熟技艺，转而从事珠宝制作。

卡地亚的传奇真正始于1847年，路易–弗朗索瓦在巴黎蒙特吉尔街29号（29 Rue Montorgueil）创立了自己的珠宝工作室，并以自己名字的缩写字母“L”和“C”环绕成心形组成的一个菱形标志作为品牌的标识。自此“卡地亚”诞生了。

1853年，路易–弗朗索瓦在皇宫区的小场街（Rue Neuve des Petits Champs）上创立了一家精品店。然而，如果说“七月王朝”使皇宫区成为巴黎的潮流中心的话，那么第二帝国就把时尚热点聚焦到了格兰大道（Grands Boulevards）。因此六年之后的1859年，路易–弗朗索瓦决定把精品店迁移到意大利大道9号（Boulevard des Italiens）。新的店铺毗邻彼时正当红，各界名流云集的英吉利咖啡馆和喜歌剧院。

幸运之神总是眷顾有准备的人：一天，有位贵客走进他的店里——尼乌凯尔克伯爵（Count de Nieuwekerke），他是拿破仑三世时期的国家美术学院监督，被卡地亚珠宝的精良品质和华丽的设计所打动。伯爵表示，要将卡地亚介绍给皇帝的侄女——马蒂尔德公主（Princess Mathilde）。由此重量级的引荐之后，路易–弗朗索瓦被授予了公主的皇家委任状，从此步入了精英圈，为巴黎的上层阶级服务。

在历史的沉浮中，幸运似乎从未离开他左右，即便他在1870—1871年的战乱期间暂离巴黎，卡地亚也没有停止扩张。1874年，阿尔弗雷德·卡地亚（Alfred Cartier，1841–1925）——路易–弗朗索瓦的儿子接管了卡地亚，并进一步发展壮大了品牌的客户群，使之更加国际化。

卡地亚公司创始人
路易–弗朗索瓦·卡地亚肖像，约1880年

布面油画
高：71 cm；宽：58 cm
阿兰·卡地亚收藏

经济和社会背景 The economic and social context

1875 年，“共和制”成为法国的基本制度，彻底破灭了君主制或帝制复辟者的幻想。对于接近第二帝国权力中心的贵族和那些依靠这个时代积累起财富的阶层来说，这个变故激起了对过去 18 世纪法国盛世的缅怀。在世纪交替之际，巴黎人开始认同共和制所构建而来的基本权利，社会趋于安定，这种平稳吸引了来自世界各地的商业巨贾和艺术精英们。他们仰慕巴黎的艺术氛围，享受那里的文化积淀和自由。剧院里每天都上演着各种风格的剧目，人们沉迷于美食及一切奢华的享乐之中。

在这个时期，巴黎是世界之都，至少在世纪之交的万国博览会期间是如此。1896 年确定举办的 1900 年万国博览会是有史以来最受瞩目的一次博览会。为此巴黎进行了大规模的翻新和重建。

一些新的设施开始修建并陆续投入使用，比如巴黎地铁、亚历山大三世桥、奥赛博物馆和荣军院火车站，巴黎东站开始重建、里昂和蒙帕纳斯火车站，大小皇宫也被装点一新。博览会占地面积超过 100 公顷，60 个国家展示了他们的工业发明和工艺创新，从机器陈列到电影拍摄，这次展览汇聚了全世界各种各样的多元文化，提倡了对先进文化的渴望和自我优越的彰显。共有五千万人前来观展，包括一些君主制国家，虽然他们向来都对共和制保持距离，但依然前来一起见证了来自不同领域的艺术成就。从 4 月 1 日揭幕到 11 月 12 日闭幕，博览会给巴黎人民和所有前来观展的游客留下了欢腾、愉悦的回忆。

第二次工业革命之后的欧洲和美国，从 19 世纪末到 20 世纪初，正处在经济飞速发展的时期。贸易统治着世界的秩序，信息传递更快捷，大量财富从殖民地滚滚而来，科技新发明和电力的普及都在预示着一个光明的未来。法国在 1871 年的战争中被普鲁士击败，这激发了改革的信念和动力，从而带来了社会与经济的腾飞，职业追求被奉为核心价值。虽然那些“美好年代”的上层人物仍然深深扎根于过往，保留着他们老旧且过时的特权、社交符号和生活习惯：球类游戏、法式正餐、音乐会、歌剧还有每年例行的海滨和水疗中心度假。但同时，他们对新兴的科技同样展开胸怀，无论是汽车制造、摄影、化学、物理、医药、机械制造或者飞行器的发展，法国都站在世界最前沿。

和平大道 Rue de la Paix

阿尔弗雷德·卡地亚带着他的三个儿子，路易·卡地亚（Louis Cartier，1875–1942），皮埃尔·卡地亚（Pierre Cartier，1878–1964）和雅克·卡地亚（Jacques Cartier，1884–1941）加入了品牌经营，并在 1899 年 11 月将他的店铺迁至和平大道 13 号（13 rue de la Paix）。[1] 这个极具前瞻性的决定，注定了这家店铺终将威名远播。黑色和米色纹理相间的黑金大理石装点着店面，主入口采用新古典主义风格，室内装饰则由法国雕刻家兼室内设计师马塞尔·布伦热（Marcel Boulanger）设计成路易十六式的风格。大厅墙面用带有面具、矛、箭等装饰物的木质镶板加以翻新；方格天花板嵌入间接照明。1912 年，卡地亚扩张了一家新店铺，位于同一条街的 11 号，其立面与主入口两侧橱窗的对称位置融为一体。[2]

进军巴黎奢侈品云集的街道的同时，更为人津津乐道的是卡地亚家族已经成为那时最受瞩目的高级定制品牌沃斯（Worth）的近邻。通过一系列的联姻，路易和他的妹妹苏珊娜（Suzanne）分别和沃斯家族联姻，使得卡地亚家族和沃斯两个家族之间的关系变得十分紧密。这种紧密的关系也在生意上有所体现，沃斯的那些富裕客户不必再费尽心思寻找合适的珠宝来搭配他们华丽的服装，反之亦然。

1902 年，阿尔弗雷德把他的办公室迁至街的另一头——和平大道 4 号（4 rue de la Paix），这里后来成为了卡地亚钟表的欧洲总部。瑞士摄影师布瓦索纳（Boissonnas）和法国摄影师塔波尼耶（Taponier）当时也把他们的工作室迁至和平大道 12 号（12 rue de la Paix），他们拍摄了大量出入卡地亚店铺的人物照片。而这一系列最具历史真实性的照片之发表，也在很大程度上为这个珠宝品牌积攒了重要的声望。

三兄弟 The three brothers

珠宝商泰奥杜·亚历山大·布迪尔（Théodule Alexandre Bourdier，1837–1898），他是皇宫区及和平大道很多珠宝店的供应商。同时也是路易－弗朗索瓦的孙子路易·卡地亚的教父。恰巧他有一位极其重要的俄国客户。

路易在斯坦尼斯拉斯中学毕业后，去索邦神学院学习法律，学成归来后便加入了家族生意。1898 年路易娶了著名女装设计师沃斯之女安德烈－卡罗琳·沃斯（Andrée-Caroline Worth）为妻，并育有一女——安娜－玛丽（Anne-Marie）。这对夫妻于 1910 年离异，路易在 1924 年再娶了匈牙利女伯爵杰奎琳·阿尔玛西（Jacqueline Almassy），并在 1925 年生下儿子克罗德（Claude）。

爱德华－路易·迪比夫(Edouard-Louis Dubufe)，玛蒂尔德公主像。
（凡尔赛宫博物馆）

路易有一种天生的美学直觉和优雅到极致的品位。他的人格魅力让他身边聚集了一大批才华横溢的艺术家，比如珠宝设计师查尔斯·雅库（Charles Jacqueau）、贞·杜桑（Jeanne Toussaint）和路易·德沃（Louis Devaux）。他强大的个性使他毋庸置疑地成为了品牌的主导者，掌控着品牌的经营和设计走向。作为一个完美主义者，他能将精准而细致的特性转化为随意自然的表现风格，这些特质为他赢得了“路易十四”（Louis XIV）的美名。当时一位客人要求在一件作品上印制代表他的字母“L”，他参照太阳王路易十四的标识设计了两个互相缠绕的“L”作为标志。[3]

路易非常了解他所在的时代，也会洞察社会和艺术的动向，同时又熟练掌握金融和贸易的运行模式。在 1931 年英镑和两年后美元的相继贬值之际，他意识到自己之前购入的黄金将为他带来巨大的利润。于是他又购入一批重量级的收藏级宝石，用这些宝石和之前购入的黄金制作成珠宝从而收益颇丰。毫无疑问，纵观其一生，路易一直都主导着卡地亚的创意走向。

在美学层面，路易·卡地亚非常欣赏 18 世纪的风格，更确切地说是路易十六（Louis XVI）时期的风格。他认为这个时代的风格最为典雅，比路易十五时期更加优雅、细致和平衡。他对这个时期的喜好在他为卡地亚制作的第一批器物和饰品的设计上充分体现了出来。关于第一批卡地亚制作的器物和饰品，我们会在本书下一个章节中作详细介绍。

他在生活中也被那个时代的家具、器物、图画和银器包围着。

路易·卡地亚的图书馆里藏有大量关于装饰物和装饰艺术的著作及资料，这为他的设计带来无穷的灵感，同时他也鼓励卡地亚的设计师们参阅这些资料来激发他们的创意。另一方面，路易的先锋理念和创新精神让他始终活跃在时代的舞台上，他希望超越自己的竞争对手，处于技术的最前沿。我们可以在很多系列中看到他对于创新的运用，比如"花环"（Garland）系列中铂金的普遍使用，1904 年"山度士"（Santos）手表和 1917 年"坦克"（Tank）系列手表的研发，以及"神秘钟"（Mystery Clock）系列和"clip"（夹子，译者注：该系列未有官方译名）系列也能看到。在世纪之交，他读到一篇关于镭和放射性的文章，这篇文章使他在若干年后研发出了表针和数字涂有镭的手表和座钟，以方便使用者在黑暗中看清时间。

他的兄弟皮埃尔，在大学攻读了政治学。也许皮埃尔没有路易那样细致的美学品味，但他拥有商业头脑和足够壮大公司的战略眼光。因此他成为了卡地亚向国际扩张的首脑，特别是纽约市场。刚加入公司不久，他就被派往俄罗斯，在圣彼得堡拓展俄罗斯的供应商，更重要的是去探究法贝热（Faberges）在商业和艺术上的成就。

在俄罗斯政局动荡之际，卡地亚父子迅速意识到应该向盎格鲁－撒克逊世界拓展市场。1902 年，皮埃尔的卡地亚珠宝店在伦敦新伯灵顿街 4 号（4 New Burlington Street）开业。这家店迅速取得了商业上的成功，特别引人注目的是一位英国贵族在这里为爱德华七世（Edward VII）的加冕典礼所定制的 27 个皇冠。1906 年，皮埃尔把伦敦分店交与他的弟弟雅克管理。这家分店后于 1909 年迁至新邦德街 175 号（175 New Bond Street），这家新店铺的整体装修， 无论是店铺外墙的大理石到内部的木质墙面，依旧延续了巴黎和平大道总店的风格。与此同时，新兴的美国市场正在逐渐崛起，巨大的商业潜力促使阿尔弗雷德·卡地亚决定在那里拓展新的市场。1908 年，67 岁的阿尔弗雷德在秘书勒内·普里厄（René Prieur）的陪同下前往纽约寻找合适的店址，[4] 他的目标是一座完全路易十六时期风格的建筑。

皮埃尔在巴黎结识了来自美国圣路易斯的埃尔玛·拉姆齐（Elma Rumsey）并于 1908 年结婚。之后，他在 1909 年移居美国，在纽约第五大道 712 号（712, Fifth Avenue， New York）创立了卡地亚纽约分店。《纽约时报》在 1909 年 4 月 4 日刊登了新店开业的消息："欧洲王室最著名的珠宝、美国领袖人物以及著名女演员们的饰品都来自于卡地亚。 品牌的珐琅工艺尤其精湛。'伦敦的店铺已经经营了一段时间'，皮埃尔·卡地亚说，'在我看来这是一个进入美国市场的绝妙时机，从工艺上来讲，卡地亚和美国珠宝匠人的作品有很大不同。此外我们已经和美国有大量的贸易往来。今年秋季，卡地亚将在第五大道一栋建筑的二楼开设一家店，同时，我们也计划尽快开辟一间新的工坊，以满足美国市场的订单需求。我相信我们是第一个来到美国的法国珠

阿尔弗雷德·卡地亚和他的三个儿子，1922 年。从左到右：皮埃尔、路易、阿尔弗雷德、雅克。（卡地亚档案）

宝店。’”[5]

正是在这里，皮埃尔充分发挥了他的才能，并且深信他所代表的这个法国珠宝品牌会引领新世界的时尚关注。他的成功很快就到来了，1910 年，他售出了著名的“希望”（Hope）钻石，这是一颗 44.5 克拉的蓝钻。而相当长的一段时间里，人们还认为他在 1913 年向银行家 J.P. 摩根（J.P. Morgan）售出的是第一台“神秘钟”。不过后来我们才知道这其实是第二台，一年前他们已经在巴黎制作了一个类似的作品。

1916 年，皮埃尔租下了坐落于第五大道 653 号与 52 街转角的大楼，这座新古典主义建筑是在 1905 年完工的，原本属于百万富翁莫尔顿·F. 普兰特（Morton F. Plant）。有趣的是，不久后的 1917 年他用这栋建筑交换了一串价值百万美元的天然珍珠项链。建筑的内部被改造成了一系列沙龙：“蓝屋（Blue Room）”是陈列珠宝和最贵重作品的房间，“金屋”（Gold Room）、“银屋”（Silver Room）和后来为卡地亚为装饰主义时钟举办揭幕的“玮致活屋”（Wedgwood Room），它也被用作展示从巴黎运来的化妆箱，精致的小器物和硬石制成的动物小雕塑。

这座建筑被列为纽约市的纪念性建筑，直到现在还是卡地亚美国总部的所在地。其间却有不少小插曲，1901 年莫尔顿·普兰特从威廉·范德比尔特（William Vanderbilt）手中购得这块土地时，协议中明确规定了这片土地以及在这片土地上的建筑在二十五年间不得用于商业用途。我们不知道莫尔顿·普兰特和皮埃尔·卡地亚是如何规避这项规定的，事实上卡地亚精品店的确在 1917 年就迁到了这里。

作为一名商界精英，皮埃尔很快接受并利用了现代通讯技术。皮埃尔设法从律师那里得到了银行家们的电话名录，开始从那里寻找潜在客户，并着手联络在巴黎和伦敦已有的美国客人。“多亏了标准名录公司的服务，在所有纽约高级宾馆的卧室里设置的‘特别电话号码公示牌’服务，这让卡地亚的联络方式出现在广场饭店，瑞吉饭店，贝尔蒙特酒店和华尔道夫阿斯托利亚酒店的所有卧室里。”[6] 皮埃尔和妻子每年会在佛罗里达度过冬季，他们在那里拓展新的社交方式以此扩大卡地亚纽约的客户群，甚至在 1916 年 3 月和 1923 年 3 月还去到了古巴。一战前，皮埃尔夫妇每年去法国度假一次（除了 1912 年 ），一般在 10 月底到 11 月初回到纽约。他们在战争期间前往法国，皮埃尔被动员参军，只有两次机会回纽约。在两次世界大战期间，他们几乎每年夏天都会在法国度过，并在 9 月底或 10 月初回到纽约。1935 年 5 月，艾尔玛登上了首航的远洋邮轮诺曼底号回到纽约。同船的旅客中，有印度卡普塔拉大君（Maharajah of Kapurthala ）和歌剧女演员伽娜·瓦斯卡（Ganna Walska）这样的卡地亚主顾。皮埃尔也在同年 9 月回到纽约。

皮埃尔开始着手发展法国和美国的市场关系，他娴熟的公关技巧让他在美国上层阶级中如鱼得水、游刃有余。此外，他还担任了许多社会职务，比如纽约法国医院的主席、美法联盟的执行委员会委员，在 1935–1945 年间先后担任法国总商会的副主席及主席，创办美国法裔工商协会并担任主席，并于 1937 年担任美国法裔巴黎世界博览会委员会主席。不仅如此，1921 年他还被授予法国荣誉军团骑士头衔，1928 被授予军官勋位，1938 年被授予司令官勋位。[7]

当然，皮埃尔并没有忘记继续提高卡地亚的关注度。1939 年，他积极促成卡地亚参与了在纽约举办的世界博览会中的“珠宝展”，这次展览的参展珠宝商共向公众展示了总价值达五百万美元的珠宝，吸引了大量的媒体关注。出于敏锐的政治嗅觉，皮埃尔在 1939 年向罗斯福（Roosevelt）总统赠送了一件金币手表，在 1943 年赠送了一台珍贵的时钟，[8] 另外于 1944 年赠送了一个由黄金和青金岩制作的地球模型，上面标注了同盟国曾举办会议的地点。

皮埃尔的两个兄弟都在战争期间过世，这意味着他不得不在和平终于到来之际接管卡地亚全部的三家店铺。他也因此被任命为卡地亚全球主席。1948 年，他用自己在纽约店铺的股份和路易的儿子克罗德以及孙子勒内 – 路易（René–Louis）交换了卡地亚巴黎的股份。同年，皮埃尔退休，同妻子一起移居莱芒湖畔，直到他于 1964 年 10 月去世前，一直关注着家族企业的管理，还把巴黎公司的日常运营交给了女婿皮埃尔·克劳德尔（Pierre Claudel）。

雅克，是兄弟三人中最年幼的一位，同时也是与家族相对游离的一位。但从其一生的轨迹里不难看出，他始终和家族生意保持着密切的联系：从 1904 年到 1911 年，他在巴黎学习了专业技术 。之后的 1912 年他去伦敦工作并注册了自己的标志“JC”——Jacques Cartier 的缩写。接下来的一年，他和妻子一起去纽约加入了皮埃尔在美国的业务扩张。紧接着一战爆发，他被征召入伍。在前线度过了四年的军旅生涯，其间还遭受了毒气袭击。战争结束后，1920 年他回到纽约，1924 年前往伦敦接手分店，并在此之后的十五年间一直掌管着卡地亚伦敦店的运营，直到 1941 年去世。1940 年 6 月，伦敦卡地亚为戴高乐（de Gaulle）将军提供了临时庇护所，于是迅速受到热捧。华威女伯爵（Countess of Warwick）略带嘲讽语气地在一封信中写道：“包括格雷夫人（Lady de Grey）在内的这些愚蠢的女人们，她们的生活要么消耗在卡地亚和沃斯之间，要么游走于爱德华七世的宫廷和牌局中。”[9]

雅克把自己描述为一个在品牌许多系列背后的激励者和推动者 。在英国的经历让他开始对印度和东方世界，以及那些拥有巨大财富的贵族们产生了浓厚的兴趣。于是他周游世界，去探寻东方和印度的文化和拓展那些代表了这些文化的富人们。为了与他的印度客户建立起紧密的联系，雅克的第一次印度之旅历时 6 个月，他见证了德里杜尔巴的庆典——为了庆祝乔治五世和玛丽王后加冕，并宣布他们成为印度的皇帝和皇后。他竭力通过这次机会结识富有的当地政要。雅克在当地开设了卡地亚代表处，并任命印度古董商——匈牙利人伊姆雷・施瓦格（Imre Schwaiger）主导当地事务。[10] 他同时也竭尽所能地带回那些从 1911 年到 1913 年滞留在巴林的宝石和天然珍珠。

1912 年 12 月，雅克在巴黎和内莉・哈杰斯（Nelly Harjes）结婚，她 是 J.P. 摩根的银行 Morgan Harjes & Co 合伙人约翰・哈杰斯（John Harjes）的女儿。

他尝试将莫卧儿艺术元素融入到卡地亚的作品中以取悦重要客户——印度大君们。而雅克在印度的文化和珠宝之中也获得了重要的灵感。

同时，雅克也在寻找具有国家特色的灵感来源。1917 年 8 月，在两次军旅生活期间，他写信给他的兄弟路易：“我亲爱的路易，我觉得你应该派人去兰斯搜罗所有能找到的教堂彩色玻璃碎片。不仅仅是那些可以辨认具体形象的比如天使或者圣像的碎片，其他有着动人色彩的小块玻璃也可以制成非常迷人的珠宝，美国人会在战争后将它们一抢而空。大主教或牧师们可能会直接变卖它们。这些碎玻璃可以镶嵌在珠宝上，因为它们会有特殊意义，而且我认为不需要担心它们会显得太寻常。你怎么看？”

从此，教堂的彩色玻璃碎片成为了珠宝制作的元素，这批珠宝最早在 20 世纪 20 年代便在市场中出现了。对“玻璃在珠宝中的运用”的所有顾虑都被打消。珐琅，从本质上来说就是玻璃，它是新艺术运动中非常受欢迎的珠宝材料，比如珠宝设计师拉利克（Lalique）和维弗（Vever）的作品就使用到了这类材料，此外，正如法贝热和卡地亚在战前所制作的作品那样，珐琅也经常被用在机床车制物及珠宝上。而到了 30 年代，粉色镜面玻璃更是经常被用在钟表、唇膏管、打火机、墨水瓶、盒子和其他艺术品或古董上。

1919 年，卡地亚的三家分店各自独立。伦敦分店成为了卡地亚伦敦（Cartier Ltd.），纽约分店成为卡地亚纽约（Cartier Inc.）， 巴黎分店成为了卡地亚巴黎（Cartier SA.），这次独立是建立在互相理解和尊重各自利益的共识下达成的。1930 年，卡地亚伦敦修订条款，路易和雅克为此签署了合约，合约中规定：“各家公司将避免在其他公司所在国家进行经营活动……各公司将在自己所在的国家作为其他公司的代理……范例、照片、样品和所有的信息的交流都可以顺畅地进行并不收取任何费用。” 雅克在一战的战壕里因吸入毒气而致肺病，病痛困扰了其后半生，1941 年 9 月他在达克斯去世。

全球声望 Global prestige

正如我们在文章中看到的，从公司在和平大道 13 号开业那一刻起，阿尔弗雷德和他的儿子们就已决定开始为海外市场开疆拓土而摩拳擦掌了。皮埃尔的圣彼得堡之旅，小心试探了卡尔・法贝热的领地，他们感到世纪初的俄罗斯社会和政局非常不稳，对于建立分店而言算不上是理想的环境，于是将视线转向了盎格鲁－撒克逊世界。

因此卡地亚伦敦在1902年成立，紧接着是1909年纽约分店设立。而丰富的创新，灵感的迸发和精湛的工艺无疑将他们推向了成功。

1904年英国国王爱德华七世授予卡地亚皇家委任状，品牌正式成为英格兰王室的供应商。[10] 直到1939年，卡地亚不断地获得其他国家的皇室和王族授权，西班牙、葡萄牙、俄罗斯、暹罗、希腊、塞尔维亚、比利时、意大利、罗马尼亚、埃及和阿尔巴尼亚等国家，从奥尔良王室到摩纳哥公国，卡地亚服务着几乎所有的欧洲皇室和贵族。

卡地亚在大西洋彼端也取得了巨大成功。首先，那些工业、金融巨头的夫人和继承者们经常游历欧洲，对卡地亚有所耳闻；其次，这些财富新贵们希望通过购买高端奢侈品让自己变得与众不同。这种成功迅速在金融和工业界蔓延开去，在“咆哮的20年代”影响了整个娱乐行业。

同时卡地亚也注意到了东方，他们着手开辟印度和东方市场。1908年，暹罗国王拉玛五世（Rama V）即位四十周年庆典之际（法贝热也参加了此次庆典），年轻的卡地亚代表于勒・格列恩泽（Jules Glaenzer）花了7个月时间，访问孟买、阿格拉、加尔各答、科伦坡、新加坡、曼谷、西贡、香港和上海等城市会见当地的客户和经销商。[11]

雅克第一次访问印度是在1911年，他参加了乔治五世亲临的一场仪式。他有幸见到了印度最有权势的阶层：卡普塔拉的大君和纳瓦纳加尔的大君（Maharajahs of Nawanagar）、海得拉巴的尼扎姆（Nizam of Hyderabad）、阿迦汗（Aga Khan）、兰普尔的纳瓦布（Nawab of Rampur）和巴罗达的盖克沃尔（Gaekwar of Baroda）。不久他在德里设立了卡地亚的代表处。1928年，他还成为了阿富汗国王的座上宾。

在伦敦雅克聘请了克利福德・诺斯（Clifford North），其主要工作就是出访印度。1932年，他携一批珠宝访问了尼泊尔，成为了拜访当地的首批西方人之一。可惜他当时未能卖出任何一件，铩羽而归。[12] 许多印度大君们来到欧洲造访卡地亚，通常会带着自己的宝石，来定制印度风格的珠宝与首饰套装。1925年，富有的布比达尔・辛格（Bupindhar Singh）——帕蒂亚拉的大君，买下了那块著名的重达234克拉的黄色戴比尔斯钻石。他要求卡地亚制作一串以此为主石的仪式用项链，另外搭配3000多枚钻石。这串项链无疑是卡地亚历史上最华丽的首饰之一，它曾一度消失，当1998年再度现世时，项链上最美丽的宝石已不见踪影。最终还是卡地亚将这串项链恢复了当年的风貌。

在这成功的背后，卡地亚还于1929年在圣莫里茨开了一家分店。这家分店被命名为“Jacnel”，寓意着雅克（Jacques）和他的妻子内莉（Nelly）。它在冬季营业3个月，夏季营业2个月。雅克去世后，这家店于1941年关闭。1930年，卡地亚在佛罗里达的棕榈滩开设了一家分店。蒙地卡罗店于1935年开设，装饰了他们标志性的黑金大理石。另外卡地亚在1938年和1939年，还分别开设了戛纳店和多维尔店。

随着时间推移，卡地亚渐渐成为了优雅和精致品位的代名词。英王爱德华八世（Edward VIII），也就是后来的温莎公爵（Duke of Windsor），在形容桑德灵厄姆的圣诞节时提到了“卡地亚样式的狄更斯。”[13] 可见卡地亚成为了最负盛名的珠宝商，正如爱德华七世的名言：他们是“国王的珠宝商，珠宝商的国王”。

注释
Notes

1. 1906年9月，在一位法务官的见证下，一份证明联合公司诞生的合同被签署。1913年律师团起草了文件任命雅克为上述公司的代理人。三个兄弟交叉持股，但每个分店的管理者依然是那里的最大股权持有者。

2. 在1926年和1937年，店铺装饰有了局部调整以适应潮流变化，例如他们在店内安装了装饰艺术风格的展示柜。1927年，室内设计师卡利昂（Carlhian）为店铺做了重新设计。店铺被分割为一系列小会客室，可以为有特殊定制需求的客人提供服务。调整后的店铺由大回廊—主厅、珠宝沙龙、绿沙龙、白沙龙、英式沙龙和列日沙龙（Salon Liège）——一个通向路易·卡地亚和他的秘书办公室的空间组成。

3. 正像他在夏天一定会戴巴拿马草帽一样，他对有些事情分外执着。有一年他在前往西班牙圣塞巴斯蒂安旅行时，忽然意识到没将随行人员带上，便执意派家庭女教师回去接他们。无独有偶，当一名他为自己夏天的假期所专门雇佣的厨师离职后，他又派家庭女教师回巴黎另请了一位！

4. 说来古怪，路易·卡地亚直到第五大道的店铺开张近二十年后，才在1927年第一次造访纽约。他随后又分别于1929年1月和1931年9月再度造访。1933年10月，他带着借给大都会博物馆伊斯兰艺术展览的一部分波斯小雕像来到纽约。他最后一次到访是1940年8月。

5. *The New York Times*，April 4，1909。

6. Violette Petit in：*Cartier le style et l'histoire*，Exhibition at the Grand Palais，Paris，4th December 2013-16th February 2014，p. 20。

7. 利奥泰元帅（Marshal Lyautey）授予他“贝宁的黑星”（Etoile noire du Bénin）来感谢他通过纽约法国总商会为1931年巴黎举办的国际殖民地博览会所做的宣传工作。

8. 1930年库埃（Couët）工作室制作，银质，镶嵌缟玛瑙和软玉，高22厘米。主表盘中包含四个成角度的小表盘，分别指示伦敦和巴黎，柏林和罗马，东京和旧金山的时间。正面的铭牌上写着这样一段话：“The hour of victory in the world - Homage to its mastermind the President of the United States Franklin Roosevelt”（全世界胜利的时刻——向胜利的领袖，美国总统富兰克林·罗斯福致敬）。

9. Anita Lesley，*Edwardians in Love*，Hutchinson publisher，1972，p.181。

10. 卡地亚获得的皇室和王室的委任状有：
1904：大不列颠国王爱德华七世和西班牙国王阿方索十三世；
1905：葡萄牙国王卡洛斯一世；
1907：暹罗国王拉玛五世和俄罗斯沙皇尼古拉斯二世；
1909：希腊国王乔治一世和之后的康斯坦丁一世；
1912：塞尔维亚国王彼得一世；
1914：奥尔领公爵；
1919：比利时国王阿尔贝一世；
1920：意大利国王维托里奥·埃马努埃莱三世和摩洛哥亲王阿尔贝一世；
1921：威尔士亲王（后来的爱德华八世）；
1928：罗马尼亚王后玛丽；
1929：埃及国王福阿德一世；
1936：摩纳哥亲王路易二世；
1939：阿尔巴尼亚国王索古一世。

11. 1907年，暹罗国王朱拉隆功（Paramindr Chulalongkorn）（拉玛五世）造访了和平大道的店铺看手链，后来主管纽约分店销售的于勒·格列恩泽负责接待国王。他先向国王展示了几盘相近的珠宝款式，但国王并没有立刻做出决定。于是格列恩泽拿出一盘卡地亚最珍贵的珠宝。国王看后对他的翻译员做了一个手势，翻译员说道：“国王陛下将要买下这个。”“哪一个？”格列恩泽问。“这盘里的全部。”翻译答。这些珠宝总价值高达45万美元，这是个天文数字，而相比之下，四年后的“希望”钻石售价仅为18万美元。

12. 这里十分有趣的是，雅克曾是巴罗达的盖克沃尔的特别顾问，但由于当地珠宝商蓄意破坏了他和盖克沃尔之间的关系，他不得不改变策略，从而收获了国王的珠宝顾问们的信任。当克里福德·诺斯作为卡地亚伦敦代表造访尼泊尔王室时也遇到了同样的问题。当地珠宝商对于他所带来的珠宝估价只有他报价的三分之一，所以他才没能卖出任何一件珠宝。

13. *A King's Story*，*The Memoirs of H.R.H. the Duke of Windsor*，Cassell Company ed.，London，1951，p. 52。

Flacons

							75 Mars	31	24	Sasserre.	"	"
		24	~~Non vendu~~	1 flacon cassolette or de couleur (modèle n° 21)	140	"	1874 Inventaire		24	Comptant	200	"
Août	7	25	Lévy	1 flacon or mat ciselé & repoussé 	~~100~~	"	1879 / "	" / "	25 / "	Passé aux flacons ancien n° 139	" / 100	" / "
1874		26	Jarry	1 flacon cristal monté or mat & cabochon grenat 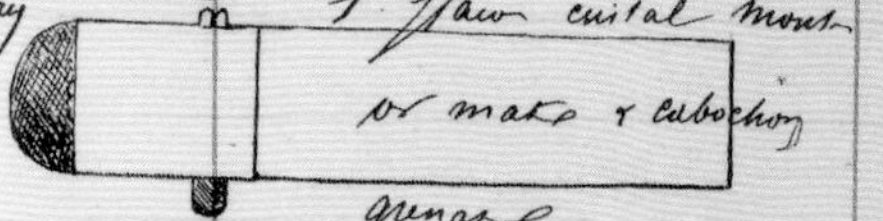	110	"	" / 74 Juin / "	" / 15 / "	26 / 26 / "	" / Ctesse de Brivsay / "	" / 130 / "	" / " / "
Août	25	27		1 Flacon cornaline monture or ciselé & mi perles 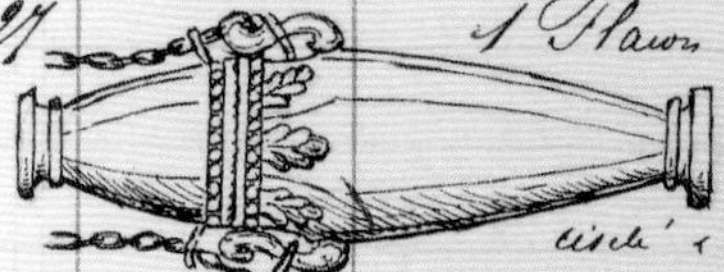	~~150~~		79 - / " / "	" / " / "	27 / " / "	Passé aux flacons ancien n° 140 / " "	" / " / 150	" / " / "
1875 Juillet	3	28	Jarry (modle n° 26)	1 Flacon cristal & cabochon grenats 110 - écrin 8	118	"	77 Juillet / "	13 / "	28 / "	Comptant	" / 160	" / "
Août	25	29	"	1 do " "	118	"	76 8bre	20	29	Comptant	150	"
Septbre	4	30	"	1 do cristal uni monture or mat 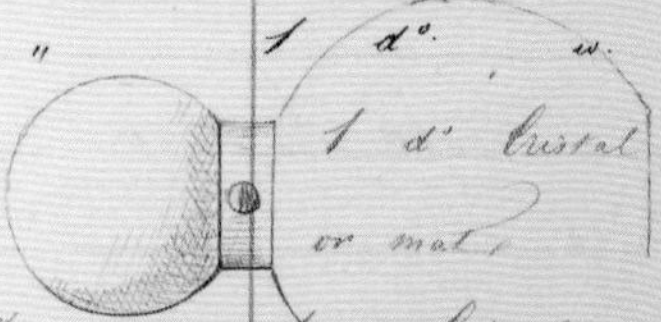	82 90							
Octobre	6	31	Jarry	1 do cristal de roche taillé 75 monture or de couleur ciselé 180 écrin 10 	265	"	1877 / Mars / "	" / 30 / "	31 / " / "	Comptant / " / "	" / " / 500	" / " / "
1876 Janvier	25	32	Occasion	1 Flacon cristal taillé mont. or & couleur ciselé 	20	.	1879 / "	. / "	32 / "	Passé aux flacons ancien n° 141	" / 20	" / .
"	"	33	Occasion	1 Flacon argent doré, repoussé & ciselé Louis XV	30		79 / Février	/ 20	33 / "	Comptant / "	" / 55	" / "
Avril	10	34	Jarry	1 Flacon cristal gravé mont. or poli & mi perles 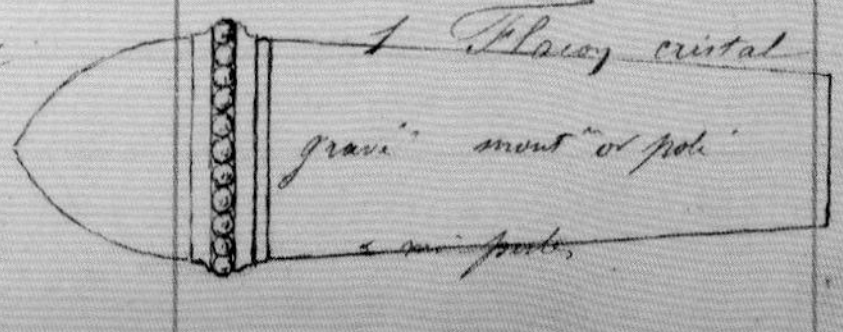	200	"	83 / Xbre	21 / "	34 / "	David / "	" / 260	" / "

香水瓶，卡地亚巴黎，1875 年

黄金、玫瑰金、青金、水晶、配以绿色“鲨皮”的盒子，内侧印有地址 : 9 Bd des Italiens
无签名
“鹰头”法国黄金纯度印记
制作者：Marret freres & Jarry
长：12 cm
私人收藏

这只香水瓶于 1875 年 10 月 6 日进入卡地亚库存，如左页的库存账本所示。

怀表胸针，卡地亚巴黎，
约 1880 年（正、反）

金、珐琅；钢指针
签名：Cartier Paris
“马头”法国黄金纯度印记
制作者印记模糊
高：5.9 cm；直径：2.5 cm
私人收藏

香水瓶，卡地亚巴黎，
约 1870 年

金、银、水晶、蓝色玻璃、玫瑰切割钻石；附皮盒，内侧印有地址：9 Bd des Italiens
无签名
长：7.5 cm
私人收藏

带手表的卡片盒，卡地亚巴黎，约 1880 年（开、合）

鎏金银、皮革、玫瑰切割钻石、镀金、象牙、云纹绸
签名：Cartier 9 Bd des Italiens
长：10 cm；宽：6.5 cm
私人收藏

烟盒，卡地亚巴黎，1903 年
（正、反）

钢、金、玫瑰切割钻石、弧面蓝宝石
签名：Cartier Paris
长：8.3 cm；宽：7.2 cm；高：1 cm
私人收藏

虽然使用钢材对卡地亚来说不常见，但在 20 世纪初，在与吸烟有关的奢侈品生产中使用钢材是一个普遍现象。在俄罗斯即使像法贝热这样的著名金匠也制作了大量的类似的钢质器物。

扇子，卡地亚巴黎，约 1900 年
（图片为缩小尺寸）

玳瑁、鸵鸟羽毛、铂金、玫瑰切割钻石
签名：Cartier Paris
长：52 cm（展开）
私人收藏

重访新古典主义
NEOCLASSICISM REVISITED

迁至和平大道这个位于巴黎最典雅的区域中心，标志着卡地亚一个全新的开始。

路易·卡地亚写到："我们必须建立一种商业模式，要基于能够响应公众诉求的强有力的产品体系之上。要创作具有实用功能的必需品，同时又要具备卡地亚风格。"[1] 在他的激励下，卡地亚创造出他们独特的产品，逐步形成其特有的格调。这意味着卡地亚将独立制造自主设计的款式，这些极具辨识度的设计也将在众多工作室的产品中脱颖而出。

风格的起始 At the origins of the style

从维也纳分离派和第一个新艺术运动的展览开始，区别于那种装饰过度的19世纪风格的新样式出现了。但卡地亚并不认同这种新艺术运动风格，除了部分相框支架以外，并没有在其他产品中运用到这种风格。在以雷内·拉利克（René Lalique）为杰出代表的新艺术运动浪潮当中，卡地亚并未屈从于象征意义、自然主义的潮流，而是与它背道而驰。

路易·卡地亚钟爱着18世纪的法国。在他眼中，那个时期代表着一切属于法兰西的辉煌和影响力。当时，法语是国际通用的外交语言，世界上大多数最伟大的君主们——从德国的腓特烈二世（Frederick II）、俄罗斯帝国的凯瑟琳大帝（Great Catherine），到奥匈帝国的玛利亚·特雷西亚（Marie-Theresa）都在使用法语交流和通信，他们模仿凡尔赛宫建造城堡，并以法式家具装点其中。

路易对"路易十六时期风格"的偏爱更甚于费德里克·宝诗龙（Frederic Boucheron）对于"路易十五时期洛可可风格"的珍爱。他认为这种风格更加典雅和细致，至关重要的是它和谐的特质。[2] 他在圣纪尧姆大街的公寓摆满了这一风格的各种家具、艺术品、画和银器。[3]

卡地亚力图唤起旧时代（路易十六时期）的精神，通过对于结构和装饰性元素的运用，创造了一个梦幻世界。这毋庸置疑，就如马修·罗塞特－佩里尔（Mathieu Rousset-Perrier）曾言简意赅地写道："复苏18世纪的美学，让他的顾客们来一场时光旅行，为这些优雅的精英们提供一个重温旧时代贵族生活光景的舞台。"[4] 它们具有严格的比例、干净的线条和纯净的颜色，有趣的是这些通常和现代主义联系到一起的风格特点，反而成就了对18世纪风格的重温。"卡地亚摒弃了代表小资产阶级趣味的新艺术风格，而采用了路易十六的风格，用以标志统治阶级卓越而精练的品位，彰显他们的世袭合法性乃至新获取的财富。"[5] 这些社会精英们追求的是卓越和赞誉。正如世袭的身份和威望不能被购买一样，旧行头被改制成符合现代潮流的款式，以显示穿着者的文化传承和与众不同。"美好年代"的优雅人士带着对于逝去时代的追忆，充满柔情地欣赏着路易十六的风格。

玑镂珐琅工艺在18世纪非常流行，这种工艺因行业的先行者法贝热而得以复兴。卡地亚用其善长的涡卷装饰、交错的丝带、玫瑰的形状、皇冠和花环装点其产品的表面。路易还尝试用他的趣味感染那些合作者们，比如在设计和制造第一批器物和饰品时的设计师查尔斯·雅库。最终，路易尽最大可能地在卡地亚的作品中保持了这种18世纪晚期应有的现代化元素，也避免完全模仿或简单地照搬，在历史主义过分浮华的排场中，只选取必要的精髓。[6]

从1905年到1925年，路易的思考点滴写满了

查尔斯·雅库，路易十六风格插图

透明羊皮纸上的墨水，1910年
巴黎市立美术馆

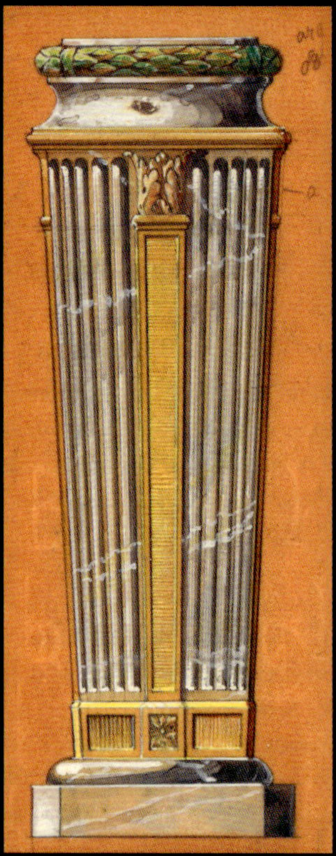
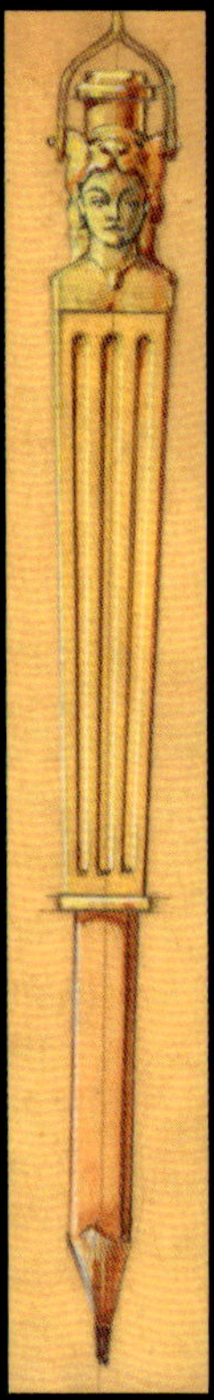
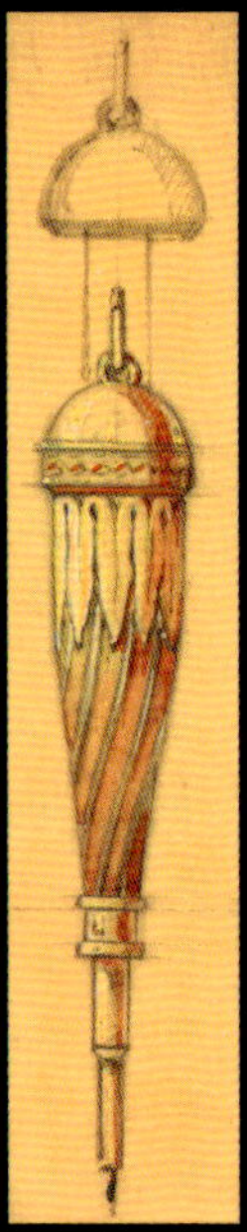

CRS
CHARLES

相框，卡地亚巴黎，1910 年
（图片为缩小尺寸）

黄金、玫瑰金、青金、银、珍珠、水晶石上用蓝宝石轨道镶组成首字母 WBL
签名：Cartier
“鹰头”法国黄金纯度印记
制作者：Lavabre、Berquin-Varangoz
高：32.5 cm；宽：24 cm
卡地亚 – 日内瓦收藏

相框中的是南希 W.B. 利兹（Nancy W. B. Leeds）的照片。她是富有的美国实业家之女，原名南希·斯蒂伍德（Nancy Stewart），二婚嫁与罐头富商威廉·利兹（William Leeds）。1908 年在丈夫去世后，她继承了巨额财产，搬到欧洲，成为卡地亚最重要的客户之一。

旅行钟，卡地亚巴黎，约 1920 年
（开、合）

黄金、玫瑰金、青金、弧面蓝宝石
签名：Cartier Paris Londres New York
“墨丘利头像”法国出口黄金纯度印记
高：1.5 cm；长：8.7 cm；
宽：7.9 cm
私人收藏

南希 W.B. 利兹钟爱路易十六风格，把这枚小旅行钟赠与一名随行伙伴，正如盖上铭文所示：“To Miss Parmenter from H. R. H. The Prince Christopher of Greece and Mr（误）W. B. Leeds in remembrance.”（谨给来自 H. R. H. 的帕门特小姐留念，希腊克里斯托弗王妃 W. B. 利兹赠）守寡 12 年后，这位富有的美国人于 1920 年嫁给了希腊的克里斯托弗（Christopher）王子，并在她改信东正教时取了阿纳斯塔西娅（Anastasia）作为名字，因此在这个小钟的盖子上刻着一个印有希腊皇冠的字母“A”。

时钟，卡地亚巴黎，1908 年
（图片为缩小尺寸）

银、萤石、珐琅；蓝钢指针
制作者：Dubret、Prévost
高：29.2 cm；宽：7.5 cm
卡地亚 – 日内瓦收藏

该钟指针最初是铂金镶钻，方尖碑高 39 厘米。它于 1910 年被缩短。除了萤石，卡地亚也制作了天青石、斑岩和大理石的这个款式。

时钟，卡地亚巴黎，1908 年
（正、侧）

金、银、鎏金银、玛瑙、珐琅、玫瑰切割钻石；铂金指针、玫瑰切割钻石
签名：Cartier
“野猪头”法国白银纯度印记
制作者：Mathey & Cie、Prévost、Berquin-Varangoz
高：19.5 cm
卡地亚－日内瓦收藏

这款钟采用常见的长方支柱形式，由三家不同工作室为卡地亚制作而成。机芯由普雷沃斯特（Prévost）制作，金属部分由马西与希（Mathey & Cie）完成而宝石则是伯金－瓦朗戈斯（Berquin-Varangoz）提供并加工的。另制作有紫水晶和蓝灰珐琅的相似款式。

卡片盒，卡地亚巴黎，1910 年

（合、开）

黄金、青金、玳瑁、玫瑰切割钻石；内附三块象牙板、一支金铅笔、一颗玫瑰切割的钻石
签名：Cartier Paris Londres
“鹰头”法国黄金纯度印记
制作者：César & Sthummer
高：14.6 cm；宽：5.8 cm
卡地亚 – 日内瓦收藏

卡盒的玳瑁外壳上有金镶花工艺玫瑰、线条和点状装饰。在 18 世纪这种风格非常流行，金匠在玳瑁上画出他设想的图案，先在玳瑁上留出所需空间，之后加热玳瑁以镶嵌金制装饰。玳瑁冷却后就能永久包裹金饰品。

卡片盒被卖给南希・阿斯特（Nancy Astor，1879–1964）。阿斯特女伯爵作为 1919 年第一位在英国议会中任职的女性，至今仍是一位重要历史人物。

歌剧眼镜，卡地亚巴黎，
约 1910 年

玑镂金、玳瑁、玛瑙、铂金、玫瑰切割钻石
签名：Cartier Paris Londres New York
“鹰头”法国黄金纯度印记
制作者：Lavabre
长：6.7 cm；宽：10.6 cm
巴黎华雅收藏

从查尔斯·雅库的设计图中可知，亦有同样的款式由黑色珐琅、玛瑙、铂金和钻石制成。

VARIABLE
Beau Temps
Pluie ou Vent
TEMPÊTE
TRÈS-SEC
Cartier

气压计时钟，卡地亚巴黎，1908 年

金、鎏金银、玑镂珐琅；金指针
签名：Cartier Paris Londres
“野猪头”法国白银纯度印记
制作者：Lavabre、Prévost
高：17.3 cm；宽：8.1 cm；
直径：6.4 cm
私人收藏

这只钟的设计灵感来自于路易·卡地亚拥有的一对 19 世纪的鎏金希腊木柱。一个背面带有温度计的版本被卖给了葡萄牙国王曼努埃尔二世（Manuel II）。需要注意的是，卡地亚典藏系列中有一只温度计时钟，带有额外的紫红色玑镂珐琅装饰。

雪茄架和打火机，卡地亚巴黎，1908 年

金、鎏金银、银、珐琅、弧面紫水晶；鎏金金属，硅化木
无签名
“鹰头”法国黄金纯度印记
高：12.8 cm；直径：15.4 cm
巴黎华雅收藏

灯芯在器物内部，被隐藏在灰色珐琅盖下，吸烟者可用四根可拆卸点烟棒中的一根来点燃雪茄。

带表相框，卡地亚巴黎，约1906年

金、鎏金银、珐琅、玫瑰切割钻石、象牙背板；蓝钢指针
签名：Cartier Paris Londres
“鹰头”法国黄金纯度印记
“野猪头”法国白银纯度印记
高：11 cm；宽：15.4 cm
私人收藏

这件带有路易十六风格屏风轮廓的相框是卡地亚所制仅有的三个类似相框之一。其中一件仅存黑白照片档案。另一件几乎与这个相框相同，它有一个非常相似的珐琅颜色，可以在卡地亚典藏系列中看到。

瓮钟，卡地亚巴黎，1904 年

鎏金银、深蓝色乳浊玻璃、珐琅
签名：Cartier Paris
制作者：César & Sthummer、Prévost，Brédillard
高：24.5 cm；宽：15 cm
私人收藏

这个路易十六瓮钟有一个特征，通过两个转盘的复合运动来指示时间：一个以罗马数字显示小时，另一个以阿拉伯数字显示分钟。卡地亚制作了两款，另一款以大理石取代了蓝色玻璃。

“它们是 1904 年送至卡地亚的系列产品的一部分。两件以蓝绿松石制成，其中一件卖给了 J.P. 沃斯（J.P. Worth）；两件由阿勒颇角砾岩制作，一个被布里德耶（Breteuil）侯爵购得，最后两件以西班牙布罗卡泰勒大理石制作。”（La Collection Cartier，horlogerie，Flammarion，Paris，2011，p. 37）

卡片盒，卡地亚巴黎，约 1910 年
（开、合）

金、银、软玉、玫瑰切割钻石；
内附两块象牙板、金铅笔
签名：Cartier Paris Déposé
“鹰头”法国黄金纯度印记
长：11.3 cm；宽：7.8 cm
私人收藏

瓮钟，卡地亚巴黎，1907 年

金、银、珐琅、铂金、玫瑰切割钻石、弧面蓝宝石
签名：Cartier
制作者：Dubret、Prévost
高：15 cm；宽：6.8 cm
卡地亚－日内瓦收藏

该钟通过转盘的运行读取时间，以右边把手设置时间和上旋。这件时钟是三个同款中的一款，其颜色不同，有淡紫色、紫色和蓝灰色三种颜色，同一时间记入卡地亚库存。

带时钟的按铃，卡地亚巴黎，1909 年

金、银、珐琅；铂金指针、玫瑰切割钻石
签名：Cartier
“野猪头”法国白银纯度印记
制作者：Bako
高：5.5 cm；直径：7 cm
私人收藏

这件双重功能器物的底座被设计成复古柱子形状。按铃和时钟可以同时工作。当轻轻按下表盘时，灯柱的上半部分会略微沉入底座，触发电铃发出铃声。“My Best Wishes”（祝你好运）的字样代替了表盘上的数字。纳德霍夫在他的书中写道：“卡地亚还采用了新古典主义的主题，有一个带水平表盘、座中带槽的半柱型钟；当按下时，它会发出铃声来召唤仆人”（H. Nadelhoffer，Cartier，Ed. Thames & Hudson，p. 246）

裁纸刀，卡地亚巴黎，1913 年

金、软玉、弧面蓝宝石、缟玛瑙、珐琅
无签名
“鹰头”法国黄金纯度印记
长：13.3 cm
卡地亚 – 日内瓦收藏

这把带有爱奥尼柱式装饰的裁纸刀于 1913 年 12 月 19 日记入库存，4 天后被出售给阿加汗三世，又于 1916 年 1 月 21 日从其手中购回，1916 年 12 月 22 日被再次出售。（J.Rudoe，*Cartier 1900–1939*，Harry N. Abrams publishers，p.111）
穆罕默德・沙阿・阿迦汗三世（Mohamed Shah Aga Khan III，1877–1957）是伊玛目和什叶派伊玛米教派精神领袖，也是印度穆斯林联盟的创始人，他于 1937—1938 年担任国际联盟主席。

台式烟盒，卡地亚纽约，约 1925 年

14K 金、铂金、玫瑰切割钻石、弧面蓝宝石、珐琅、阴刻玛瑙
签名：Cartier
长：14 cm；宽：5.7 cm；
高：4.5 cm
希尔伍德庄园博物馆和花园收藏

盒盖印有赫拉克勒斯杀死欧律斯透斯的古希腊神话场景。

卡地亚制作的这款烟盒，和下一页展示的烟盒证明了纽约工作室直到 20 世纪 20 年代末，持续以古代物件为灵感制作器物。而在巴黎，除去特别订单之外，这种风格已于数年前被装饰艺术风格取代。

烟盒，卡地亚纽约，约 1925 年
（右页）

14K 金、珐琅、铂金、玫瑰切割钻石、红玉髓
签名：Cartier New York
长：7 cm；宽：6 cm；
高：1.1 cm
私人收藏

烟盒，卡地亚巴黎，1913 年

金、缟玛瑙、珐琅
签名：Cartier Paris Londres New York
“墨丘利头像”法国出口黄金纯度印记
长：9.1 cm；宽：4.2 cm；
高：0.6 cm
私人收藏

盒子上绘有手握三叉戟的波塞冬坐像，伸出手欢迎忒修斯。在他身后，安菲特里忒递出香桃枝。

这一场景取自公元前 5 世纪前半叶的红陶人物花瓶，是法国国家图书馆“奖牌收藏”的一部分。右图所示的查尔斯・雅库的设计手稿在巴黎市立美术馆保存，这表明他是一位杰出的艺术爱好者，他在离和平大道不远的国家图书馆，为了烟盒设计而观摩希腊花瓶。

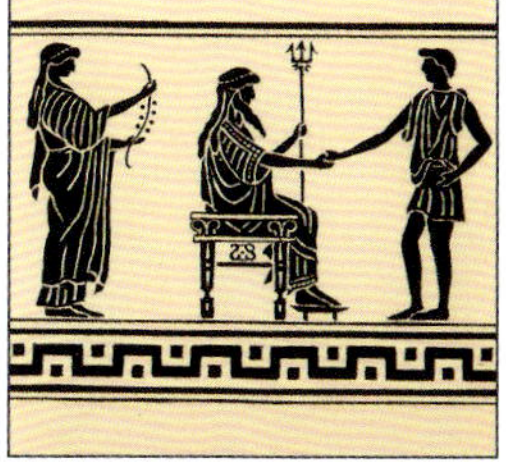

烟盒，卡地亚纽约，约 1925 年

14K 金、珐琅、铂金、玫瑰切割钻石
签名：Cartier NY
长：7.5 cm；直径：3.4 cm
私人收藏

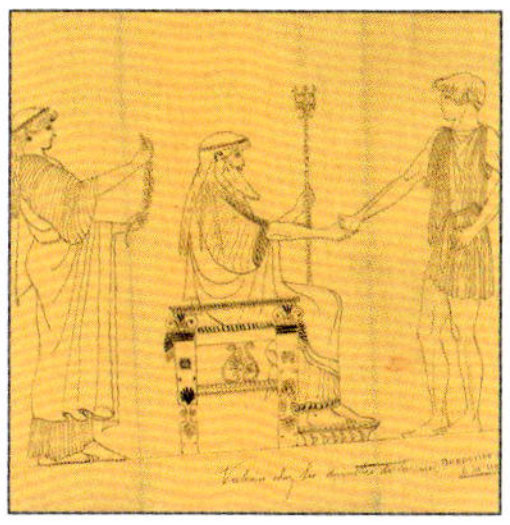

烟盒，卡地亚巴黎，约 1914 年

金、鎏金银、玳瑁、铂金、玫瑰切割钻石
无签名
高：1.6 cm；长：9.3 cm；
宽：6.6 cm
私人收藏

化妆盒，卡地亚纽约，约 1929 年
（合、开）

金、铂金、“pékin”珐琅、象牙、玫瑰切割钻石
签名：Cartier N.Y.
长：8.1 cm；宽：4.2 cm；厚：1 cm
私人收藏

“pékin”是卡地亚词汇中用来定义平行珐琅线条的术语。这是参考“宽条绸”面料上的那种交替哑光和亮光的条纹。

裁纸刀，卡地亚巴黎，1913 年

银、玉、象牙、珐琅
签名：Cartier Paris Londres New York
“野猪头”法国白银纯度印记
长：20.9 cm；宽：2 cm
私人收藏

这把裁纸刀是阿迦汗三世以 140 法郎买下的。1912 年至 1913 年期间还制造了其他类似产品。它们以更具棱角的希腊纹样装饰，而不是上面所示的纽约化妆盒上或第 52 页的雪茄打火机上的波浪纹来分隔。

化妆盒，卡地亚纽约，约 1920 年

14K 金、珐琅、缟玛瑙、水晶、铂金、玫瑰切割钻石、丝线
签名：Cartier
长：25.5 cm；直径：3.9cm；
高：3cm
私人收藏

希腊柱通常用珐琅制成，饰以铂金镶钻，给盒子增添了几分贵气，让它受到富有的纽约人喜爱。

化妆盒，卡地亚纽约，1926 年

金、珐琅、玛瑙、铂金、玫瑰切割钻石；内附一个香烟单元（隔层）、一个火柴单元（隔层）、两个粉末单元（隔层）、一支唇膏管
签名：Cartier NY
长：17.5 cm；宽：4 cm；
高：3.3 cm
私人收藏

卡地亚纽约的新古典主义灵感一直延续到 20 世纪 20 年代末，如装饰化妆盒的 18 世纪风格花篮图样所示。

II

时尚俄罗斯

Fashionably Russian

相框，卡地亚巴黎，1906 年

金、铂金、钻石、珐琅、天然珍珠、萤石
签名：Cartier Paris
“鹰头”法国黄金纯度印记
制 作 者：Césard & Sthummer、Picq、Guesdon
高：10.8 cm；宽：7.6 cm；
直径：6.4 cm
纽约大都会博物馆

这个相框是 1906 年制作的，1912 年在圣彼得堡参观沙皇宫殿时，由巴黎市政府人员赠送给沙皇。它的灵感来自于法贝热创造的著名的复活节彩蛋。
当这枚蛋被打开时，在一个镶满钻石的边框内可以看到尼古拉斯二世（Nicholas II）之子——沙皇亚历克西斯（Tsarevitch Alexis）的照片。

法贝热的影响
THE INFLUENCE OF FABERGÉ

威尔弗里德·泽斯勒（Wilfried Zeisler，1881–1917）著有《法国艺术品和奢侈品在俄罗斯》一书，[1] 在俄罗斯 19 世纪早期的帝国时代，人们流行使用 18 世纪法国新古典主义的艺术品来装点他们的宫殿和庄园。从 19 世纪中叶起，特别是到巴黎旅行的俄罗斯收藏家们，他们纷纷购买代表法国最新风格和创新技术的收藏品和家具回国。[2] 在 1910 年，正是顺应了这种流行，同为卡地亚重要客户的霍恩费尔森女伯爵（Countess of Hohenfelsen）及其丈夫——沙皇的兄弟保罗大公（Grand Duke Paul），参照凡尔赛风格的巴黎私人公馆建造了他们位于沙皇别墅（皇村）的宫殿。

诱人的俄罗斯 Russian Temptation

得益于法俄联盟的历史联系，法国艺术品在俄罗斯再度流行。1891 年俄罗斯建造了巴黎式的艺术沙龙，对陈设的古董艺术品格外青睐。此外，俄罗斯参加了 1900 年的巴黎万国博览会，因此这次博览会在某种意义上也是一次彰显法俄关系的盛会。为此，值得一提的是，塞纳河上建起了一座美丽的桥梁，也以俄罗斯最伟大的沙皇的名字——亚历山大三世（Alexander III）来命名。

对于俄罗斯的收藏者来说，这种亲法文化传统的复兴，以及这些贵客和他们的供应商之间的亲密联系，鼓励了法国艺术品进入俄罗斯。一种全新的融合了法国新古典主义和俄罗斯元素的风格诞生了，它被命名为“巴洛克·纳瑞什金”（Baroque Narischkine）——一个强大的俄罗斯家族，当然也是卡地亚的客户。[3]

这些全新风格的艺术品是对 18 世纪法国美学的重现，19 世纪末起，从俄罗斯的宫殿到蔚蓝海岸的贵族宅邸中，这种艺术品比比皆是。该风格在 1902 年至 1904 年间也启发了卡地亚，我们将在后面的章节中看到，它继承了路易十六和法贝热的风范，旨在和那些新建宫殿的内饰完美匹配。除了面料之外，墙纸的设计给卡地亚提供了众多灵感，他们摒弃了实用器具的主题，创作了硬石雕盆景、花卉或鸟类作品。墙纸的设计兼具了历史性和大胆先锋的创意，它超越传统固化的思维模式，题材涉及梦幻旅程和神话故事，在 19 世纪末 20 世纪初一直受人追捧。

墙纸因为比绘画和布料价格更低廉，以及易于清理维护的特性，当时正广为流行。早在 1797 年，《发明者周刊》就曾写道：“看上去干净，清新优雅，让这些墙纸比过去昂贵的墙布更受欢迎。在清漆的保护下墙纸既不会被昆虫侵蚀，也能在很长一段时间里保持清新的颜色；它更换方便，如果定期清洁，便会显现出明亮且令人愉悦的褪色质感。墙纸拓展了我们的生活乐趣，如此好的工业产品应被视作生活必需品。”众多厂商开始争相生产模仿布料的墙纸，而且仿真度也越来越高；在拿破仑一世时代重新开始流行的真丝面料也成了他们的灵感来源。在这种潮流当中，Dufour & Leroy 直到 1830 年都在制作窗帘样式的墙纸，看上去像是被悬挂着，交错缠绕着，或模仿上好布料用细绳束起来的观感，边角上装饰希腊饰带和棕榈叶的图案。一款非常稀有的 19 世纪白底和蓝绿条纹墙纸，模仿丝绸的质感，极具装饰性，成为卡地亚“pékin”珐琅的灵感来源，被应用在艺术摆件上。

从而，帷幔、涡卷、希腊回纹和奖章形花纹等也被应用在了第一批卡地亚的器物上。

与之相似的有，威廉·莫里斯（William Morris，1834–1896）设计的充满诗意的墙纸花纹，装饰有百合、康乃馨和银莲花缠绕在枝叶之中的图案。这些墙纸启发了卡地亚的盆栽植物系列。后来主要的装饰匠人如安德烈·格鲁（André Groult）及鲁尔曼（Ruhlman）开始以他们的绘画墙纸为人所知，比如最著名的“秋之屋”和“装饰艺术之屋”等。[4]

继18世纪美学启发的主题后，对于装饰主义图案的运用也激发了创意，[5]属于“美好年代”的动植物平铺花纹成为了墙纸上新的主角，在俄国、美国及英国客人的狂热追捧下，新古典主义风格在卡地亚维持了相当长的一段时间。也因此，卡地亚加入了玑镂珐琅来效仿法贝热的成功。

法贝热在1900年于巴黎万国博览会上的展示，毋庸置疑引起了卡地亚兄弟之间激烈的讨论并成为他们学习的对象。这次展会上，法贝热不仅展示了玑镂珐琅和硬石制作的工艺和成品器物。同时也史无前例地，从俄国沙皇家族借到了一些著名的复活节彩蛋以供展示。卡尔·法贝热在这些彩蛋的制作上体现了他在玑镂珐琅工艺上的精湛技术和天赋异禀，同时透露出他本人略带俄罗斯式的，对路易十六风格的理解。

这些展示让巴黎的匠人们对这一18世纪的经典工艺又重新燃起了兴趣，这也成为了卡地亚的重要灵感来源。

同引领风气的法贝热一样，卡地亚着手设计和制造精细的器物和饰品，以完整其珠宝系列的产品线。除了制作极其奢华昂贵的物件之外，卡地亚还制造了大量实用的器物。

激发卡地亚向这个方向发展的原因，一方面是与法贝热的竞争，为了吸引那些越来越频繁访问巴黎的俄罗斯贵客和其他国际客户；另一方面，是各种新交通方式的不断发明催生了对于方便携带，能为旅程增添趣味的小物品的需求。这些物品被称为“objects de vertu”，这个名称的拉丁语含义是极致奢华的小物件。这些物件使用昂贵的材料，并通常装饰着宝石，腔调十足。且制作上既精巧又细致。

因为法贝热客户通常在前往蔚蓝海岸或巴斯克海岸的路途中取道巴黎，卡地亚起初跟随圣彼得堡的潮流，取材于俄罗斯供应商。随后1881年沙皇亚历山大二世（Alexander II）遇刺，许多俄国贵族因惧怕受到革命牵连，移居巴黎。这当然激励了卡地亚去制造更多合乎俄罗斯客户口味的产品。

该时期的产品其轮廓与形状并非典型的斯拉夫式，只是在装饰上受到了俄罗斯设计的启发。这种风格和19世纪东方主义和日式艺术家居及器物（如L’Escalier de Cristal之类品牌）的风格形成巨大反差。卡地亚对其设计中的俄式元素进行了取舍。纯粹的俄罗斯风格在法国制作的产品中很鲜见，仅在极少的场合出现，因此，除非在应对特别的纯商业订单之外，卡地亚的俄罗斯式产品并不会像世博会的展品或像儒勒·凡尔纳（Jules Verne）的《沙皇的信使》之类的流行小说一样被视作异域风情的代表。在卡地亚，俄罗斯的影响仅仅体现在某些特定形式的运用上。比如对于斯拉夫和拜占庭标志性圆三角的运用和在一些艺术品上采用俄罗斯教堂钟楼提取出的“鳞茎”元素。（见67页插图）20年代一系列硬石烟灰缸被制成了经典的“酒舀”形状。[6]1926年6月1日的《Vogue》杂志上，展示了爱德华·史泰钦（Edward Steichen）拍摄的精致的椭圆型翡翠桌面摆件，这些摆件的主要灵感来自于俄罗斯装饰元素。在黄金底座的中间位置有一个墨水瓶，它有与东正教堂圆顶相似的盖子。旁边的杯子也搭配了泛俄罗斯风格的白色珐琅底座。这些装饰来自俄罗斯工艺品、教堂穹顶和遍布世界的圣斯拉夫东正教场所。卡地亚把这些元素移植到了墨水瓶盖的外部装饰上。

1906 年制的一款物件可以作为卡地亚产品中这种“俄罗斯”味的最好例证。那是一个紫罗兰色的

查尔斯·雅库，俄罗斯风格的瓶子设计稿，1910 年。（巴黎市立美术馆）

玑镂珐琅金制俄罗斯彩蛋，配以铂金和钻石作装饰，中间有一条白色珐琅和帝国绿珐琅的装饰带，顶部配以珍珠和钻石制成的皇冠。这个彩蛋被放置在镶了铂金边和钻石挂穗的萤石垫子上，底座则部分镀紫罗兰珐琅的玑镂金。在这个可以打开的金蛋内放置了一位年轻皇子的肖像，于 1912 年被巴黎市政厅作为具有俄罗斯标志的礼物赠予沙皇尼古拉斯二世，以表敬意。后来被沙皇安置在他位于沙皇亚历山大宫的办公室中。（见 64 页）

这件礼品的设计深受法贝热复活节彩蛋的影响，那种使用大量钻石和皇冠的摆放形式无疑参照了法贝热的设计。除此之外，彩蛋的造型还被卡地亚用在了针对俄罗斯市场的座钟和吊坠设计上。（见 78 页）

如果说法国艺术是俄罗斯精英心目中的憧憬对象，那么反之亦然，在 1906 年法国大皇宫举办了“俄罗斯绘画雕塑 200 年”展览之后，兴起了法国人对于俄罗斯艺术的追捧。这一热潮在人们观赏了 1909 年“俄罗斯芭蕾舞团”的创新美学之后愈加强烈。路易·卡地亚和查尔斯·雅库也受到了极大的影响。他们曾多次拜访沙来特剧院，这是达基列夫舞团和他们的明星舞者尼金斯基（Nijinski）演出的地方。设计师查理·雅库还为演出绘制了众多速写。

俄罗斯旅程和新业务的拓展
Travels and establishing a presence in Russia

皮埃尔·卡地亚分别于 1904 年和 1905 年到访俄罗斯，他住在圣彼得堡和莫斯科，并在那里联系了当地的俄罗斯金匠、宝石匠和珐琅工匠。而路易在 1909 年 12 月为了交易一款玛利亚·帕夫洛芙娜大公夫人（Grand Duchess Maria Pavlovna）定制的镶嵌钻石和蓝宝石王冠到访俄罗斯。[7] 查尔斯·雅库在 1910 年 1 月加入了这次旅程，走访了教堂、博物馆和皇宫，

沉浸在俄罗斯艺术之中。趁此机会他在笔记本上用14页的篇幅记录了各种俄罗斯艺术品的细节和法贝热的著名作品。在1904年试探性的开端之后，这场旅行加快了品牌向略带异国情调的现代风格的转型。

故此，卡地亚加强了和他们俄罗斯客户之间的联系。1906年和1907年到访和平大道店铺的西尼亚女大公（Grand Duchess Xenia）和她的母亲玛利亚·费奥多罗夫娜太后（Dowager Empress Maria Feodorovna），帮助卡地亚得到了“俄罗斯皇帝陛下宫廷”的皇家委任状。太后还表达了自己的意愿，她想在圣彼得堡购买这些她在巴黎看到的法式“奇迹”精品。这促成了一场在圣彼得堡欧洲大酒店举行的展销会，从1907年圣诞节持续到1908年2月。

1908年3月，卡地亚的俄罗斯代理人德西雷·萨尔达（Désiré Sarda）来到巴黎商讨下一个圣诞销售季的事宜。皮埃尔·卡地亚和他的助理保罗·谢鲁兹（Paul Cheyrouze）则于12月抵达圣彼得堡。皮埃尔·卡地亚希望避免在莫斯科和1899年已在当地开店的宝诗龙正面竞争。谢鲁兹租借了属于菲拉基米尔女大公（Grand Duchess Vladimir）位于拉库尔码头28号大楼的一个空间，12月9日店铺重新装修完毕。从1908年到1914年，这里每年都会分别在圣诞节和复活节举办两次展销会。

为了1908年的圣诞展销会，卡地亚共发放了562封邀请函和介绍信。这些信函激起了当地珠宝商的不满，他们散布卡地亚价格虚高的谣言。尽管展销会的销售未达预期，不过却因此声名远播。卡地亚在那里展示了其最新的铂金和钻石设计，35件手表和座钟以及那件著名的后来被巴黎市政厅赠予沙皇尼古拉斯二世的珐琅彩蛋。卡地亚还在玛利亚·帕夫洛芙娜大公夫人庇护下举办的“贵族圈”慈善活动中展示了他的艺术产品。

1908年12月21日，谢鲁兹在皇村获得了沙皇和皇后的接见。[8] 但这位君主及其夫人却以保护当地珠宝商为由，只购买了一件胸针。

萨尔达催促卡地亚开设常年开放的店铺，但被阿尔弗雷德·卡地亚回绝了。他这样做的原因有两个，一方面他需要为即将开启的纽约店准备人手和资金，另一方面，他也考虑到俄罗斯不稳定的政治和社会环境因素。他更倾向于继续让萨尔达作为卡地亚的永久代理，举办每年两次的展销。

这些展销取得了一定成功。1912年3月，卡地亚再次为将在欧洲大酒店举办的展销发出无数邀请函。这次，当地珠宝商又一次在宫廷散布了对外国珠宝商不利的传言。总之，卡地亚并未尝试在当地珠宝商和法贝热称霸的地界展示大量受俄罗斯启发的商品，尽管其中许多早期款式确实是在俄罗斯制作的。

路易在1911年再次来到俄罗斯，在1月10日给父亲的信中写道：

“……我有一个粗略的想法。我想尝试获得沙皇接见，希望有机会到访宏大的埃米尔塔什博物馆。尝试说服帝国内阁许可我们购买帝国矿藏中那些已切割和尚未切割的美丽宝石，并努力成为帝国内阁的这些未开发资源在巴黎的批发和零售的官方代理。

在很长一段时间里我都被这个想法激励着，我相信它会带给我们光明的未来。我的想法是寄售这些商品，比如把每年的1月31日作为当年的销售日。同时，我们将可以直接从帝国内阁那里采购我们巴黎工作室的原材料，甚至可以让一家西伯利亚皇家工作室根据我们提供的图纸进行制作，当然是在工作室没有其他订单的情况下。

至少我可以寻找那些为法贝热工作的工匠，探明他们原石的购买渠道。

我认为，为了确立卡地亚品牌在我们客户心目中的地位，我们必须提供新的产品，而我可以想到的只有俄罗斯风格，甚至波斯风格。

无论如何，在目前我整理了思绪之后，还是很高兴来到这里。现在非常确定我需要延长待在这里的时间直到2月1日或者更晚，也许2月10日，因为我确信从创作灵感的角度考虑，我只待在巴黎的话能做的实在有限……

在我回来以后，会向您汇报我对于俄罗斯的看法。这个迷人的国家有一个早已存在并不断进化的强大中央政权，慵懒的属性和繁复的礼节也阻碍了生意的发展。举一个简单的例子，一位帝国内阁的官员告诉我，经营祖母绿的矿产公司因不断遭受盗窃而无法盈利……”

俄罗斯供应商 The Russian suppliers

在世纪之初，路易十六风格盛行的时期，卡地亚兄弟就已经决定进口能够体现俄罗斯式典雅和以珐琅为主要特征的俄罗斯产品。1904年1月，路易写信给莫斯科著名的金匠和珐琅匠人古斯塔夫·亚尔（Gustav Yahr），希望他寄回一系列珐琅彩的双色产品。另外，在巴黎制作的样品和在另一名俄罗斯金匠斯维特奇尼科夫（Svietchnikov）那里购买的硬石物件也一同寄给了亚尔，让他把两者组合在一起以后寄回巴黎。另一封信件在2月寄出，内容包含哪块宝石应该用在哪一个物件上的制作细节。这封信件同时还提到了一些新的设计和“所有皮埃尔·卡地亚先生在圣彼得堡的沃尔费尔（Woerfell）处购买的物件”。

第一批亚尔寄回的物品在1904年3月抵达巴黎。包含14件镀银和珐琅工艺的相框，其中一件为淡绿色珐琅玑镂金饰有白色的珐琅边。（见73页）

– 一件饰有三朵埃及风格的莲花的蓝色玑镂珐琅金笔搁在1904年10月送达。（见72页）

– 一件蓝色珐琅玑镂银，带紫色珐琅玑镂金手柄，底部镶有半球形红宝石的桌面放大镜在1905年1月抵达和平大道。（见77页）

– 一个紫色珐琅玑镂银，两头都可开合的火柴盒，于1905年11月收到。（见77页）

最终，卡地亚从亚尔那里订制了160–165件产品，其中包括51个盒子（其中大部分是烟盒），30件镜框，29个烟灰缸，10只打火机，8把胡子梳，7个放大镜，5支手杖，5个橡皮擦等。大部分物品的形制都不是俄罗斯风格的。然而这种运作模式有诸多不便，导致卡地亚经常向亚尔抱怨制作过程既难以控制又太昂贵。当物品抵达巴黎后，有些物品不尽人意甚至还有损坏的情况。

在向亚尔订制的160–165件物品当中，只有部分有签名，由于期间部分工匠被征招去参加日俄战争。亚尔建议卡地亚在巴黎寻找工匠，却被卡地亚拒绝了。1905年10月，还有70–80件订制物品尚未完成。尽管如此，卡地亚还是持续发送订单。于是在1905年10月，出现了一份包括3个烟盒、2个化妆盒、18支唇膏外壳，4个电铃按钮，4个封蜡盒，4个座钟，7只放大镜，6个粉盒，5个火柴盒和5个针盒的订单。尚有几封信确认了另外36件从圣彼得堡发出的硬石制品清单。

卡地亚在发给亚尔的订单中也会附带技术图纸，包含一些如何在珐琅面板上开槽以安装时钟件，或者如何制作和安装火柴盒盖子弹簧的细节说明。甚至还会有如何设置化妆盒的内部隔层，或者如何在烟盒中设计一个放火柴的隔层以及在何处安放火柴磷床的说明。

然而他们的关系最终还是恶化了。在1907年8月的信中，卡地亚向亚尔抱怨道：“法贝热持续开发出新产品。如果你能跟上他们的步伐，尽快发给我们更多新产品的图纸会对我们很有帮助。”在另一封1907年的信中，卡地亚向亚尔询问他三年前定制的烟盒的进展情况，表示自己从未收到这件产品，而为什么它最终竟会出现在和平大道竞争对手的橱窗里。

在其他信件中，他指出了一些粉色和白色珐琅的质量问题，同时希望俄罗斯金匠降低其报价。为此，卡地亚还向他订制了两件金制的产品来对比相似订单在巴黎制造的价格。尽管如此，卡地亚仍然向他定制了3个名片夹和9个烟盒，并寄去了几件希望亚尔加工的塞弗尔（Sèvres）官窑瓷器。无论出于什么原因，卡地亚会用法国金匠和珠宝工匠制作的零件，在俄罗斯进行珐琅装饰加工，然后再到法国进行组装。大体上来说，俄罗斯工匠所运用的装饰图案会更张扬一些，而法国的则相对克制。[9]

这些玑镂珐琅颜色并不如法贝热的变化多样，但卡地亚对于颜色的搭配组合是史无前例的，在那时无疑是非常大胆的。此外，在法贝热珠宝称霸的国度，卡地亚从1907年起的圣诞展销，很少涉及俄罗斯式的产品，而更多的是来自巴黎的新奇产品。

最后，卡地亚得出了法国工匠的工艺并不逊色于俄罗斯工匠的结论，并终止了和亚尔及其同僚的合作。当然进口关税也是促使卡地亚决定仅在法国本地采购的原因。

俄罗斯冒险的尾声 The end of the Russian adventure

1917年爆发的革命搅乱了卡地亚和他俄罗斯贵客的良好关系。一位卡地亚的重要客人维拉·罗巴诺夫·罗斯托夫公主（Princess Vera Lobanoff Rostoff），在1905年俄国革命之初就离开俄罗斯移居瑞士。她将自己所有的艺术品及珠宝收藏也迁至那里。尽管她的家人对她在卡地亚上耗资巨大而愤愤不平，但直觉指引她从涅瓦河畔搬至安静的日内瓦湖边，使她得以在最后相对平静的日子里往来于巴黎、瑞士和蔚蓝海岸之间。她留下了一份相当丰厚的珠宝遗产，根据遗嘱这份遗产将被售出，由路易·卡地亚作为珠宝专家主持销售。路易·卡地亚写到：“我被召到洛桑来主持这270件珠宝的销售，1920年1月12日和17日的销售非常成功……。我们组织的这次展销吸引了来自全世界的买家。我十分荣幸有机会向希腊王后，同时也是俄罗斯女大公的奥尔嘉王后（Queen Olga），以及她同行的女士们，还有其他如气度非凡的多莉·拉齐威尔公主（Princess Dolly Radziwill）和帕尔菲伯爵夫人（Countess Pallfy）展示这些收藏。这次活动最终达到了几乎翻倍于我们预期的销售额，远超越所有人的想象，消息不仅传遍欧洲更遍布世界。”[10]

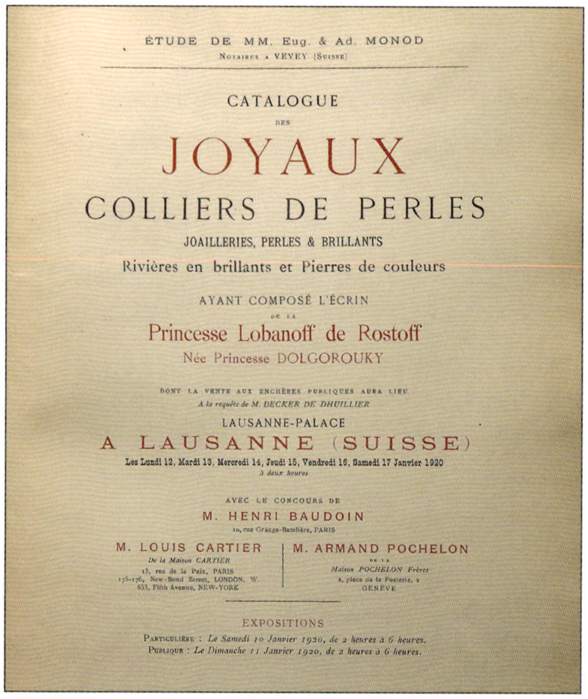
ÉTUDE DE MM. Eug. & Ad. MONOD
NOTAIRES A VEVEY (SUISSE)

CATALOGUE
DES
JOYAUX
COLLIERS DE PERLES
JOAILLERIES, PERLES & BRILLANTS
Rivières en brillants et Pierres de couleurs
AYANT COMPOSÉ L'ÉCRIN
DE LA
Princesse Lobanoff de Rostoff
Née Princesse DOLGOROUKY

DONT LA VENTE AUX ENCHÈRES PUBLIQUES AURA LIEU
A la requête de M. DECKER DE DHUILLIER
LAUSANNE-PALACE
A LAUSANNE (SUISSE)
Les Lundi 12, Mardi 13, Mercredi 14, Jeudi 15, Vendredi 16, Samedi 17 Janvier 1920
à deux heures

AVEC LE CONCOURS DE
M. HENRI BAUDOIN
10, rue Grange-Batelière, PARIS

M. LOUIS CARTIER
De la Maison CARTIER
13, rue de la Paix, PARIS
175-176, New-Bond Street, LONDON, W.
653, Fifth Avenue, NEW-YORK

M. ARMAND POCHELON
DE LA
Maison POCHELON Frères
2, place de la Fusterie, 2
GENÈVE

EXPOSITIONS
PARTICULIÈRE : Le Samedi 10 Janvier 1920, de 2 heures à 6 heures.
PUBLIQUE : Le Dimanche 11 Janvier 1920, de 2 heures à 6 heures.

洛巴诺夫销售目录首页，展销会由路易·卡地亚组织于1920年的洛桑举行。（巴黎华雅档案）

公主并不是唯一被迫出售珠宝并流亡的俄罗斯人，从1917年起，许多逃离布尔什维克革命的贵族和俄罗斯富豪需要变卖他们的珠宝才能维持生计。住在巴黎的尤苏波夫亲王（Prince Youssoupov）在给妻子的信中提到，雅克·卡地亚曾到他家里，为一对从玛丽·安托瓦内特（Marie-Antoinette）的珠宝盒中得来的珍珠耳环估价。[11]

1923年，尤苏波夫在听闻洛桑展销会的成功消息后前往纽约，希望出售自己的珠宝和私人物件。在日记中，他提到这次美国之行的经历："在一段长的会谈之后我们得出结论，这次销售不能没有卡地亚的支持。"[12] 这证明了卡地亚在世界上不可或缺的地位。这场俄罗斯之旅的最终章是，卡地亚在那样的时局下，买回了那些被20世纪初和平大道店铺最忠诚的客户所购买的产品。[13]

注释
Notes

1. Wilfried Zeisler，*L'objet d'art et de luxe français en Russie* (1881-1917)，éd。Mare et Martin Arts，Paris，2014。

2. 在1891年莫斯科的法国展会上，珠宝商布迪尔向俄罗斯皇帝展示了一款内藏惊喜的俄罗斯皇家彩蛋。这枚彩蛋被当天报纸报道，布迪尔也因此接待了多名皇室成员的拜访。1898年，他收到了皇家委任状，为俄罗斯宫廷的供货。毋庸置疑，他的经历激励了他的教子路易·卡地亚。

3. 其实这是一个错误的概念，因为巴洛克风格与法国古典主义风格相差甚远。

4. 1928年，巴黎时尚博物馆组织了一场名为"印刷面料及手绘墙纸"的展览，被保罗·桑特纳克（Paul Santenac）形容为："这些强大而复杂的灵感迸发在成卷的现代墙纸上。"

5. 1923年，来自勒罗伊工厂的两只"鹦鹉"让人想起了卡地亚的"爱情鸟"和他们的"鹦鹉"作品。

6. 一种小酒杯，俄罗斯金匠的经典产品。

7. 关于这个时期有争议。因为在一封1925年的信件中，路易·卡地亚提到他在1910年12月第一次抵达俄罗斯。然而在查尔斯·雅库保存在巴黎市立美术馆的私人信件，可以看出他们在这个日期的一年前去过一次俄罗斯。

8. 保罗·谢鲁兹后来成为了卡地亚在俄罗斯的重要竞争者绰美（Chaumet）的代理人，此后成为独立贸易商。莫里斯·里查德（Maurice Richard）取代他成为卡地亚在俄罗斯的联络人。

9. 以一套蔷薇辉石的桌面摆件为例，它从德迪尼索夫·乌拉尔斯基（Denisov-Uralski）在莫斯科的工作室发来，被判定为"沉重而丑陋的"。在卡地亚圣彼得堡的代理人萨尔达（Sarda）先生和迪尼索夫长时间的谈判后，他们决定去掉银质底座。

10. 路易·卡地亚寄给阿尔弗雷德·卡地亚的信件，阿兰·卡地亚收藏。

11. 尤苏波夫亲王给妻子的信件，1922年3月17日。

12. 尤苏波夫亲王手抄信原本，1923年12月3日。

13. 在购回的珠宝中，有一串珍贵的黑珍珠项链。
玛利亚·帕夫洛芙娜女公爵乘坐她的私人火车穿越高加索抵达瑞士。她的珠宝被委托给一位英国朋友，阿尔伯特·斯托普福特（Albert Stopford）。1920年6月她给阿尔伯特的信中写道：
亲爱的小斯托菲：
萨文斯基（Savinski）昨天因火车在途中的一个急刹车而很晚到达，所以我今天才得以回应关于考克丝女士（Cox）为我的珠宝安排英国评估会的事。对于卡地亚，其给出的估价无疑是十分诱人的，我只是担心其会到处宣扬。然而此刻，正如你知道的，这是不合时宜的，我在巴黎想要出售它们的消息会很快传开。这不是我所希望的，我想在到达巴黎后和你讨论此事。
然而她于两个月后在孔特雷克塞维尔过世。此后她的珠宝被分给了她的四个孩子：安德烈大公（Grand Duke André）继承了所有红宝石，海伦女大公（Grand Duchess Hélène）继承了所有钻石，西里尔大公（Grand Duke Cyril）则得到了所有的珍珠，鲍里斯大公（Grand Duke Boris）得到所有祖母绿。

烟盒，卡地亚巴黎，约 1906 年

金、鎏金银、珐琅、玫瑰切割钻石
签名：Cartier
“天鹅”和“象鼻虫”法国白银纯度印记
长：11.1 cm；宽：4.5 cm；
高：1.8 cm
私人收藏

这款烟盒是卡地亚向俄罗斯金匠亚尔定制的。盒盖刻有“Philippe and Jou Jou 1906”。

钢笔搁，卡地亚巴黎，1904 年

金、鎏金银、玑镂珐琅
签名：Cartier
“象鼻虫”法国进口白银纯度印记
长：4.7 cm；宽：2.4 cm
私人收藏

这款笔搁是亚尔为卡地亚制做的。它于 1904 年秋季在巴黎上市。
荷花装饰显示了埃及元素在 18 世纪欧洲及之后的装饰艺术中的广泛流行。

橡皮擦套，卡地亚巴黎，1904 年

鎏金银、“pékin”珐琅
无签名
长：2.8 cm；宽：1.2 cm
私人收藏

这件皮套是亚尔工作室制作的，1904 年 4 月 20 日的库存记录作了描述如下：“铅笔橡皮，银皮套上的蓝色珐琅，金线，镶有金框的白色珐琅纹”。
它被著名的澳大利亚歌剧女演员内莉·梅尔巴（Nellie Melba 1861–1931）购买。弗朗索瓦·夏耶（François Chaille）写下这段关于物品的描述：“卡地亚在 1908 年为她提供了一个方形的两点式橡皮擦，中间的一个盒子是用“pékin”珐琅制成的，有灰色、蓝色和白色相间的条纹。”（F. Chailles，*Cartier, styles et stylos*，Flammarion，p. 49）

胭脂盒，卡地亚巴黎，1907 年

金，鎏金银、珐琅、弧面红宝石，玫瑰切割钻石
签名：Cartier
“象鼻虫”法国进口白银纯度印记
长：5.3 cm；宽：3.2 cm；
高：1 cm
私人收藏

这是亚尔在莫斯科制作的，它是唇膏管的前身，在 1907 年 3 月进入卡地亚库存，并于两年后在和平大道店 13 号出售。
盖子上的黑色月桂叶装饰是这些俄罗斯工作室为卡地亚制作的特别款式。下页的封蜡盒以及 77 页的打火机和放大镜上都有类似的图案。

封蜡盒，卡地亚巴黎，约1905年

金、鎏金银、珐琅
签名：Cartier
“象鼻虫”法国进口白银纯度印记
高：13.8 cm；直径：2.3 cm
私人收藏

这款盒子是1905年10月由卡地亚公司向亚尔订购的，包括：3个烟盒，2个化妆盒，18个唇膏套，2个放大镜，4个电铃按钮，4个封蜡盒，3个座钟，7个放大镜，6个粉盒，5个火柴盒和5个针盒。

微型相框，卡地亚巴黎，1904年（正、反）

金、银、鎏金银、珐琅、玫瑰切割钻石、象牙背板
签名：Cartier
“象鼻虫”法国进口白银纯度印记
直径：4.3 cm
私人收藏

这枚由亚尔在莫斯科制作的微型画框于1904年3月10日抵达卡地亚，同时还有来自同一工作室的另外七枚圆形画框。存货分类账中的描述道：
“四朵玫瑰（钻石）的圆形绿色珐琅相框，照片的椭圆形开口，白边鎏金银支架。”

“vide-poche”（针盒），卡地亚巴黎，1908年

鎏金银、萤石
无签名
“野猪头”法国白银纯度印记
制作者：Berquin-Varangoz
长：8.8 cm；高：3.2 cm
巴黎华雅收藏

这件“vide-poche”以“中式圣诞木屐”的名称进入卡地亚档案，它于1908年制作，有不同尺寸的。这是一个理想的礼物，取得了巨大成功。在卡地亚典藏系列中可以看到用玛瑙制作的相同款式。

微型相框，卡地亚巴黎，1904 年

黄金、玫瑰金、珐琅、红宝石、珍珠、木
签名：Cartier
“象鼻虫”法国进口白银纯度印记
高：10.8 cm
卡地亚 – 日内瓦收藏

该相框形如皮腔大画幅相机，是卡地亚的一个典型珍贵器物。在 20 世纪初这类物品很受卡地亚和法贝热的富有客户的欢迎。虽然没有出现在任何库存分类账上，但我们从 1904 年 2 月的一封信中得知，卡地亚从金匠亚尔那里订购了这件即将在几个月后交付的作品。

一对微型向框，卡地亚巴黎

金、银、珐琅、象牙背板
签名：Cartier
直径：5.1 cm
希尔伍德庄园博物馆和花园收藏

由亚尔在莫斯科为卡地亚制造。这两张照片是沙皇尼古拉斯二世的两个大女儿，女大公奥尔加（Grand Duchess Olga）和她的妹妹塔蒂尼娅（Tatiana）。

烟盒，卡地亚巴黎，1925 年

金、水晶、珐琅、铂金、玫瑰切割钻石、棉线
签名：Cartier Paris
长：10 cm；宽：6.5 cm；高：2 cm
私人收藏

这件作品的原创性在于烟盒的盖子外壳中，隐藏了一个火柴盒。当抬起烟盒的顶部抽取香烟时才会发现。

虽然这件作品是在 20 世纪 20 年代中期装饰艺术时期制作的，但它的灵感来自世纪之交的俄罗斯。这可能是一个特别定制，因此与时尚的奇思妙想联系较少。

带有红色条纹的蓝色装饰是英格兰国王乔治五世所拥有的赛马场的颜色。他的父亲爱德华七世拥有几件属于他自己独特色彩的法贝热马厩。尽管假设这件特别订单是皇家礼物并不合理，但卡地亚的藏品中有一件相同的作品，名字的首字母“J.C.”是为国王的骑师 Joe Child 设计的。

火柴盒，卡地亚巴黎，约 1905 年
（开、合）

金、鎏金银、珐琅
签名：Cartier
“象鼻虫”法国进口白银纯度印记
长：5.5 cm；宽：3.3 cm；
高：1.3 cm
私人收藏

这个奇特的火柴盒是从俄罗斯金匠亚尔处订购的，卡地亚的档案中将其描述为“两端都有一个长方形开口的火柴盒”。

放大镜，卡地亚巴黎，1905 年

鎏金银、银、珐琅、玫瑰切割钻石、弧面红宝石
无签名
“象鼻虫”法国进口白银纯度标印记
长：8.1 cm；深：3.8 cm
私人收藏

1904 年从亚尔处订购，这件作品于 1905 年 1 月 24 日进入卡地亚库存，描述错误：
“蓝色珐琅放大镜，绿色手柄（误），玫瑰钻石镶环，白色珐琅边框”。

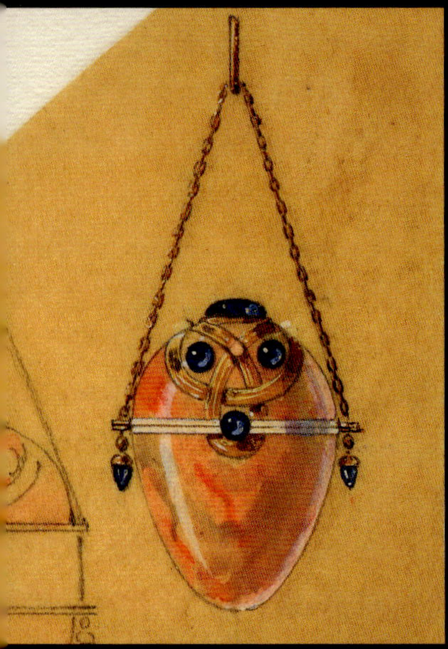

查尔斯·雅库，蛋形药盒与香水瓶的设计图，约 1909–1911 年

透明牛皮纸面上的铅笔和水粉
巴黎市立美术馆收藏

药盒，卡地亚巴黎，1910 年

金、玫瑰石英、珐琅、弧面紫水晶
签名：Cartier Paris Déposé
“鹰头”法国黄金纯度印记
制作者：Duru
高：4 cm
私人收藏

在俄罗斯东正教的传统中，复活节时要准备象征春天大自然重生的彩蛋。为了取悦访问巴黎的俄罗斯客户，卡地亚提供了挂在吊坠上的彩蛋，如雅库设计的这个款式所示。

香水瓶，卡地亚巴黎，1908 年

金、软玉、“pékin”珐琅、弧面紫水晶
无签名
高：8.7 cm
私人收藏

嗅盐瓶，卡地亚巴黎，1909 年
（左页）

金、玛瑙、珐琅、弧面蓝宝石
制作者：Berquin-Varangoz、Lavabre（眼睛镶嵌）
高：6.8 cm；宽：5.3 cm；
直径：1.5 cm
卡地亚 - 日内瓦收藏

相框，卡地亚巴黎，1907 年

金、鎏金银、软玉、珐琅、铂金、钻石
签名：Cartier Paris
“鹰头”法国黄金纯度印记
“野猪头”法国白银纯度印记
制作者：Lavabre
直径：18.8 cm
私人收藏

同一时间在巴黎库存另有一个三色堇花纹中间配蓝宝石的相同款式。由于这两只相框的“希腊式”支架，令它们与目前卡地亚典藏系列中的一个同款却有着新艺术风格支架的相框有了区别，这在卡地亚是很不寻常的。该照片为尼古拉斯二世的妻子，亚历山德拉·费奥多罗夫娜（Alexandra Fedorovna）。

座钟，卡地亚巴黎，1907 年

银、鎏金银、珐琅、铂金、玫瑰切割钻石
签名：Cartier Paris Londres
制作者：Dubret、Brédillard、Jaeger
高：8.1 cm；宽：6 cm
卡地亚 – 日内瓦收藏

这个座钟有一个旋转的圆盘机芯。时刻则由侧面的钻石星形尖端指示。
它被卖给安娜·古尔德（Anna Gould 1875–1961）。她是美国铁路大亨的女儿，相貌丑陋却极其富有。1895 年，她嫁给了波尼法斯·德·卡斯特兰伯爵（Count Boniface de Castellane），一个身无分文的贵族，也是路易·卡地亚的好朋友。一天，卡地亚戏谑般地形容她："安娜，我第一次见到她，我认为她一点也不糟，从后面看。"在当时她有 1500 万美元巨额嫁妆，这对夫妇以奢华的生活方式和他们在和平大道 13 号精品店的花费而闻名。

（顶部细节）

烟盒，卡地亚巴黎—伦敦／纽约库存，约 1910 年

金、珐琅、铂金、玫瑰切割钻石
签名：Cartier Paris
"鹰头"法国黄金纯度印记
"墨丘利头像"法国出口黄金纯度印记
长：9.5 cm；宽：4.5 cm
私人收藏

香水瓶架，卡地亚巴黎，1908 年

金、鎏金银、玛瑙、珐琅、弧面蓝宝石、玫瑰切割钻石
签名：Cartier Paris
“野猪头”法国白银纯度印记
制作者：Mathey & Cie
宽：5.2 cm；深：4.5 直径；
高：9.5 cm
私人收藏

装饰瓶子的双头鹰表明，这件作品可能是为俄罗斯客户或作为俄罗斯皇室成员的礼物而定制。

卡片盒，卡地亚巴黎，1906 年
（合、开）

金、弧面红宝石
签名：Cartier Paris Londres Déposé
“鹰头”法国黄金纯度印记
制作者：Chailloux
长：8.9 cm；宽：4.6 cm
私人收藏

这个盒子是来自同一个工作室但具有不同玑镂图案的 6 个类似盒子之一。它们于 1906 年 5 月进入卡地亚库存。

烟盒，卡地亚巴黎，约 1925 年

黄金、玫瑰金、弧面蓝宝石、丝绳
签名：Cartier Made in France
制作者：Holl
长：10 cm；宽：6.8 cm
私人收藏

烟盒中心的皇家徽章是南斯拉夫亚历山大（Alexander）国王的印记。这个盒子很可能是君主的礼物。

烟盒，法贝热，1916 年

金、卡累利安桦木、弧面蓝宝石、丝绳
无签名
“鹰头”法国黄金纯度印记
制作者：Frontin
长：10.3 cm；宽：6.4 cm；高：1.8 cm
巴黎华雅收藏

将这只法贝热的烟盒收录进来似乎不合宜。然而，正是它说明了俄罗斯金匠和卡地亚之间的关系。众所周知，卡地亚从包括法贝热在内的俄罗斯金匠那里购买并订购了大量的器物，而大多数人都忽略了这一点。这种罕见的烟盒就是个很好的例子。在第一次世界大战期间，法国和俄罗斯达成盟国协议：提供军队以换取军备。1916 年春，来自俄罗斯帝国东部和北部边界的两支旅抵达法国，并被派往香槟前线战壕中的阵地。由于沟通困难，法贝热无法向俄罗斯军官提供物资，于是他从弗龙廷（Frontin）工作室订购了几件物品，弗龙廷是卓越的烟具专家，也是卡地亚俄罗斯盒子的重要供应商。这批物资的其中一件就是向沙皇军官提供的烟盒。

鹳，供卡地亚巴黎，约 1910 年

金、碧玉、软玉、玫瑰切割钻石
无签名
“鹰头”法国黄金纯度印记
制作者：Berquin–Varangoz、Denisov–Uralski
高：11 cm
巴黎华雅收藏

尽管没有任何签名或库存编号，但此鹳形摆件很可能是法国零售商参与法俄合作的结果。这只鸟是由迪尼索夫 – 乌拉尔斯基提供的，喙和脚是由伯金 – 瓦朗戈斯制作的，然后再由其装配。档案显示，1911 年迪尼索夫 – 乌拉尔斯基交付了一只没有脚的紫红色鹦鹉，这只鹦鹉是由伯金 – 瓦朗戈斯在法国制造的，他把组装好的鸟放在象牙栖木上。在接下来的几年里，这一制作模式在其他硬石动物摆件上也多次出现。

烟盒，卡地亚巴黎，1905 年

金、珐琅、弧面红宝石
无签名
“鹰头”法国黄金纯度印记
制作者：César & Sthummer
长：8.7 cm；宽：5.2 cm；
高：1.2 cm
巴黎华雅收藏

1905 年，由于很多俄罗斯金匠工作室的工人，被动员参加了日俄战争，卡地亚的俄罗斯供货短缺。这也是为什么路易・卡地亚和他的兄弟皮埃尔决定向巴黎的工作室下更多订单的原因，而这些工作室具有同样的金匠技术和水准，只有玑镂珐琅工艺水准稍逊。也因此这个盒子是在巴黎制造的，然后被送到俄罗斯做了珐琅加工，完成后又返回到法国。

硬石动物

HARDSTONE ANIMALS

在见证了法贝热微缩硬石动物雕塑取得的成功之后，卡地亚决定开始制作类似的产品。具体促成了这个决定的是，1907 年英国国王爱德华七世和王后向法贝热定制了一系列代表了桑德灵汉姆宫所有动物的雕塑。这一举动，不可避免地使俄罗斯贵客们纷纷效仿。[1]

这些动物雕塑的灵感来源不仅仅是日本的铜像和根付，[2] 同时也有从伯纳德·帕里西（Bernard Palissy）的“乡村塑像”系列中汲取的灵感。伯纳德的作品还启发了昆庭（Christofle）制作了一系列电镀仿真动物，在 1900 年世界博览会上震惊了世界。

从 1904 年开始，卡地亚写信给珠宝匠斯韦奇尼科夫（Svechnikov），希望他可以提供一系列硬石雕刻的动物，可以让他自己设计，也可以由卡地亚提供设计。1906 年之前，卡地亚在俄国的主要供货商是斯韦奇尼科夫，同时也有沃尔费尔和奥夫钦尼科夫（Ovchinikov）提供的产品。[3]1904 年和 1905 年，后者向卡地亚销售了大约 90 件硬石物品，其中 29 件为动物雕塑。卡地亚于 1911 年又购入了一些。1910 年至 1913 年间，卡地亚主要采购对象是杰尼索夫－乌拉尔斯基，其硬石质量有着极佳声誉。在这几百件的订单中，62 件为动物形象。[4]

卡地亚硬石动物雕塑的形状、风格、特征和对于硬石材料的选择都与法贝热有着显著不同。那种法贝热同类产品中常见的带有嘲讽漫画风格的动物形象，在卡地亚的系列中极少出现。

卡地亚的动物形象更真实，注重细节雕琢，近乎塑像，有时也展现动态，几乎是工匠捕捉了它们生动的瞬间之感。他们对尺寸、皮毛细节及石材的选择把握准确而干净利落。制作时会使用多种石材进行雕刻，而眼睛则采用宝石或半宝石来点缀。

材质与法贝热相反，卡地亚更喜欢使用两种易碎的宝石——石英（也被叫做玫瑰水晶）和萤石来制作动物形象。卡地亚也喜欢使用玛瑙、玉石、青金石、拉长石和烟水晶，尽管这些石材经常会有瑕疵，有时还很明显。

虽然卡地亚的法国珠宝匠制作的微缩动物比法贝热的产品少了些“俄罗斯”气息，他们的产品却在俄罗斯客户中大获成功。从 1907 年到 1917 年革命前夕，制作了以下这些订单：

－一对红玛瑙鹦鹉栖息在两头镶有半球形蓝宝石的象牙的玛瑙底座上。这件作品出售与保罗大公，沙皇亚历山大二世最年轻的儿子。

－一只坐在翡翠莲花上的澳翠青蛙［弗雷维尔（Fréville，1907 年）］被尤苏波夫亲王购得。

－一只从玛瑙蛋壳中破壳而出的紫晶小鸡（伯金－瓦朗戈斯，1907 年）卖给了亚力克西斯大公（Grand Duke Alexis），沙皇亚历山大二世的四子。

－一款同样的雕像在 1907 年 12 月被出售给英国亚历山德拉王后（Queen Alexandra）。

－一只玫瑰石英涉鹳（伯金－瓦朗戈斯）、一只日本山羊、一只大兔子、一只石英母鸡、一只玛

粉红火烈鸟，卡地亚巴黎，1907 年

鎏金银、玫瑰石英、绿色石英、玫瑰切割钻石
无签名
制作者：Berquin-Varangoz
高：18cm
伊丽莎白二世女王皇家收藏

1908 年 9 月 25 日，美国驻英大使的妻子怀特劳里德夫人（Whitelaw Reid）以 32 英镑买下了这件作品。1908 年 2 月 6 日，Berquin Varangoz 工作室用不同的硬石材料雕刻了一只相同的鸟，并以下面的描述被列入存货清单：“灰色玛瑙火烈鸟、金足（误）、萤石底座、眼睛（镶有）光彩和玫瑰（钻石）”。

瑙鼠和一只玛瑙象在1908年被尼古拉斯二世的姐姐西尼亚女大公购得。

– 三个玛瑙和玉石小鸡在1909年卖给了亚历山大大公（Grand Duke Alexander）。

– 一只栖息在竹子上，看着一块水晶的玫瑰石英翠鸟，卖给了尼古拉斯大公（Grand Duke Nicholas）。

– 一只基于日本物件设计的萤石鸭子（伯金 – 瓦朗戈斯，1908年），卖给了玛利亚·费奥多罗夫娜太后。

– 一只大玛瑙兔（伯金 – 瓦朗戈斯，1909年），卖给了西尼亚女大公。

– 一只玫瑰水晶翠鸟（伯金 – 瓦朗戈斯，1909年）卖给了亚历山大大公。

– 一只抬头的玫瑰水晶母鸡（伯金 – 瓦朗戈斯，1909年）卖给了西尼亚女大公。

– 一只猫和一只鹅，于1905年被尤苏波夫亲王购得。

1907年的库存清单显示有超过200件作品，其中最受欢迎的动物是狗（尤其是斗牛犬）、猪、[5] 大象和鸟（猫头鹰、爱情鸟、鹦鹉、鹳和鹮）。卡地亚的动物雕塑通常安放在底座上，而法贝热制作的则通常配以较大的金制脚以便“鸟”可以保持直立状态。

在卡地亚20年代制作的动物当中，在某些情况下，特别是后几年，他们更倾向展示动物自然的形态。以下是一些例子：

– 一只玛瑙天鹅正穿过模仿水面的一块雕刻水晶。

– 一对鸭子，朝天空伸长了脖子，正在捕捉一片树叶或是虫子，躺在萤石或雕刻水晶上，被安置在白玉髓底座上，保存于玻璃盒子中。

– 一只日本风格的玛瑙苍鹭，长长的金制脚爪嵌在形似水面的水晶底座中，旁边配有硬石花朵、睡莲和玉青蛙。[6]

– 一只萤石秃鹳（1926年）倚靠在青金石块上，正在虎视眈眈旁边硬石制的鱼。

京巴犬的故事对卡地亚来说相当有启发。19世纪的清政府拒绝将这种为中国贵族喜爱的狗出口或赠与外国人。

因此京巴狗在很长一段时间里不为欧洲人所知，直到1860年颐和园被洗劫之后，一些英国军官设法采购了一些，并将它们带回欧洲。1860年，维多利亚女王得到了一只京巴犬后不久，一些英国贵族女士也被赠予了京巴犬。结果这种狗成为了当时备受瞩目的对象。卡地亚也为此制作了京巴犬的硬石微缩版本。其中一例以玉石制作，放置在带有中国特色金拱肩且装配玻璃的木盒子中，点缀有装饰在白色珐琅中的半圆蓝宝石，在纽约销售。巴黎也制作了几件相似的作品——玛瑙雕刻的三只坐着的京巴，互相倚靠。

猫头鹰是智慧的象征。它们“栖息”在象牙上，有时在末端镶有宝石或硬石，有时不镶嵌任何宝石，被安置在方形的硬石底座上。而象征爱情的爱情鸟（相思鸟），“停”在象牙上休憩，被安置于三角形底座上。两者似乎都是卡地亚最受欢迎的动物系列。朱迪·鲁道（Judy Rudoe）表示，1907年至1930年间，共设计制作了30种不同的款式。[7]

在日本的装饰艺术中，象牙或银质的凤冠鹦鹉会栖息在三足的基座上。卡地亚极有可能受到这种基座的启发。一些硬石制作的动物被富有诗意地安置在了珐琅玑镂金或银器上：一只玛瑙象被安置在了闪长岩制时钟气压计的上方（约1907年）；一只萤石兔子被放置在糖果罐上（1906年）；一只在和田玉制台式烟盒上的玛瑙松鼠和两只在蓝色玑镂珐琅电铃按钮上的腊肠犬。（见134页）不幸的是，很难找到配有原装盒子的卡地亚动物雕塑，而这正是证明它们出处的唯一方法，因为它们体积太小而无法被签名。

一些不良商人会把一些品质较好的产品，以法贝热出品的名义出售。宝石匠杰尼索夫－乌拉尔斯基甚至曾把它们装进带自己名字的盒子去卖掉。实际上，竞争对手购买产品之后以自己作品的名义出售，以及获得设计或产品以便抄袭，在那时是常见的商业行为。卡地亚也在 1910 年通过英国经销商 M. 斯托福德（M. Stopford）作为中间商，购得 6 件法贝热的硬石动物雕塑，之后再以自己的名义销售。

总而言之，卡地亚在 1904 年至 1919 年之间销售了大约 1300 件硬石动物系列产品。由于它们仅作装饰用途，如果一定要证明什么的话，那这庞大的销售量证明了卡地亚贵客们对这系列产品的热情。

注释
Notes

1. 同时，俄皇亚历山大三世的皇后玛利亚·费奥多罗夫娜在回到巴斯克海岸的途中造访卡地亚和平大道店铺。她购买了两只硬石兔子。同样的在 1912 年，亚历山大大公和西尼亚女大公购买了"一只老鼠偷糖吃"和硬石雕刻的福神比利肯。

2. 日本传统小物件，系在腰带上，悬挂着如印笼（小医药盒）之类的小物什。

3. 他经常会被与和他同名的金匠——擅长掐丝珐琅的帕维尔·奥夫奇尼科夫（Pavel Ovchinikov）混淆。

4. 在从俄罗斯供货商那里采购了大量的产品之后，卡地亚开始使用法国供应商：伯金－瓦朗戈斯，之后是富里耶（Fourrier）、同时也有弗雷维尔、塞萨尔（Césard）和根据卡地亚来信的指导设计细节的泰尔瑞·德·罗亚特（Taillerie de Royat）。

5. 卡地亚典藏系列中有一个可爱的玫瑰石英款式，华盛顿的希尔伍德庄园也保存有一件青金石款式。

6. 这件作品由库埃工作室安装。它于 1924 年 11 月 22 日进入库存。

7. J. Rudoe，*Cartier: 1900-1939*，London，British Museum Press，1997，p.113。

猫头鹰，卡地亚巴黎，约 1908 年

紫水晶石英猫头鹰、金、弧面红宝石；象牙鸟歇、金、弧面翡翠；软玉底座
无签名
高：8.8 cm
私人收藏

猫头鹰，卡地亚巴黎，约 1906 年

玛瑙猫头鹰、金、弧面蓝宝石；象牙鸟歇、金、玫瑰石英；玫瑰石英底座
无签名
高：7.7 cm
私人收藏

猫头鹰，卡地亚巴黎，约 1927 年

拉长石猫头鹰、金、橄榄石；象牙鸟歇；玛瑙底座
无签名
高：9.5 cm
私人收藏

这只猫头鹰与本页其他三只猫头鹰的生产日期跨度表明，硬石动物在商业上取得了巨大的成功。与第 94 页所示的爱情鸟相似，这些动物雕塑在 25 年间被继续制作和出售。

猫头鹰，卡地亚巴黎，约 1906 年

玫瑰石英猫头鹰、金、弧面蓝宝石；象牙鸟歇、金、珐琅；萤石底座
无签名
高：8.2 cm
私人收藏

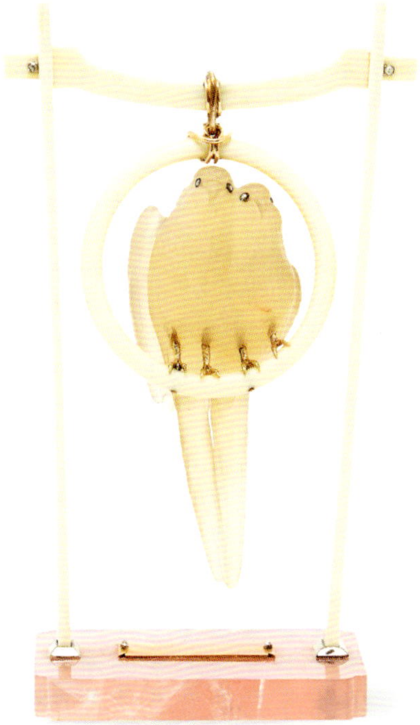

爱情鸟，卡地亚巴黎，约1906年

玛瑙对鸟、金、珀金、玫瑰切割钻石；象牙鸟歇、铂金、玫瑰石英、玫瑰切割钻石；玫瑰石英底座、金、银、铂金、玫瑰切割钻石

无签名

高：11 cm

私人收藏

鸟，卡地亚巴黎，约1908年

萤石鸟、金、玫瑰切割钻石；象牙鸟歇、黄金、玫瑰石英；玫瑰石英底座

无签名

高：7.6 cm

私人收藏

凤头鹦鹉，卡地亚巴黎，约1910年

红宝石鸟、金、翡翠；珐琅、金鸟歇；软玉底座

无签名

高：9 cm

私人收藏

鹦鹉，卡地亚巴黎—纽约库存，约 1920 年（图片为缩小尺寸）

水晶鸟、金、珐琅、玫瑰切割钻石；象牙、玛瑙鸟歇；玛瑙底座
无签名，Made in France
高：32 cm
私人收藏

凤头鹦鹉，卡地亚巴黎—纽约库存，约 1920 年（图片为缩小尺寸）

软玉鸟、铂金、钻石；象牙、玫瑰石英鸟歇
签名：Cartier
高：29.5 cm
私人收藏

袋鼠，卡地亚巴黎，1905 年

玛瑙袋鼠、铂金、玫瑰切割钻石
无签名
制作者：Berquin-Varangoz、Lavabre
（眼睛镶嵌）
高：9 cm；宽：7.5 cm
巴黎装饰艺术博物馆收藏

袋鼠，卡地亚巴黎，1905 年

软玉袋鼠、铂金、玫瑰切割钻石
无签名
制作者：Berquin-Varangoz、Lavabre
（眼睛镶嵌）
高：9 cm；宽：7.5 cm
巴黎装饰艺术博物馆收藏

袋鼠搭配盒子被卖给了曼彻斯特公爵夫人孔苏埃洛·伊苏尼亚（Consuelo Izgnaga）。
1903 年，卡地亚给她做了一顶皇冠，现在可以在伦敦维多利亚阿尔伯特博物馆看到。

北极熊，卡地亚巴黎，约 1905 年

玉熊、铂金、弧面石榴石
高：8.2 cm
无签名
私人收藏

爱情鸟，卡地亚巴黎，
约 1907 年

玛瑙对鸟、金、弧面石榴石；象牙、萤石鸟歇
无签名
高：17.3 cm
私人收藏

1907 年至 1930 年间，巴黎的库存上共登记了 32 对不同硬石制成的爱情鸟。（J.Rudoe，O P.cit，113）

爱情鸟，卡地亚巴黎，
约 1908 年

粉玛瑙对鸟、金、铂金、玫瑰切割钻石；象牙鸟歇；玫瑰石英底座
无签名
高：20 cm
私人收藏

斗牛犬，卡地亚巴黎，约 1907 年

玛瑙斗牛犬、金、银、珍珠、弧面石榴石
无签名
高：6.5 cm；长：3.6 cm
巴黎华雅收藏

猪，卡地亚巴黎，约 1908 年

玛瑙猪、弧面蓝宝石
无签名
高：3.3 cm
私人收藏

小鸡，卡地亚，1906 年

萤石小鸡、金、玛瑙、铂金、玫瑰切割钻石
制作者：Berquin-Varangoz
高：4.6 cm
私人收藏

这件作品描绘的是小鸡从蛋中孵化出来的样子，无疑是一个成功的款式。它也有用玛瑙和紫水晶制成的版本，比这个稍大一些。1907 年，一只出售给了亚历克西斯大公，同年 12 月，另一只卖给了亚历山德拉王后，后者是爱德华七世的妻子。

松鼠，卡地亚巴黎，约 1906 年

玛瑙松鼠、金、玫瑰切割钻石
无签名
高：4.2 cm
私人收藏

本页所示的四种动物只代表了卡地亚动物系列的一小部分。事实上，1907 年的一份目录登记了 200 多种不同种类的硬石动物。

盆 景
POTTED PLANTS

在坚固的基座如上好的墨水瓶、水樽等器物上制作的树枝、树叶配以大型果实，似乎可以取代不再被法国人迷恋的动物。这种器物可以是树枝上的苹果：苹果由淡绿色翡翠制成，树枝由红玛瑙制作，而树叶则采用软玉。也可以使用颜色相近的石材来做橙子，搭配上精致的树枝——总之，苹果、橙子、香蕉、无花果之类的大果实可以按照日本美学形式制成桌面用品、电铃按钮、烟灰缸等等。路易十五风格装饰的花瓶，配上珐琅制成的花朵，作为基座的瓶身饰以玫瑰花纹。橘子树可以用简单而精致的路易十六风格，配以小巧而廉价的花盆等等。但必须有格调。”这是路易·卡地亚在 1907 年写下的笔记。这些想法在 1907 年 11 月开始逐渐出现成果，36 款放置在玻璃盒子中的花朵造型物件，出现在品牌库存记录中。

日本影响 Japanese influences

在 20 世纪初，卡地亚制作了花卉图案的胸衣和冠冕。其创意大方针指向了 18 世纪和那时的花卉，花朵盆景的创作便初现端倪，正如品牌作品上所能看到的月桂冠和叶形装饰那样。

盆景花卉曾是俄罗斯珠宝匠的专长，深受当地客人的追捧。在那个冬季特别漫长而寒冷的国家，这些物件能帮助人们唤起春天到来的美好想象。

和硬石动物系列不同的是，卡地亚的花卉系列和法贝热制作的类似主题系列几乎没有相似之处。当法贝热在制作单个花朵时，卡地亚制作的植物通常是整束或连带枝叶的，他们还尝试了把枝条缠绕在支撑物上。尽管存在着这些明显差异，但这些盆景花卉也并没有被送去参加俄罗斯的圣诞节或复活节展销，也许是这些盆景太大而且易碎。另一个原因更好地解释这一缺席：路易和皮埃尔更希望为他们的俄罗斯客人提供轻巧和新颖的珠宝——种子式（滚珠边工艺）镶嵌钻石的铂金和珐琅制成的手表。

卡地亚在花卉系列中倾向于选用更接近自然颜色的宝石，而不是那些昂贵而稀有的宝石。和法贝热利用水印在水晶上雕刻花瓶的形状而留下剩余部分不做加工的做法不同，卡地亚会将花卉放置在不透明的硬石花盆当中，并选用日式植物作为题材。

1925 年，一名来自《La Gazette du Bon Ton》杂志的记者写道：“在宝贵的奢侈品艺术中，卡地亚曾有华丽的表现，他们的产品把温室定义成富丽堂皇的公主寝宫。其小花卉配以玉石叶片和水晶花朵，勾勒出了“美好年代”时期对中国和日本的幻想。”其实，在 1907 和 1909 年之间，正是日本元素影响了卡地亚的创作。只要看一眼这些花卉在卡地亚典藏系列中的产品描述就能明了：日本花盆、日本苹果花或樱花和日本木兰等等。

路易·卡地亚图书馆收藏的一份来自查尔斯·吉洛特（Charles Gillot）收藏目录表明：对于罂粟花、牡丹、康乃馨和绣球的运用似乎是受了日本画家和

百合，卡地亚巴黎，1910 年
（图片为缩小尺寸）
珐琅花、玫瑰切割钻石；沙金石叶、氧化金属茎；玛瑙瓶、鎏金银；象牙底座、木、玻璃罩
无签名
制作者：Berquin-Varangoz、Bako
高：25.5 cm
伊丽莎白二世女王皇家收藏

拥有独特方形轮廓的高花瓶装饰有金色图案，这区别于其他花卉作品，它由巴科工作室制作于 1919 年并送到伦敦，五年后被英国国王乔治五世的妻子玛丽王后买下。伦敦店铺的记录显示，1924 年 9 月 13 日王后还选择了一件 1907 年制造的“种”在日式盆中的萤石马蹄莲。

陶艺师尾形乾山（1663–1743）的极大影响；而对风铃草、铁线莲、牵牛花、鸢尾、仕女、百合、梅花和樱花的使用似乎是受到了《日本艺术》杂志的启发。[1]

首批花卉系列作品便是基于日式花道的原则。这是日本花卉的展示之道，也是茶道的基本元素。通过对于花卉枝叶的简单摆放，重现一个转瞬即逝的生动时刻。另一些则选取了中国文人中的“四君子”说：

– 梅，在雪融化之际开花，宣告着春天的到来。

– 兰，脆弱而细腻，展现了美丽与和谐。

– 竹，永恒的绿色和柔韧，忠实和诚信的象征。

– 菊，秋季开放，代表着财富、平稳的生活、始终如一和长寿。

一些花瓶底座的设计灵感也来自中国，模仿了中国瓷器上的纹样。装饰在玻璃盒脚上的青铜拱肩，雕刻成中国云纹。所有在物品上的纹样，都在位置和使用上经过细致的考虑以求完美和谐。相同造型的花朵会采用不同的石材、颜色和纹样，制作成不同的款式。每一款卡地亚盆景只采用一种花卉，放在玻璃罩中。极少使用黄金，枝条通常用氧化金属制作。1907 年的款式制作了四个版本，设计时也考虑到了它们可以用来成对展示。

这些盆景花卉除了极少部分由伯金 – 瓦朗戈斯制作以外，大部分都是在和平大道设计并在法国工作室制作的。1918 年起它们的硬石部分由富里耶（Fourrier）制作，金属部分则由拉瓦布雷（Lavabre）完成。第一批在店铺库存登记里出现的花卉系列是 1906 年 11 月的由伯金 – 瓦朗戈斯和马泰（Mathey）制作的牵牛花。1907 年 11 月，牵牛花作品再次出现，然而这一次则由亚尔提供。很难查明这是亚尔根据伯金 – 瓦朗戈斯要求或者卡地亚的规定制作，还是单纯地由亚尔供货。这也许可以证明最早的花卉盆景系列或许来自俄罗斯，也为后来卡地亚的花卉盆景系列提供了雏形。

一款相近的牵牛花作品的确在 1908 年于伦敦由法贝热出售给了萨克维尔夫人（Lady Sackville）。1910 年 1 月，卡地亚通过中间商斯托福德先生从法贝热处购得一款矢车菊盆景，它有着金制花茎和起伏的三片绿叶，配以金茎上的七片麦粒耳，被放置在水晶花瓶中。这件作品在销售分账中记录为“原型”。同年一款相似的矢车菊盒子，同样从法贝热处购得，被描述为：“水晶杯中的矢车菊和大麦”。被记为“原型”是档案记录上的失误。此“原型”应该被理解为试样或者复制品，因此这件器物并没有上架销售。

每个盆景花卉的款式都有一个代表着卡地亚许可的铜印。每个款式，从微型花道作品到简单的插花，都是由插于萤石、碧玉或象牙制花盆的盆景构成。珐琅也被使用在花卉作品中。玛瑙、软玉、石英和砂金石之类的几种硬石，通常被用来制作叶子和小宝石花蕊。一些款式上有半球形月长石制的“露水”。大多盆景花卉被放置在象牙底板上，1910 年之后的一些款式中，会被放在白玉髓底板配木质底座上，并添加玻璃罩，来模仿温室的模样。一些玻璃罩装置了中式拱肩或以铜条装饰边角。较大型的花朵如绣球花、木兰花、鸢尾花、百合花、郁金香、水仙花和兰花——因为它们的优雅和巨大体型所带来的栩栩如生感而深受欢迎，经常被反复制作。

昆虫在卡地亚的花卉系列中很少出现，我们可以提及的只有出售给 J.P. 摩根的仙客来和兰花组合里的苍蝇（见 113 页），可能还有另一件是出售给工业家拉萨雷・韦勒（Lazare Weiller）的“叶子上的蟋蟀”。

这些作品取得了很大成功：

–1907 年 12 月，拉萨雷・韦勒购买了日本系列中的九款：牵牛花、日本苹果花、两朵雪花莲、野生水仙花、铃兰、罂粟花、阿鲁姆百合和仙客来。

–1908 年，曾在 1906 年委托制作了“铃兰”胸衣的汤森夫人（Mrs Townsend），购买了两件康乃馨：一款花盆用萤石和灰色玛瑙制，另一款花盆为玫瑰水晶制，都放在象牙底板上，置于一个带有祥云雕花拱肩的玻璃罩中。同时，汤森夫人还购买了一株“带叶子的”百合，配以玫瑰水晶支脚和红宝石土的中式玉石花盆。

–1908 年，爱德华七世的情妇吉普太太（Mrs Keppel）购买了一株玫瑰水晶花盆中的铃兰，带有少见的金制花茎。

–1908 年，J.P. 摩根购买了两株被置于圆形玫瑰水晶花瓶中，配有玛瑙基座，以及一个放在玫瑰石英花盆里的配有象牙底板和玻璃罩的仙客来。

–1910 年，皮埃尔・卡地亚购得了上一年制作的一株橙树，这是件孤品，深受法国 18 世纪美学的启发。（见 114 页）

–1911 年 10 月，西尼亚女大公购买了一束灰色玛瑙花盆中的罂粟，配玻璃罩和象牙底座。它有

查尔斯・雅库，日本图样，1910 年。（巴黎市立美术馆）

我们可以从这些插图中看到，从世纪之初开始硬石花朵的生产就受到了日本风格的影响。

东陵石制的叶子。花蕊上镶有34颗蓝宝石。

–1912年，后来于1920年成为希腊阿纳斯塔西娅王妃的南希·利兹购买了一件玛瑙花盆中的粉色绣球；之后在1914年，又买了一件伯金–瓦朗戈斯于七年前制作的底座上有四只玛瑙支脚的，置于白色玉盒中的康乃馨。

1910年卡地亚制作了一款独特的叶子由东陵石制成，置于一块象牙底板上，带玻璃罩的百合花。这款百合代表着卡地亚日本风时期的收尾。其新颖之处在于它那高大的棕色的方形玛瑙花瓶被放置在同色玛瑙的涡卷底座上，镂空处有着和同时代的“方形”珐琅钟和花瓶一样的由巴科（Bako）制作的镶金工艺。这款百合在1919年送往卡地亚伦敦，于1924年由玛丽王后购得。直至今日，它仍是皇家收藏（见100页）。1907年，玛丽王后又购入了一件由伯金–瓦朗戈斯制作的配有日式萤石花盆，被置于象牙底板上的阿鲁姆百合。

凡花 Tuppenny flowers

卡地亚在1907年至1909年期间推出了第一批日本风系列花卉之后，第二个系列直到1912年才推出，这个系列不再根植于来自日本花艺的灵感，路易·卡地亚将其表述为“装有寻常花朵的小花盆”。从第111页所示的花卉可以看出，这种花朵更简单却更牢固。它们都植于红碧玉花盆中。

另一个系列诞生了，玻璃罩在这个新系列中不再是必备品，只在客人要求时才使用。不同的玻璃罩会配合不同款式来制作。这个时期推出了两个系列：一个系列是1910年制作的14种植物；另一个系列是1913年为西班牙国王阿方索十二世（Alphonso XIII）造访和平大道所创作的——将含羞草、蜀葵、玛格丽特、铃兰、天竺葵、罂粟和风铃搭配组合在一起。

似乎俄罗斯的客户都被花卉作品的简洁所吸引。沙皇亚历山大三世的兄弟保罗大公，在1911年6月购买了一株带有砂金石叶子，栽在红碧玉花盆里的红玫瑰。1912年12月，弗拉基米尔·奥尔洛夫公主（Princess Vladimir Orloff）买了一件三花四蕊的红玫瑰。在1912年12月，拉齐维乌亲王（Prince Radziwill）购入一件白色的水仙花，1914年，又购买了一株带有玻璃罩的栽在碧玉花盆里的矢车菊。卡地亚在1912年终止了盆景花卉的制作，仅在12年后的1924年至1927年间短暂地重新制作了一些。阿里斯蒂德·富里耶（Aristide Fourrier）于1918年接管了伯金–瓦朗戈斯的工作室，并在这段时期内制作了30件作品。这些花卉的风格很难被定义，而且会让人产生“似曾相识”的错觉，很多制作日期也难以判断。有几款日本苹果树样式和早前制作的几乎完全相同。兰花、牵牛花、仙客来、绣球花、阿鲁姆百合、月见草、玫瑰、三色紫罗兰、玛格丽特、蜀葵、旋花和雪花莲有比以前更松弛的轮廓把握。该系列中还添加了一些野花和马蹄莲。

这些花卉的内涵由之前的日本花艺转变为装饰性的艺术，同时花瓶形状也开始往室内装饰的美学转变（流动的曲线，有把手的花瓶和花碗）。花卉的排列也没有了自然花卉那样的真实感。有时会有两朵花的组合，比如1925年制作的一款雪莲。相比之下，在日本标志性的花艺中，花朵会以一朵或三朵的奇数形式展示。宝石匠富里耶在搜寻新的和谐配色同时，花卉又再次被放在玻璃罩子中展示。如1926年的一束欧洲百合配镂空的灰玛瑙花盆，有30厘米高。

大约在20世纪30年代推出仙人掌系列，通常成对出现。由亚历山大·吉奈（Alexandre Genaille）设计，林泽勒（Linzeler）制作组合。这些仙人掌为卡地亚纽约店铺的产品，皮埃尔·卡地亚对它们尤其钟爱。需要指出的是，皮埃尔·卡地亚也许在一开始就影响了花卉的选择。他从 1904 年到 1907 年掌管伦敦分店，“邱”（Kew）就位于这家店附近，这是著名的皇家植物园所在地。[2] 此外，皮埃尔于 1908 年在圣路易斯（密苏里州）结婚，这个小镇当时拥有世界上最大的植物园之一。

最后四个盆栽花卉是在 1937 年制作的，其中包括一株报春花，[3] 出售给了后来成为了德塔列朗·佩里戈尔公爵夫人（Duchess of Talleyrand-Périgord）的安娜·古尔德（Anna Gould）。自此卡地亚真正结束了硬石盆景花卉的制作。正如贝蒂·杰伊斯（Betty Jais）简洁明了的总结：“我们必须以正确的角度看待花卉系列，它们是卡地亚的附带产品，在 1907 年到 1912 年之间只有 140 个物件被登记库存，而这在卡地亚那些年庞大的经营活动当中只是一个相对很小的数字”。[4]

然而，来自亚洲的灵感原型与来自法贝热的不同，这一独创性让人得以瞥见第一次世界大战后品牌的发展。毫无疑问，卡地亚的盆景花卉印证了他们从法贝热的风格中独立出来。

注释
Notes

1. 在众多的和平大道店铺的图书馆藏书中，有以下几本：
– *L'Histoire de l'art du Japon*, Commission impériale du Japon at the Universal Exhibition in 1900;
– *Catalogues d'objets d'art et de peintures du Japon et de la Chine*, Durant-Ruel, 1904, Charles Gillot collection, and 1906, S. Bing collection;
– S. Bing, *Le Japon artistique, documents d'Art et d'Industrie*, monthly publication from 1888。

2. 由国王乔治三世的母亲与于 18 世纪建造，它们以实现在一个下午“看到世界上所有的奇观”为目标。除了充满异国情调的植物，那里还可以看到橘子树、中国宝塔、日本桥、乡间别墅和奥斯曼式花园以及希腊和罗马的神庙。

3. 一株带有软玉叶子的报春花，放置在带玻璃罩，有侧环的筒形容器中，安置在装有象牙底板的阶梯状缟玛瑙底座上。被后来成为德塔列朗·佩里戈尔公爵夫人的安娜·古尔德购得。这件极具装饰艺术风格的作品，现存于卡地亚典藏系列。

4. Betty Jais, *Die Blumen der Maison Cartier*, *in: Fabergé-Cartier, Rivalen am Zarenhof*, HirmerVerlag, München, p.90。

苹果树，卡地亚，约 1907 年
（图片为缩小尺寸）

珐琅花、金、弧面月长石；东陵石叶子、氧化金属花茎；象牙杆、玫瑰石英盆、玛瑙底座；木质象牙底座、玻璃罩、鎏金金属
无签名
制作者：Lavabre、Berquin-Varangoz
高：19.3 cm
私人收藏

卡地亚的盆栽系列外观受到传统花道的影响。日本的花道艺术中花瓶、花茎和叶子的造型与花卉本身的造型同样重要，这是卡地亚 1907 年硬石花卉系列的主要灵感来源。

百合，卡地亚巴黎，约 1907 年

（图片为缩小尺寸）

珐琅花、玫瑰切割钻石；东陵石叶子、氧化金属花茎；玫瑰石英花瓶、萤石底座；大理石底座、玻璃罩

无签名

高：27 cm

私人收藏

绣球花，卡地亚巴黎，约 1909 年
（图片为缩小尺寸）

珐琅花；东陵石叶子、氧化金属花茎；“日本”玛瑙花盆、金、玫瑰切割钻石、碧玉土、弧面月长石；白色缟玛瑙和木质底座、玻璃罩
无签名
制作者：Lavabre、Berquin-Varangoz
高：24 cm
私人收藏

绣球花系列制作了几个不同的尺寸和几种不同的颜色：浅蓝色、皇家蓝、粉色和紫罗兰色。

风信子，卡地亚巴黎，1911 年
（图片为缩小尺寸）

珐琅花、金；东陵石叶子、氧化金属花茎；碧玉花盆、萤石土；白色缟玛瑙和木质底座、玻璃罩
无签名
制作者：Lavabre、Berquin-Varangoz
高：25.5 cm
巴黎装饰艺术博物馆收藏

这件作品和 94 页上的袋鼠同属于曼彻斯特公爵夫人孔苏埃洛·伊苏尼亚。它在进入库存时描述如是：“风信子、两个红色碧玉花盆；萤石土、氧化银花茎、东陵石叶子”。

银莲花，卡地亚巴黎，约 1907 年
（图片为缩小尺寸）

珐琅花、钻石；东陵石叶子、氧化金属花茎；玛瑙花盆、萤石底座；白色缟玛瑙底座、木、玻璃罩
无签名
制作者：Lavabre、Berquin-Varangoz
高：27.5 cm
私人收藏

天竺葵，卡地亚巴黎，约 1912 年
（图片为缩小尺寸）

珐琅花、玫瑰切割钻石；东陵石叶子、
氧化金属花茎；碧玉花盆、东陵石土；
白色缟玛瑙底座、木、玻璃罩
无签名
制作者：Lavabre、Berquin-Varangoz
高：23.5 cm
私人收藏

兰花，卡地亚巴黎，约 1907 年
（图片为缩小尺寸）

珐琅花；东陵石叶子、氧化金属花茎、象牙杆；玛瑙花盆、金、弧面蓝宝石、东陵石土、月长石；铜、白色缟玛瑙底座、木、玻璃罩；玫瑰石英乌龟
无签名
制作者：Lavabre、Berquin-Varangoz
高：27.2 cm
私人收藏

兰花，卡地亚巴黎，约 1907 年
（图片为缩小尺寸）

珐琅花：东陵石叶子、氧化金属花茎、象牙杆；玛瑙花盆、金、弧面蓝宝石、东陵石土、月长石；铜、白色缟玛瑙底座、木、玻璃罩；硬石苍蝇、氧化金属
无签名
制作者：Lavabre、Berquin-Varangoz
高：26.8 cm
私人收藏

橙树，卡地亚巴黎，1909 年
（图片为缩小尺寸）

珐琅花、橄榄石；东陵石叶子、氧化金属花茎、软玉树干；玛瑙花盆、软玉土；象牙底座、木、玻璃罩
无签名
制作者：Lavabre、Berquin-Varangoz
高：28 cm
私人收藏

这件作品在档案中描述如是：“橙树用珐琅配东陵石叶子，覆盖了些许雪花，每个表面都有五叶设计的方形玛瑙花器，配有玻璃罩”。这个橙树之所以独特，有两个原因：其一，只做了唯一一件；其二，这是在花卉系列受花道影响的期间制作的，它是那个时期唯一的经典设计，而且似乎直接出自凡尔赛宫的街巷中。它由皮埃尔·卡地亚于 1910 年采购得。

风信子，卡地亚巴黎，约 1925 年

（图片为缩小尺寸）

紫水晶花、玫瑰切割的钻石；紫玉叶、氧化金属茎；玉球茎和盆、翡翠土、蓝宝石；镜子和木底座、玻璃罩
无签名
高：22 cm
私人收藏

这件作品是 1924–1927 年间制作的 30 件花卉中的一件。和早期的款式不同，这朵花为硬石制作且没有用到珐琅彩，铺面则为蓝玉髓和橄榄石。制作这件商品的成本是 115 法郎。它被送到纽约，卖了 205 美元。

III

淑女与绅士

Ladies and Gentlemen

取悦淑女
TO SEDUCE THE LADIES

卡地亚在西方三大城市建立了良好的商业地位，所以他们在观察社交礼节、风格和时尚的变化方面很有优势，新的想法也随之涌现。路易・卡地亚在他的笔记本中写道："……新的设计……封蜡印章、精致烟嘴，重新设计物件上使用的银丝带（编织状银线绳），使用白色半透明牛角、琥珀来制作新式的物品如墨水钢笔和铅笔，日历，带金信封的黄金新年贺卡，带火柴盒的雪茄盒，火柴盒，手持眼睛，歌剧眼镜……"[1]

与法贝热相似，卡地亚制作了大量配饰物品——著名的"objects de vertu"，供日常使用的以玑镂珐琅金或银，硬石或其他材料制作的物件。其中一些由俄罗斯制作，还有一些由法国制作。

多样的灵感来源和繁复的配件使这些物品的归类十分困难。总的来说，这些物件设计的用途脱离了新古典主义的形状或样式。因此它的影响仅限于装饰，比如玮致活（风格）的小瓷器和对希腊罗马式的阴刻工艺的运用。

女性必需品 Feminine essentials

自然的，卡地亚将大量"objects de vertu"引入女性世界。从1902年起，其杂糅的风格更为显现。

卡地亚推出的系列中有金色和蓝色珐琅制的遮阳伞手柄，它们镶有钻石，下方饰有白色珐琅和绿色珐琅月桂叶。同样在该系列当中，有一款带白色珐琅边框镶有钻石的手表，其中蓝色和绿色珐琅的型号带有金月桂叶。

在巴黎市立美术馆可以看到查尔斯・雅库设计的许多款遮阳伞手柄，展示了其创作的多样性。它们搭配了路易・卡地亚喜爱的绿色和蓝色的珐琅组合加上硬石制作，售价为140法郎。（见141页）这些饰品通常为经典的形状，没有特别受哪些风格的影响。

香水瓶和嗅盐瓶很早就出现在卡地亚的库存当中。从19世纪开始，甚至在从意大利人大道迁至和平大道之前，品牌就开始出售这种类型的产品。[2]

嗅盐瓶的形状相当扁平，没有基座就无法直立。因此它们注定会被放置在口袋或手袋中。一款推出于1904年的精致玉石嗅盐瓶，其瓶塞处带雕刻弯曲罗纹且镶有绿松石和钻石。后来被出售给美国银行家J.P.摩根。[3]其他带有玑镂金珐琅塞子的硬石瓶都是在此之后制作的。1909年开始制作的玛瑙嗅盐瓶，有带有蓝色珐琅线条和半球蓝宝石装饰的抛光金瓶塞的款式，（见78页）也有皮耶尔・卡地亚订购的用玫瑰水晶制作，镶有珍珠和钻石的八角形灰色玑镂珐琅瓶塞的款式。

奥斯曼男爵在第二帝国期间主导了巴黎的排水和城市化改造，由此改善了卫生条件。同时，观念的变革使女性获得了更多的自由，这促成人们开始使用嗅盐瓶。嗅盐瓶有众多用途，唤醒昏倒的女士也是其功能之一，不过好景不长，嗅盐瓶很快就过时了。20年代初，嗅盐瓶停产，当然，香水瓶的制作还在继续。这些物件的形制大多因其用途而定，故而多为经典设计，但卡地亚也在少数款式上展开了天马行空的想象。例如，1908年制作的两个希腊双耳瓶形状的瓶子。其中一只为玛瑙制，配"pékin"

乔瓦尼・波尔蒂尼（G. Boldini），查尔斯・马克思夫人（Madame Charles Max），1896年

布面油画
高：2.05 m；宽：1 m
巴黎奥赛博物馆

绿白珐琅镀银，另一只更薄的软玉瓶则配了“pékin”蓝白珐琅。（见 78 页）

正如我们在前面的文章中看到的，所谓卡地亚的“pékin”珐琅指代的是那种北京宽条绸般的亮光和哑光条纹交替纹理的布料质感。这在卡地亚是通过两种不同的的珐琅颜色或珐琅与金属表面的平行线条互相交替来实现的。这种条纹比“mille raies”的细条纹稍宽。一些瓶子配置了基座，因而可以直立放置，其中我们可以看到 1908 年制作的两个例子，一个为玛瑙制，另一个由金发晶制成，它们配有镶钻的粉红珐琅玑镂金瓶塞，还有同年制作的中国软玉款式，它带的是镶钻的铂金瓶塞。这三款瓶子的基座由镀白色珐琅点的黄金制成。一些瓶体成对制作，被称为“flaconnier”。同样于 1908 年制作的玛瑙款式，放置在圆角的长方形蓝色银质玑镂珐琅底座中，（见 81 页）还有一种玫瑰水晶制的带有灰色珐琅瓶塞的相同设计款式。同一年，另一款带两个玫瑰水晶三棱柱的瓶子，搭配圆柱形蓝灰色珐琅玑镂银瓶塞，玛瑙底座上配以花环装饰。（见 124 页）有趣的是，与这对瓶子完全相同的颜色搭配——蓝灰色，同样的玑镂珐琅设计搭配了同样的硬石——玫瑰水晶，这样的设计被用在了同年的玫瑰水晶底座的“方形”座钟上。这些东西是同时代制作的，相同的装饰理念运用在不同种类的器物上，便采用了相同的珐琅颜色、玑镂纹样和硬石材质。另外的两个款式，以简洁的圆柱形玛瑙或玫瑰水晶制的小巧瓶身，配上白色或蓝色珐琅金制瓶盖。（见 143 页）还有一款，在一个圆柱形香水瓶上，白色珐琅边框中的绿色珐琅表面装饰着卡地亚在 20 世纪初标志性的金制花环挂饰。

卡地亚也制作了香水喷瓶，1912 年的两个圆柱形款式记录在卡地亚库存清单上。其中一只带蓝色珐琅，另一个有金色和白色相间的“pékin”条纹。[4]

在剧院或在家里 At the theatre or at home

针对女性客户，卡地亚很早就推出了玑镂珐琅金制作的缝纫用品。比如：

–1906 年，一只圆形金制绿色珐琅卷尺盒。

–1907 年，一个圆形镀有绿色和淡蓝色珐琅的玑镂银针插。[5]

–1907 年，一只圆柱形镀有蓝灰色珐琅的玑镂银卷尺。[6]

–1909 年，一支玳瑁钩针带效仿玮致活的针尖。[7]

– 另一支有着球型针尖的款式由玑镂金和绿色珐琅制作。

– 一个镀蓝色和绿色珐琅的玑镂金针盒。

这些缝纫装饰品的制作并未延续很久，金制顶针的生产只持续到 50 年代。

关于剧院的用品，卡地亚委托擅长珐琅工艺的夏洛特・弗雷斯（Charlot Fréres）工作室制作了简单的镀金青铜歌剧望远镜。目镜用珍珠贝母制成，装饰颜色各异的珐琅。珐琅表面带有金四瓣三叶草，或金环、金十字星。（见 137 页）还有更精致的玑镂珐琅金或者完全覆盖金色玳瑁的款式。[8]（见 49 页）

皮埃尔・卡地亚的妻子购入了一对镶有珍珠和钻石的菱格纹玑镂金歌剧望远镜。另一款从 1909 年开始制作的精巧款式，以玑镂金作为背景，配金色玳瑁，边缘是白色珐琅花环，以镶钻的蓝色和绿色玑镂珐琅图案和两个路易十六式的拱形和流苏图案装饰玳瑁表面。[9]

化妆品 Make-up

卡地亚制作了多种多样的化妆品配件，称之为“par excellence”（同样卓越）的女性用品。当时，美国人所谓的化妆盒，那种集合了粉盒、唇膏盒，还有梳子和香水瓶之类功能的物品尚不存在。世纪之初，卡地亚制作的粉盒通常十分小巧，并且造型多样，正如下面的几个例子：

–1906 年，一个小巧的圆形玑镂金配粉色珐琅的粉盒，盖子中间绘有白底的绿色“旋转小花”。

–1909 年，另一种与众不同的粉盒出现了。它呈扁平的八角形，两块透明的薰衣草色玉石镶嵌在黄金框架中，边缘饰有白色珐琅走线，轮廓略微内陷。之后，这个款式推出了不同金色的版本，它们都带有粉盒内胆并在开关上装饰宝石。这个型号后来还有了附带链环的版本，在最后的版本中以唇膏管替代那个环。

最受欢迎的粉盒要数透镜款式，有金制或银制的，通常饰有珐琅。扣环常镶有钻石，盖子位于中间，有隐藏铰链。这个款式也有使用玳瑁粉末制成的，这是一种有着多种颜色——红色、橄榄绿色和灰色等的复合材料，如纸般轻盈。（见 42 页）

其他化妆饰品外壳包括唇膏盒，它是现代唇膏管的前身，带有几个分格和蓝绿色珐琅，珐琅下绘有黑色花环装饰，这个款式的珐琅是 1907 年委托俄罗斯金匠亚尔制作的。卡地亚也制作了类似双八角盒款式的药盒和糖果盒，虽然它们不是严格意义上的女性物品。我们这里展示两款，其中一款为蓝色珐琅玑镂金盒子，中央装饰花絮，卖给了罗斯柴尔德（Rothschild）家族成员，另一款为圆形绿色珐琅玑镂金制，中央装饰花絮。

1908 年，由马西与兰伯特（Mathey & Lebault）工作室提供的带有金色和白色珐琅边框的椭圆形玫瑰水晶糖果盒出售给了沙皇尼古拉斯二世的姐姐西妮亚女大公。[10]

1909 年制作的一款椭圆形糖果盒，使用缟玛瑙或红宝石的镶钻铂金环制作，并配有铰链至搭扣上。这种装饰可以在另一个带有玉石和校准切割蓝宝石的圆柱形盒子上看到。

1911 年 5 月，沙皇亚历山大三世的小姨子玛丽亚・帕夫洛芙娜大公夫人将档案中描述为“盒盖镶钻带微嵌饰的水晶糖果盒”买下。

这些硬石制作的带铰链、镶宝石的药盒或糖果盒的制作一直持续到 20 年代末。这一系列中最后的产品是一只圆形的盒子，它成为了 1935 年“女士汽车优雅驾驶比赛”的奖品。

这些物件并不局限于买来自己使用，它们也成为了王室婚礼以及其他婚礼清单上的馈赠佳品。这些清单上的物件多种多样，包含银质空心器皿、配饰和小艺术品。1922 年 2 月，在英国玛丽公主（Princess Mary）的婚礼上，乔治五世国王和玛丽王后的女儿收到的所有珠宝和珍贵礼品中，就包括一台西尼亚女大公赠送的卡地亚玛瑙台钟。

相框 Frames

美好年代是摄影工业高速发展的时期，中产阶级以拥有相片为时尚。相框制作需求迅速提高，卡地亚没有错过这次相框制作和销售的热潮。相片和之前的油画相比尺寸更小，珠宝商会为其富有的客户提供各种形状和尺寸的相框。这些相框由玑镂珐琅制成，饰有缎带和花环。由莫斯科金匠亚尔制作的两个款式现存于华盛顿的希尔伍德庄园博物馆。（见 76 页）法贝热用类似的丝带结造型制作了相似的款式，这种路易十六风格的装饰在法贝热的相框上和座钟表上频繁出现。该风格很受俄罗斯贵族喜爱，这点从 1906 年和 1907 年 5 月西尼亚女大公购买的两个和田玉画框就可以看出。

其他型号采用珐琅金、银或硬石——东陵石、

香水瓶架，卡地亚巴黎，1908 年

金、鎏金银、珐琅、玫瑰石英、玛瑙、弧面紫水晶
无签名
“野猪头”法国白银纯度印记
制作者：Mathey & Cie
高：10.7 cm；长：11.5 cm；宽：6.5 cm
私人收藏

温度计，卡地亚巴黎，约 1908 年

鎏金银、珐琅、玛瑙、宝石；象牙背板
签名：Cartier Paris London
“野猪头”法国白银纯度印记
制作者：Mathey & Cie
高：10.2 cm；长：5.2 cm
私人收藏

温度计，卡地亚巴黎，1906 年

金、鎏金银、金发晶、珐琅、象牙
签名：Cartier Paris
“野猪头”法国白银纯度印记
制作者：Mathey & Cie
高：11.2 cm；宽：7.8 cm
卡地亚－日内瓦收藏

气压计，卡地亚巴黎，1908 年

鎏金银、珐琅、弧面蛋白石；金指针
签名：Cartier
“野猪头”法国白银纯度印记
制作者：Mathey & Cie
高：14.4 cm；直径：4.9 cm
私人收藏

另有同样装饰月桂叶的三角支架款，中间为矩形相框。

带支架气压计，卡地亚巴黎，1908 年

银、金、珐琅、镀金金属、象牙背板；蓝钢指针
签名：Cartier
“野猪头”法国白银纯度印记
制作者：Bako
直径：7.8 cm
私人收藏

卡地亚典藏系列中有一件1908 年开始制作的皇家蓝珐琅版本的相同款式。

一对腊肠犬，卡地亚巴黎，约1910年

玛瑙腊肠对犬、铂金、玫瑰切割钻石、铂金链；玫瑰石英基座；木制底座、镀金金属；镶金玻璃罩、铂金、弧面蓝宝石
无签名
制作者：Berquin-Varangoz
高：11.5 cm；长：12.8 cm
私人收藏

封蜡盒，卡地亚巴黎，
约 1910 年

金、银、珐琅
签名：Cartier
“鹰头”法国黄金纯度印记
“野猪头”法国白银纯度印记
制作者：Bako
长：14.6 cm
私人收藏

（盒底的细节）

（印章的细节）

蘸水笔，卡地亚巴黎，
约 1905 年

银、珐琅、玳瑁、金笔尖
无签名
“野猪头”法国白银纯度印记
长：17.5 cm
私人收藏

钢笔搁，卡地亚巴黎，
约 1905 年

银、珐琅
无签名
“野猪头”法国白银纯度印记
制作者：Césard & Sthummer
长：4.5 cm
私人收藏

刮刀，卡地亚巴黎，
约 1905 年

银、钢、珐琅
无签名
“野猪头”法国白银纯度印记
长：18 cm；宽：1 cm
私人收藏

铅笔，卡地亚巴黎，
约 1905 年

金、银、木、石墨
签名：Cartier Paris
“鹰头”法国黄金纯度印记
长：13 cm；宽：1.2 cm
私人收藏

这套书写工具是 1905 年 4 月由歌剧女主角内莉·梅尔巴（1861–1931）购买的，她出生于澳大利亚，原名海伦·波特·米切尔（Helen Porter Mitchell ）。1890 年，她在欧洲歌剧舞台上获得了成功，并迅速成为当时最著名的女高音歌唱家。她富有，且绯闻缠身。她是卡地亚的常客，购买有珠宝、手表和配件等许多物品。（见 70 页）如今她仍因名厨埃斯科菲（Escoffier）为她制作的食谱“香草汁水煮桃子加香草冰淇淋，配覆盆子稀果酱”而闻名。这就是著名的“Pêche Melba”。

查尔斯·雅库，书写工具设计稿，
约 1909–1912 年间

一把裁纸刀、三支自动铅笔、四支
“汤姆拇指”铅笔、一个钢笔搁
透明羊皮纸上的铅笔和水粉
巴黎市立美术馆

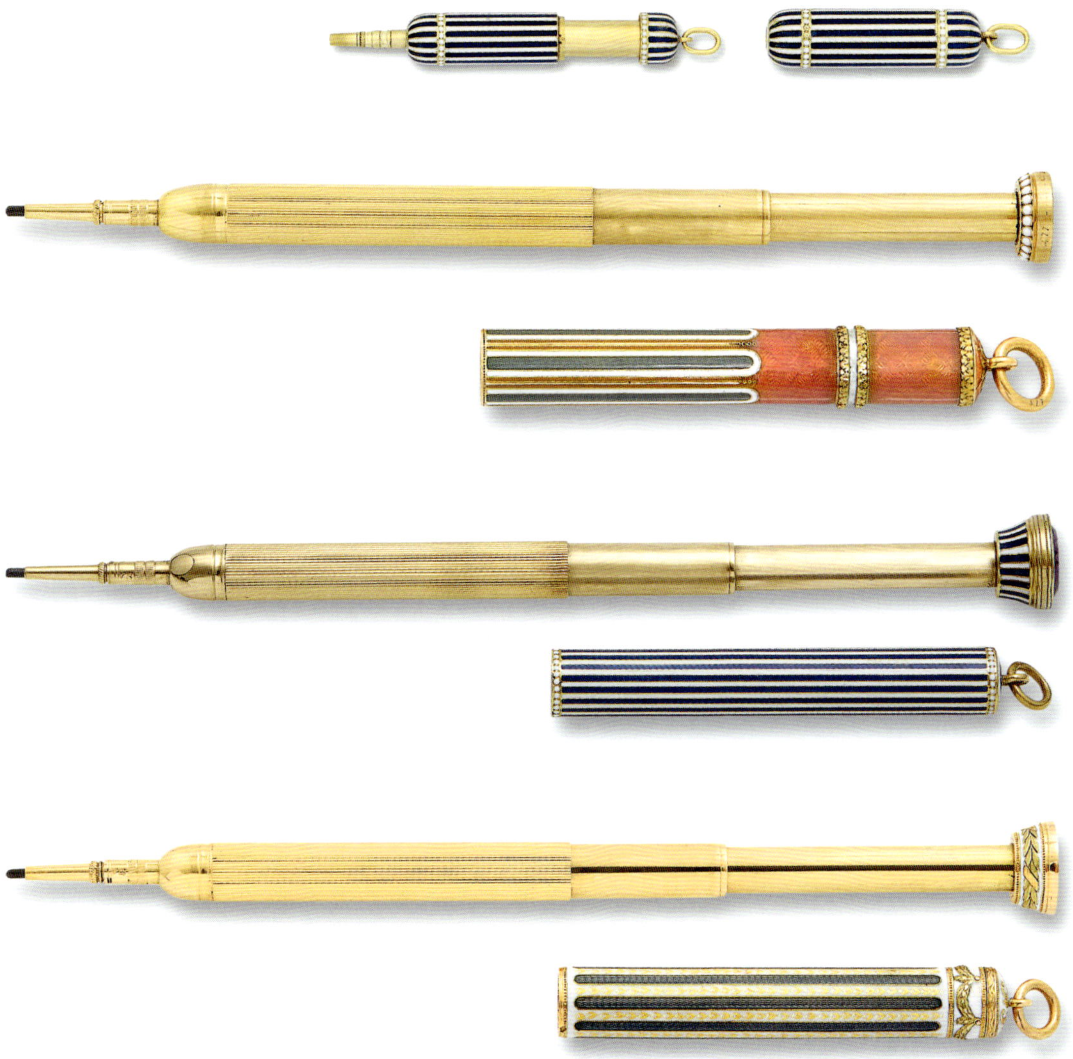

“汤姆拇指”伸缩铅笔，卡地亚巴黎，1912 年（开、合）

金、“mille-raies”珐琅
签名：Cartier
“鹰头”法国黄金纯度印记
制作者：Lavabre
长 :3.3 cm（闭合）
卡地亚 – 日内瓦收藏

在档案里，“Tom Thumb”（汤姆拇指）这个词被用来形容袖珍墨水笔和打火机。

伸缩铅笔，卡地亚巴黎，约 1904 年

金、珐琅
签名：Cartier
“鹰头”法国黄金纯度印记
长：8.3 cm（闭合）
私人收藏

伸缩铅笔，卡地亚巴黎，约 1912 年

金、“mille-raies”珐琅、紫水晶
签　名：Cartier Paris Londres New York
“鹰头”法国黄金纯度印记
制作者印记模糊
长：8 cm（闭合）
私人收藏

伸缩铅笔，卡地亚巴黎，约 1910 年

金、“pékin”珐琅
无签名
长：7.6 cm（闭合）
私人收藏

这支笔被印有伪造的法贝热印记。

带时钟和墨水笔的墨水罐桌面套组，卡地亚巴黎，1908 年

金、银、鎏金银、珐琅、铂金、玫瑰切割钻石、弧面蓝宝石；金指针
签名：Cartier Paris Londres
“野猪头”法国白银纯度印记
制作者：Bako、Prévost
高：8.3 cm；长：18.5 cm；宽：7 cm
卡地亚 – 日内瓦收藏

相框，卡地亚巴黎，约 1912 年

金、鎏金银、“mille-raies”珐琅；
象牙背板；象牙上的微缩人像
签名：Cartier Paris
“鹰头”法国黄金纯度印记
“野猪头”法国白银纯度印记
制作者：Bako
直径：7.5 cm
私人收藏

这是马克·安第尼亚（Marc Antigna 1869–1941）制作的微型肖像。他是微型肖像画家，参加了 1903 年至 1910 年在巴黎举办的“挂件沙龙”，在此期间他完成了这项作品。他也是一位著名的雕刻师，为卡地亚提供了许多象牙雕刻。

座钟，卡地亚巴黎，1912 年

金、鎏金银、“mille-raies”珐琅；
象牙背板；铂金、玫瑰切割钻石指针
签名：Cartier Paris
“鹰头”法国黄金纯度印记
制作者：Bako
直径：7.5 cm
私人收藏

长柄眼镜，卡地亚巴黎，1911 年

铂金、天然珍珠、玫瑰切割钻石
签名：Cartier Paris Londres New York
“鹰头”法国铂金纯度印记
制作者：Charpentier
长：12.5 cm
私人收藏

长柄眼镜，卡地亚巴黎，约 1910 年

金、铂金、玫瑰切割钻石、玛瑙、珐琅
无签名
“鹰头”法国黄金纯度印记
制作者：Lavabre
长：14.2 cm
私人收藏

这些是双焦眼镜。正面中央的玛瑙饰板上刻有长柄眼镜的所有者路易斯公爵（Louise-Léontine de Rochechouart-Mortemart）的首字母“LRM”并镶钻。（见右图）背面有公爵项冠。
卡地亚另有一种类似的长柄眼镜，由铂金和钻石制成，收藏于纽约大都会博物馆。

两副歌剧眼镜，卡地亚巴黎，约 1911 年

镀金青铜、珐琅、珍珠贝母
无签名
制作者：Charlot
长：8.9 cm
私人收藏

卡地亚典藏系列中有一副相同的蓝色珐琅歌剧眼镜。这种歌剧眼镜款式很受欢迎，有几种颜色：淡蓝色、淡紫色、浅绿色、灰蓝色、海绿色、紫色、粉色、灰绿色。（La Collection Cartier，objets précieux，op. cit.，p.92）

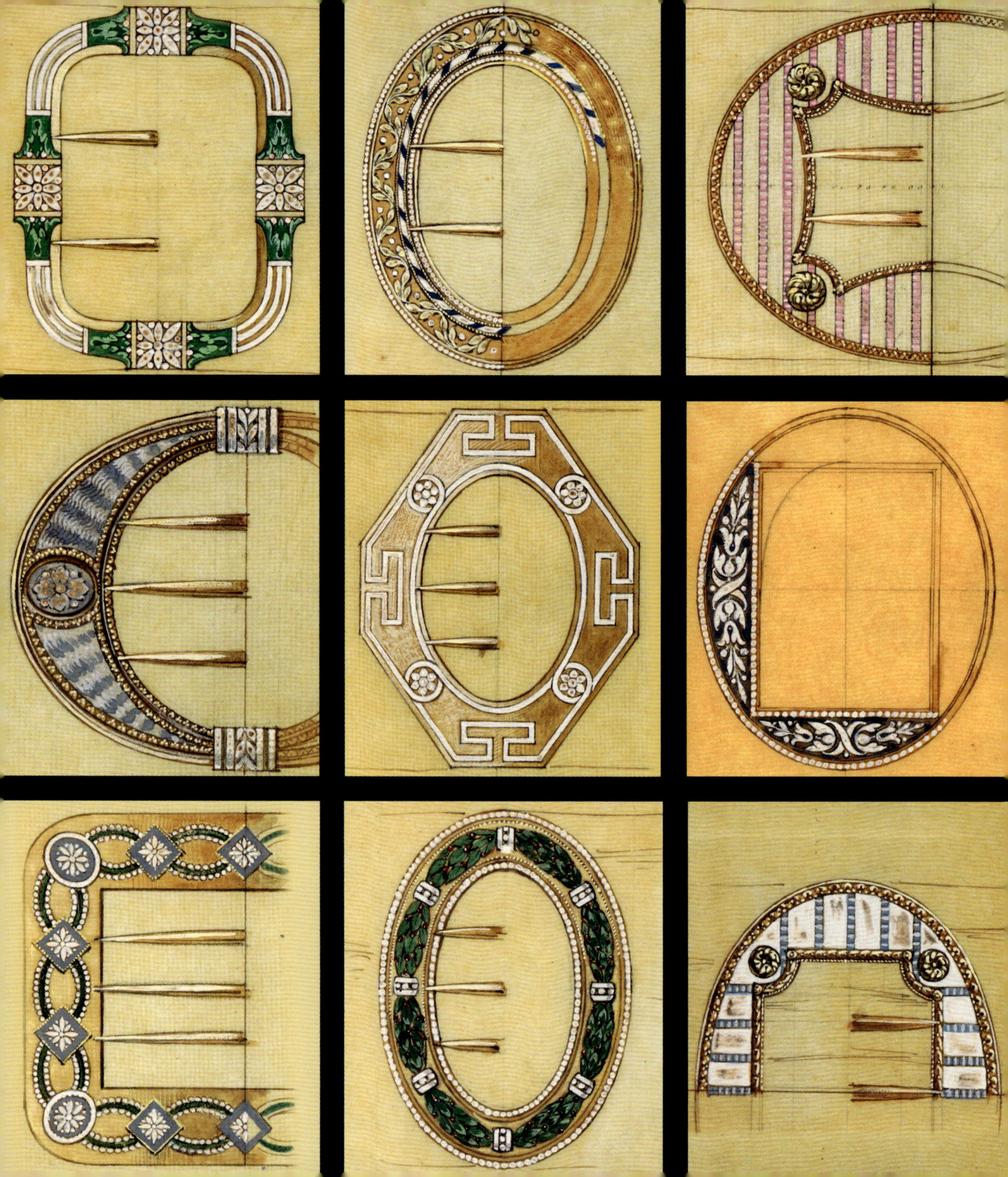

皮带扣，卡地亚巴黎，1907 年

金、鎏金银、珐琅、铂金、玫瑰切割钻石
签名：Cartier Paris
“鹰头”法国黄金纯度印记
“野猪头”法国白银纯度印记
制作者：Lavabre
高：8.2 cm；宽：5.6 cm
私人收藏

皮带扣，卡地亚巴黎，1906 年

金、鎏金银、珐琅、铂金、玫瑰切割钻石
签名：Cartier Paris
“鹰头”法国黄金纯度印记
“野猪头”法国白银纯度印记
制作者：Lavabre
长：8.5 cm；宽：7.5 cm
卡地亚 – 日内瓦收藏

伞柄，卡地亚巴黎，约 1908 年

黄金、玫瑰金、银、珐琅；内附八个金伞头套
无签名
制作者印记模糊
高：7.8 cm
私人收藏

伞，卡地亚巴黎，约 1904 年

（图片为缩小尺寸）

金、珐琅、榴辉岩、丝绸、木材、钢
无签名
“鹰头”法国黄金纯度印记
制作者：César d & Sthummer
高：6.6 cm（伞柄）
私人收藏

晚宴包，卡地亚巴黎，约1907年

金，铂金、珐琅、弧面红宝石
签名：Cartier Paris
“鹰头”法国黄金纯度印记
制作者印记模糊
高：20 cm；长：12.6 cm
私人收藏

自动铅笔，卡地亚巴黎，约1905年（右页）

金、珐琅、铂金、玫瑰切割钻石
无签名
“鹰头”法国黄金纯度印记
长：10.2 cm
私人收藏

带暗扣的挂坠，卡地亚巴黎，约1907年（右页）

金，“pékin”珐琅、铂金、玫瑰切割钻石
签名：Cartier Paris
“鹰头”法国黄金纯度印记
直径：2.9 cm
巴黎华雅收藏

这枚吊坠可通过一个巧妙的机关打开，该系统将一个螺纹集成到外环中。当把吊坠放在大拇指和食指之间并旋转环，会出现一个缺口和支点，由此打开吊坠。1910年5月，这项技术在国家工业产权局登记了专利。

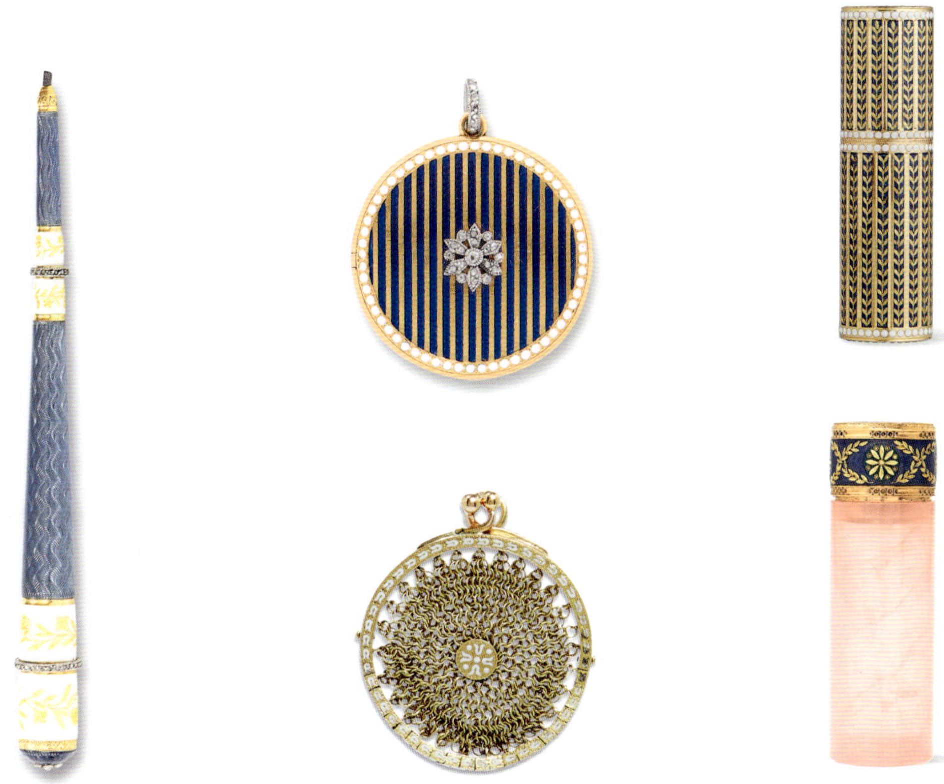

“Louis D’OR”零钱袋，卡地亚巴黎，约1910年

金、珐琅
签名：Cartier Paris
“鹰头”法国黄金纯度印记
制作者：Lavabre
直径：3.5 cm
私人收藏

针盒，卡地亚巴黎，约1907年

金、珐琅
无签名
“鹰头”法国黄金纯度印记
制作者：César & Sthummer
高：5.1 cm；直径：1.3 cm
巴黎华雅收藏

香水瓶，卡地亚巴黎，1908年

金、玫瑰石英、珐琅
签名：Cartier Paris
“鹰头”法国黄金纯度印记
高：5.3 cm；直径：1.6 cm
私人收藏

纽扣，卡地亚巴黎，约1908年

银、珐琅
签名：Cartier Paris Londres
“野猪头”法国白银纯度印记
制作者印记模糊
直径：3.1 cm
私人收藏

微型雕像“麦当娜与儿童”神龛，卡地亚巴黎，约 1910 年（合、开）

金、象牙
签名：Cartier Paris Londres New York
“鹰头”法国黄金纯度印记
高：9 cm；宽：3.6 cm
私人收藏

通过按压神龛顶部的羽毛，两扇门会随之打开，露出“麦当娜和孩子”的肖像。尽管 1905 年颁布了政教分离的法律，在该题材遭受冷遇的情况下，卡地亚还是制作了一些类似的宗教物品，或是描绘圣徒的吊坠，图中的产品由 J.P. 沃斯和英国国王爱德华七世购买。

圣安东尼的帕多瓦吊坠，卡地亚巴黎，约 1907 年（合、开）（右页）

金、银、蓝珐琅、铂金、玫瑰切割钻石
雕塑签名：J.Dampt
“鹰头”法国黄金纯度印记
制作者：Charpentier
高：4.5 cm
私人收藏

圣安东尼的帕多瓦吊坠，卡地亚巴黎，约 1906 年（右页）

金、白－绿－蓝珐琅、铂金、蓝宝石、玫瑰切割钻石
无签名
“鹰头”法国黄金纯度印记
制作者：Charpentier
高：4.5 cm
私人收藏

圣克里斯托弗吊坠，卡地亚巴黎，约 1908 年（右页）

金、白珐琅、铂金、蓝宝石、钻石、玫瑰切割钻石
无签名
“鹰头”法国黄金纯度印记
制作者：Charpentier
高：4.5 cm

圣安东尼帕多瓦吊坠，卡地亚巴黎，约 1908 年

金、银、皮革、铂金、红宝石、玫瑰切割钻石
雕塑签名：J.Dampt
“鹰头”法国黄金纯度印记
制作者：Charpentier
高：4.5cm
日内瓦皮埃尔・卡地亚基金会收藏

这个吊坠属于皮埃尔・卡地亚。皮埃尔夫妇名字的首字母“PE”缠绕在一起，P 代表皮埃尔，E 代表埃尔玛，镶有钻石。

圣克里斯托弗吊坠，卡地亚巴黎，约 1910 年

金、蓝珐琅、铂金、玫瑰切割钻石
雕塑签名：J.Dampt
高：4.5cm
私人收藏

卡地亚典藏系列中也有一个相似款雕像，是帕多瓦的圣安东尼。

推动两个拉丁十字架的顶端可打开吊坠，展露帕多瓦的圣克里斯托弗或圣安东尼雕像。（见右图）用弹簧机制来打开不同型号上的珐琅盖或门。

这些微型雕塑是 1877 年罗马大赛二等奖得主让・丹普（Jean Dampt，1854–1946）的作品，他经常使用金、银和象牙。他的作品在巴黎奥赛博物馆展出过。知名画家和重要的卡地亚客户伯纳德・布特・德・蒙维尔（Bernard Boutet de Montvel）也曾在他巴黎的工作室里学习。（见 372 页）

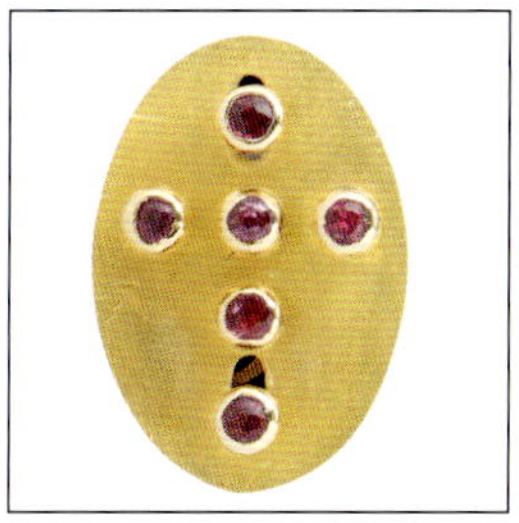

满足绅士
TO PLEASE THE GENTLEMEN

卡地亚不仅为女性顾客创造了商品，还为富裕的男性顾客提供能与他们社会地位相符的物件。需要强调的是卡地亚的这类产品丰富而多样。

烟具 Smoking accessories

在日常用品中，当时的烟具几乎全部专供男士。烟盒、打火机、烟嘴和烟灰缸在卡地亚的产品线中构成一个单独类别，因此使用了相同的库存系列编号。类似于女性的化妆盒，烟盒也有多种不同的形状和装饰图案，取材于 18 世纪末在巴黎或日内瓦制造的鼻烟盒、匣子和舞蹈卡片盒上的装饰。

"垫子"（cushion）款式的烟盒在 1903 年出现。这个款式大多配有雕刻在表面的类似"豌豆和香肠"的连续花纹或者玑镂珐琅。不久之后，有更多种类的珐琅图案可供客户选择。卡地亚甚至还利用摩尔纹的视觉幻象纹理来模仿丝绸。一些烟盒有其独特的尺寸，使用了和化妆盒类似的图案设计。可以通过搭配类似的款式而成为套装。正如卡地亚纽约制作的 14K 金圆柱形款式，使用了与抽屉款多功能化妆盒上相同的"pékin"图案。

所有俄罗斯制的产品都很受欢迎，从 1904 年起，卡地亚从莫斯科金匠亚尔那里定制了烟盒。这些烟盒由充满异国情调的木材——卡利亚花木和紫心木制成，搭配珐琅银或类似软玉的硬石。1914 年制作了一个有趣的硬石款式，包含一个火柴盒和一个带珐琅金线边框的擦片。内部表面有开槽，以便安置带有火种的小绳子，可用一个小环拉动来点燃香烟。[1] 丝带的造型在俄罗斯非常受欢迎，一直到 20 年代都在用来装饰不同颜色的金制盒子。南斯拉夫的亚历山大一世特别喜欢他们的斯拉夫风格，购买了几款，还在盒盖上定制了他的标志。（见 83 页）从 1909 年开始，俄罗斯风潮被体现在那些硬石（玛瑙、水晶、石英、翡翠和软玉，以及青金石、缟玛瑙）制的烟盒和火柴盒上。它们几乎都被制成直立的长方形，有着不同的开合结构，有的会在擦片处嵌入宝石：

– 在一些款式中，器物被包裹在珐琅玑镂金框架中。从正面开合，铰链放置在后侧。其中有一系列使用了同时期其他盒子款式上出现的月桂饰带。[2]

– 在一些正面开合的款式中，一对铂金铰链被放置在后侧，盒子镶嵌有钻石和宝石，有的作弧面，有的角切，宝石之间以钻石镶嵌连接。一个简单的连接从扣环开始，在盖子的顶部分开，通常镶嵌有角切或弧面的宝石或钻石的铂金环。[3] 可以在查尔斯・雅库留下的草图中看到，这个开合系统有许多变化。

– 另一个款式则是侧向打开，侧面配有扣环和铰链。由镶钻的铂金来连接，有的还会在中心环绕镶嵌弧面的宝石或钻石。

1906 年的玑镂金款式，带绿色蓝色的"pékin"玑镂珐琅，也有黑白"pékin"条纹的款式。随后制作的一些全黑或全白的火柴盒，从侧边打开，盖子内侧装有擦片。一排钻石或金花环装饰为烟盒增加了一丝奢华感。

彼得・勒马尚，
路易・卡地亚肖像，约 1940 年

布面油画
高：91cm；宽：72cm
阿兰・卡地亚收藏

彼得・勒马尚（Peter Lemarchand）是一位天才的设计师，许多豹的设计都归功于他，他于 1927 年开始为卡地亚工作。这幅作品的灵感来自于埃米尔・弗里特（Emile Friant）所作的一幅著名的路易・卡地亚的绘画。似乎他的模特是路易的儿子克劳德・卡地亚。

1907年的一个长方形款式，采用能方便装入口袋而适应胸部线条的微曲外形，配以蓝色珐琅玑镂金工艺。1913年，一款平底的金色矩形款式被制成配有火柴盒的烟盒。全部以黑白“pékin”珐琅装饰，外框则点缀着白色珐琅圆点的图案。铂金搭扣镶有五颗钻石，其中一个角上镶一颗圆形蓝宝石，上面刻有主人的首字母或者标志。

从“pékin”珐琅烟盒的销售数量看，我们似乎可以得出结论：这种纹样在一战前取得了巨大成功。之后，装饰演变为纵横交错的重复图案，而最终引入了装饰艺术的几何图形设计。从20年代开始，风格在不断发展，来自东方的灵感与新古典主义风格并存。1911年，卡地亚融合了来自印度和伊斯兰的元素，创作了一款在当时十分大胆的烟盒，中央有包围在蓝色和白色菱形格珐琅中的阿拉伯花纹和19世纪印度－波斯鸟类彩砖纹样，每个末端都饰有蓝色和白色的珐琅棕榈叶，边框用19世纪斋普尔的白色珐琅背景衬托的花环图案来装饰。在背面有一个阿拉伯风格铭文。（见282页）

另一个固定式火柴盒及烟盒的款式，被称为“vesta case”（灶神盒）。这个款式很快从卡地亚的库存清单上消失，取而代之的是内置隔间的烟盒。在马甲还盛行的时期，出现了一种便于放入马甲口袋的带链火柴盒款式，圆形，具有与怀表一样的珐琅设计，中心饰有星形钻石或旋转珐琅花环。圆圈的一部分可向外张开以打开盒子。

英国皇家收藏中有一款红色珐琅金币火柴盒，一侧印有爱德华七世的肖像。（见153页）

另有采用圆角矩形轮廓，侧面有铰链来开合盖子的款式。卡地亚档案里，以一条不同寻常的描述“两头都可打开的长方形打火机”记录了一个相似的款式。（见77页）在此之前，打火机是自燃的（燧石打火机），其工作原理如下：当铁丝杆摩擦擦片时，燧石末端被汽油浸泡的灯芯包围着擦片，擦片便会点燃。[4]（见159页）燃油箱口袋打火机首次出现在第一次世界大战中。卡地亚采用珐琅背景装饰它们以搭配烟盒来配对成套。1929年，卡地亚在打火机的面上添加了时钟。（见386页）

卡地亚制作的烟灰缸有各种形状和尺寸。它们通常用硬石制成，在1906年由伯金－瓦朗戈斯制作的青金石和榴辉岩菱形图案的桥牌套装中可以看到，这种烟灰缸四角都装饰有白色背景衬托的王牌图案，边框则是在岩石上饰以鎏金银。（见154页）

伊丽莎白二世女王皇家收藏的一只玛瑙船，很有可能是一只烟灰缸而不是一个针盘。玛瑙船的边缘镶银，还装饰有倾斜的蓝色三角形图案玑镂珐琅。烟灰缸放置在蓝色珐琅玑镂银的底座上。

第一款断头台式雪茄剪由圆形珐琅玑镂金制成，可以悬挂在链子上。雪茄可放置在正中间，用一块钢制刀片切割雪茄，刀片两端镶有弧面蓝宝石。（见156页）另一个款式采用剪刀造型，雪茄剪代替了刀片。（见390页）

在长方形珐琅玑镂金的款式中，雪茄剪的开口位于下部，而上部分则可以打开，以便为雪茄定位。

在20世纪的前30年中，上流社会和中上阶级烟民们普遍都会使用烟嘴。烟嘴有许多优点：

距离相对远一些，避免烟雾影响吸烟者的脸和眼睛。同时它解决了吸烟者嘴和指尖接触烟纸、烟草的问题。它为吸烟者提供了更为优雅的吸烟姿态。烟嘴有多种造型，通常呈圆锥形或方形，边缘有斜边，大体有三种尺寸：

半尺寸（小号），两端饰有珐琅玑镂金或铂金装饰环，镶嵌钻石或宝石。在香烟的另一端，可更换的海泡石滤嘴的一端插入烟嘴中，置于吸烟者唇间。卡地亚在10年代和20年代制作了中型烟嘴，它们由一块或两块拧紧的硬石制成，由镀珐琅或镶有宝石或半宝石的小金环分隔。在部分款式中，烟嘴的尖端还会添加装饰。

还有一种被称为"fourneau tromblon"（铳）的款式，有着圆柱形的尾端小管。为了减轻重量，一些烟嘴通体或局部采用玳瑁、煤玉、琥珀，甚至胶木制成。长烟嘴非常少见。其中有一两款配有长长的信天翁羽尾，尾端制成铳的造型。[5]

多样的器物 Diverse objects

除了为吸烟者提供用具以外，卡地亚还为客户提供了一系列日常用品。这些款式只作少量生产，种类繁多，在设计上另辟蹊径。它们通常由珐琅玑镂金制成，尾端可以连接怀表链条用以佩戴或搭配链条出售。卡地亚制作了折叠刀、伸缩铅笔和自动铅笔、（见 131 页）药盒、相框、（见 143 页）袖珍手电筒，甚至还有曲率计——一种用于测量平面或地图上距离的小型仪器。正如 1912 年制造的扣眼链，其边缘有一个很细的白色珐琅边框。（见 158 页）

名片盒也很受欢迎。从 19 世纪初开始，会客出示名片成为社交礼仪。在维多利亚时代，这种习俗越来越普及，名片显示了主人的社会地位。而名片盒的流行则始于 1840 年左右，一直持续至第二次世界大战爆发。

纽约银行家 J.P. 摩根和阿迦汗在 1906 年 6 月的同一天购买了名片盒。这款名片盒由带有弧面红宝石扣环的螺纹金制成。第 82 页展示了这个款式的一种变体，它的底部是倾斜的，通过抬起外侧的一个把手掀开盖子，展露出名片。

在世纪初的这段时间里，卡地亚还制作了男女通用的艺术商品。比如书签、金质便携放大镜（因其配有两枚镜片而被称为两用放大镜）或台式放大镜。（见 158 页）一件台式放大镜被英国国王爱德华七世于 1902 年 12 月购得，它饰有蓝丝带纹样的白珐琅金。1905 年，另一款亚尔工作室制作的紫红色和蓝色珐琅款式出现在和平大道店铺的库存里。（见 77 页）

桌面器物 Desk accessories

卡地亚还推出了很多桌面器物，其中包括来自圣彼得堡沃尔费尔工作室的胶水罐。它们用硬石雕刻成水果形状，如苹果、梨和西红柿。一件罕见的圆形封蜡盒用珠光粉色珐琅银制成，可在一端雕刻密封槽，其设计令人惊叹。（见 128 页）另一个微型封蜡盒采用“点”纹玑镂金制成，在两端饰有白色珐琅矩形边框的“NEVER”和“WRITE”字样。（见 42 页）

拉瓦布雷工作室与宝石匠泰尔瑞・德・罗亚特合作制作了一系列硬石碗。选用玛瑙或苔藓玛瑙的款式，饰有白色或绿松石色珐琅边或金边。弧面的宝石镶嵌在每一面的中间或者末端。

由多个工作室于 1906 年完成的一组共 11 件不同的蓝色珐琅鎏金银器物在 1913 年开始销售。其中包括油灯、封蜡灯、封蜡盒、玳瑁钢笔、墨水瓶、吸墨纸、橡皮套、磨石、按铃、邮票盒和邮票滚筒，（见 135 页）这个商品也可用来润湿指尖，以便分离卡片。法贝热制作了和这款十分相近的邮票滚筒，其区别只有粉色珐琅表面和脚上装饰的狮鹫。卡地亚还为客户提供了大小形状不一的花瓶，以完整其书房系列。比如一对玫瑰石英的球形款式可以追溯到 1907 年，采用蓝色珐琅的方形玑镂金底座。底边饰有金月桂纹样和白色珐琅边线，底部配象牙底板。另一些方形花瓶的设计似乎受到同时制作的“方形”钟的启发。他们由珐琅玑镂银制成，在每一面中央都饰有玫瑰纹样。另一个放置在玛瑙卷轴底座上的款式每一面的白色珐琅背景中央，都有垂直的月桂饰带。[6] 一款圆形的饰有珐琅和玛瑙的银制花瓶被英国国王爱德华七世于 1910 年购得。它被称作“烛台花瓶”。[7]

在查尔斯·雅库1909年至1912年的速写本中，可以看到大量形状各异的按铃，这些形状中包括金字塔形（见239页）和星形。

1910年制作了配有象牙底座的粉色珐琅玑镂银的按铃款式。按钮放置在月长石中，并以电力驱动。同一时期的另一款电动式样采用“gold on silver”（银镀金）的“枕形”设计。[8] 它的玑镂表面带有白色爱心涡型图案珐琅。按钮则由弧面橄榄石制成。另一款按铃型号则由雕刻成扁平的猫头鹰头形状的虎眼石制成，它和法贝热的一款软玉制品十分相似。另有一款圆形按铃，由硬石制作成“救生圈”造型，配有珐琅金饰板，金制按钮被白色同心圆围绕着，成为“pékin”纹样的不寻常变形。

汽车用品 For the automobile

20世纪初，科技日新月异，机械的速度也迅速提升。这种速度的变化让所有人着迷。1989年在法国汽车俱乐部的提议下，巴黎的杜乐丽花园举办了首次国际汽车博览会。14万参观者蜂拥而至，亲眼见证了高达每小时60公里的速度。和在其他领域一样，法国的汽车制造也处在当时现代化的前沿。那时世界上所有的汽车中，有一半为法国产。当然，这些车辆仅为富豪和精英们独有，他们借此彰显和普通人的差别。“在城市里，当一个人去拜访朋友、去剧院或歌舞厅时，没有什么比双门轿跑的时尚线条更合宜，这是奢华的真正体现，它拥有极致的美丽，是同珠宝般的尤物”[9] 卡地亚为满足客户能够装点这个极尽奢华空间的需求，制作了“满足客户所需，让他们爱不释手”[10] 的产品，包括台钟、气压计、温度计、幸运符、墨水瓶等。

这些产品当中，有带矩形框架集合钟表的圆形表盘气压计。它们被设计为可安装于汽车仪表板上。一些款式在两个表盘之间，加入了圣克里斯托弗（旅行者的守护神）圆浮雕。物件的背面覆有皮革，当与木质仪表盘融为一体时，这一部分就被隐藏起来。有几种不同外形的设计：

– 一个带有时钟和晴雨表的双表盘款式，中间镶有带银质边框的圣克里斯托弗圆浮雕，上面写有“Look at Saint Christopher and be reassured”（在圣克里斯托弗注视下安心前行）的标语。

– 一种圆形或矩形，带有三个表盘，包括钟表、气压计和温度计的款式。

– 一个较窄的垂直款式，只有一个时钟和一个银制圣克里斯托弗圆雕。

最后，一款仅有计时功能的型号，上面刻着镂空“Spero Saint-Christopheteprotége”（圣克里斯托弗保护你）的铭文，在圆盘的上方，镶有象牙圣克里斯托弗圆雕。（见165页）

正如我们在文中看到的，这些物件多样而独特的品质，使卡地亚在同时代的众多竞争者中脱颖而出。人们会说起伯金–瓦朗戈斯在1910年前受《12个凯撒的生活》作品影响制作的罗马12帝王系列。虽然这系列可能仅可用作镇纸，但它们极具装饰性。这些17厘米的小雕像看起来形似棋子。身体用银或鎏金银制成，而头部则由硬石（灰色和棕色玛瑙、红碧玉、血石、紫水晶、萤石、亚光水晶、红玉髓）雕刻而成，并各自配有底座。[11]

这些物件中多数成为当时极具品位的馈赠佳品。《Le Boulevardier》在提到时评漫画家何塞·玛亚亚·塞特（José Maria Sert）时写道：“他喜欢聚会，有着多彩的生活，但他永不回复邀请。只是回赠一些来自卡地亚的精巧物件。”由此可见卡地亚产品在当时的流行程度。

注释
Notes

1. 这个烟盒卖给了南希·利兹，她后来成为希腊的阿纳斯塔西娅王妃。

2. 随着装饰艺术的出现，这些设计被几何图案所取代。

3. 这个链接在某些物件中未被采用。随着装饰艺术风格的兴起，便不再出现。

4. 这种打火机首次出现是在卡地亚1867年的库存中。

5. 在这个问题上，作曲家伊戈尔·斯特拉文斯基（Igor Stravinski）在1925年的一封信中写了一则轶事，讲到了一只尾端饰有信天翁羽毛的金制白色珐琅长烟嘴，这是波利尼亚克公主（Princess de Polignac）提供给他的："音乐会结束后，爱乐乐团热情地为我准备了招待会和晚餐，在宴会结束时，我注意到有人偷走了我的烟嘴，是十年前波利尼亚克公主送给我的一件来自卡地亚的讨人喜欢的贵重品，我气得大喊。"

6. 这些花瓶现存于卡地亚典藏系列。

7. 该花瓶现存于英国皇家收藏。

8. 在银上应用薄薄的金是卡地亚当时采用的一种技术，特别会用是在一些"立方"钟上。

9. *Vogue*, July 1923。

10. 同上。

11. 12位皇帝是：尤里乌斯·凯撒、奥古斯都、提比略、卡里古拉、克劳狄斯、尼禄、伽尔巴、奥托、维提里乌斯、韦帕芗、提图斯和多米提安。其中4个小雕像可以在1924年纽约中央大皇宫"法国展"的卡地亚精品店的照片中看到（见453页）。其中两个可见于爱德华·史泰钦于1926年6月1日在美国《Vogue》杂志上发表的一张照片。

查尔斯·雅库，香烟嘴设计图，约 1910–1920 年间

透明羊皮纸上的铅笔和水粉
巴黎市立美术馆

烟嘴，卡地亚巴黎，约 1910 年（右页）

铂金、玫瑰石英、玫瑰切割钻石
签名：Cartier
“鹰头”法国铂金纯度印记
长：5.7 cm
私人收藏

烟嘴，卡地亚巴黎，1916 年（右页）

铂金、水晶、缟玛瑙、玫瑰切割钻石
签名：Cartier Londres New York
“狗头”法国铂金纯度印记
制作者：Lavabre
长：5.6 cm
私人收藏

烟嘴，卡地亚巴黎—纽约，1910 年（右页）

玉、铂金、玫瑰切割钻石、弧面红宝石
签名：Cartier Paris Londres New York
“鹰头”法国铂金纯度印记
制作者：Duru
长：5.4 cm

烟嘴，卡地亚巴黎，1906 年（右页）

金、苔藓玛瑙、珐琅
签名：Cartier Paris
“鹰头”法国黄金纯度印记
制作者：Lavabre
长：5.6 cm
阿兰 • 卡地亚收藏

烟嘴，卡地亚巴黎，1913 年

金、软玉、小型角石切割紫水晶
签名：Cartier Paris Londres New York
“鹰头”法国黄金纯度印记
制作者印记模糊
长：5.6 cm
阿兰・卡地亚收藏

这些烟嘴与配套的圆锥形海泡石部件一同售卖，搭配使用能让拥有者体验更佳。

火柴盒，卡地亚巴黎，约 1906 年

金、珐琅、铂金、玫瑰切割钻石
签名：Cartier Paris
“鹰头”法国黄金纯度印记
制作者：Lavabre
直径：4.5 cm
私人收藏

火柴盒，卡地亚巴黎，约 1908 年

金、珐琅
签名：Cartier Paris
“鹰头”法国黄金纯度印记
制作者：Lavabre
直径：4.5 cm
伊丽莎白二世女王皇家收藏

盒子的中央是一个国王爱德华七世的黄金肖像，背面是圣乔治屠龙画像，附带日期“1902”。这件作品可能是由英国国王爱德华七世和他的妻子亚历山德拉王后购买的。

火柴盒，卡地亚巴黎，约 1908 年

金、“pékin”珐琅、铂金、玫瑰切割钻石
签名：Cartier Paris
“鹰头”法国黄金纯度印记
制作者：Lavabre
直径：4.5 cm
私人收藏

怀表，卡地亚巴黎，约1908年

金、珐琅、蓝钢指针
签名：Cartier
“猫头鹰”法国黄金纯度印记
高：6 cm；深：4.2 cm
私人收藏

火柴盒，卡地亚巴黎，约1908年

金、珐琅、玫瑰切割钻石
签名：Cartier Paris
“鹰头”法国黄金纯度印记
制作者：Lavabre
高：4.5 cm
私人收藏

雪茄剪，卡地亚巴黎，约1908年

金、珐琅、弧面蓝宝石、钢
签名：Cartier Paris
“鹰头”法国黄金纯度印记
高：3.3 cm
私人收藏

卡地亚典藏系列中有一件采用蓝色“鱼鳞”玑镂珐琅工艺的相同款式。

带支架座钟，卡地亚巴黎，约 1913 年

金、银、鎏金银、珐琅；硬橡胶背板；铂金、玫瑰切割钻石指针
签名：Cartier
“野猪头”法国白银纯度印记
制作者：Coüet
高：8 cm；宽：6.7cm
私人收藏

尺，卡地亚巴黎，约 1906 年

金、珐琅、水晶、弧面月长石
无签名
“鹰头”法国黄金纯度印记
“野猪头”法国白银纯度印记
制作者：Mathey & Cie
长：20.3 cm
私人收藏

按铃，卡地亚巴黎，约 1906 年

金、银、珐琅、宝石、象牙背板
签名：Cartier Paris Londres
“野猪头”法国白银纯度印记
制作者：Mathey & Cie
直径：5.1 cm；高：4.2 cm
私人收藏

伸缩铅笔，卡地亚巴黎，约 1908 年

金、珐琅、乳石、铂金、玫瑰切割钻石
签名：Cartier Paris Déposé
长：8.3 cm
私人收藏

乳石是一种合成塑料材质，1893 年由法国化学家奥古斯特·特里拉特（Auguste Trillat）发明，它是由牛奶蛋白和甲醛混合制成的。

地图测量仪，卡地亚巴黎，约 1911 年（正、反）

金、珐琅；蓝钢指针
签名： Cartier Paris Londres New York
“鹰头”法国黄金纯度印记
“墨丘利头像”法国出口黄金纯度印记
制作者： Desprez（链条）
长：6.1 cm；深：3.4 cm
私人收藏

地图测量仪利用一个通过路线图的齿轮来计算要行驶的距离。测量值通过考虑到地图比例尺的特殊转换显示在刻度盘上。
该款式计划制作八种不同配色：
– 抛光黄金，白色珐琅镶边（如上图）；
– 黄金，蓝色珐琅背景；
– “pékin” 金、白珐琅；
– “pékin”黑、白珐琅；
– “pékin”金、黑珐琅；
– “pékin”金、蓝珐琅；
– 整体珐琅配白色珐琅镶边，中性抛光，放置人名首字母；
– 两种颜色的金色矩形图案。
最后还计划了一种用金箔玳瑁粉制作的款式。这些不同的款式是否曾付诸实现已不得而知。

两用放大镜，卡地亚巴黎，约 1910 年（正、反）（左页）

金、珐琅、玻璃
签名：Cartier Paris Londres New York
“鹰头”法国黄金纯度印记
“墨丘利头像”法国出口黄金纯度印记
长：5 cm；宽：4 cm
私人收藏

这件器物的两面刻着主人的名字——路易·克里斯马西（Louis Chrismacy）（存疑），日期是 1922 年 11 月 23 日。这个日期似乎是制作很久后的日子，卡地亚典藏系列中类似的白色“pékin”珐琅款式，是 1912 年制作的。在查尔斯·雅库绘制的图纸中显示，1909 年至 1910 年间还设计有一个类似的物品。

摩擦打火机，卡地亚巴黎—伦敦库存，约 1915 年

金、珐琅、弧面蓝宝石
无签名
“鹰头”法国黄金纯度印记
18K 英国黄金印记
制作者：Peyroulx
高：4.7 cm；宽：2.6 cm
私人收藏

摩擦打火机，卡地亚巴黎，约 1920 年

金、珐琅、弧面蓝宝石
签名：Cartier Déposé
“鹰头”法国黄金纯度印记
制作者：Peyroulx
高：5.5 cm；宽：3 cm
私人收藏

这些火机打火时，被汽油浸泡的填絮覆盖的火石会摩擦火机内部的擦片。

成对相框，卡地亚巴黎，约 1910 年（图片为缩小尺寸）

银、鎏金银、珐琅、照片覆盖有珐琅
签名：Cartier Paris
“野猪头”法国白银纯度印记
高：25 cm；宽：18.2 cm
私人收藏

这两个相框是阿根廷食品工业家马里亚诺·温苏艾的特别订单。他和他的妻子梅塞德斯·波德里克斯·温苏艾（Mercedes Baudrix Unzué）的相片被放置其中。这些肖像是马修·德罗什（Mathieu Deroche，1837–？）的作品。他是一位专门研究照片珐琅技术的艺术家。

大约在同一时间，温苏艾夫人从卡地亚购买了重达 30.82 克拉的著名钻石“coeur bleu”（蓝心），它是世界上最美丽的蓝色钻石之一。

烟盒，卡地亚巴黎，约 1912 年

金、“pékin”珐琅、铂金、玫瑰切割钻石、烟盒一边配有火柴隔间（层）
签名：Cartier Paris Londres New York
“鹰头”法国黄金纯度印记
制作者：Lavabre
长：10.2 cm；宽：6.6 cm；
高：1.7 cm
私人收藏

（盒盖细节）

带收纳套的烟嘴，卡地亚巴黎，约 1908 年

金、蓝玑镂珐琅、“pékin”珐琅、琥珀、弧面蓝宝石
签名：Cartier Paris Déposé
“鹰头”法国黄金纯度印记
制作者印记模糊
长：9.9 cm
私人收藏

马鞭手柄，卡地亚巴黎，1907 年

金、银、珐琅、铂金、玫瑰切割钻石、弧面电气石
签名：Cartier Paris
“野猪头”法国白银纯度印记
长：7.3 cm
巴黎华雅收藏

1907 年 6 月，莫里斯·埃弗鲁西（Maurice Ephrussi，1849–1916）从卡地亚订购了这把手柄来庆祝他的种马“Mordant”在香迪里赛马俱乐部大奖赛获得胜利。这位富有的银行家最初来自敖德萨，后来在巴黎定居，并于 1883 年与父母的朋友阿尔方斯男爵（Baron Alphonse）的女儿比阿特丽斯·德·罗斯柴尔德（Béatrice de Rothschild）结婚。作为巴黎上流社会的一员，他过着奢华的生活，他投入巨额财富来满足其对赌博和骑马的热情。
这个马鞭手柄是用他专有颜色装饰的：蓝色和黄色圆点。底部用白色珐琅拼写了获胜马的名字“Mordant”和比赛日期“1907”。

莫里斯·埃弗鲁西人像摄影，1907 年 6 月摄于香迪里

他的马——Modant 赢得了赛马俱乐部大奖。因此他向卡地亚订购了此页展示的装饰握柄。

带钟表的汽车套装，卡地亚巴黎—纽约库存，约 1917 年
（图片为缩小尺寸）

金、鎏金银、玛瑙红、铂金、玫瑰切割钻石、珐琅、云纹丝绸、天鹅绒；内附一个带金蓝宝石笔的笔记本、一把梳子、一个玳瑁手持镜、两个金水晶墨水罐、一个袋子、一块计时器
签名：Cartier Paris Londres New York
"墨丘利头像"法国出口黄金纯度印记
制作者印记模糊

高：14.4cm；长：24.4cm；
宽：11.7cm
私人收藏

右图：1923 年 7 月，法国版《Vogue》杂志刊登了一幅插图，上面写着这样的评论："这是豪华餐厅和小玩意的一声呐喊……卡地亚有一些精致的瓶架、烟盒、火柴盒和神秘隔间盒，它们理应被摆在每位光鲜巴黎人的卧房里。"

汽车钟，卡地亚巴黎，1907 年
（图片为缩小尺寸）

金、鎏金银、珐琅、象牙、镀金金属、皮革背；金指针
“野猪头”法国白银纯度印记
制作者：Mathey & Cie
直径：11.8 cm；高：2.2 cm
巴黎华雅收藏

正如盒子中央的皇冠所示，这只钟是由国王爱德华七世赠送给吉青纳（Kitchener）家族的一位成员的。一个刻着圣克里斯托弗和圣婴的传统纪念章图案，被摆在时钟的中央，纪念章上铭刻着“Spero Saint-Christophe te protège”（圣克里斯托弗保佑你）。这个钟可以安放在汽车里。
同一时期，还有一个紫色款被记入库存。

仪表板时钟气压计，卡地亚巴黎，约 1905 年

金、鎏金银、珐琅、弧面月长石；
金指针
签名：Cartier Paris Londres
“野猪头”法国白银纯度印记
直径：15 cm
私人收藏

这个款式也曾使用蓝色和绿色珐琅制作。

仪表板时钟气压计，卡地亚巴黎，1908 年

金、银、鎏金银、镀金金属、“pékin”珐琅；皮革背板；金指针
签名：Cartier Paris Londres
“野猪头”法国白银纯度印记
制作者印记模糊
长：19 cm；高：9 cm
私人收藏

这个物件是在汽车上使用的，可方便其使用者在旅途中读取时间和气压。

IV

钟表匠卡地亚

Cartier the clockmaker

创新经典
CLASSIC CREATIVITY

在制作钟表制品方面卡地亚是一名大师，而他的创意也已被传承了下来。不管是 1904 年为飞行家阿尔贝托·桑托斯–杜蒙特（Alberto Santos–Dumont）制作的著名“山度士”腕表，还是 1919 年发布的“坦克”、“酒桶形”系列原型、“龟”形，亦或是神秘钟系列，都在钟表领域堪称传奇。

就如引言所述，卡地亚创造了如此多类型的钟表，尤其是腕表，需要很大篇幅去剖析。因此在本书中，我们只粗略介绍钟和一些著名的挂表及怀表，这些款式的销量在 1929 年前占卡地亚钟表销量的半数以上。

开端 The beginnings

虽然第一只腕表的纪录出现在 1853 年，但直到 20 世纪初，钟表大类也只是品牌的第二梯队，其后路易·卡地亚决定做一些更现代的商业改变。他对周围发生的变化非常敏感，特别是技术进步以及城市生活方式的改变，使其深刻地认识到自己在钟表领域的技术和商业可行性。从那一刻起，他召集了最杰出的工匠，将自己独特的风格，结合匠人们的高超技艺，为卡地亚打造起新的形象。在 1907 年 3 月 21 日，路易和皮埃尔·卡地亚与埃德蒙·积家（Edmond Jaeger）签署了一份合同，承诺后者将在未来 14 年内成为卡地亚的“独家供货商”，作为交换条件卡地亚公司承诺“每年向其采购共计 25 万法郎的产品”。从这个协议诞生出了诸如 1904 年的“山度士”腕表（1911 年商品化），以及 1910 年的折叠扣腕表和 1925 年的“duoplan”（齿轮）机芯等等。[1] 路易·卡地亚对钟表制造的浓厚兴趣，可以从和他有密切往来的两位天才钟表匠看到。约瑟夫·维格利（Joseph Vergely），他研究超薄机芯，能将其成果装入金币表内；而莫里斯·库埃（Maurice Couët）则更为突出，他为我们留下了最杰出的作品——神秘钟。

然而在一战之前，大部分销售的还是怀表。怀表的种类千差万别，它们由铂金或黄金制成，有的会抛光，有的会用玑镂工艺，有时会刻首字母、献词或盾徽。（见 181 页）它们分为几种类型：猎表、刀薄表、滑盖表、船舵表，有些配简易机芯，有的配更为复杂的精细机芯。

女士们当然没有被遗忘。在社交活动中看时间对于一位淑女来说并不合适，因此卡地亚把手表“变”为珠宝，或以坠饰呈现，这时装饰功能与实际功能同样重要。

工坊的设计师们可以自由发挥他们的想象力，挂表有各种形状：圆形、长方形、六角形、椭圆形，并用珐琅、珍珠、彩石和钻石来装饰。这些表会配以由杜帕克和伦芬特（Duparc & Lenfant）或德普雷（Desprez）等连锁制作者生产的珍珠和珐琅柱串成的链子，它们也可以脱离挂表单独销售。

座钟 Table clocks

伴随着腕表的发展，卡地亚逐渐引入了一种创新的样式到座钟制作中。

带支架座钟，卡地亚巴黎，约 1920 年

黄金、水晶、珐琅、模压玻璃、铂金、玫瑰切割钻石；镀金背板；铂金、玫瑰切割钻石指针
签名：Cartier
“鹰头”法国黄金纯度印记

制作者：Couët
高：9 cm；长：9 cm
私人收藏

这是一个路易十六风格的“拱形”水晶钟，搭配了夜空星辰下的天使为背景的表盘。

为唯一能被看见的部分。用一个镶钻的太阳来显示代表白天的 12 小时。当它转动到了地平线的背后，一轮镶钻的新月随之出现，来指代晚上的 12 小时。就如之前的时钟一样，它也是双表框，内圈白色珐琅金表圈里有表示小时的罗马数字，从 VI 到 VI（6–6）。数字全都在表框的上半部。一个心形或者三角位于内表框的外侧来指示外圈白色珐琅表框中的阿拉伯数字表示分钟，从 5–60，每隔 5 个数标注一个。

同年制作的一款嵌在玛瑙里的时钟，内圈白色珐琅指示小时，外圈蓝色珐琅表圈指示分钟。上有一条文字“HORAS NON NOTO NISI LUCIDAS”（我只记录辉煌时刻）替代了原本的希腊卷形。（见 195 页）

最后的“行星”时钟制作于 1918–1925 年间，风格如同最初一样简洁。圆形钟体放于斜面缟玛瑙环内，与最初的水晶款式相比更厚一些。表盘是有颜色的玑镂珐琅，颜色一般是粉色、珠光粉、“长春花”蓝或者浅绿色，在此之上添加一颗被钻石围绕的彩钻星星或者一颗镶群钻的星星来指示小时。而分钟会用一颗梨形钻石或一颗镶钻的星星连接到位于表圈底部的环形上，在表盘外侧作环形移动。带罗马数字的金表圈一般是白色珐琅制，在 1920 年后有时会做成绿松石色珐琅。有时也会用一个镶群钻的铂金环装饰在表框外侧。（见 188 页）

我们必须介绍“行星”系列时钟中最华丽的集大成者。它们制作于 1920 年，由浪琴（Longines）提供机芯。较大的型号采用了水晶方形框架，表盘有阳光纹玑镂三文鱼粉珐琅配一颗镶有干邑色大钻石的星星。它被群钻环绕，指向带罗马数字的圆形白色珐琅金小时表框。一颗镶钻的星星围绕着表盘内部旋转移动来指示分钟。表框外圈装饰一个镶钻圈，还有圆形的钻石花朵置于各个角上。（见 188 页）

“彗星”系列 The “Comets”

如上文提到的，“彗星”钟因其星星后面呈现的的彗星尾巴而从“行星”系列钟脱颖而出。它们制作的大致时间是 1912–1914 年间，都会嵌于斜面玛瑙或水晶中。它的表盘和小时表框与上文提到的“日月追逐”有所不同。带星星的圆形蓝色珐琅金表盘代表天空，以白色珐琅带金尾的彗星作为时针。另一个版本拥有同样的表盘，但表盘上的彗星尾巴镶有群钻。

一个曾被著名歌剧首席女演员内丽·梅尔巴所拥有的水晶款，有一个蓝色的珐琅“波浪”玑镂表盘，镶嵌一颗钻石以隐藏中轴，表盘上的星星镶有钻石，另有一个同样镶嵌钻石的彗星。

在最后一批“彗星”时钟里，于 1920 年制作并出售给卡萨帝侯爵夫人（Marquise Casati）的那款是融合了“行星”和“彗星”的作品，是“日夜追逐”的其中一个版本。在斜面玛瑙块中嵌入白色珐琅表框，罗马数字 VI 到 VI（6–6）位于表盘上半部，用白色珐琅拼出“HORAS NON NUMERO NISI SERENAS”（我只记录快乐的时光）并置于表盘下半部。闪亮的镶钻星星指示白天的 12 小时；而镶钻的普通星星指示夜晚的 12 小时，隐藏于一片带有夜蓝色星空配金制星星装饰的夜空图案之下。一个镶钻的分针和一颗位于彗星尾部的星星连接中轴。它在内圈白色珐琅表框内指示阿拉伯数字代表的分钟，从 5–60，设计每隔五分钟有一个数字。

逆跳指针 “Retrograde hour” clocks

由卡地亚和库埃在一战期间发起创意，这一半神秘钟系列在 1919 年得以实现。这个系列的设计基于一个 17 世纪的发明——“移动时钟”，也叫作“逆跳时钟”。该时钟有一个弹回装置，时针结构为用珐琅制成的十二个时针，每一个小时都会跳出一个相应时针并按分钟刻度 5—60 的半圆轨迹运动，一个小时结束，该时针在右侧隐去，下一个时针从左侧跳出，周而往复。这些钟有圆形、方形和拱形几种，表盘的中间可以搭配一张照片或者一个中式风格的螺钿漆器装饰。（见 189–191 页）

这种工艺复杂的时钟技术在 1925 年达到高潮，“Carp”（鲤鱼）钟是卡地亚和天才钟表匠莫里斯·库埃之间合作的最佳例证。（见 229 页）

路易·卡地亚和他的兄弟们身边围绕着当时最杰出的钟表匠，在他们的专业影响下，短短 15 年间制造了世界钟表业的传奇。他们能给最尊贵的客人们提供最多样的选择，不管是戴在手腕上，挂在胸前，放在马甲口袋里，亦或是放于他们的桌上，或直接带去旅行。

在一战结束后，品牌工作室的钟表生产又恢复了活力，值此环境下，路易·卡地亚更是成功将各种不同的钟表和贵器搜罗进产品目录中。

注释
Notes

1. 巴拉卡（Barracca）、内格雷第（Negretti）和尼辛尼（Nencini）写道：“因此，感谢卡地亚，腕表能走过它的第一个黄金时代。尽管一些著名的瑞士公司，如百达翡丽（Patek-Philippe）或江诗丹顿（Vacheron-Constantin）自 20 世纪 20 年代初开始出售真正的腕表杰作，但在 20 世纪头十年，没有一家公司可以像卡地亚·积家（Cartier Jaege）那样为男性和女性打造出如同珠宝首饰般非凡独特的腕表”。见：*Le temps de Cartier*、Milan、Wrist International，1989，p. 46。

2. 现存于卡地亚典藏系列。

3. 这款钟为阿拉贝拉·亨廷顿（Arabella Huntington）所有，她是美国产业大亨亨利·亨廷顿的妻子，钟上有专属于她的首字母，镶以群钻。

4. 这款有时会替换成气压计。

5. 同注释 2。

6. 这个型号在二战后得以重现，有一款为白色表盘带镀银壳，另一个银制款式则配有鎏金银表盘。

7. “立方”钟在 20 世纪初的卡地亚钟表制造中地位越来越明显，因其独创性和适用广泛为卡地亚钟表获得商业成功贡献良多。

8. 关于“行星”和“彗星”的产品见 175 页。

9. 有一个款式属于罗马尼亚的玛丽亚王后（Queen Maria，1900–1961）。

10. La Païva（拉·佩瓦）是杜内斯马克伯爵（Count Von Donnersmarck）的妻子，曾是 19 世纪后半叶顶尖的社交名媛和一位超级钻石爱好者。她本可以为旅馆天花板上的这幅作品摆些姿势。

闹铃钟，卡地亚巴黎，1908 年
（正、反）

金、银、鎏金银、珐琅、玛瑙、弧面蓝宝石；金、钢指针
签名：Cartier Paris Londres
“野猪头”法国白银纯度印记
制作者：Bako、Prévost
高：10.8 cm；长：6.5 cm；宽：5.1 cm
私人收藏

金指针专门指示闹铃的时间。

三问时钟，卡地亚巴黎，1909 年

金、银、玛瑙、珐琅、铂金、玫瑰切割钻石、弧面蓝宝石；弧面月长石按钮；铂金、玫瑰切割钻石指针
无签名
制作者：Bako、Prévost
高：13.5 cm；长：8.7 cm；宽：6.1 cm
卡地亚 – 日内瓦收藏

三问报时是一种机芯，会在小时、刻钟和分钟按需报时。例如，在 12 点 59 分时按下“月长石”按钮，时钟将以独特的音调响 12 次表示小时，响 3 次表示刻钟，敲 14 次告知分钟。这种特别的方法，解决了电灯发明前，在黑暗中知晓时间的问题。

查尔斯·雅库，怀表设计图，约 1909–1911 年间

透明羊皮纸上的铅笔和水粉
巴黎市立美术馆

吊坠表，卡地亚巴黎，约 1910 年

黄金、珐琅、铂金、玫瑰切割钻石；蓝钢指针
签名：Cartier Paris
“鹰头”法国黄金纯度印记
高：3.9 cm；直径：2.7 cm
私人收藏

吊坠表，卡地亚巴黎，约 1907 年

黄金、珐琅、铂金、钻石；蓝钢指针
签名：Cartier Paris
“猫头鹰头”法国黄金纯度印记
高：3.8 cm；直径：2.7cm
私人收藏

吊坠表，卡地亚巴黎，约 1910 年

黄金、珐琅、铂金、玫瑰切割钻石；蓝钢指针
签名 : Cartier
高：4 cm；直径：2.8 cm
私人收藏

吊坠表，卡地亚巴黎，约 1905 年

金、珐琅；蓝钢指针
签名：Cartier Paris
高：4.3 cm；直径：3.1 cm
私人收藏

吊坠表，卡地亚巴黎，约 1907 年

黄金、珐琅、铂金、玫瑰切割钻石；蓝钢指针
签名：Cartier
“鹰头”法国黄金纯度印记
高：4.2 cm；直径：3 cm
私人收藏

链上吊坠表，卡地亚巴黎，1910 年

黄金、铂金、珐琅、玫瑰切割钻石、天然珍珠；蓝钢指针
签名：Cartier Paris
“鹰头”法国铂金纯度印记
制作者：Jaeger、Lenfant
高：3.6 cm；直径：3 cm
卡地亚 – 日内瓦收藏

（表盘细节）

链上吊坠表，卡地亚巴黎，1909 年

黄金、铂金、珐琅、玫瑰切割钻石、天然珍珠；蓝钢指针
签名：Cartier Paris
“鹰头”法国铂金纯度印记
制 作 者：Jaeger、Lavabre、Duparc&Lenfant
高：4 cm；直径：2.9 cm
卡地亚 – 日内瓦收藏

（表盘细节）

“mignonette”座钟，卡地亚巴黎，1912 年

金、银、玛瑙、珐琅；铂金、玫瑰切割钻石指针
签名：Cartier
高：5 cm；长：3.7 cm；
宽：3 cm
私人收藏

两问时钟，卡地亚巴黎，1912 年

金、银、玛瑙、珐琅、铂金、玫瑰切割钻石；弧面月长石按钮；铂金、玫瑰切割钻石
签名：Cartier
“野猪头”法国白银纯度印记
制作者：Bako
高：10 cm；长：7.5 cm；
宽：6.4 cm
私人收藏

时、刻报时器是一种复杂的设备，它可以通过按下弧面月长石发出钟声来报时、刻。

在卡地亚的术语中，“mignonette”是一个非常小的 “立方”座钟。这两个形制相似的时钟分别代表卡地亚定制的“立方”时钟的不同尺寸。它们也是 20 世纪初最畅销的钟表之一，售出了数百只，常用精美且明亮的珐琅颜色加以装饰。

两问小自鸣时钟，卡地亚巴黎，1911 年

金、银、铂金、玛瑙、珐琅、玫瑰切割钻石；月长石按钮；铂金、玫瑰切割钻石指针
签名：Cartier
高：10.3 cm；长：7.6 cm；
宽：6.5 cm
私人收藏

术语“小自鸣钟”指一种复杂体，其通过摇锤击打小时和刻钟来报时，而“大自鸣钟”则不同，其更为复杂，每刻钟都重复小时报时。

带支架座钟，卡地亚巴黎，1916 年

黄金、水晶、珐琅、铂金、玫瑰切割钻石；铂金、玫瑰切割钻石指针
无签名
直径：8.5 cm
私人收藏

带支架座钟，卡地亚巴黎，1914 年

金、银、水晶、硬橡胶、铂金、玫瑰切割钻石；铂金、玫瑰切割钻石指针
无签名
直径：8.5 cm
制作者：Couët
卡地亚 – 日内瓦收藏

这种刻在硬质橡胶背景上的岩石晶体表盘模型在几个款式中出现，包括 1919 年制作的“拱形”款。
这种文艺复兴时期风格的表盘，将这只钟与前页的钟区分开来。银制的支架最初是用水晶制成的。

“行星”半神秘带支架座钟，卡地亚巴黎，约 1920 年

金、鎏金银、水晶、珐琅、铂金、玫瑰切割钻石；铂金、玫瑰色切割和干邑色钻石指针
无签名
制作者：Couët
高：9 cm；宽：9 cm
私人收藏

“行星”半神秘带支架座钟，卡地亚巴黎，约 1918 年

金、鎏金银、玛瑙、珐琅、铂金、玫瑰切割钻石；镀金金属支架；铂金、玫瑰切割钻石指针
签名：Cartier
制作者：Couët
直径：7.9 cm
私人收藏

卡地亚典藏系列中也有一款类似的浅绿色玑镂珐琅表盘款。这两个钟的工作原理是一样的。太阳上最大的菱形指示小时，而分钟则由位于刻度盘边沿的星标指示。

移动小时机芯带支架座钟，卡地亚巴黎，1920 年

金、银、珐琅；硬橡胶背板；镀金金属支架
签名：Cartier Paris
“鹰头”法国黄金纯度印记
制作者：Coüet
直径：9.4 cm；深 :2.5 cm
私人收藏

这个钟在形制和装饰上都与后两页所示的钟相似。只有外框作了改变，该款采用的是乳白色的玑镂珐琅，银色的饰板上装饰着旭日纹。

带移动小时机芯和支架的座钟和相框，卡地亚巴黎，1922 年

金、珐琅；硬橡胶背板；镀金金属支架
签名：Cartier
“鹰头”法国黄金纯度印记
制作者：Coüet
高：11.5 cm；宽：9.4 cm
卡地亚 – 日内瓦收藏

这款的工作方式与前一款相似。只有时钟外壳的轮廓有所不同的。

CARTIER N.Y.
FRANCE
0 · 5 · 10 · 15 · 20 · 25 · 30 · 35 · 40 · 45 · 50 · 55 · 60

带移动小时机芯的座钟和相框，
卡地亚巴黎—纽约库存，1920 年

金、珐琅；硬橡胶背板；镀金金属支架
签名：Cartier NY. and E.W. & C.C°
inc. France
“鹰头”法国黄金纯度印记
制作者：Coüet
直径：9.4 cm；直径：2.5 cm
卡地亚 – 日内瓦收藏

莫里斯·库埃用一项 18 世纪的发明使这些小台钟重新流行起来。
把相框折下可看到时钟的工作原理。三个轴上有四个罗马数字标记的时针，这些时针作轨迹运动从左边出现，同时表示小时，指示分钟。然后在右手边消失。这里的钟显示的时间是 9 点 24 分。

带支架座钟，卡地亚巴黎，约1913年

金、水晶、珐琅、铂金、玫瑰切割钻石、镀银金属；铂金、玫瑰切割钻石指针
签名：Cartier Paris
“鹰头”法国黄金纯度印记
直径：9.9 cm
私人收藏

“行星”半神秘“日夜”带支架座钟，卡地亚巴黎，1913 年

金、水晶、珐琅、铂金、玫瑰切割钻石、镀银金属；铂金、玫瑰切割的钻石指针
制作者：Coüet
直径：9.9 cm
卡地亚 – 日内瓦收藏

由库埃为卡地亚制造的这件桌上时钟证明了其作为钟表匠的天才创造力：为了显示时间，中央表盘与一颗钻石星（白天的太阳）和一颗钻石新月（夜间的月亮）进行 24 小时的旋转。（见右图）
藏在表盘后面的是一支镶有钻石的铂金指针，只露出表尖，指示用阿拉伯数字标记的刻度。

“彗星”半神秘“日夜”带支架座钟，卡地亚巴黎，1920 年

金、玛瑙、珐琅；镀金金属支架；
铂金、玫瑰切割钻石指针
“鹰头”法国黄金纯度印记
制作者：Coüet
直径：10.5 cm
卡地亚 – 日内瓦收藏
该款两个光标指示小时，太阳指示白天，星星指示夜晚。用阿拉伯数字表示的分钟刻度则由位于中央的彗星指针指示。

这只台钟被出售给卡萨蒂侯爵夫人（1881–1957 年），弗朗索瓦·查伊尔（François Chaille）和弗朗科·科洛尼（Franco Cologni）写道：“她是那个时代最奢侈的上流社会人物之一，据说她会带着一只黑豹参加舞会，这成为卡地亚相关主题的标志之一。她居住在威尼斯的宫殿里，该宫殿现在是佩吉古根海姆博物馆的所在地，这座宫殿宏伟而奇崛。这也解释了为什么她会购买这个刻有拉丁语格言：“Horas non-numero nisi serenas”（我只计算快乐的时光）的时钟。（La Collection Cartier，horlogerie，op.cit p. 150）。

“彗星”半神秘“日夜”带支架座钟，卡地亚巴黎，1913 年

金、玛瑙、珐琅、铂金、玫瑰切割钻石；镀金金属支架；铂金、玫瑰切割钻石指针
签名：Cartier
“鹰头”法国黄金纯度印记
制作者：Coüet
直径：11 cm
私人收藏

这只小钟的工作原理与 193 页的水晶款基本相同。在刻度盘的中心有一句拉丁语“Horas non Noto Nisi Lucidas”，意思是“我只记录辉煌时刻”。

CARTIER

装饰艺术的奇观
ART DECO WONDERS

在“咆哮的 20 年代”，钟表产品的销售占各分公司——特别是纽约分公司销售额的很大一部分。1919 年，卡地亚创建了其子公司“欧洲钟表公司”（European Watch and Clock Company Inc.），并在巴黎和纽约开业。巴黎的“钟表”部门负责从法国出口产品到美国，也负责从瑞士出口一些入门级产品到卡地亚纽约。

珐琅支架钟作为主打产品其地位维持了十多年后被硬石（水晶石、缟玛瑙、玛瑙、软玉、青金石、发晶等等）支架钟所取代。在装饰艺术设计刚开始的时期，新古典主义装饰也与之共存了一段时间并逐渐消失。尽管如此，方形、圆形或拱形钟仍部分保留着玑镂珐琅表盘的设计和传统的射线纹。然而，表盘越来越多地使用象牙、珍珠贝母镶嵌或用翠鸟羽毛装饰；指针也变得种类繁多，金制、珐琅或镶钻的指针被做成心型、箭头或波斯郁金香的形状；钟面上的装饰物也在发生变化，装饰拱型钟底座或方钟四角的钻石星被换成了弧面蓝宝石、红宝石，还有用珊瑚、青金石或玉石制成的佛像，这标志着从 1920 年开始，异国情调开始融入钟表世界。

第一批带有东方风格装饰的钟是方形的，带支脚，饰有一个阿拉伯波斯图案珐琅的框。（见 267 页）带郁金香或阿拉伯波斯图案装饰的圆形缟玛瑙钟在同时期推出。（见 260 页）绿松石色和蓝色珐琅的加入也强调了这些作品受“波斯”风格的影响。（见 261 页）

座钟 Desk clocks

一战后出现的普通平顶款式中有几款方钟。从 1919 年开始制造的第一批产品有一个硬橡胶或象牙外壳，在上面有一个外槽框架和一个开槽金表框，四角嵌有硬石（沙金石、血碧玉、青金石、软玉、玛瑙等）。一个小的半圆形支脚位于其下方，可折叠，可便于某些情况下将时钟作为镇纸使用。接着很快又制作了同样尺寸的另一款时钟，嵌于块状硬石，没有多余的边框修饰，配有同样的支架，有时会以弧面宝石装饰四角。表框为开槽或珐琅金制。一些“高端”的象牙款式会配有珍珠贝母马赛克镶嵌表盘，带罗马数字的金表框及其外圈的框架用黑白色珐琅装饰边角，并以棱纹珊瑚色图案连接。还有更厚的一款钟选用先前同样的装饰，但不带支脚。在更复杂的版本中，钟的上方配有一个带金柱的细手柄，（见 207 页）还有种更优雅的版本，带金制拱形支柱，用黑白珐琅线装饰，加硬石（水晶、玛瑙或缟玛瑙）把手。另有一款带平面黑色珐琅装饰的金制把手。表盘会镀银、镀金、涂白色珐琅或作珍珠贝母马赛克、硬石镶嵌或点翠，有时在中间放一枚圆形玉钱币。没有把手的这个款式，会配有底座。（见 204 页）在表框上会装饰不同种类的珐琅，经常会用到一种“延展的钻石”图案拼接成锯齿状。

在一战前的几年里，卡地亚的钟表生产呈现出某种程式化，毫无疑问，这是为了向顾客提供更有品牌识别度的产品。到了 20 世纪 20 年代，品牌身份已经完全确立，卡地亚开始把钟表的形态推向多样化。当然就像我们说过的一样，经典款式依然保留，稀奇的款式为了打开销路。以表框旋转计时的“球”形钟催生了机械的变异。风格的变革产生于 1909 年的“三睿猴”系列，它们用缟玛瑙、软玉、银或金制成，

“中国”电子伙伴钟的资料照片

由玉、缟玛瑙和珊瑚制成
阿兰·卡地亚档案

这台钟于 1939 年 3 月售予埃及法兹公主（Princess Fewkie）。

配以黑色或蓝色点状珐琅装饰。

一个金制的款式放于环上，配有硬橡胶脚和底座，红玛瑙配黑色点纹，软玉部分配蓝色点纹。

缟玛瑙或软玉雕刻的一款，配雕刻的缟玛瑙或软玉底座，底座的四个角上有四块小玉或雕有图案的珊瑚。球型钟的底座只配在其中几个版本中。有棱纹的款式，无论是金色款还是银色款，都由四条眼镜蛇支撑着，其眼睛镶着翡翠，嵌在软玉底座上。（见 207 页）也有几款嵌饰青金石，以三个硬石（软玉、玛瑙）制的装饰艺术风格猫头鹰支撑，固定在青金石嵌饰的底座上。表盘可以为简洁款式或者镶嵌有珍珠贝母。另有一款，玛瑙底座上装饰有四个东方棕榈叶纹饰。

由于形状的特异性，它们的功能也愈发多样。原本仅仅显示时间的器物，现转化为镇纸、笔搁、气压计、日历或集这些功能于一身的器物。1930 年，一款嵌于软玉立方体的座钟，它的功能包括：钟、气压计、温度计和日历，有四个珍珠贝母制的表盘，刻着线条纹理，顶端为指南针。在另外一个例子中，软玉制的钟体置于波浪型石板底座上，弧形底座装饰有金线。在弧形凹陷处可以放一支或多支钢笔。（见 409 页）

卡地亚也提供相对便宜的版本，把硬石制外壳替换成银质。有一些同时具有台灯和时钟的功能，电力系统被置于台灯底座中。四面都有珍珠贝母的表盘。

在卡地亚出品的双功能系列产品中，一个款式获得了巨大成功：镇纸钟。它由一块硬石雕刻而成，有一个缓坡，在其最薄处刻有凹槽用来放一支钢笔。钟体为圆形，珐琅金表框镶嵌四块宝石。

卡地亚纽约于 40 年代推出了这个款式的简易版，配不同大小的玑镂银或棱线银外壳。方形表盘为白色带金制指针。

和纽约一样，卡地亚巴黎也在 1938 年后开始推出该简易版本。去除了表框上的珐琅装饰和合成宝石。另外，指针为金制，有时会镶嵌钻石。

同时一款带支架款式也在售卖，它可以将钟抬高 3 厘米。钟壳为玛瑙、软玉或银制，两边倒角，表盘上有罗马数字，带显示星期、日期和月份的小窗（用英语或法语标记）。钟壳两侧用六角形珊瑚宝石或四角型天青石装饰。（见 204 页）

卡地亚还推出了一个带有切角的大块水晶钟，为矩形表盘。

在 20 年代和 30 年代之交，简约风当道。而钟的形式却变得越来越多样化。卡地亚推出了一个八角形的款式，由整块水晶制成，置于支架（见 439 页）或刷有红黑漆的阶梯底座上。

大约在 1937–1938 年，卡地亚巴黎恢复生产硬石支架钟，与十年前的款式相类似但更简约，符合当时的风尚。表盘是鎏金或鎏银的，表框去除了珐琅，四角或钟脚也没有装饰。指针通常用蓝钢制成，有时钟脚也会因添加青金石组件而改变形状。

“屏风”钟 The “screen” clocks

在中国传统中，文人会把玉屏置于木架之上作为书桌的装饰。在日本，人们会用桌面玉屏来分隔书桌的不同区域。在 20 年代东方风格风靡欧洲，珠宝匠人为了把时钟置于屏风上而对屏风的形制做了修整。卡地亚在 1907 年做的新古典主义风格钟的样式正是来源于此，配上装饰主义风格的装饰也尤其相衬。从 1922 年以后卡地亚开始生产不同形状的中国风格“屏风”钟。

除了我们之后会说明的更大的型号，“屏风”神秘钟和经典机芯在表盘的上方和下方都有垂直的柱形装饰。这些柱形装饰模仿竹子的形态，取竹子

的刚正之意。底座由缟玛瑙或软玉制成。两个半圆型圈置于底座上，位于两侧以“固定”缟玛瑙或软玉制屏风。（见 224 页）

非神秘钟的款式，表盘多种多样，有雕刻白玉、螺钿镶嵌漆器，或组合镶嵌珍珠贝母。在 50 年代之后，产品趋于简洁，珍珠贝母镶嵌被简单的表盘所代替。一个装饰主义风格款式带有软玉底座和柱形装饰，拥有被珍珠贝母细工镶嵌围绕的马赛克组合点翠表盘。翠鸟羽毛变化多端的蓝色与软玉、珍珠贝母形成美丽的对比。

三款带有“中国折叠式屏风”的超大型“门廊”神秘钟，为卡地亚东亚风格的最大型作品。它们都采用 18 或 19 世纪风格雕刻白玉以此作为钟的表盘。白玉被掏空用来放置传动轴和机芯系统。一条珐琅巨龙仿佛要爬上玉质表盘的背面，以掩盖传动轴的轮廓。这三款钟基于同一个设计，但尺寸和指针各有不同。

–1926 年的一款钟有 33 厘米高。围绕玉制表盘的框架装饰是放置在两个黑色珐琅边框之间的珊瑚条。时针为一条镶钻的龙，分针是一支矛。[1]

–1927 年的这款同样高 33 厘米，拥有大体相同的“屏风”但装饰不同。它看上去更像是一本书，四边排列着珊瑚条，下方有装饰形狮子头的玛瑙柱支撑。绿色和黑色的珐琅棕榈叶纹饰位于表盘的顶部和底端，外壳和盒子更为精巧，像是受波斯风格的影响。珊瑚指针做成简洁的形状，时针为波浪形，分针是笔直的。[2]（见 310–311 页）

–1928 年的一个由青金石和珊瑚宝石制作的款式，高 21 厘米，装饰有法鲁克国王（King Farouk）的王冠。蓝色和橙色珐琅指针像是典礼用的宝剑。[3]

在 30 年代后期，卡地亚从“apprêts”库存中挑选雕刻有风景的大块矩形玉板制作时钟，其风格更是难以定义。1937 年的一款，绿色玉板嵌入金制和水晶的底座上。圆形的金表位于表盘的左上方，紧挨着一个位于玉板顶部的几何形金框。

另一款雕刻有风景的玉板钟，放在一个略带红漆色调的黑漆经典屏风支架上，装有大型镂空镀金指针。

第三个雕刻有风景的灰色玉板钟，放置于这块玉板的原配中式木架上。表体位于左上角，在一个表现奇美拉神兽的表框中。玉板上的植物装饰着蓝宝石叶子、雕刻过的红宝石和祖母绿、金线和珍珠，组合成悬挂的藤蔓。这些大型的款式虽然也非常出色，但还是没有之前那些更明显中国风的款式成功。

大型时钟 Monumental clocks

作为珐琅制“立方”报时钟的尾声，这款钟于 1920 年制作，虽然没有报时功能，但设计更为复杂，黄金表壳上装饰白色和黑色珐琅圆圈宣示了其装饰艺术风格。白色珐琅背景上的罗马数字框住了表盘的边缘。表盘为蓝色珐琅配金制的星星，两个辅助表盘指示日历，第一个表盘上的彗星指向当月的日期，第二个表盘上的彗星指向一周中的星期。一个矩形把手被装在顶端，底座为雕刻玛瑙。

1925 年的一个更大的款式，生产了 5 个版本，拥有“大自鸣钟”（grande sonnerie）或“小自鸣钟”（petite sonnerie）两款机芯。背板和雕刻底座都是玉质的，玑镂白色珐琅表盘占据了整个正面，配有带罗马数字的白色珐琅金表框；一个蓝色珐琅小窗显示月相，另外还有三个显示功能，其一为显示星期——英语或法语标示，另一个为显示当月的日期，彗星指向的阿拉伯数字则代表月份；其“百合花”指针为金质外加黑色珐琅。另一个几乎相同大小的款式，设计相对简单，矩形银表盘涂装黑色罗马数字。

这个款式有带“闹钟”和不带“闹钟”两种。

如同当时的建筑设计，在去装饰艺术风格以后呈现出了庄重和宏伟，20年代后期的钟表制作也以一种追求不朽的姿态紧跟着时尚潮流。推出了一款因其在两侧各有一个表盘而被称为“伙伴钟”的产品，这使得人们即使坐在桌子的两侧都能够读取时间。1930年生产了沙金石和软玉制或附带软玉托盘的该款出售。[4] 这些钟有不同的风格，有一些源于东方灵感的款式会用到硬石材质，如软玉、青金石和绿松石，也会采用东方风格的指针。

那一时期，卡地亚巴黎推出了类似里程碑的大型银制和漆面时钟，而卡地亚纽约则向其客户提供了许多模仿建筑形状的产品。这些产品有阶梯型底座，除了指针外不使用贵金属。金属会被漆上黑色、红色或橄榄绿。其中一个24厘米高的款式有一个圆形钟壳，绿色漆面设计，放置在装饰艺术风格的底座上，带有摩天楼形状的指针。这些大型的款式完美契合了美国30年代室内设计的主流风格。

在大型产品中，有一个不得不提的例外。虽然卡地亚在钟表制作方面，相比在形状上，更喜欢把东方文化的设计运用在装饰上，但他们却制造了一款宝塔形状的钟。在一块长矩形的水晶上雕刻塔顶，从正面看就如同真的看到了宝塔顶一般。表面被安置在底座的装饰上。镜面玻璃表盘带黑色珐琅金罗马数字。两侧装饰了珊瑚条，都放在红黑漆面基座上。

最后值得一提的是，听说卡地亚纽约以折扣价将一些大型时钟出售给了帆船和游艇。这些产品有大理石或木质，让人联想到船舵，它们会配合轮班。其机芯由这方面的专家，切尔西钟表公司（Chelsea Clock Co.）的马萨诸塞州分部提供。

时间与旅行 Time and travel

在两战中间时段，旅游业发展迅速。尽管查尔斯·林德伯格在1927年第一次飞越了大西洋，但那时的人类其实并没有真正征服天空，大部分还是靠大型航运公司在欧洲和纽约之间的远洋客轮运送乘客。不管是1935年诺曼底号的传奇，还是第二年玛丽女王号的奇迹，都是在大西洋航线上的角逐。卡桑德拉（Cassandre）的海报见证了铁路交通成为不朽，其不断发展到能够横跨欧洲，串联起旧大陆的所有主要都会。在这些旅途中，时钟成为了一个必需品，它不仅提供实用功能，也彰显了其主人的精致生活。许多款式应运而生。Majestic钟表公司（Majestic Watch Company）为卡地亚和其他珠宝工作室提供小型钟表，其中一款叫作“mignonettes”，金表壳上装饰有珐琅几何图案。另有可折叠表盘的型号，通过按下上方装置，活动护窗犹如打开衣柜门一般，以露出表盘，表壳和金质门的装饰都是几何形珐琅，为抽象或东方风格设计，有时会点缀钻石。这个款式持续生产到50年代，后来去除了珐琅，以金质芦苇装饰取代，（见210页）底座由缟玛瑙或软玉制成。

一个更小的全金版本，在活动护窗内有珐琅罗马数字，外部以埃及风格或几何图案珐琅装饰。

一个相似的型号，在中间有活动护窗，通过部分镂空得以看到表盘，表盘上的大型罗马数字为蓝色珐琅。镂空部分外围有带阿拉伯数字的白色珐琅边框。因此在活动护窗关闭的情况下能利用阿拉伯数字读取时间，而当护窗打开时就可用大的罗马数字读取。指针则变为原先看到的两倍长。钟体正面有几何图形的珐琅设计，钟体的一部分嵌入底座，使它在直立状态时，即使旋转也能保持稳定。[5] 这些钟的其中一个在1929年的卡地亚纽约礼物图册中被记录为“为桌面或闺房设计的带有折叠门的钟”。广告中显示它的售价为390美元。其他的旅行版钟，表盘只在打开盒子后才能看到。这种旅行钟非常经典，也能在其他的钟表工作室看到相似的产品。在表盘和金、银，甚至象牙外壳的设计上可以看到卡地亚风格。其中一款钟的正面有一块盘子充当盖子。它被固定在钟壳中间的下半部，并在转回来之前作为支柱，也可以简单地向后折叠。这些款式都为银质，或抛光，或玑镂，或镀9K、14K或18K金。

走向更广泛的多样性 Towards a greater diversity

或许是因为战争，又或许是因为路易·卡地亚在1940年抵达纽约，纽约分店开始生产自己的时钟。它们大部分都配有支架并用硬石制成，与巴黎于1937–1938年前后开始重新生产的风格大体一致。然而表盘和数字的设计和巴黎的那些有所不同。更多的是在四角和钟脚上带有图案，并镶嵌一颗珠子或宝石，有些会带底座。其中一个拱形钟就是如此，它由缟玛瑙制成，嵌入一个镀14K金的拱形底座，有水平的棱脊线装饰，机芯由君皇钟表公司（Concord Watch Co.）提供。

除了这些带支架款式，卡地亚纽约和卡地亚巴黎早在1938–1939年就生产了各种尺寸的立方体时钟，部分款式有重叠。它们的表面有光面、加棱脊线、玑镂或荔枝面金。到了二战前夕，钟表生产趋于个性化，形式丰富多样，最值得一提的是一个现代却不奢华的款式，它为一个镀铬的多面圆筒型，放在一个缟玛瑙底座上，包含环状表盘机芯。这款钟被作为1936年7月的“女性”高尔夫比赛和1937年2月的滑雪比赛的三等奖奖品。

二战前夕，我们目睹了一场怯懦的回归，一款产品使用了非常奢华的元素，这种元素使人想起“咆哮的20年代”中某时期的钟表制造。这款回归产品被称之为“罗盘”钟，在1937–1938年间生产。表盘放在硬石环中，包围着光滑的、多面或带棱纹的硬石球，类似船上的罗盘，也因此得名。

这些作品标志着卡地亚与世界领先钟表制作者合作时代的终结：只列举几个品牌如，爱彼（Audemars–Piguet）、百达翡丽、弗格尔（Verger）、浪琴、积家。1939年，战争的钟声又敲响了，卡地亚也不再仅仅是珠宝匠之王，同时也成为了钟表制造的王子。

注 释
Notes

1. 这款时钟目前为卡地亚藏品。

2. 这个型号现为巴黎装饰艺术博物馆藏品。

3. 法鲁克国王将这款钟送给了阿尔巴尼亚国王左格（Zog）。

4. 一张1929年的画展示了其价格：
双面钟RKSK：8800法国法郎；NISK软玉和砂金石底座：3500法国法郎。

5. 这个系统的专利是由约瑟夫·维格利于1925年在巴黎注册，他出生于1872年，于1896年加入卡地亚。他是一位天才制表师，并在之后领导卡地亚的子公司欧洲钟表公司，他在那里继续研究电子表。

带支架座钟，卡地亚巴黎，约 1920 年

金、鎏金银、缟玛瑙、珐琅、铂金、玫瑰切割钻石指针；镀金金属支架；铂金、玫瑰切割钻石指针
签名：Cartier Paris
混合“鹰头”黄金和“野猪头”白银法国纯度印记
高：7.4 cm；宽：7.4 cm
私人收藏

带支架座钟，卡地亚巴黎，约 1922 年

金、鎏金银、缟玛瑙、珐琅、铂金、玫瑰切割钻石；镀金金属支架；铂金、玫瑰切割钻石指针
签名：Cartier Paris
高：8.2 cm；宽：6.6 cm
私人收藏

带支架座钟，卡地亚巴黎—纽约库存，约 1920 年

金、鎏金银、玛瑙、珐琅；镀金金属画架；金指针
签名：Cartier NY. EW & CC°
Inc France
高：7.4 cm；宽：7.4 cm
私人收藏

带支架座钟、卡地亚巴黎，1921 年

金、鎏金银、缟玛瑙、珐琅；镀金金属画架；金指针
签名：Cartier
混合“鹰头”黄金和“野猪头”白银法国纯度印记
高：7.4 cm；宽：7.4 cm
私人收藏

带支架座钟，卡地亚巴黎，1930 年

金、银、玛瑙、珍珠贝母、玉、珐琅；鎏金金属支架；金、珐琅、镭指针
签名：Cartier France，Made in France
混合“鹰头”黄金和“野猪头”白银法国纯度印记
制作者：Couët
高：10 cm；宽：10 cm
私人收藏

带支架座钟，卡地亚巴黎，约 1925 年

金、缟玛瑙、珍珠贝母、玉、珐琅、弧面红宝石；铂金、玫瑰切割钻石指针
签名：Cartier，Made in France
“鹰头”法国黄金纯度印记
高：7.4 cm；宽：7.4 cm
私人收藏

这些硬石和珐琅制的小座钟取得了巨大的成功。多年来，它们被制作成数百个款式。这里介绍的款式是该风格中很具有代表性的例子。这两个缟玛瑙款式只在石头形状、蓝色珐琅和角落的钻石上有细微差别。
请注意，“拱形”时钟的钟面上装饰着一条狭窄的菱形切割边框。而玛瑙钟表，只在玛瑙和珐琅颜色上有细微差别。

座钟，卡地亚巴黎，1928 年

金、银、玛瑙、缟玛瑙、绿松石、翡翠、翠鸟羽毛、珐琅；金指针
签名：Cartier Made in France
混合“鹰头”黄金和“野猪头”白银法国纯度印记
高：9 cm；长：7.5cm；宽：4cm
私人收藏

带日历的座钟，卡地亚巴黎，1926 年

金、软玉、弧面青金石；金、珐琅指针
签名：Cartier
“鹰头”法国黄金纯度印记
长：11 cm；长：8.2 cm
私人收藏

通过转动时钟背面的螺丝轮，可以设置日期、星期和月份。面向盎格鲁－撒克逊市场的版本，日期和月份的开头是按照英国人的习惯颠倒的，月份会位于日期之前。

带支架闹铃钟，卡地亚巴黎—纽约库存，1930 年

黄金、铂金、软玉、螺钿漆器、珐琅、糖包山切割珊瑚、玫瑰切割钻石；镀金金属画架；金、铂金、钻石指针
签名：Cartier
长：9 cm；宽：9 cm
卡地亚 – 日内瓦收藏

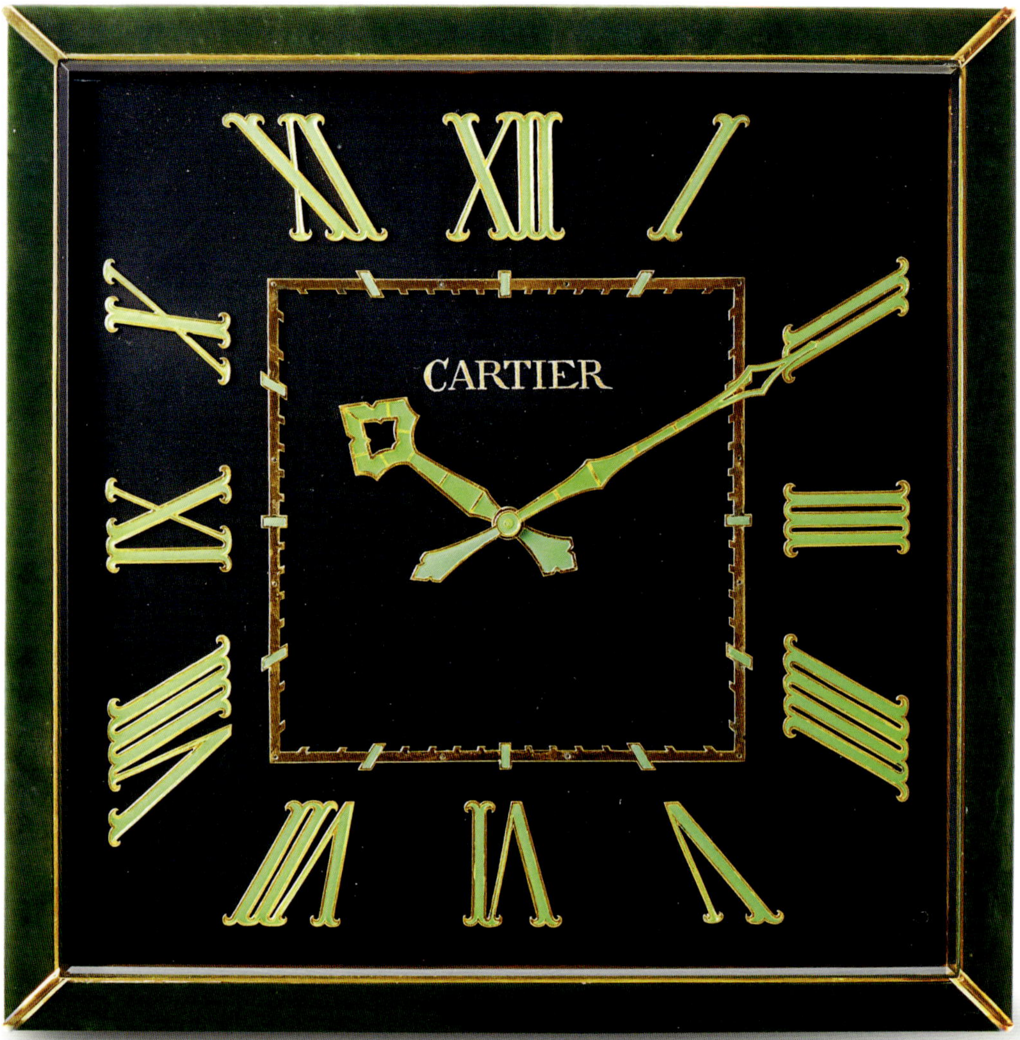

座钟，卡地亚巴黎，约 1930 年
（图片为缩小尺寸）

金、软玉、硬橡胶；金、珐琅指针
签名：Cartier，Made in France
高：25.2 cm；宽：25.2 cm
私人收藏

座钟，卡地亚巴黎，约 1920 年

金、软玉、珐琅；金指针
签名：Cartier
“鹰头”法国黄金纯度印记
高：7.5 cm；长：5.6 cm；
宽：2.6 cm
私人收藏

座钟，卡地亚巴黎，约 1925 年

金、银、软玉、珐琅、弧面祖母绿；
金指针
签名：Cartier
“鹰头”法国黄金纯度印记
高：8 cm；宽：5.7 cm
私人收藏

带罂粟花纹理的钟体，与四个眼镜蛇支撑分离，可以 360 度旋转。

“mignonette”座钟，卡地亚巴黎，约 1928 年

金、缟玛瑙、弧面红宝石；蓝钢指针
签名：Cartier Made in France
European watch and Clock C°
“鹰头”法国黄金纯度印记
高：5.1 cm；长：3.1 cm；
宽：2.7 cm
私人收藏

在卡地亚的术语里，“mignonette”是可爱的小“立方体”，这是一款非常小的台式时钟。

“mignonette”座钟，卡地亚巴黎—纽约库存，约 1928 年

金、缟玛瑙、电气石、珐琅；蓝钢指针
签名：Cartier Made in France
European watch and Clock C°
“鹰头”法国黄金纯度印记
高：6 cm；长：3 cm；宽：2.9 cm
私人收藏

镇纸座钟，卡地亚巴黎—伦敦库存，约 1929 年

金、银、缟玛瑙、弧面红宝石、珐琅；蓝钢指针
签名：Cartier Made in France
混合“鹰头”黄金和“野猪头”白银法国纯度印记
高：2.1 cm；长：7.9 cm；
宽：3.6 cm
私人收藏

微型座钟，卡地亚巴黎，1928 年

金、软玉、珊瑚、缟玛瑙、珐琅；蓝钢指针
签名：Cartier Made in France
“鹰头”法国黄金纯度印记
高：5.2 cm；长：5.1 cm；
宽：3 cm
私人收藏

这两个台钟是温莎公爵和公爵夫人的收藏。

有折叠表盘的微型座钟，卡地亚巴黎，1930 年（合、开）

黄金、铂金、缟玛瑙、玫瑰切割钻石、珐琅；蓝钢指针
签名：Cartier Breveté France，Made in France
“鹰头”法国黄金纯度印记
制作者：Viel & Robin
高：6.1 cm；长：3.5 cm；宽：2.9 cm
私人收藏

有折叠表盘的微型座钟，卡地亚巴黎，1949 年（合、开）

黄金、铂金、缟玛瑙、玫瑰切割钻石、珐琅；蓝钢指针
签名：Cartier
“鹰头”法国黄金纯度印记
制作者：Cartier
高：5.9 cm；长：3.5 cm；宽：2.9 cm
私人收藏

这只钟曾被温莎公爵和公爵夫人收藏。这款产品后期的生产显示这个带折叠表盘的型号持续销售了超过 20 年。

有折叠表盘的微型座钟，卡地亚巴黎—伦敦库存，1928 年（合、开）

黄金、珀金、缟玛瑙、玫瑰切割钻石、珐琅；蓝钢指针
签名：Cartier
“鹰头”法国黄金纯度印记
制作者：Duveliez
高：6 cm；长：3.4 cm；宽：2.8 cm
私人收藏

这些钟在伦敦的库存登记册上被描述为“三联座钟”。形象描述了构成刻度盘的门的打开结构。

“圣坛”座钟，卡地亚巴黎，约 1925 年（开、合）（右页）

金、珐琅；蓝钢指针
签名：Cartier France breveté，European Watch and Clock C°
“鹰头”法国黄金纯度印记
制作者：Thibault
高：4.6 cm；长：2.6 cm；宽：1.1 cm
私人收藏

“圣坛”座钟，卡地亚巴黎，约 1925 年（合、开）

金、珐琅；蓝钢指针
签名：Cartier Breveté Made in France
“鹰头”法国黄金纯度印记
高：4.2 cm；长：2.3 cm；宽：0.9 cm
私人收藏

这些表上的门可通过按压上方发条冠来打开。

“圣坛”座钟，卡地亚巴黎，约 1925 年（开、合）

金、珐琅；蓝钢指针
签名：Cartier Breveté Made in France
“鹰头”法国黄金纯度印记
制作者：Viel & Robin
高：4.5 cm；长：2.5 cm；宽：1.2 cm
私人收藏

“圣坛”座钟，卡地亚巴黎，约 1925 年（合、开）

金、珐琅；蓝钢指针
签名：Cartier France
“鹰头”法国黄金纯度印记
制作者：Thibault
高：4.3 cm；长 :2.5 cm；宽：0.9 cm
私人收藏

字母“E.R.R.M”刻在钟顶部。机壳上也有相同字样。

这些口袋钟，打开折叠支架，就可以放在桌子上。这个简单而聪明的系统，使得无论在盖子打开还是闭合的情况下，都可以读取时间。发明家约瑟夫 • 维格利于1925年8月为此设计申请专利。

神秘时刻
THE MYSTERIOUS HOUR

神秘钟的基本结构是让・尤金・罗伯特・胡丁（Jean-Eugène Robert-Houdin，1805–1871）发明的，他是一名魔术师和机械工程师，在 1839 年制作了一款带指针的钟，其中装配了指示小时和分钟的机芯，从外观上并不能看出它的工作原理。

在 20 世纪初，有一位年轻优秀的制表师莫里斯・库埃，其父亲和祖父也同为钟表师，他在卡地亚的供应商普雷沃斯特那里接受钟表训练，他想要在他圣马丁街的小工作室里重现这个结构。该挑战令人望而生畏，更自相矛盾的是，还需要尽可能地隐藏一个钟表匠花好几年时间才能研制出的既美观又复杂的机械结构。而最终呈现给“路易先生”的这个神秘的时间仪器，带有透明的表盘和指针，似乎在空中飘浮着，其精湛的技艺和诗意并存，严谨而又精益求精。该作品无疑是件集大成者。1912 年，路易・卡地亚向他订购了第一件该作品。[1]

“Model A” The “Model A”

被称为“Model A”的这款钟，其形状源自路边发现的旧里程标记。内含机芯的塑形底座由硬石制成——白玛瑙、脉状玛瑙、黑缟玛瑙或软玉，垂直的矩形外壳用块状水晶制成。表盘从下方一个狭窄的开口嵌入。一个水晶柱顶置于它的上方。内部极简的设计突出了水晶所营造的神秘感。这款最初的“Model A”时钟，用装饰有月桂叶的白色珐琅金边框来掩藏传动机制。白色珐琅的金刻度环上标有罗马数字。由其内侧的一圈钻石镶嵌环来点亮。底座的每个上角都镶有玫瑰切割的钻石或蓝宝石。这款钟在围绕着水晶下半部分的位置还镶有金珠边框。其时针上有一颗六角星，每根指针都固定于一个透明圆盘，每一个圆盘都被放置在一个齿轮内，齿轮通过一个双横轴系统连接在一起。

1913 年，带有软玉底座的第二台该钟被送到了卡地亚，并于同年 10 月出售给了富庶的银行家和工业巨头 J.P. 摩根。

另一个带有脉状玛瑙底座的该款钟被献给了西班牙王后维多利亚・尤金尼亚（Victoria-Eugenia）。[2] 毫无疑问这款钟取得了巨大成功，库埃工作室在 1912–1967 年间生产了将近 40 台。[3]

大约在 1921–1922 年，“Model A”的内部装饰经历了一个转变。原本带有金月桂叶装饰的白色或黑色珐琅内框，以珍珠贝母板代替。这些珍珠贝母板也被运用在围绕罗马数字的刻度环上以代替之前的白色珐琅。时针为镶嵌群钻的波斯风格灌木纹饰，分针为箭头型。[4] 硬石底座在大部分产品上采用平滑设计，一些稀有的款式（包括用黑曜石取代缟玛瑙）则采用矩形底座，且每个侧面都有凹刻设计。

同样在 20 年代，还有一些不同的内部装饰出现在“Model A”时钟上。

– 其中一款是在保留原本珍珠贝母版本的设计上，用白色珐琅替换了珍珠贝母。

– 另外两个版本有带镶钻“X”形图案装饰珍珠

神秘钟，Model A，卡地亚巴黎，约 1920 年

金、水晶、缟玛瑙、珐琅、铂金、玫瑰切割钻石；铂金、玫瑰切割钻石指针
签名：Cartier
制作者：Coüet
高：13.5 cm；宽：8.5 cm
私人收藏

1921 年制作的同款时钟卖给了帕蒂亚拉大君。如今属于卡地亚典藏系列。

贝母框的外圈。

– 还有两个版本，包括一台 1930 年卖给菲亚特创始人，参议员阿涅利（Agnelli）的钟，在珍珠贝母框上，位于“XII”（12）上方和“VI”（6）下方，饰有倾斜的“s”图案。指针带有波斯花卉图案。

– 在 1929 年的版本中，点翠取代了珍珠贝母，拼合成“s”型图案装饰于数字“XII”（12）上方和“VI”（6）的下方。

在巴黎，由于 1931 年的经济危机而中断生产的神秘钟，又在 1936 年重新生产，在装饰上的新变革更为明显。所有的内部材料包括刻度环都使用经过抛光的铂金。而罗马数字，不管是否采用钻石镶嵌，它们的排布都发生了变化。可以在 1940 年 1 月的一款钟上看到，罕见的硬石底座取代了缟玛瑙底座。镶钻指针也替换了新的设计，通常会有一颗红宝石镶在正中间。二战以后，一些款式采用了棱纹金底座。1936 年生产的一款钟装饰着法鲁克国王的王冠。[5]

神秘东方 The mysterious east

虽说第一次世界大战中断了神秘钟的生产，[6] 但在 1920 年，库埃发明了一种单轴传动系统，可以用不同的形状和装饰来实现他的钟表奇观。

工作原理保持不变：每根指针都被放在一个有齿槽金属边缘的透明圆盘上。圆盘是由一个隐藏在盒子框架内的集成系统驱动的，但现在可以将机芯放置在底座内或其上方，就像“门廊”神秘钟一样。（见 225 页）最早的单轴款式的底座和框架用硬橡胶制成，外侧金框饰以“日本角”。刻度环是绿松石色珐琅制成的，其中两款钟的表盘由一个大的八角形黄水晶构成，另一款用的是椭圆型黄水晶。（见 222 页）

依循着卡地亚战后生产的东方风味产品特点，1921 年生产了一个阿拉伯 – 波斯风格的款式。一根

卡地亚纽约东方风格神秘钟资料照片，约 1923 年。（阿兰·卡地亚档案）

细长缟玛瑙柱奇妙地被称为“中国柱”，它用一个支架支撑着钟壳，支架的设计就位于钟的正下方，两个倒置的“日本角”扶壁作为辅助支撑。八角形的刻度环为绿松石色珐琅，同时圆柱底端还有一个垫子，位于底座上。黄金框架的背面是有着相同双

弯拱形图案的黑色珐琅。

钻石镶嵌设计各有不同，也使一些钟变得与众不同。除了指针都镶有钻石，这些钟要么没有任何装饰，要么在水晶表盘和绿松石色珐琅刻度环之间的铂金框中有镶钻或镶罗马数字。

1921 年的另一个神秘钟融合了印度、波斯和中国的风格影响：缟玛瑙柱上雕刻有金色拱廊图案。“日本角”支撑并连接柱子和底座。“印度”风格的刻度环则由一系列重复的白色珐琅双弯拱形图案来装饰每个小时刻度的上方。表盘是由与白色珐琅刻度环相得益彰的黄水晶制成。有一个镶钻的环来分隔刻度环和黄水晶。

另一个版本，用中国“寿”字纹样取代了双弯拱形图案。

同样是 1921 年制造的另一个款式，圆柱被一个简单的梯形图案所取代，每边都会镶嵌一颗弧面绿松石，以此分隔缟玛瑙或硬橡胶[7]底座与八角形绿松石色珐琅刻度环。金质底座为中国风格，黑色背景上有白色珐琅制罗马数字。背面绘有摩尔风格的门的图案，呈双弯拱形，就像上文描述的阿拉伯－波斯风格的款式一样。[8]

神秘钟的形状有许多不同的版本，其中一些会把罗马数字置于水晶里面：

其中 1921 年的一款，这个方式被运用在两台相同的产品上，刻度环设计为黑色背景上涂有连续的中国品字纹的绿松石色珐琅。这种花纹模仿了时针的形状。罗马数字被放在水晶表盘里，置于两个镶群钻的铂金环之间。在边缘的每一面都装饰了无限绳结图案珐琅，这是中国元素永恒的象征，也是佛教八宝之一。缟玛瑙底座下方还有一个中国风格的底座。另外一个版本的表框也有相同的设计，不过它以绿松石色背景的黑色珐琅勾勒外圈。金质罗马数字在黑色珐琅圈上，位于水晶表盘的内侧。根据外壳的设计，用矩形珐琅饰带装点缟玛瑙底座，最底下的基座为中国风格。

1925 年的一个带有黑色珐琅金表框的版本，表框上的每个角落都有五个蓝绿色类似希腊回纹的中国风格纹饰。镶群钻的“龙”形指针缠绕在中央小齿轮周围，黑色罗马数字位于水晶表盘的中心。

另一个制造于 1926 年之后的版本，在金刻度环上同样有中国品字纹设计，但此次用的是黑色珐琅。罗马数字镶群钻。珊瑚条纹图案运用在边缘的每一侧。“龙”形指针镶钻石，头部为时针，起伏的尾部为分针。底座为缟玛瑙制。这款以底座的不同来进行区分，其中两台为中国风格底座，三台为阶梯底座。[9]

所有这些钟的底座都是深色的，由硬橡胶、黑漆木、黑色珐琅、玛瑙或黑曜石制成。构成这些神秘钟表盘的水晶和黄水晶，在钟的背部也有用武之地，包住水晶的程度不尽相同，也有的会对宝石底尖进行包镶。这没有技术上的解释，只能以美学角度来解释：一个被截短的底托能够给钟的指针提供更大的真空和平整的效果。不然一个完整的底托会影响水晶背面的切面和边缘的效果。

1923 年至 1928 年间，制造了七个“屏风”形的神秘钟。它们遵循“屏风”钟的一般形状，配以上一章中描述的普通机芯。其中一款用玉柱装饰，另一款用月长石柱装饰。[10]其他款式都用珊瑚做装饰。珊瑚系列的刻度环是用精雕细工的黄金制成，配上镶嵌珍珠贝母的罗马数字，除了其中一款与玉制和月长石款相同，用的是白色珐琅金刻度环。在 1928 年制造的属于法鲁克国王收藏的其中一个珊瑚款式中，时针模仿了直立的眼镜蛇的头部，分针则做成了爬行动物的尾巴。

一台制造于1925年的神秘钟，源自“屏风”的形状，属于玛瑙、红色珐琅和金制书桌套装的一部分。这台钟有一个英文“日历”的功能，两个玛瑙墨水罐是用中国的古代香炉改造的。这个桌面套装设计的签字人的是亚历山大·迪林格（Alexandre Diringer），他是一位天才工匠，十几岁时就进入莫里斯·库埃的工作室做学徒。

神话生物神秘钟 The figurative mystery clocks

在卡地亚所有的作品中，最极尽奢侈的无疑是1922年至1931年间制作的带有动物或神话生物雕像的神秘钟。数目根据选择标准而有所不同：共12台神秘钟，如果包括一台半神秘钟，则是13台。非常主观地说，它们可以算是这个品牌最宝贵的装饰器物设计作品。它们全部都是受到中国文化的启发。通常围绕着一件来自18世纪或19世纪的中国古董创作，但正如卡地亚一贯的作风，也会添加受其他文化启发的装饰在其中。

古代动物（神话生物）雕塑常被用来支撑一些非凡的器物。这也可以被认为是18世纪法国人使用动物装饰时钟的复兴，其中路易·卡地亚有一个镀金青铜的样品，是一台由山猪撑起的时钟。[11]

这个系列包括以下这些：

- 玉鸳鸯神秘钟（1922）；
- 瑞兽神秘钟（1924）；
- 逆跳指针鲤鱼时钟（1925）（半神秘钟）
- 玉花瓶神秘钟（1925）；
- 水晶乌龟神秘钟（1925）；[12]
- 第二个瑞兽神秘钟（1926）；
- 观音神像神秘钟（1926）；
- 第三个瑞兽神秘钟（1927）；[13]
- 双鲤鱼神秘钟（1928）；
- 大象神秘钟（1928）；
- 佛狮神秘钟（1929）；
- 珊瑚瑞兽神秘钟（1930）；
- 观音神像自鸣神秘钟（1931）。

这里要讲到这台半神秘钟，也称作寓意钟，其中有两条18世纪中国风的灰玉制鲤鱼，一大一小，上面装饰了一个半圆形的水晶表盘，表盘上的镶钻罗马数字配在淡紫色的背景上。当指针走到右边的尽头时，镶有钻石的铂金“龙”指针就会移向左边，重回起点。鲤鱼放置在一块仿水面雕刻的磨砂水晶上。珍珠贝母台板上雕刻着波浪纹样，代表鲤鱼在水中跃动，外圈装饰有蓝色珐琅线条。表盘中间位置是一块水晶圆盘，通过旋转可以显示分钟， 并且浮现出珍珠和波浪纹的装饰。波浪纹由珍珠贝母制成， 边线是红色的珐琅。这件作品应该是作为不朽的大地的象征。缟玛瑙的底座是“日本角”的式样，顶部围绕着一圈珊瑚珠子，下方及中央位置则出现了一个中式风格的金制外框。基于汉语中同音异义的理解，“鲤鱼”这个词被分拆成两个不同的含义。“鲤”通“利”，代表利益、利润；“鱼”通“余”，代表多余、盈余，因此鲤鱼便成为了成功的象征。另外，逆流的环境更能够锤炼坚韧的品格。这个作品完成于1925年，并成为卡地亚的收藏。（见229页）

“门廊”钟 The “portico” clocks

卡地亚还制作了一款神秘钟，是以壮观著称的“门廊”钟，在1923年到1925年期间只制作了六台。受到部分中日风格的影响，它们的造型借鉴了查理十世时期的壁炉钟。当时重型壁炉钟确实很流行，它有突出的饰带和飞檐装饰，由四根巨大的柱子支撑，在这四根柱子之间放置刻度盘和摆动的钟摆。

卡地亚采用了这种风格，为了让它拥有东方风味，就给了它们一个鸟居的外观、于神道大殿的入口大门、一些中国元素和悬挂在鸟居中的神道锣。[14]

其中四台35厘米高的相同款式的时钟是最为成功的。圆柱由装饰有缟玛瑙的水晶制成，该四台的区别在于放在盘子上方连接机芯的水晶塑像——一台是日本福神像，一台是瑞兽（后换成佛像），一台为佛像，一台为石狮像。十二角水晶表盘配黑色珐琅金框，罗马数字为镶钻铂金制；金字塔形珊瑚宝石与黑色缟玛瑙和透明水晶形成对比，增添了一抹色彩；指针为镶钻铂金。第二条门梁显示了日本和中国两种文化的融合。这里水晶元素的灵感来自于钟、锣或中国鼓架。[15]

第五台这个款式的钟制作于1924年，稍大一些（28厘米），是三台粉黑拼色钟中最具东方风味的一台。方柱由粉红石英制成，柱子底部的每侧都用黑色珐琅饰有廊柱的守卫者——凶猛的石狮，坐在中式拱门下的高脚凳上，上面带有类似中国家具上的细工雕刻和涡卷网格花纹。支撑钟体的两道门梁之间的地方，在珍珠贝母饰板上有中国图案的水晶饰带，中间有一个镶钻“寿”的图案，周围装饰

拉法耶街上的莫里斯·库埃工作室，1927年。后方架子上的“埃及”钟在248页配有插图。（卡地亚档案）

黑色珐琅。十二角金表盘上配了珍珠贝母饰板，上面有钻石镶嵌的罗马数字。每个数字边缘镶嵌两颗珍珠，珍珠中间带有中国风格设计的黑色珐琅装饰。身型起伏的龙为镶钻的黑色珐琅铂金制，作为指针，龙头为时针，龙尾为分针。

第六台也制于 1924 年，高 38.5 厘米。它有方形水晶柱和“日本角”，带中国的“花盆”图案，柱子底部有一块细工雕刻花卉图案的椭圆形玉石饰板。柱顶装饰黑色珐琅金制向下放置的“如意”图案，配三朵互相重叠的雕花玉饰。两根过梁之间的饰带采用了涡卷型中国图案，为镶钻的黑色珐琅铂金制。传动轴通过的连接处隐藏于一块雕刻的多瓣玉饰板下，玉饰板周围装饰钻石。六边形的黑色珐琅金表盘上有镶钻铂金罗马数字。每个数字之间都有一个玉制的中国汉字。侧面饰有三层镶嵌珍珠贝母的黑色珐琅东方风格图案。水晶表盘周围环绕着一圈小珍珠，起伏的龙作为指针，和玫瑰石英钟一样。在这个钟上，黑玛瑙和绿玉石被结合得相得益彰。[16]

这些座钟创新产品的多样性和想象力引领品牌开始创造更多“异国情调”的产品和技术革新。

自此，古老的钟表技术已经被卡地亚用在了制造神秘钟、半神秘钟或重力钟的所有产品上。例如磁力钟就是这样实现的，其中的水钟就是最典型的例子。

1927 年和 1928 年及之后有一个带银碗的款式，在平整的碗边缘上刻有罗马数字。银碗放在大理石底座上。一个圆盘带动的机芯被水平放置在碗中，圆盘上有向北和向南两个磁铁。一只小乌龟被安装在南北方向的钢制磁化针上，漂浮的乌龟被吸引在两个磁极之间，并根据磁场始终指向同一方向。（见 233 页）

尤其有代表性的是 1929 年制作的一款钟，在 18 世纪的中国玉碗的边缘雕刻了一条舌头漆成红色的龙，似乎要准备吃掉漂浮在水中的乌龟。钟体放置在青金石、红漆和黑色大理石制成的底座上。碗的边缘配有在中国风格基础上的带蓝色珐琅金框的阿拉伯数字。乌龟则用来指示时间。

有一款在 1939 年获得专利的半神秘钟，其在外形和功能上非常新颖，也许是独一无二的，它似乎是对环形表盘系统的一种改进，为垂直放置而非水平。它有一个垂直的轮盘，中心由两根固定在缟玛瑙底座上的小柱子支撑。轮盘的每一侧都配一块雕刻的中国玉饰板。边缘修饰成一条金丝带，上面有黑色珐琅罗马数字。其内部机械结构是以重量倾斜来驱动轮盘。轮盘通过穿在一根固定于两边立柱顶部矩形金件上的轴来转动，以指示时间。（见 231 页）

得益于加斯顿·库辛（Gaston Cusin）在 1937 年的发明：棱镜钟，卡地亚对钟表制造的创新脚步未有停止。两块光学玻璃放置在一个垂直放置的立方盒子中，光学玻璃的倾斜面相对而立，这样表盘和指针根据水下潜望镜原理，通过玻璃棱镜反射，从一定角度才能看到。

钟壳表面为棱纹、平整、玑镂或打磨光滑的金或银制。

这款钟有几个尺寸。较小的被称为“棱镜表”，那是一个简单的垂直放置长方体物件。从 20 世纪 60 年代开始，一些棱镜钟会被放置在建筑形状内，如：宝塔、草屋、希腊 – 罗马神庙、日本神社，有些还配有青金石底座。在一个更大且特别的款式中，底部镶嵌了类似瓷砖的珍珠贝母板。（见 486 页）

无论是神秘钟、半神秘钟、磁性钟还是棱镜钟，我们都无法反驳《杜邦顿公报》专刊上为 1925 年展览所作出的美誉：“卡地亚的神秘钟是钟表制造的奇迹，既虚幻又珍贵，仿佛用月光编织成梦，在古老的碧玉女神的光辉下，分分秒秒都在探索时间的神秘。两根粉色石英柱之间，有用黄金点缀的珐琅黑龙，或是在色彩斑斓的珍珠贝母马赛克下散发着埃及的光芒。这些独特的作品，有一种令人折服的装饰美感，也代表了最精致的品位和完美的工艺，只是偶尔从一些特权沙龙中得以一见，便成为一种与最伟大文明时期相媲美的艺术典范。"

注释
Notes

1. 卡地亚的主要客户、艺术赞助人、奥斯卡·王尔德（Oscar Wilde）的密友人称格雷夫人的里彭侯爵夫人（Marchioness of Ripon，1859–1917）似乎购买了这第一台钟。

2. 另一个例子是1918年出售给国王左格一世的带有阿尔巴尼亚盾徽装饰的款式。

3. 不确定具体是哪一台。

4. 1911年埃瓦林·沃尔什·麦克莱恩（Evalyn Walsh McLean）向皮埃尔·卡地亚购得了蓝色钻石"希望"，并在1927年得到了这个时钟版本。

5. 这台可能是"Model A"的钟，有一个悲惨的结局。1935年，威斯敏斯特公爵夫人洛埃利亚（Loelia）在回忆她于1930年结婚的丈夫威斯敏斯特公爵（Duke of Westminster）的争吵时写道："在漫长的夜晚里，愤怒的场面持续不断地发生。物体在空中飞舞……一个朋友赠送了一台水晶制带钻石指针的卡地亚钟作为结婚礼物，这是一件如施了魔法一般的精美小器物。一天晚上，在一场噩梦般的争吵中，它被扔到墙上，被敲击成了无数碎片。它太脆弱了，我只能任由碎片混合在从墙上掉下来的灰泥之中，都不敢让仆人看见。半个小时后，本尼又冲了进来，手里拿着废纸篓，把碎片挑了出来，说他将会好好对待它们，说我可没有像钻石指针一样贵重的积蓄。"（Duchess of Westminster，Grace and Favour: The Memoirs of Loelia，Duchess of Westminster，London，Weidenfeld & Nicolson，1961，p. 232）

6. 一台带软玉底座的版本属于希腊的奥尔加王后（Queen Olga），可以追溯到1918年。随着二战的爆发，钟表生产变得断断续续，但这不能阻止戈林（Goering）在1940年订购一台生产于1939年的"Model A"时钟。

7. 如上所述，硬橡胶是一种由橡胶制成的工业材料，卡地亚从1920年就开始使用了。它通常会用于钟表制作，但有时，包括在一些神秘钟上，它会被用于基座，用来放置机芯或作为围绕表盘的材料。这种材料也被广泛用于制作台式烟盒的脚和底座以及作为铅笔内部材料。

8. 1921年10月的一款钟，作为杰西·伍尔沃斯·多纳修（Jessie Woolworth Donahue）的藏品，于1976年10月在卡地亚纽约展出，这是卡地亚古董的有记录的第一次展览。

9. 这个款式的其中一台是法鲁克国王在埃及的藏品，另一台是维多利亚女王尤金尼亚在西班牙的藏品。

10. 这款钟现存于卡地亚典藏系列。

11. 路易·卡地亚收藏拍卖，op. cit. lot 126。

12. 后来，以黄金底座上的两个水晶印度神像来完成这台钟的制作。

13. 这台钟没有被卖出，并于1953年被拆解。

14. 在神道教中，鸟居是世俗和神域的分界，提醒世俗中的人们神性与他们同在。

15. 1923年一台带有日本福神的磁力钟开始在卡地亚巴黎出售，并卖给了美国农具巨头H.F. 麦考密克（H.F. Mc Cormick）的妻子伽娜·瓦斯卡，一位女高音歌手。1924年出品的那款，配它原来的佛像，曾在卡地亚伦敦沙龙展出。

16. 这款钟的皮壳是专供卡地亚纽约的。所以它应该是送去那里进行出售的。

神秘钟，Model A，卡地亚巴黎，约 1912 年

金、水晶、白色缟玛瑙、珐琅、弧面蓝宝石、铂金、玫瑰切割钻石；铂金、玫瑰切割钻石指针
签名：Cartier Paris
“鹰头”法国黄金纯度印记
制作者：Couët
高：13.5 cm；宽：8.5 cm
卡地亚 – 日内瓦收藏

“Model A”是卡地亚推出的第一款神秘钟，这个优雅经典的款式获得了巨大的成功，在1912年到1960年代，一共制作了60个。

神秘钟，Model A，卡地亚巴黎，约 1922 年

金色、水晶、缟玛瑙、珍珠贝母、铂金、玫瑰切割钻石；铂金、玫瑰切割钻石指针
签名：Cartier Paris Londres New York Made in France
制作者：Coüet
高：13.5 cm；宽：8.5 cm
私人收藏

带中轴的神秘钟，卡地亚巴黎，1920 年（正、反）

金、黄水晶、硬橡胶、珐琅、玫瑰切割钻石；铂金、玫瑰切割钻石指针
签名：Cartier
“鹰头”法国黄金纯度印记
制作者：Coüet
高：12 cm；长：8.5 cm；
宽：4.2 cm
卡地亚 – 日内瓦收藏

这只钟是第一批有中轴的神秘钟之一，由莫里斯·库埃为卡地亚制造，主要部分由硬橡胶制。这种材料由美国化学家查尔斯·固特异（Charles Goodyear）于 1839 年发明，是橡胶的一种衍生物。它的颜色与乌木非常相似。其硬度高，易于雕刻、抛光，成本低廉，是制作钟壳、台座等的上佳选择。

带中轴的神秘钟，卡地亚巴黎，1922 年（正、反）
（图片为缩小尺寸）

金、缟玛瑙、珐琅、水晶、铂金、玫瑰切割钻石；铂金、玫瑰切割钻石指针
签名：Cartier New york，European Watch and Clock Co. Inc. France
“鹰头”法国黄金纯度印记
制作者：Coüet
高：19.7 cm；长：8.9 cm；宽：4.6 cm
卡地亚 – 日内瓦收藏

1922 年 6 月 30 日，这件作品录入在巴黎的库存，不久后被带到纽约，因此在底座上出现了签名“卡地亚纽约”。它于 1923 年 7 月 6 日被出售。（J.Rudoe，Op.Cit.P.131）

“屏风”神秘钟，卡地亚巴黎—纽约库存，1926 年

金、缟玛瑙、水晶、月长石、珐琅、铂金、玫瑰切割钻石；铂金、玫瑰切割钻石、珐琅指针
“鹰头”法国黄金纯度印记
签名：Cartier Paris Londres New York
制作者：Couët
高：14 cm；长：9.9 cm；宽：6 cm
卡地亚－日内瓦收藏

这款钟的底座内置一把可以设置时间和上发条的钥匙。传动轴藏于屏风底下的缟玛瑙球中。

门廊神秘钟，卡地亚巴黎，1923 年（图片为缩小尺寸）

金、水晶、珐琅、玛瑙、弧面珊瑚、红宝石；铂金、玫瑰切割钻石指针
签名：Fait par Cartier Paris Londres New York
制作者：Coüet
高：35 cm；长：23 cm；宽：13 cm
卡地亚－日内瓦收藏

这钟是卡地亚于 1923 年至 1925 年间根据神道教寺庙的元素制作的，这是一系列六钟中的第一座。其中四个可以通过顶部的水晶元素来区分：一个日本福神、一个佛像（原来是一头瑞兽）、一个猢狲和一只石狮。另外两个例子有更明显的中国元素，它们更大，与前四款有很大的不同。

这六个钟无疑是卡地亚最壮观的艺术作品之一，它们的合照出现在 2015–2016 年日内瓦“亚洲想象”展览目录中。该钟在揭起日本福神雕像后，可以看到钟的机芯隐藏在金色和黑色的珐琅过梁中。

这只钟被卖给了伽娜·瓦斯卡，（1887–1984），一位波兰歌剧歌手，她的第二次婚姻嫁给了百万富翁 H.F. 麦考密克，他是联合收割机发明者的继承人。

正如埃斯特尔·尼科尔斯·范·奥斯特（Estelle Niklès Van Osselt）所写，这位女士“像黛西·费洛兹和蒙娜·俾斯麦伯爵夫人一样，……是一小部分她那个时代人的时尚偶像”(Asia Imagined，éd. 5 continents，p. 156)。

mouvement

“大象”神秘钟，卡地亚巴黎，1928 年（图片为缩小尺寸）

金、缟玛瑙、玉石、珊瑚、珐琅、珍珠贝母、多面镜、铂金、玫瑰切割钻石；铂金、玫瑰切割钻石指针
签名：Cartier
制作者：Couët
高：20 cm；长：15.5 cm；
宽：9.2 cm
卡地亚 – 日内瓦收藏

这是十三个人物动物形象系列神秘钟的第九个，这件作品采用了流行的传统 18 世纪时钟设计。路易·卡地亚收藏的一枚置于山猪背上的“路易十六”钟，也许是这个模型的灵感来源。

它采用了中国和印度的装饰元素。其中中国元素是：18 世纪的玉石雕刻；它的钟形表壳呈宝塔形，有着独特的飞檐；还有镶嵌着钻石的龙形指针。

印度元素是装饰华丽的动物头部以及背部带有珊瑚流苏的象轿地毯。钟可以通过钥匙来设定时间。

这只钟被卖给了纳瓦纳加尔大君，据雅克·卡地亚称，大君的祖母绿收藏天下无双。正是为了这位贵客，伦敦分店才制作了珠宝史上最令人印象深刻的项链。大君的仪式项链也被称为纳瓦纳加尔项链，被认为是“历史上最珍贵的串级彩色钻石项链”。

VIII
VII
VI
V
IIII

神秘钟，卡地亚巴黎，1938 年

金、玉、缟玛瑙、珐琅
签名：Cartier Breveté
“鹰头”法国黄金纯度印记
制作者：Cartier
高：11.5 cm；长：9.2 cm；
宽：7.7 cm
私人收藏

该时钟上的时间并不是用指针来指示，而是用标记旋转的罗盘边缘来表示时间。罗盘两侧为两个 19 世纪的中国鱼雕玉盘。在内部，利用控制配重来转动玉盘。1939 年 6 月 5 日，卡地亚向商业和工业部提交了一项与该时钟模型发明相关的专利。

CARTIER

磁力神秘钟，卡地亚巴黎—纽约库存，1928 年（图片为缩小尺寸）

大理石、银、珐琅、玳瑁
签名：Cartier
制作者：Couët
直径：13 cm；高：9 cm
卡地亚 – 日内瓦收藏

天才钟表匠库埃实现了一些想象中的钟表构造。正如这款钟表：机芯引导表盘下面的磁铁，设计为装满水的表盘中，一只小龟在磁力的引导下指示时间。这种精巧的磁力装置是在 16 世纪由尼古拉斯·格洛里耶（Genevan Nicolas Grollier de Servière，1593–1685）发明的。钟表匠马修·普兰琼（Mathieu Planchon）在 19 世纪就使用了这种构造，他启发了库埃。这款钟有几个版本，包括画家伯纳德·布埃特·德·蒙特维尔（Bernard Boutet de Montvel）购买的一个绿色大理石款式。

V

东方奇想

The fantasised Orient

GEORGE

古埃及
ANCIENT EGYPT

整个19世纪，法国和英国都对古埃及的历史和文化有着浓厚的兴趣。这股“埃及风潮”是集结了以维万特·迪农（Vivant Denon）为首的大量文化和考古学者的波拿巴探险队所发起的，显然后来的查姆波利昂（Champollion）解密了埃及象形文字也起到推波助澜的作用。1869年在巴黎协和广场修建的卢克索方尖碑落成，同年费迪南德·德·雷塞布（Ferdinand de Lesseps）挖掘并开通了苏伊士运河，1911年在卢浮宫举行了法国－埃及展，1922年霍华德·卡特（Howard Carter）发现图坦卡门墓，重新点燃了这股时尚。此次发现规模很大，那些物品需要经过很多年来描述和归类，也因此这一古老文明得以在很长一段时间内抓住了公众的眼球。卡地亚及其品牌设计师当然不会错过这个风潮。从1910年一直到30年代，卡地亚用莲花和带有建筑特征的形状和装饰，如方尖碑和大门等作为其珠宝的图案和形状，其由珐琅金、铂金镶嵌宝石或雕刻的珍珠贝母制成。就像受古希腊风格影响的装饰设计，对于装饰和点缀的提炼也是重要的灵感来源。[1]

值得注意的是，古埃及的建筑线条和图案非常符合装饰艺术风格的美学，1922年后，卡地亚更大胆地使用了真实的埃及古董，并围绕这些古董创作了一些独有的器物及珠宝产品。他们是和平大道和旺多姆广场上唯一一家把这些古老的埃及古董纳入精品器物和配饰设计中的珠宝商。

图坦卡门墓宝藏的发现引起了欧洲人的极大兴趣，卡地亚也利用了这股热情来促进销售。

市场上最昂贵的器物和配饰价格是由卡地亚制造的“埃及”主题产品创造的。一方面可能因为这种类型的器物制作数量极少，另一方面则是因为卡地亚设法在一些作品中融入了“埃及”风格的轮廓，以及对真正古董的利用，并添加和转换了古代图案以适应现代需求。品牌迎合了上流社会对高级古董的品位偏好，同时也紧跟当下时尚潮流，对这一伟大文明的科技和文化进行了挖掘。

古埃及器物 Objects from Ancient Egypt

1914年路易·卡地亚从几家古董商那里购买了用于品牌珠宝和器物制作的埃及古董，其中一家是他的邻居——卡勒布甸兄弟（Kalebdjian Brothers），这家店铺位于巴黎的和平大道12号。

卡地亚保留了埃及的图像符号、图案花纹和颜色，使器物的古董工艺感更强烈。他也在颜色的象征性上花了心思。在古埃及，绿色是植物的颜色，象征肥沃的土地和新生命的希望，蓝色是天空和尼罗河的颜色，象征生命的孕育。

我们都知道“来世”在埃及的多神宗教中的重要性。因此，珠宝也承载了护身符的意义。[2]

例如猎鹰之神荷鲁斯在古埃及有几个职能：天空之神、光明之神和皇室保护之神。

卡地亚在1928制作的唇膏管上配了鹰头神荷鲁斯之眼“oudjat”作为护身符。这件可以追溯到（古埃及王朝）第三个中间时期，形似非洲鼓的古代陶器，在卡地亚的设计中非常罕见。[3]

一个1924年制作的化妆盒采用了埃及建筑的外形、埃及古董物件和古埃及图案。这个化妆盒让人联想到埃及神庙的轮廓，略呈梯形，角上有珊瑚条装饰，末端有莲花灯型的装饰。盒上系着一根绳子，

乔治·巴比尔

理查德·德·加利恩（Richard de Galienne）的《香氛罗曼史》书中插图，1928年

与莲花装饰和一枚缟玛瑙环相连。盒盖上，有一个吹笛人（可能是贝斯）形的古埃及陶器，也许是托勒密时期的护身符，代表着一个年轻的努比亚吹笛女孩，她被奉为女神。[4] 这个设计想法出自一个刻有象形文字和女神的微型青铜浮雕。这件埃及古董被放置于青金石盒盖的中间，带黑色珐琅底座，上面有一朵缟玛瑙和珊瑚制的巨大莲花，嵌着一块雕刻着象形文字的珍珠贝母面板。两侧也镶着刻有象形文字的珍珠贝母板。（见 247 页）

查尔斯 · 雅库，“埃及”自动铅笔设计图，约 1909 年。
（巴黎市立美术馆）

另一件卡地亚使用古埃及的轮廓和图案的稀有物件，采用了埃及石棺的造型。这是埃及化妆盒中最重要的一件产品，也可能是和平大道店铺最杰出的作品。路易 · 卡地亚以为他用来装饰盒盖的是埃及的弧形象牙板，但其实是来自波斯。底面刻着一个头顶篮子的女人，在其周围用鹮和莲花来装点。这个装饰包含的灵感来源是：在古埃及，会出现这样的场景，男人们手持莲花，头顶篮子进行传递。然而，鹮通常不会出现在搬运食物场景中。而这里的女性形象是以托勒密晚期的供品传递的人物形象为基础，而鹮的出现则是根据东方学者埃德温 · 龙（Edwin Long）在托马斯 · 摩尔（Thomas Moore）的诗歌《阿尔西龙》（1827）启发下创作的《阿莱厄特》这幅画。[5]

珐琅莲花和葡萄串与雏菊纹样被装饰在化妆盒的两侧。[6] 两端装饰着狮身人面像，其头和脚是用祖母绿切割而成，头饰镶有蓝宝石，身体上点缀着玛瑙和钻石。

在埃及的坟墓中，木制棺木不是放在由石材或汉白玉制成的外部石棺中的，而是放在一个带四条腿的架子上。因而，1926 年 10 月，购买这件化妆盒的布卢门撒尔夫人（Mrs. Blumenthal）订购了一个四条腿的展台，上面有一块用珍贵的中国热带硬木紫檀制成的板。底座则由镜面玻璃制成，这样可以在镜子中看到盒子下方的雕刻。[7]

第三件化妆盒制于 1927 年，卡地亚使用了一块由方解石制成的古埃及“cippus”石牌，每边都有象形文字，这个护身符被认为能得到荷鲁斯神的庇佑。它被分割成两半，一半放在盒子上面，另一半放在背面。在正面有儿童形象的荷鲁斯和一个象征守护的符号，而在背面有一串象形文字的咒语，该符在古埃及是为趋避毒物而制。[8] 石牌被凸圆形祖母绿鹅卵石包围，填充了矩形石板的剩余空间。细长的罗纹珊瑚条置于四周，两侧饰有青金石斑块。方解石饰板的上下方都框以黑色和绿松石色珐琅的三角形图案。青金石代表着喜悦，绿松石代表植物的新生。这个化妆盒使用了全系列的埃及配色，虽然古埃及人并不真的使用祖母绿，[9] 也很少使用珊瑚。（见 250 页）

在 1927 年由库埃工作室出品的一个台式烟盒具有独特的原创性，它结合了古埃及器物的轮廓和古代图案，以白玛瑙制成，可能受到了毕伯劳斯（Byblos）品牌制作的黄金和黑曜石盒子的启发。盒盖上饰有两块陶瓷或玻璃贴板，上面刻有“Loved by Maat”的象形文字，这一灵感可能出自于塞提一世（Seti I）或塞提二世（Seti II）的宫殿。在青金石的钟形柱 [10] 顶端可旋转打开盖子，背面的中间镶嵌着一颗祖母绿宝石。

四面都装饰青金石板的长方形的烟盒是 1929 年的一个特别订单。一条绿松石色和黑色珐琅的三角形饰带沿着上部边缘延伸开来，饰板下方的正面和背面边角都装饰了棱纹珊瑚条。陶制贝斯特（代表抚慰的塞赫迈特神）小雕像在珍珠贝母的背景衬托下位于正面和背面。顶部和底部都是黑色珐琅制。[11]

埃及格调 Stylised Egypt

埃及风的设计不仅仅是把埃及法老的古董转化成卡地亚所制作的器物产品。它也体现在产品以及使用方法上的创新、图案的转换、象征风格的设计，以及模仿埃及文明的装饰等处。卡地亚也在古埃及颜色的使用上越加大胆自由。对青金石和绿松石的使用源自于古代绿松石色陶器。青金石的蓝色象征着强大和力量；珊瑚和绿松石被认为具有疗愈和再生能力。

形状和设计也有助于使作品更加风格化。盖子上镶钻的玛特女神黑色珐琅铂金化妆盒便是一例，它卖给了卡普塔拉的阿姆利特公主（Princess Amrit）。如卡地亚的一贯作风，这是对产品的一个改造方案。玛特女神的图案最初出现在 1928 年制造的胸针上，在 1930 年的时候，它被放在这个 1928 年制造的化妆盒的盖子上。[12] 该装饰图案被运用于这些黑色化妆盒的中间，它可以作为胸针，也可以当作盒子或手包的饰品。[13]

卡地亚通过提炼对女神的形象作了重新诠释。女神的头部为侧向，但肩膀却是正向的。省去了鸵鸟羽毛的头饰，且将抬高的膝盖和弯曲的膝盖作了相同化处理。

查尔斯 · 雅库，金字塔型门铃项目，1912 年。（巴黎市立美术馆）
这张设计图和左页的自动铅笔设计图都可以证明，从 20 世纪初开始埃及风格就已经开始激发卡地亚的设计灵感。

其他带有埃及图案的作品，例如一个于 1932 年制作的盒子带有天秤和眼睛，是正义的象征；另一个在 1926 年制作的烟盒上有盛开及闭合的白色珐琅莲花，边上配青金石。

1927 年制造的以埃及为主题的大钟是一个特殊而独特的设计，它复制了卡纳克的孔苏神庙，并于 1929 年在纽约售出。[14] 时钟上的象形文字是真正的具有某种意义的埃及文字，尽管它们的意义与设计没有任何联系，雕刻这些文字纯粹是为了装饰。顶部有翼的女神玛特或努特的摆放也是一个创新变动。在古埃及艺术中，这里原本应该是一个有翼的太阳圆盘。

门楣的弧形、突出的梯形等元素强调了这件器物的平衡感。两个指针呈莲花形，时针为开放的莲花，分针为闭合的莲花，这是埃及的圣花，它在夜晚闭合，消失于水中，又在黎明升起，它象征着太阳，也象征着出生和重生。指针和数字都镀有镭，以便在晚上看清楚。珊瑚环的每一面都有青金石镶嵌，这在卡地亚的多种款式中都能看到。[15]（见 248 页）

一个 1927 年造的稀有的重力钟拥有几个埃及特征：柱基铺满了珊瑚星星，这种模仿天空的图案可以在古埃及墓穴的拱顶天花板上找到，它能保佑法老的来世之旅。基座的顶部和钟形柱顶均饰有青金石。（见 249 页）另一款有 20 厘米高，既原始又壮观的时钟，可能在 1939 年被初次制造。它借鉴了埋葬在国王谷的法老墓入口处和下坡的造型。斜面覆盖珍珠贝母，以模仿金字塔的石块。表盘的数字和指针位于钟面的下半部，上半部份是埃及图案。这是一块带马特女神的古铜板，女神的投影用珊瑚勾勒，并置于珊瑚、缟玛瑙和钻石底座上。另外制作于 1941 年的一个款式，用一个古埃及木化石浮雕嵌在一个小型角石切割托帕石和钻石制的框内。1953 年的一个款式基于这种 30 年代的设计有了新的拓展。其表盘为圆形带有珊瑚数字，在珍珠贝母镶嵌的背板上，一只缟玛瑙和钻石制成的跃起的黑豹以珊瑚勾勒轮廓，创造出了三维的设计效果。（见 497 页）品牌也设计了一些其他的埃及风格钟，但并没有实际制造。最后，在一个 20 世纪 50 年代制作的桌面摆件中有一个玛瑙烟壶，形状类似埃及法老戴的红色皇冠，上面配有长方形的珊瑚把手。

从 19 世纪初开始，人们便热衷于那些带有古老文明神秘色彩的埃及古董工艺品。

虽然这种风格的产品在卡地亚卖了很长一段时间，但是和两次战争期间所生产的中国和印度莫卧儿风格的作品相比还是较少。然而在这个系列中卡地亚使用了最具有考古意义的古董工艺品，这些古董皆出自他自己的“apprêts”库存或巴黎的其他古董商。

从这些埃及古董中散发出的稀有和诗意体现在卡地亚的珠宝和器物中，使这些珠宝和精品器物成为和平大道的珠宝匠人制作的最受欢迎的商品。

注释
Notes

1. 在卡地亚珠宝的品牌档案中，有两叠关于埃及装饰的草图发表在：Owen Jones，*The Grammar of Ornament*，London，Day and Son，1856。

2. “它有两种功能：在正式场合的穿戴和回应埃及人所信仰的隐形力量。埃及人相信每一个人的生活中都会被隐形力量所侵袭——被人类行为激怒的神、因为自己的处境而回来复仇的人，或者恶灵”。Cedric Larcher，*Cartier et les Talismans de l'Egypte antique*，Cartier Art Magazine，n° 37，2015。

3. 这件作品被改造了多次。该埃及护身符于 1928 年推出，其形制于 1929 年被运用到埃及风格的手镯上。这件作品也许经历过破损，其古董件已被替换，它曾以没有古董部分的状态在公开拍卖出现。唇膏管的中间部分，被以青金石和绿松石制的阶梯形装饰艺术风格的图案所取代。在管底保留了镶有钻石菱形饰带的莲花设计。(J. Rudoe，*Cartier 1900—1939*，Op. Cit.，p. 218)

4. “她代表着生活的甜蜜，她陪伴着埃及妇女的女性活动。”Cédric Larcher，op. cit

5. 女性形象是伊西斯的女祭司，头上顶着一个篮子和一只鹮，还有几只鹮在身边。摩尔的这首诗于 1865 年第二次出版，由索菲勒·高蒂埃（Théophile Gautier）翻译成法语，并由古斯塔夫·多尔（Gustave Doré）绘制插图。

6. 这种装饰与欧文·琼斯(Owen Jones)的《装饰语法》中的两幅中楣相似，一幅用莲花和葡萄装饰，另一幅用莎草纸和雏菊装饰。

7. 这件作品现存于卡地亚典藏系列，但展台缺失。(J. Rudoe，op. cit.， p. 153)

8. “咒语显示了古埃及护身符的原始功能：用这些符号的力量武装自己，对抗佩戴者无法忍受的看不见的邪恶力量。对付这些邪恶的办法是召唤更可怕的神或保护神，因为只有他们才能使之退散。” Cédric Larcher，op. cit。

9. 在埃及人们发现了最古老的祖母绿矿藏，尽管它们只能制出成色较差的宝石。

10. 如 249 页所示的于同年制造的一款重力钟在同一位置上使用了类似的钟形柱。

11. 拥有狮头和女性身体的塞克米特女神能够激起恐惧。“对埃及人来说，疾病是通过塞克米特的孩子们口中的恶气传播的，通过风传播进入人类的口中从而感染。带女神像的护身符可以使佩戴者预见感染并创造一个无法突破的魔力屏障。那些有猫坐的柱子——就像这样——可以请求安抚的女神塞赫迈特仁慈地介入。” Cédric Larcher，op. cit。

12. J. Rudoe，op. cit. p. 143。

13. 手握十字章或生命符号的玛特女神形象，取自纸莎草或石棺上的法老形象。

14. 埃及风格的建筑激发了路易·卡地亚的灵感，比如在迈森·吉普蒂安、杜开尔广场或杜奇泰莱广场的喷泉，尤其是费拉喷泉以及建于 1806 年的卢浮宫 52 号的埃及喷泉。这种喷泉坐落在一座埃及塔上，一只猎鹰在三角楣饰下展开翅膀。

15. 这种钟的灵感也可能来自于查理十世（Charles X）时期的一个钟，它有“propylon”（一个巨大的外部入口）的形状，上面有柠檬木镶板，板上的翼形装饰与卡地亚的产品位置相同。又或许该灵感来自于由毕昂奈（Biennais）制造的安博尼亚帝国时期的木镶银奖章陈列柜。

卡地亚，右页化妆盒预绘图，
1923 年

化妆盒，卡地亚巴黎，1925 年

黄金、玫瑰金、珐琅、铂金、玫瑰切割钻石、翡翠、缟玛瑙、轨道镶小型角石切割蓝宝石；内附一面背面为玳瑁的镜子、梳子、唇膏管、一个香烟（单元）隔层
签名：Cartier Paris Londres New York
制作者：Lavabre
长：15 cm；宽：4 cm；
高：3.2 cm
卡地亚 – 日内瓦收藏

在图坦卡蒙墓被发现仅仅一年后，基于该新发现这个化妆盒就被设计成了一个石棺的形式。它是一件长条木制品，其中有不同的单元被圆形的顶部所覆盖，顶盖有雕刻，并用花瓣及饰带框起来。这个古董装饰物来自卡地亚的“apprêts”库存，该库存集合了古代波斯、印度、埃及或中国装饰品以及饰品零件。这枚刻有波斯妇女肖像的饰板最初是从古董商那里购得，可能购自迪克兰·基里肯（Dikran Kelekian）或卡勒布旬兄弟。事实上，这件物品制于 20 世纪初，和卡地亚通常的做法一样，这里的装饰是为了追忆古埃及，而不必过分担心历史的真实性。起初，他们想用景泰蓝装饰位于盒子底部的女性与朱鹭，周围饰以饰带，将几何图案和风格化的莲花图案结合在一起。这项工作从未实现，饰板仍然保持原样。

这件化妆盒被卖给了佛罗伦斯·布卢门撒尔（Florence Blumenthal，1873–1930），她是乔治·布卢门撒尔（Georges Blumenthal，1858–1941）的妻子，纽约拉扎德银行的董事，1905 年起成为大都会艺术博物馆的管理者。作为收藏家和慈善家，布卢门撒尔夫妇拥有卡地亚的几件重要作品（见第 247 页和第 310 页）。1926 年 10 月，也就是购买该化妆盒后的16个月，布卢门撒尔夫人委托卡地亚为其制作了一个四英尺长的底座，上面镶嵌着蓝宝石，覆盖着一面镜子，当化妆盒置于其上时，可以欣赏到底部的饰板。

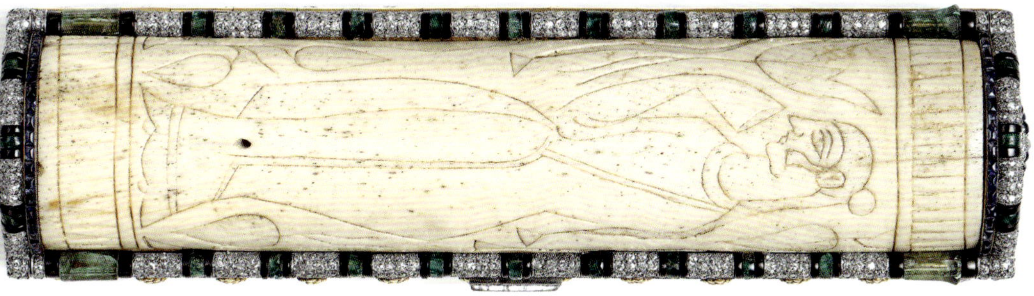

化妆盒、卡地亚巴黎，1924 年

金、珍珠贝母、珐琅、珊瑚、天青石、玛瑙、铂金、玫瑰切割钻石、埃及彩瓷、皮绳；内附一只金玳瑁梳子、两个粉末单元（隔层）、一个唇膏管
签名：Cartier Paris
“鹰头”法国黄金纯度印记
制作者：Lavabre
长：9.2 cm；宽：4.4 cm；
高：2 cm
卡地亚－日内瓦收藏

卡地亚经常使用埃及的古物来装饰器物，这里的是一件埃及彩陶雕塑，很可能是贝斯神。这个雕像来自托勒密时期，大约在耶稣基督诞生之前 300 年。
首先作为护身符，该人物在这里被视为神明放置在寺庙的中心。
珍珠贝母中雕刻的象形文字虽然清晰，但并非正确。事实上，文字描述的是法老图特摩斯三世（Thoutmosis III）。（J. Rudoe，op.cit，p. 150）

“现代香水之父”弗朗索瓦·科蒂（François Coty）的妻子买下了这只化妆盒。她的丈夫以低廉的价格和工业规模生产香水，卖出了数百万件，从而飞黄腾达。

庙门时钟，卡地亚巴黎，1927 年
（图片为缩小尺寸）

金、鎏金银、珍珠贝母、天青石、珐琅、珊瑚、祖母绿、玉髓；金、镀镭指针
签名：Cartier France
“鹰头”法国黄金纯度印记
制作者：Coüet
高：24 cm；长：15.7 cm；
宽：12.7 cm
卡地亚 – 日内瓦收藏

这个壮观的钟的设计灵感来自托勒密时期的一扇庙门。曾有一幅表现了卡纳克的孔苏庙门的印刷品发表在关于埃及的描述中，这也许是卡地亚设计师灵感的来源。但和往常一样，埃及元素的运用实际上并不意味着复制，而是使用其来创作，不必担心事实或时代的错误。因此，此处的象形文字是难以辨认的，有折叠翅膀的女神在古埃及也并不存在。但在作品中埃及和女神的神秘感都得以很好保留。该钟于 1927 年 10 月 30 日在巴黎记入库存，于 1929 年 9 月寄往纽约，被出售给布卢门撒尔夫人。(J. Rudoe, Cartier 1900–1939, op.cit p. 154)

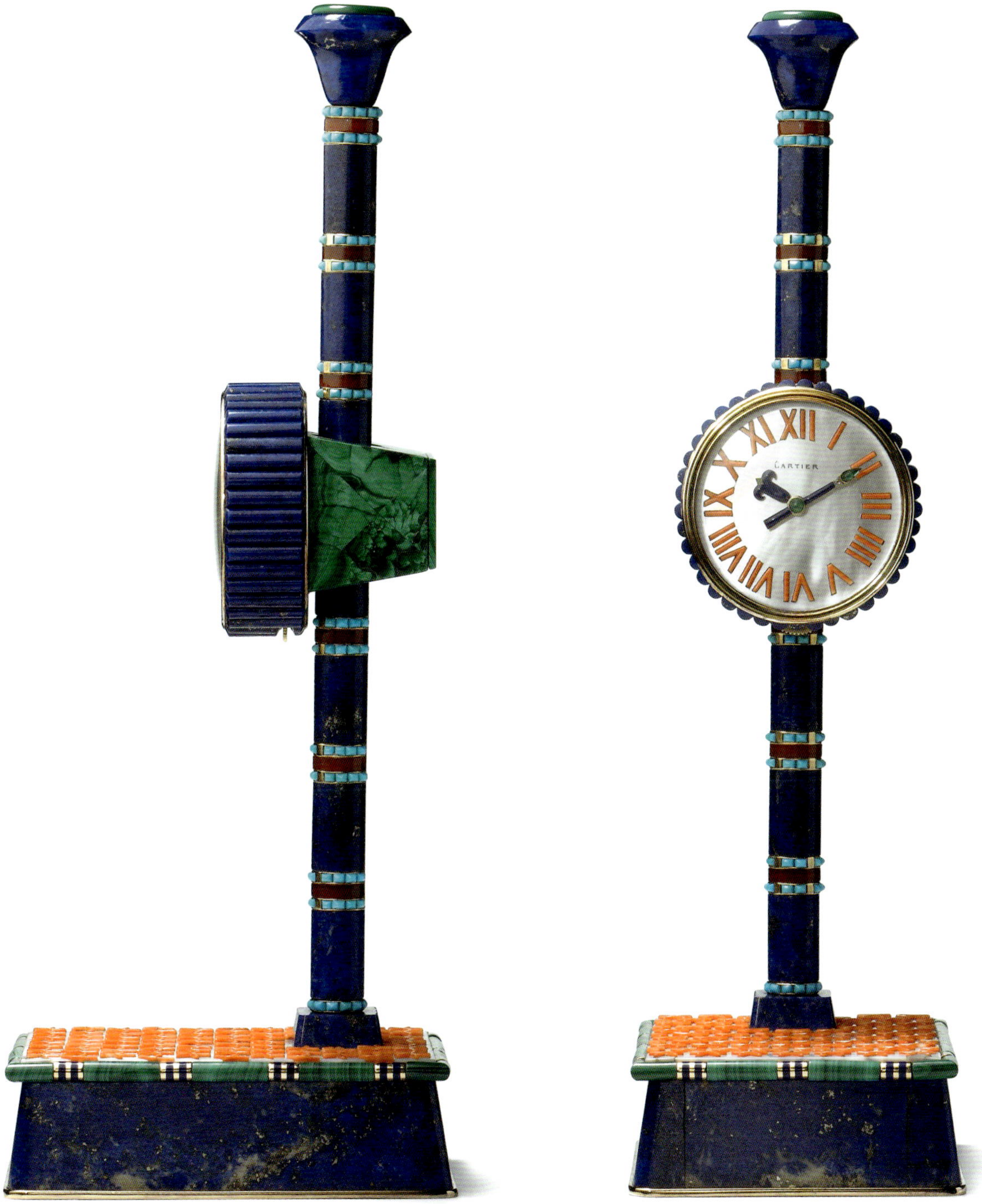

重力钟，卡地亚巴黎，1927 年
（图片为缩小尺寸）

金、青金石、珍珠贝母、孔雀石、红宝石、绿松石、珊瑚、珐琅；金、弧面祖母绿、玫瑰切割钻石指针
签名：Cartier
“鹰头”法国黄金纯度印记
制作者：Coüet
高：25.4 cm；长：7.4 cm；
宽：9.8 cm
卡地亚 – 日内瓦收藏

该机械通过重力使钟体下降。以一星期为一个周期，钟体到达底部，需手动拉回顶部，重新开始周期。这只钟卖给了布卢门撒尔夫人，卡地亚于 1928 年购回，后来又卖给了帕蒂亚拉大君。（La Collection Cartier，Objet précieux，op.cit p. 262）

（基座上的星网细节）

化妆盒，卡地亚巴黎，1927 年

金、方解石、天青石、珊瑚、珐琅、弧面祖母绿、铂金、玫瑰切割钻石
签名：Cartier Paris
“鹰头”法国黄金纯度印记
制作者：Lavabre
长：9.8 cm；宽：5.2 cm；高：2.1 cm
卡地亚 – 日内瓦收藏

这两块方解石饰板最初是一个埃及界碑的正面和背面，这个护身符可以追溯到公元前 6 世纪。碑上描绘了孩时的荷鲁斯，拿着蝎子和狮子的尾巴，配有一系列的象形文字，是召唤荷鲁斯保护的咒语。类似的护身符也可以在卢浮宫和大英博物馆中看到。（J. Rudoe，Cartier 1900–1939，op. cit，p. 151）这个化妆盒是伊拉·内尔森·莫里斯太太(Mrs Ira Nelson Morris) 在 1929 购买的，她把它用作一个烟盒，将里面的分隔和唇膏管弃之不用。

带闹钟的两问时钟，卡地亚巴黎，约 1925 年

金、珍珠贝母、缟玛瑙、珊瑚、珐琅、金、镭、珐琅；蓝钢指针
签名：Cartier
制作者：Coüet
高：15.4 cm；长：10.6 cm；
宽：7.5 cm
私人收藏

尽管这只钟比 248 页上的“庙门”钟稍显逊色，但它珍珠镶嵌模仿鳞片的形状，石像和莲花形的指针，仍然能让人想起古埃及。

该形制的另外三个款式，各有不同，一个是 1936 年 10 月在伦敦出售给埃尔西·德·沃尔夫（Elsie de Wolfe，1865–1950）的缟玛瑙手柄款式，价值 160 英镑。埃尔西出生于纽约一个富裕的家庭，后来成为一名演员和一名成功的室内装饰设计师，和 J.P. 摩根、范德比尔特一样是卡地亚最重要的客户。她对 18 世纪法国风格的喜好，鼓励她推广卡地亚的作品。她经常在《Vogue》杂志和《时尚芭莎》杂志上撰文，对美国上流社会产生了巨大影响。

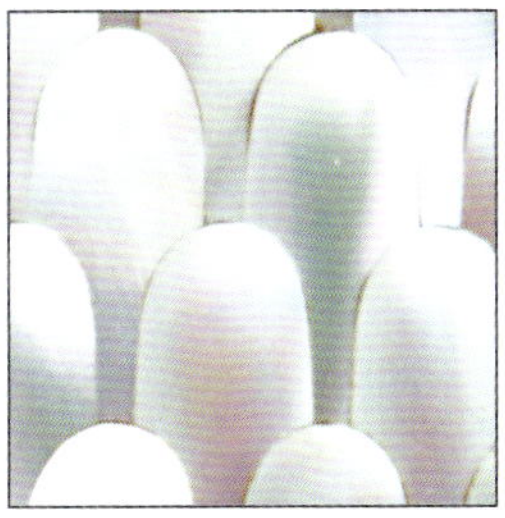

一千零一夜
A THOUSAND AND ONE NIGHTS

1903年5月，“穆斯林艺术博览会”在装饰艺术博物馆举办。这对路易·卡地亚是一个启示。将近一千件来自马格里布、埃及、黎凡特、中亚和印度的作品参加了展览：水壶、水罐、陶器，以及各种各样的瓷器和珠宝盒，还有锦缎织物、地毯和装帧书籍，事实上总有东西可以吸引人们的眼球。

这次展览之后，路易·卡地亚开始收藏波斯的微型艺术品。[1] 事实上他只需要穿过马路到伊斯兰艺术的专业古董商卡勒布甸兄弟位于和平大道12号的店铺，就可以开启他的收藏。[2] 毫无疑问，他对波斯艺术的热情激发了许多装饰艺术的新颖饰品创作，他在1911年写给父亲的信中强调了这一观点：“我们……必须开始销售一些新产品，我认为这些新产品只能是俄罗斯风格的，甚至是波斯风格的。”[3]

自19世纪末以来，伊斯兰艺术对法国的装饰艺术产生了强烈的影响。法国殖民者征服了阿尔及利亚、突尼斯和摩洛哥，随之带来的交流使阿拉伯的语言、文化、图形和装饰在法国社会家喻户晓。[4] 艺术家德塔耶（Detaille）和德诺伊维尔（De Neuville）使佐阿夫步兵团和阿尔及利亚步兵在他们的画布上千古留名。在巴黎的街道上，人们常穿着后宫裤子，头戴软呢帽。而包着头巾的伊斯兰骑兵，则是在朗香的剧场中获得掌声最多的人。许多上流社会的人，都被皮埃尔·洛蒂（Pierre Loti）所表现出的东方异国情调所吸引，洛蒂是一位出名的作家，同时也是法兰西学院的成员，他特别喜欢穿着阿拉伯服饰在他位于罗什福尔——已经被改造成摩尔式宫殿的家中拍照。

1911年，高级定制服装设计师保罗·波瑞特（Paul Poiret）举办了一场以《一千零一夜》[5] 为主题的奢华舞会，当时这本书刚刚被他的东方作家朋友约瑟夫–夏尔·马尔德吕斯（Joseph-Charles Mardrus）翻译完成。他穿着苏丹服饰，坐在金色王座上欢迎他的300位客人。到了第二年，轮到查布里兰侯爵（Marquise de Chabrillan）和克莱蒙特–托奈儿伯爵夫人（Comtesse de Clermont-Tonnerre）来组织他们自己的豪华波斯主题舞会了。阿拉伯–波斯神话的流行可以追溯到1910年，当时“俄罗斯芭蕾舞团”（Ballets russes）演出了舞剧《一千零一夜》。查尔斯·雅库带着他的素描本观摩了演出，在巴克斯特（Bakst）的服装和布景的魔力下，苏丹后宫的辉煌被成功重现。查尔斯·雅库和他的雇主一样着迷于伊斯兰艺术，这成为了全新的灵感来源。[6]

建筑 Architecture

波斯艺术第一次纳入卡地亚的关注范围[7] 是源于一次叫做“卡地亚先生们基于印度、波斯、阿拉伯、俄罗斯和中国创作的珠宝”的展览，这次展览由卡地亚纽约于1913年11月举办。[8] 在展出的50件珠宝中，有20件展品的灵感来源于印度莫卧儿玉器，10件展品源于波斯的古代元素。[9] 它们的影响多种多样，而且很明显彼此没有真正的联系。但这无关紧要。在卡地亚兄弟的眼中那异国情调的诱惑力，和来自东方的感官刺激才是最重要的。因此品牌档案中写作“摩尔装饰”或“阿拉伯式”的设计，两者并没有分别。同样的被称为“印度”、“印度教”或者“波斯”的风格，也没有必要试图去区分它们。

正如其习惯，卡地亚会糅合不同的文化一起注入到同一件艺术品上，莫卧儿艺术中会看到波斯、印度甚至中国艺术的影响。在这些艺术中，往往以

乔治·巴比尔“一千零一夜”，
1910年

水彩

几何学为基础来规划装饰的布置和概念设计。这些风格有一个线性几何存在于建筑和应用艺术中，是基本的网格框架和星型设计的基础，以精准的节奏来串联起形状。

– 卡地亚将摩尔式网格和阿拉伯星型格作为产品的背景，并称之为"jeux de fond"（基础游戏），以珐琅工艺运用到他的盒子上。

– 一根阿卡萨宫的珐琅柱覆盖着交织的几何漩涡图样，顶部有一排错综复杂的雕刻并装饰有交错的丝带和摩尔式齿轮形，配有一系列填充花朵和星型纹理的方形和八角形设计，这些都以珐琅工艺制作于圆柱形的化妆盒上。

– 中东宫廷墙壁上狭窄的垂直开口以及门上的配件，被运用到盒子和化妆盒的按钮设计中。

– 在摩尔宫殿的柱子上发现的蓝色和白色小方格瓷砖的马赛克设计被转换为盒子和袖扣上的金色和白色珐琅装饰。

– 塞维利亚阿卡萨宫的少女庭院中的一块八角星阵列的珐琅镶板被转化为一块珐琅"jeux de fond"应用于设计中，就像在蓝色和绿色珐琅背景上反衬白色交错拱形的珐琅马赛克镶板一样。

摩尔式塔楼带圆孔的城垛护墙被运用到烟盒边缘的珐琅装饰。同样，一个约1860–1865年间制造，带有纳西尔·丁·沙赫（Nasir al-Din Shah）宫廷照片的漆木盒子，因它的形状和脚，启发了卡地亚金制和银制台式烟盒款式的诞生。

书和地毯 Books and carpets

在地毯中或波斯手抄本封面上发现的图案成为了路易·卡地亚偏爱的设计元素，自然地，它出现在烟盒和化妆盒的盖子上以模仿波斯古籍和地毯。

一款制作于1924年的模仿一本15世纪或17世纪小型书的化妆盒，盒盖上两个涡卷形的边框是古波斯书和地毯上的标志性图案，其内还有一个较小的带有波斯微缩画的涡卷框。[10] 在化妆盒的正面和背面，饰有仿巴比伦城墙砖块的珍珠贝母板，镶嵌在绿松石板和钻石框内。黑色珐琅背景上的珍珠镶嵌在外围，呈长方形。原本的化妆盒会配一根绳子，一端连接一个缟玛瑙环配克什米尔腰果花纹的绿松石装饰。（见259页）

卡地亚纽约于1925年出品的长方形金质台式烟盒的盖子，设计取材于波斯地毯，每个角落都有棕榈叶纹饰，密集地镶有钻石和522颗蓝宝石。

涡卷和涡型 Scrolls and volutes

在16世纪和17世纪，手捶铜或黄铜上的伊斯兰微型画或萨非王朝的艺术作品中，又或者象牙上的镶嵌、地毯或伊兹尼克瓷砖上，都能看到带有动物或不带动物的花卉涡型图案，这启发了卡地亚使用珐琅把这些图案运用在他们的盒子和配饰上。卡地亚典藏系列中的一件1913年制作的长方形金烟盒，就有这样的涡型图案在其中。两端黑白色珐琅制棕榈叶装饰的中间部分则重现了涡型花纹。两侧则饰以白色珐琅希腊回纹。

在卡地亚的多款盒子上，可以看到三角形涡形图案，类似的图案可以在伊斯坦布尔清真寺中看到，只是在产品中，它们被替换成了珐琅工艺并配以棕榈叶纹。[11] 瞪羚羊也时常出现在这种设计中。这种设计会配以不同大小的棕榈叶装饰，（见262页）覆盖盒子的整个正面和背面，或最终作为沿面的顶部和底部，盒子的中间会有类似双色拼金几何图案或"mille-raies"条纹珐琅的不同设计。

1925年由布卢门撒尔夫人订购的一种放置长型香烟的款式，其火柴盒的两端和侧面都覆盖着象牙珐琅涡型装饰。正面和背面的中间部分被波斯风格的边框分隔，上方为三角形开口，下方则有并置的透空三角形，而侧面则装饰有波斯灌木纹饰珐琅。

这种三角形的网格装饰也可以在有皮革保护层的内烟盒上看到。（见 457 页）

一个矩形的棕色玛瑙烟盒因其图案的尺寸而备受关注：带有涡形珐琅，镶有钻石的金色三角形图案，比之前所见的要大得多。图案的末端几乎交汇，中央的六角形图案几乎盖住了下方的玛瑙。而盒身前方的两个珐琅金波斯图案打破了棕色玛瑙的单调性且赋予了玛瑙在各个角度的观赏性。（见 270 页）

花卉和动物 Flora and fauna

由于禁止出现人类形象，伊斯兰的装饰图案逐渐发展成了一个庞大的几何装饰系统。然而，卡地亚却在一些盒子中使用了波斯式的微缩艺术品，例如在一个长方形的烟盒上出现的女性半身像，有一款是 1920 年制造的软玉款式，另一个是黛西・法罗斯（Daisy Fellowes）所拥有的 1930 年制的“S”系列[12]绿漆款式。甚至波斯微缩画中反复出现的骑马狩猎野生动物的场景，也被运用到了珍珠贝母镶嵌的钟的表面上。凭借技艺惊人的镶嵌大师拉迪米尔・马科斯基（Wladimir Makowsky）之手让这种艺术品在 20 年代非常流行。结合这类细致又写实的微缩艺术并非卡地亚独创，所有大型波斯珠宝品牌工坊都在向他们的客户推销这类产品。波斯植物图案相当精美，柏树、郁金香等图案，都被用在许多配饰的装饰上。[13]一个长方形的黑色珐琅化妆盒上，装饰了棕色和白色珐琅的大柏树图案，盒盖上铺满了它延展开来的叶子。

甚至是卡贾尔王朝时期（19 世纪末）的波斯祈祷跪垫上的两棵柏树组合微缩图案，也几乎被原封不动地移植到了卡地亚饰有黑豹的盒子上作为装饰图案。（见 359 页）

1928 年卡地亚伦敦制造的长方形金色和黑色珐琅化妆盒，带有缟玛瑙环，中间是一个装饰着生命之树图案的金饰板，上面能看到灌木和一个镶嵌蓝宝石的玉花瓶，还有一只镶嵌红宝石和蓝宝石的鸟。这块饰板配有黑色珐琅边框，上方和下方装饰了棕榈叶。（见 268 页）四种风格化的郁金香，由绿松石、铂金和钻石制成，青金石镶嵌装饰框架的角部，这款作品是玛荷丽・梅莉薇德・波斯特在 1928 年于纽约分店订购的。

另一件作品，蓝色珐琅饰板的中心描绘了一个动物世界，两只飞驰的阿尔卑斯野山羊互相注视着对方，上面镶嵌了玫瑰切割的钻石和祖母绿宝石，蓝色珐琅饰板上用叠加的同心圆组成的波斯金莲花图案装饰。这块饰板安装在 1926 年制作的金制十二角形粉饼盒上，带一个可以打开的抽屉以取到唇膏管。[14]侧面为蓝色涡型图案珐琅。另一与之几乎相同的版本，增加了玫瑰切割钻石镶嵌和印度 – 波斯风格棕榈叶，装饰环绕中央的饰板。

一个卡地亚纽约于 1927 年前后推出的长方形白色珐琅金盒子，中心饰板背景为绿色珐琅，拥有相同的设计，同时还装饰了模仿波斯风格的菱形纹饰。一只雄鹿和一只母鹿在中间亲密地奔跑。在卡地亚伦敦制作的一个黑色珐琅化妆盒上，翡翠镶嵌的柏树之下有一只阿尔卑斯野山羊，这个装饰另有黑豹及灵缇款。

钟表制造 Horology

在钟表制作方面，波斯风格的影响是显而易见的。占星术在中东文化中扮演着相当重要的角色，卡地亚从 1912 年开始，制作了大量的“彗星”和“行星”系列钟表。[15]在这个方面，波斯风格的影响在装饰的选择使用上非常明显。不可忽略的是，在油田开发兴起之后，卡地亚很快形成了新理念来吸引那些富有的来自埃及、奥斯曼，甚至波斯的客户。1912 年至 1918 年间制造的大量“彗星”和“行星”系列时钟，是否符合了卡地亚接触这些客户的意图呢？

一些神秘钟的珐琅金框被改造成了伊斯兰和莫卧儿风格的轮廓。[16]1921 年制造的第二款“Model A”神秘钟，有波斯郁金香图案的时针，另一款 1920 年制造的缟玛瑙圆型钟特地用了绿松石色珐琅表盘。（见 261 页）

一款制作于 1920 年的座钟款式[17]是方形的，同时运用了“pékin”花纹和玑镂珐琅工艺。其银外壳带抛光金，还有黑色和绿松石色的波斯图案珐琅装饰。

1921 年的一个迷人的款式至少生产了 5 件，[18]在方形的水晶壳上布满了波斯图案。带有镭射玑镂纹理的蓝色珐琅表盘，中间配有一个镀有包括郁金香的波斯图案珐琅的金盘。金制刻度盘带波斯图案，以黑或白珐琅绘成，根据样品各有不同，在黑色珐琅边框中间有白色珐琅罗马数字。时针为充满格调的波斯郁金香。（见 267 页）

色彩 Colours

令查尔斯・雅库着迷的芭蕾舞剧《一千零一夜》中，由巴克斯特设计的装饰有一个不变的特点：背景色从绿松石蓝开始，一直过渡到近乎于黑色的午夜深蓝。对于路易・卡地亚和他最喜欢的设计师来说，在考虑形状或图案之前，颜色就已经决定了风格。东方的灵感就存在于某些颜色之中，融合色彩的细微差别可以立即与东方的地理区域或文明建立联系。卡地亚使用的配色非常广泛，但在不减少喻指的情况下，如果绿色（玉）和红色（珊瑚）代表中国，那黑色（缟玛瑙）、蓝色（青金石）和绿松石色（绿松石）就是波斯、撒马尔罕和中东一带的色彩。[19]

这些色彩组合的使用，可以在 1924 年制作的一个金制圆柱形化妆盒的珐琅设计中找到，中间部分是“mille raies”绿松石色珐琅，侧面有波斯风格的蓝色珐琅金图案装饰，镶有梨形绿松石。（见 265 页）1925 年的一个类似的化妆盒，其伊斯兰图案在蓝色珐琅和抛光金中的交替下被表现出来。（见 265 页）蓝色往往通过硬石来表现。使用主要在伊朗出产的绿松石，和它的邻国阿富汗出产的青金石。卡地亚使用了刻有阿拉伯铭文的绿松石——它在波斯传统上里也被称为“符”，来搭配珠宝、搭扣和硬石烟盒上的铰链。这些部分被设计成波斯或印度的典型造型并配以小宝石。卡地亚也会用来自印度工厂加工雕刻的蓝宝石、红宝石或祖母绿代替铰链和扣环上的绿松石。

在一个 1925 年制作的漂亮的凸面玛瑙盒上，[20]在盖子的中央和上部设置了一个以黑色珐琅为背景衬托的四瓣状绿松石“符”；一个缟玛瑙环作为把手与一个黑色珐琅环相连，环上装饰了绿松石。（见 264 页）这款糖果盒就是以绿松石色和黑色组合搭配最好的例子。

另一个类似的糖果盒，由带缟玛瑙环的中式雕刻玉器制成，带绿松石色珐琅，装在黑色珐琅底座上。

一个手提包上装饰着一个围绕钻石的大马眼形绿松石“符”，位于包框架的中心，从中悬挂着“拉绳”，配大颗的梨形绿松石按钮来打开手提包。框架的结构以青金石柱和角上的绿松石“符”构成。

在另一个手提包中，玳瑁框架带有弧度，白色珐琅金波斯边框用黑色和绿松石色的涡型图案来装饰，每一个图案之间都镶嵌着一颗绿松石。搭扣上镶嵌着一颗椭圆形的铁线绿松石，另配一个“拉绳”同样也镶大颗铁线绿松石。[21]

两款玛瑙书签，都配有波斯图案：被波浪状的黑色珐琅围绕的椭圆形绿松石，其中一个配有棕榈叶图案和钻石，另一款则没有棕榈叶装饰。（见 268 页）

1929–1930 年期间制作的带有青金石和绿松石细工组合镶嵌工艺的金制烟盒、粉盒、唇膏管和药盒，或多或少都有受埃及或波斯的影响。

与埃及器物系列从“apprêts”库存中选取陶瓷或硬石古董部件，直接供给工作室制作的方式不同，对于来自波斯物品的利用十分罕见。在一些晚宴包的搭扣上装饰有象牙微缩工艺品；1943 年，大型彩陶碎片——源自波斯塞尔柱时期（12—13 世纪），也被称作“minaï”（微缩）或“haft rang”（七彩），被运用在了一个带三角形玉底座的鎏金银半球形时钟的表盘上。[22]

尽管普遍缺少了古代的考古元素，但波斯作为传说和童话之乡还是成为了卡地亚装饰设计的灵感来源，且品牌艺术器物和钟表制作对于这些图案的运用持续了将近 20 年。

注释
Notes

1.1931 年，路易·卡地亚的杰出波斯艺术藏品在伦敦的伯灵顿宫展出，1933 年在纽约大都会博物馆展出。路易·卡地亚的大多数微缩艺术品现在都属于哈佛大学的福格艺术博物馆。1958 年，约翰·戈雷特（John Goelet）把它们遗赠给了博物馆，此前他是从克罗德·卡地亚处购买了这些藏品。

2. 在 1903 年，卡勒布甸兄弟还出借了几件作品给穆斯林艺术展作展出。

3.1911 年 1 月，路易写给阿尔弗雷德·卡地亚的信。

4. 品牌创始人，路易、皮埃尔和雅克的祖父——路易 – 弗朗索瓦·卡地亚，在年纪比较大的时候学习了东方语言，并对遥远的近东和中东国家表现出明显的兴趣，当时这些国家仍然相对闭锁，也很少有欧洲人访问。

5. 波瑞特给他的舞会起名为“一千零一夜”。邀请函上特别注明“必须穿着带有东方童话色彩的服饰”。

6.1912 年他参加了装饰艺术博物馆举办的“穆斯林艺术图书展”，路易·卡地亚从自己的藏品中出借了两件波斯微缩艺术品。

7. 卡地亚并不是唯一一个受此艺术影响的品牌。1912 年娇兰（Guerlain）推出了一款香水名为“L'heure bleu”，香水瓶是受了娇兰家族藏品中的一个 17 世纪的波斯瓶子的启发而设计的。

8. 展览随后到波士顿举办。

9. 在 1910 年，卡地亚已经接到了一个特别的订单，要求制作一件铂金钻石的波斯吊坠。

10. 这幅微缩画在 1926 年被一块衬绿松石饰板的雕刻为印度叶子的绿宝石所取代。

11. 由于奥斯曼帝国在巴尔干半岛的影响，在贝尔格莱德的皇家小教堂中，可以看到装饰天花板的涡型花纹壁画。可许正是该纹样在卡地亚器物设计中的使用引起了南斯拉夫皇室的注意，1913 年，卡地亚被彼得国王（King Peter）授予皇家委任状。

12. “S”部门代表“Silver”（银），成立于 1923 年。制作了许多银质的器物，就如部门的名字一样，现代、精致却不太奢华。

13. 柏树象征着卡地亚的客人们夏天度假时会前往的蓝色海岸。

14. 粉盒后被改造成了音乐盒。现存于卡地亚典藏系列。

15. 见第 4 章。

16. 对于卡地亚的设计师来说，并没有必要特地去很远的地方寻找他们的灵感，因为这种风格就存在于巴黎，在蒙特苏里公园里有一个突尼斯贝伊宫的复制品，它的穹顶和精巧的拱门入口和旧特洛卡德罗宫就是西班牙摩尔式风格的。

17. 它出售给了马尔伯乐公爵夫人（Duchess of Marlborough）。

18. 其中一件属于意大利艾蕾娜王后（Queen Elena）。

19. 在 19 世纪下半叶，陶艺家西奥多·德克（Théodore Deck，1823—1891）是其艺术发展的一个积极助推者，鼓励他向更多其他时期和起源的艺术开拓思路：从文艺复兴到东亚文明，途经波斯和土耳其等。1869 年，德克工作室在海勒威街建立。那些年制造和销售的器物以金、绿松石和明亮的蓝色而闻名。它们当然不会被卡地亚兄弟忽视。因此，卡地亚在 20 世纪 20 年代制造的盒子与德克制造的盒子非常相似，尤其是在形状和配色上。

20. 它被卖给了迪卡泽斯公爵（Duke Decazes），黛西·法罗斯的兄弟。

21. 铁线绿松石是一种带纹理的绿松石。

22. 这台钟是克罗德·卡地亚与丽塔·萨尔莫纳（Rita Salmona）在 1956 年 12 月结婚时，其侄子勒内 – 路易·雷维隆（René-Louis Révillon）赠与的。现存于卡地亚典藏系列。

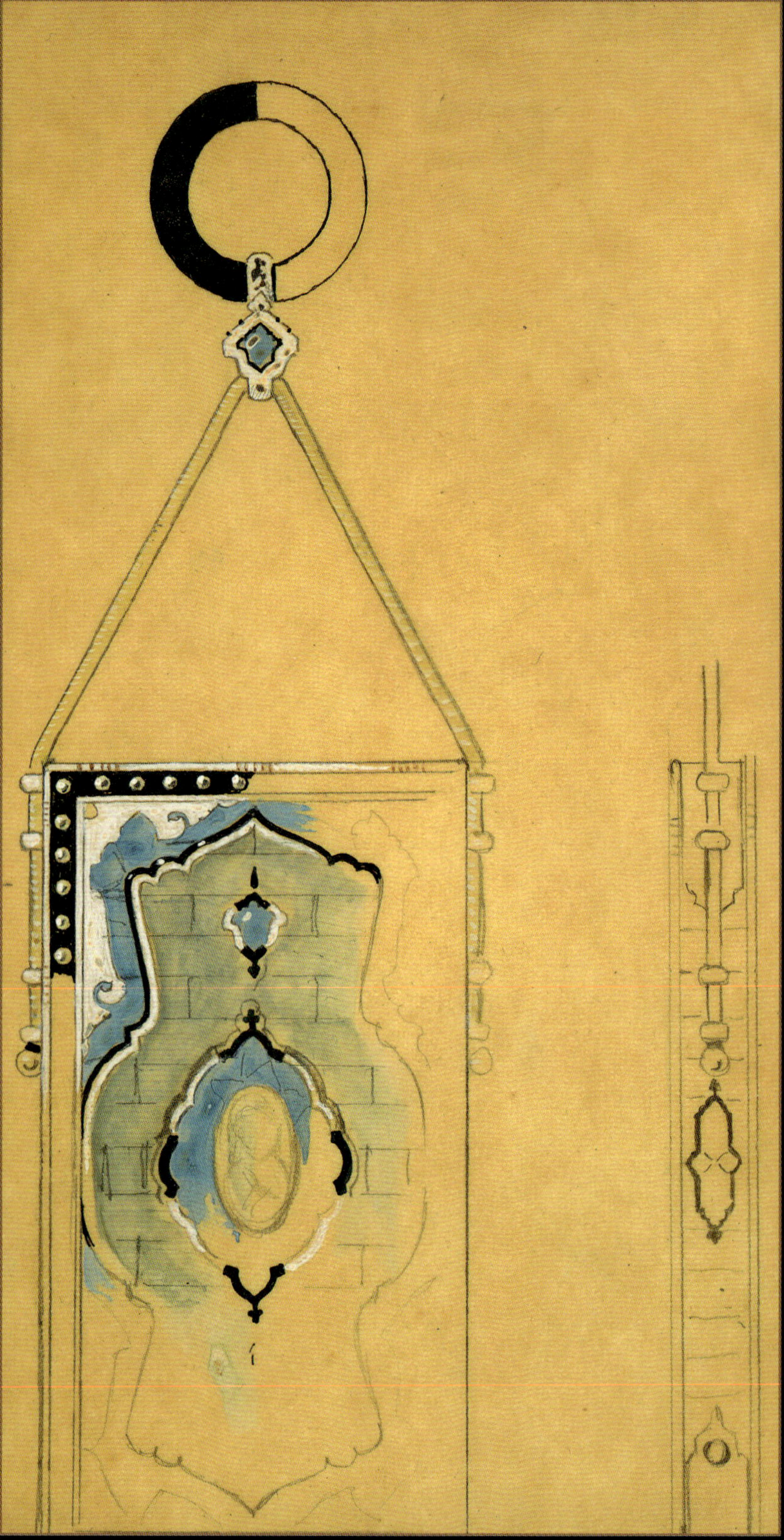

卡地亚，右页化妆盒预绘图，巴黎，1923 年

透明纸上的铅笔、墨水和水粉
卡地亚档案

首字母“L.C.”代表路易·卡地亚。这个字符的出现表示设计图中的产品批准设计并开始投入生产制作。

化妆盒，卡地亚巴黎，1924 年

金、珍珠贝母、绿松石、珐琅、铂金、钻石、祖母绿、珍珠；内附一面镜子、一个唇膏管、一把玳瑁梳子、两个粉末单元（隔层）
签名：Cartier Paris Londres New York，JC（雅克·卡地亚）
“鹰头”法国黄金纯度印记
制作者：Renault、Fourrier、Cartier
长：10.8 cm；宽：5.8 cm；
高：2 cm
卡地亚 – 日内瓦收藏

雅克·卡地亚的首字母缩写，以及卡地亚的标志，都出现在特定的元素上。这表明了这个化妆盒曾一度在伦敦上市，后又几经修改或修复。如图所示，这个盒子原本有一条链子，一个缟玛瑙环，还有一个波斯女子的微缩像，该像于 1926 年 6 月 24 日被一块雕花的祖母绿所代替。这个设计的灵感很可能来自于路易·卡地亚收集的 17 世纪和 18 世纪波斯档案中的手稿。

“行星”半神秘带支架座钟，卡地亚巴黎，1922 年

金、银、珐琅、缟玛瑙、黄钻、玫瑰切割钻石；镀金金属背面和折叠支架
无签名
制作者：Coüet
直径：8.5 cm
私人收藏

该钟用一颗 1.2 克拉的黄色钻石镶嵌在太阳形状上作为时针。金制星星为分针。虽然没有特定的波斯图案，但使用了黑色和蓝色的绿松石色，以及其中一个钟表盘上装饰有太阳，让人想起波斯和中亚的东方风格。

带支架座钟，卡地亚巴黎，约 1922 年

金、银、珐琅、缟玛瑙；镀金金属背面和折叠支架；铂金、玫瑰切割钻石指针
签名：Cartier Paris
混合“鹰头”黄金和“野猪头”白银法国纯度印记
直径：8.5 cm
私人收藏

带支架座钟，卡地亚巴黎—纽约库存，约 1920 年

金、银、珐琅、玫瑰切割钻石；镀金金属背面和折叠支架；铂金、玫瑰切割钻石指针
签名：Cartier New York
制作者：Couët
直径：7.7 cm
私人收藏

卡地亚，带化妆盒和唇膏的晚宴包预绘图，约 1920 年

透明羊皮纸上的铅笔和水粉
巴黎华雅收藏

烟盒，卡地亚巴黎，1925 年

金、珐琅
签名：Cartier Paris
“鹰头”法国黄金纯度印记
制作者：Renault
长：7.6 cm；宽：5.3 cm
阿兰・卡地亚收藏

化妆盒，卡地亚巴黎，1930 年

金、珐琅、铂金、玫瑰切割钻石
签 名：Cartier Paris Londres New York Made in France
“鹰头”法国黄金纯度印记
制作者印记模糊
长：8.5 cm；宽：5.8 cm；
高：1.4 cm
私人收藏

神秘钟，卡地亚巴黎，约 1921 年

金、水晶、缟玛瑙、硬橡胶、弧面绿松石、铂金、玫瑰切割钻石；铂金、玫瑰切割钻石、珐琅指针
“鹰头”法国黄金纯度印记
制作者：Couët
高：13.5 cm
私人收藏

（表盘背部细节）

这款钟是卡地亚于 1920–1931 年间制作的第二种神秘钟。大约制作了 20 种不同的版本。

糖果盒，卡地亚巴黎，1925 年

金、玛瑙、珐琅、绿松石、缟玛瑙、铂金、玫瑰切割钻石
签名：Cartier Paris Londres New York
高：5.7 cm；直径：8.4 cm
私人收藏

这件作品卖给了黛西·法罗斯（1890–1962）的兄弟迪卡泽斯公爵。黛西·法罗斯是老迪卡泽斯公爵的女儿，也是辛格缝纫机公司的女继承人。她是一个有品位的女性，在20世纪30年代开始有了自己的时尚风格。她的珠宝收藏中有一条著名的“印第”（Hindu）项链，在当时被认为是世界上最重要的珠宝之一。她于1936年买下了这件作品，该作品无疑是卡地亚最漂亮的“tutti frutti”（什锦水果冰淇凌）作品之一。

烟盒，卡地亚巴黎，1920 年

铂金、玛瑙、绿松石、蓝宝石、玫瑰切割钻石
签名：Cartier
“狗头”法国铂金纯度印记
长：7.2 cm；宽：4.1 cm；
高：1.4 cm
私人收藏

（铰链细节）

化妆盒，卡地亚巴黎—伦敦库存，1924 年

金、珐琅、弧面绿松石；内附一个香烟单元（隔层）、一个带擦片的火柴单元（隔层）、一面玳瑁背饰的镜子、一个唇膏管、两个粉末单元（隔层）
签名：Cartier Paris Londres New York，JC
“鹰头”法国黄金纯度印记
18K 英国黄金印记
制作者印记模糊
长：10 cm；宽：4 cm；高：2.5 cm
私人收藏

（盒盖上的藤蔓纹细节）

化妆盒，卡地亚巴黎，1925 年

金、珐琅、天然珍珠、小型角石切割蓝宝石；内附一个香烟单元、一面玳瑁背饰的镜子、一个唇膏管、两个粉末单元（隔层）
签名：Cartier Paris Londres New York
“鹰头”法国黄金纯度印记
制作者：Lavabre
长：10.2 cm；宽：4 cm；
高：2.4 cm
私人收藏

这件化妆盒卖给了南希·库纳德（Nancy Cunard，1896–1965），著名的货运公司 Cunard Line 的女继承人。她从 1920 年开始定居巴黎，是一名非洲艺术收藏家，也成为了众多诗人和作家例如特里斯坦·扎拉（Tristan Tzara）和路易·阿拉贡（Louis Aragon）的缪斯女神。

查尔斯·雅库，“波斯”烟盒预绘图，约 1920 年

透明纸上的铅笔、墨水和水粉
巴黎市立美术馆

带支架座钟，卡地亚巴黎—纽约库存，约 1922 年

金、珐琅、水晶、铂金、玫瑰切割钻石；铂金、玫瑰切割钻石指针
签名：Cartier NY，European Watch and Clock Co. Inc.，France
高：9 cm；宽：9 cm
私人收藏

这款钟在 1921 年 4 月 6 日录入库存。

卡地亚巴黎，化妆盒预绘图，1928 年

透明纸上的铅笔、墨水和水粉
巴黎华雅收藏

在卡地亚档案中可以找到这个设计的第二版。它比热内·皮埃尔（René Prieur）在 1928 年绘制的设计有所改进。热内从 1901 年开始加入卡地亚，后成为路易·卡地亚最主要的合作者，也是品牌最棒的销售之一。
记录显示盒子上的玉环被缟玛瑙环代替。

化妆盒，卡地亚巴黎—伦敦库存，1928 年

金、缟玛瑙、珐琅、玫瑰切割钻石、弧面蓝宝石和红宝石、玉；内附一面象牙背饰的镜子、一个唇膏管、两个粉末单元（隔层）
签名：Cartier Paris Londres New York
“鹰头”法国黄金纯度印记
长：13.8 cm；宽：3.7 cm
日内瓦皮埃尔·卡地亚基金会收藏

裁纸刀，卡地亚巴黎，约 1920 年（图片为缩小尺寸）

金、玛瑙、珐琅、绿松石、玫瑰切割钻石
无签名
长：20.8 cm；宽：2.1 cm
私人收藏

裁纸刀，卡地亚巴黎，1921 年（图片为缩小尺寸）

金、玛瑙、珐琅、绿松石、弧面红宝石、铂金、玫瑰切割钻石
无签名
长：40.5 cm
私人收藏

吊坠表，卡地亚伦敦，约1920年（正、反）

金、青金石、珐琅、铂金、玫瑰切割钻石、丝质绳带；蓝钢指针
签名：Cartier
高：3 cm；宽：2.7 cm
私人收藏

梳子，卡地亚巴黎，约1925年

金、珐琅、青金石、缟玛瑙、玳瑁、铂金、玫瑰切割钻石
无签名
长：9 cm；宽：3.2 cm
私人收藏

怀表，卡地亚巴黎，1925年

金、珐琅、弧面蓝宝石；蓝钢指针
签名：Cartier
“鹰头”法国黄金纯度印记
制作者：Jaeger
高：5.5 cm；宽：4.3 cm
私人收藏

一只制作于1924年的同款怀表卖给了人称“美国画室女王”的詹姆斯·科里根（James Corrigan，1879–1948），她也是卡地亚的重要客户之一。

烟盒，卡地亚巴黎—伦敦库存，1926 年

金、玛瑙、珐琅、青金石、弧面蓝宝石、祖母绿、浅黄色顶级红宝石、钻石
签名：Cartier Paris Londres New York
“鹰头”法国黄金纯度印记
长：8.6 cm；宽：5.6 cm；
高：1.9 cm
卡地亚 – 日内瓦收藏

烟盒，卡地亚巴黎—伦敦库存，约 1925 年

金、玛瑙、珐琅、铂金、玫瑰切割钻石
签名：Cartier Paris Londres New York Made in France
“鹰头”法国黄金纯度印记
制作者：Lavabre
长：9.4 cm；宽：5.5 cm；
高：2 cm
私人收藏

手镜，卡地亚巴黎，1927 年

金、青金石、珍珠贝母、弧面黄水晶
签名：Cartier Made in France
高：22.1 cm；宽：10.8 cm
私人收藏

这面镜子是杰西·伍尔沃斯·多纳修夫人（1886–1971）预定的，其名字的首字母刻在了镜子的背面。她来自一个极其富有的家庭，是卡地亚的一位重要客户，她同时也是卡地亚的另一位重要客户芭芭拉·赫顿（Barbara Hutton）的姨母。

（镜子的细节）

带蘸水笔的墨水罐，卡地亚巴黎，约 1925 年（图片为缩小尺寸）

金、青金石、珊瑚
签名：Cartier Paris Made in France
长：24.5 cm；宽：13.8 cm；
高：7.4 cm
私人收藏

（盖子细节）

化妆盒，卡地亚巴黎，1926 年

金、青金石、珐琅、玫瑰切割钻石；内附一个香烟单元（隔层）、一个火柴单元（隔层）、一面镜子、一把玳瑁梳子
签名：Cartier Paris Made in France
“鹰头”法国黄金纯度印记
长：8.4 cm；宽：4.1 cm；
高：3 cm
日内瓦皮埃尔・卡地亚基金会收藏

雅克・卡地亚在 1927 年把这个化妆盒送给了它的侄女马里翁・卡地亚（Marion Cartier），她名字的首字母被刻在了青金石制的盒盖装饰上。

带时钟的台式烟盒，卡地亚纽约，1930 年

金、软玉、青金石、玛瑙、珊瑚、铂金、玫瑰切割钻石；铂金、玫瑰切割钻石指针；内部为银和木质
签名：Cartier
长：22.3 cm；宽：11.7 cm；
高：8.3 cm
卡地亚 – 日内瓦收藏

盖子的内侧有一块金饰板，上面镌刻着乔治五世（1865–1936）在铂金汉宫办公室墙上的六条格言，并以红色珐琅画了线：“教我服从游戏的规则；教我分辨感情和多愁善感的区别——赞赏其中之一，而轻视另一个；教我不要给予或接受廉价的赞扬；若我必须蒙召受苦，让我变成驯服的野兽，离开并默默承受，如果我可以，教我如何赢；如果我可能赢不了，那么，最重要的是，教我做一个输得起的人；教我不要为月亮哭泣，也不要为打翻的牛奶哭泣。”

墨水罐，卡地亚巴黎，约 1925 年
（合、开）

金、蔷薇辉石、缟玛瑙、珐琅、水晶、
弧面绿松石
签名：Cartier Paris
“鹰头”法国黄金纯度印记
制作者：Renault
长：15.7 cm；宽：7.4 cm；
高：6.5 cm
私人收藏

印度莫卧儿
MUGHAL INDIA

1911 年 11 月，雅克·卡地亚从马赛出发，经由波利尼西亚前往印度，去参加为庆祝英国国王乔治五世和玛丽王后加冕印度皇帝、皇后的仪式。这次旅行留下的相册见证了这位青年对这个国度的惊喜和迷恋。除去一些他和穿着三件套西装戴着殖民帽的接待者的合影，更多的照片记录了当地的人群、风景和建筑，这正是他希望为这个钟爱的国度所做的留念。

这次出访取得了巨大成功。雅克也因此获得了地位崇高的印度王室们的接见，如卡普塔拉大君、海得拉巴的尼扎姆、纳瓦纳加尔大君、阿迦汗和巴罗达的盖克沃尔。他向他们出售了诸如怀表等的众多商品。兰普尔的纳瓦布购买了四件有报时功能的旅行时钟，因为它们可以再现“欧洲教堂的迷人钟声”。[1]

雅克从 1909 年开始负责伦敦分店，进行这次出访是因为所有印度的业务都由他全权负责。实际上，由于其宗主国的地位，英国对所有与印度相关的事物较之其邻国更为敏感。英国王室统治下的众多印度土邦的君主们也热爱欧洲旅行——无论是正式的外交出访，还是非正式地欧游度假。他们自幼熟习珠宝，惯于穿戴奢华的服饰，佩戴来自格尔康达矿山的顶级钻石，克什米尔的蓝宝石和巴达桑的尖晶石。他们会添置来自缅甸和暹罗的红宝石，被季风从波斯湾带来印度的珍珠，和哥伦比亚进口的刻有祈祷者和花卉图案的祖母绿。

法国画家伯纳德·蒙维尔在 1929 年至 1934 年间，为印多尔大君亚什沃特·饶·霍尔卡尔二世(Yeshwant Rao Hokar II，Maharajah of Indore ，1908–1961 ）和他的夫人绘制了肖像。主人公穿着欧式服装，显示了印度贵族对于西方文化的憧憬，也彰显了他们的现代性和在日不落帝国中的地位。在这方面，服饰扮演着至关重要的角色。诚然，搭配服装的配饰也同样重要——袖扣、领带夹、挂着链子的怀表、烟盒和火机，同样对于女性来说——一套化妆品、手提包、钱夹、钱夹表、化妆盒等也是如此。[2]

富庶的印度王亲们很快成为卡地亚的客户。他们中许多是被欧洲人镶嵌宝石的工艺所吸引，便带着他们华丽的宝石收藏前往欧洲进行加工。1925 年，来自印度北方最大的锡克邦的帕蒂亚拉大君，将他最珍贵的宝石收藏交由卡地亚制作。这系列中包含著名的“维多利亚”钻石，它也被称为“De Beers”，重达 234.69 克拉。这颗巨钻也随着装饰艺术风潮被镶嵌在配饰上。有别于欧洲传承珠宝的传统，印度王室必须为新娘准备崭新的珠宝，即便镶嵌的宝石是古董。这意味着所有首饰都需要重制——这为卡地亚提供了商机。

卡地亚与印度的交易迅速扩大到相当可观的规模，以至于卡地亚打算在孟买开设一家采购分公司。[3]

继雅克的出访之后，卡地亚于 1912 年 5 月和 6 月在邦德街 4 号的店铺举办了题为“今日印度东方珠宝和艺术品收藏”的展览。[4] 展示的珠宝包括雕刻的祖母绿和莫卧尔玉石。这次展览显示了卡地亚展示印度文化的的愿景，同时也拓展了欧洲主顾对于异国情调的图形的认知，为之后卡地亚销售带有此类装饰的物品打下基础。一方面印度王室们委托卡地亚重新镶嵌和制作整套配饰，另一方面，印度莫卧尔所带来的的印度美学也启发了品牌新一轮的创新。莫卧尔帝国囊括了几乎整个亚洲大陆到波斯帝国的伊斯兰地域，借用其装饰语言使得卡地亚能够融合波斯和印度两种风格。

乔治·巴比尔

理查德·德·加利恩的《香氛罗曼史》书中插图，1928 年。

更扁的造型，象牙雕刻的一头豹和一只瞪羚镶嵌在略带红色的酪素塑料上[9]置于一个圆形奖章形状内，被印度古吉拉样式的珍珠贝母马赛克镶嵌围绕，以赋予它们印度风味。这两款化妆盒的区别仅限于边角装饰图案。[10]

莫卧儿微缩艺术品和纪念碑
Mughal miniatures and monuments

如果说卡地亚对于波斯建筑元素的喜爱，体现在其盒子设计上运用的建筑细节，那么对于莫卧尔元素的运用则大不相同。这些作品往往有着简单的抛光金表面，或是浅浅的细棱线表面。

类似于之前小巧的多彩珐琅饰板，代表莫卧尔的微缩工艺品，如沙贾汗（Shah Jehan）形象或莫卧尔皇宫和清真寺等，出现在 1930 年的台式烟盒或者 1931 年卡地亚纽约制作的烟缸上。它们通常有斋普尔珐琅的典型红、绿、白色边框。一件作于 19 世纪描绘奥都纳巴布（Nabab of Oudh）的缩微画配制了白色珐琅金外框，被镶嵌在由卡地亚纽约制作的软玉化妆盒的中间位置。值得注意的是，印度的宏伟建筑也会出现在盒子上。比如德里的大清真寺（见 287 页）。在 1927 年制作的化妆盒上用钻石在黑色珐琅背景上描绘了泰姬陵。除了泰姬陵以外，设计师们还受到了新古典时期的纪念碑设计的启发。一些装饰艺术样式的墨水瓶设计灵感来自“Stupa”（佛塔），这原本是印度王子的墓葬，之后发展成为佛教标志和膜拜场所的纪念碑。首先是作为陵墓，然后是作为纪念碑，而作为涅槃和永恒解脱的象征则是佛塔的核心功能。亚洲佛教中的佛塔构成了每座庙宇的基本标志，它在印度被称为“佛塔”，到了东亚则被叫作“宝塔”。[11]巴黎吉美博物馆藏有大量佛塔，与卡地亚的墨水瓶设计十分相似，可惜该设计最终没有实际制作。

印度文明和波斯伊斯兰教通过绝妙地协同合作，融合成莫卧儿帝国的艺术。在某种程度上，很难严格地区分波斯和印度的影响。两个文明中皆常见的拱门被用作神秘钟的元素；被用于座钟表的边框（见第 340 页）以及盒子边缘的珐琅图案。

卡地亚和印度文化的碰撞催生了两个世界的融合物——东方的华丽宝石和西方的坚固镶嵌技术的结合。虽然印度对卡地亚在珠宝方面的影响远比在其他方面更令人瞩目，但是印度文明中频繁出现的诗歌与情爱就像在本章节开头的巴比尔的水彩画一样，引人入胜。

注释
Notes

1. 引用自 H. Nadelhoffer，op. cit. p. 156。

2. 在钟表界也是如此。作为热心的爱好者，印度王亲们购买了众多钟表商的怀表。纳瓦纳加尔大君从卡地亚购买了重要的神秘钟，而卡普塔拉大君则据说收藏有 250 个钟表，其中大部分都是由卡地亚制造。他的一个仆人甚至被雇来专门为钟表上旋！

3.1911 年 12 月 24 日，在帕蒂亚拉的雅克·卡地亚致路易·卡地亚的信上说："我亲爱的路易，我在印度旅行期间所做的最重要的工作就是调查珍珠市场并找到优质货源的供应。就像我告诉你的，我相信如果我们想要得到阳光下最好的位置，靠近源头，那么孟买的办公室是不可或缺的。"见：*From the Great Mughals to the Maharajas, Jewels from the Al Thani collection*, Réunion des Musées nationaux, Paris, 2017, p. 295-296。

4. 在展览的邀请函中可以看到，虽然南亚次大陆的穆斯林部分其实是属于印度的，但插图显示的地理分布却不尽然，其每面的顶部和底部都会出现带有装饰图案的莫卧儿和伊朗风格的设计手稿。这依循了卡地亚一贯运用特定想象力来诠释异域风情的做法。而正在祈求上苍的阿拉伯人被安置在图案的中央，但在左右阅读的顺序上却摆错了。插图中戴着珠宝的印度君王的形象则传递着一种信息给来宾——他们正在拜访一位重要的珠宝商。

5. 在一个可追溯到 1923 年的相同的化妆盒款式中，这块印度风的珐琅饰板被一个菱形轮廓的黑色波斯花卉珐琅图案所取代。该化妆盒的初始设计可见：F. Cologni，E. Mocchetti，*L'objet Cartier*，la Bibliothèque des Arts，Paris，1992, p. 81。

6. 注意不要与她的姨母，另一位卡地亚客户康苏艾萝·范德比尔特（1877–1964）混淆。

7. 这个款式的图片出现在：S. Hue-Williams and P. Edwards，*A Kind of Magic*，*Art Deco Vanity Cases*，Unicorn press，Norwich，2017，P.100。

8. 这件物品现存于卡地亚典藏系列。

9. 作为第一种人造聚合物，乳石出现于 1893 年。它由牛奶制成，易于染色并可生物降解。它是象牙的替代品。它不是模制的，而是用不同规格的板、棒或管制作。为了获得明亮的外观，它可以通过机器或手动抛光。

10. 其中一款化妆盒被卖给了英国驻巴黎大使夫人克鲁威（Crewe）。

11.D. Seckel，*L'Art du Bouddhisme*，*Devenir*，*migration et transformation*. éd. Albin Michel，Paris，1964。

带唇膏管的化妆盒，卡地亚，1925 年

金、珐琅、缟玛瑙、铂金、玫瑰切割钻石
签名：Cartier Paris Londres New York
“鹰头”法国黄金纯度印记
长：14.5 cm；宽：4.5 cm；高：0.9 cm
私人收藏

烟盒，卡地亚巴黎，1911 年

金、珐琅、铂金、玫瑰切割钻石、蓝宝石；内附火柴摩擦片
签名：Cartier Paris Londres New York
“墨丘利头像”法国出口黄金纯度印记
制作者：Lavabre
长：11.1 cm；
宽：6.4 cm；高：1 cm
私人收藏

从档案得知，装饰该产品使用的鲜花和鸟饰板来自印度盒子，它是1911 年 8 月从卡地亚的印度器物和珠宝供货商伊姆雷•施瓦格处购入。盒子的背面，在中心元素上有一个

铭文，这比起印度来说更为阿拉伯风格（见细节图）。
这是一个有趣特殊的历史案例，因为它是卡地亚早期作品中的一个与印度主题有关的作品。它于1911 年 11 月 27 日进入库存，而其后我们展示的作品，都至少是在十年之后才完成。

粉盒与唇膏管，卡地亚巴黎，1923 年

金、缟玛瑙、珐琅、铂金、玫瑰切割钻石、弧面蓝宝石、弧面红宝石
签名：Cartier Paris Londres New York
“鹰头”法国黄金纯度印记
制作者：Lavabre
长：10.7 cm；直径：4.8 cm
私人收藏

（唇膏管底部的图案细节）

化妆盒，卡地亚巴黎，1923 年

金、缟玛瑙、珐琅，铂金、玫瑰切割钻石；内附一面镜子、一把金和玳瑁梳子、一只唇膏管、两个粉末单元（隔层）
签名：Cartier Paris Londres New York
“鹰头”法国黄金纯度印记
制作者：Lavabre
长：13.7 cm；宽：3.7 cm；高：1.4 cm
私人收藏

卡地亚，“印度”化妆盒预绘图，约 1925 年

透明纸上的铅笔、墨水和水粉
巴黎华雅收藏

化妆盒，卡地亚巴黎—伦敦库存，约 1924 年

金、珐琅、铂金、玫瑰切割钻石
签名：Cartier Paris Londres New York
长：7.2 cm；宽：4.4 cm；
高：0.9 cm
私人收藏

这些印度风格的饰品中有很多都是运用了小珐琅饰板，这些珐琅板上装饰着开花树枝和鸟。其他题材有瞪羚（见 283 页）、蝴蝶、孔雀、鹧鸪或鸽子。（见 285 页）

化妆盒，卡地亚巴黎，1927 年

金、缟玛瑙、珐琅、铂金、玫瑰切割钻石、小型角石切割蓝宝石；内附一面镜子、一个粉末单元（隔层）、一个唇膏管
签名：Cartier Paris Londres New York
"鹰头"法国黄金纯度印记
制作者印记模糊
长：15 cm；宽：4.4 cm；
高：0.9 cm
私人收藏

化妆盒，卡地亚巴黎，约 1930 年

金、珐琅、铂金、玫瑰切割钻石、蓝宝石；内附一面镜子、两个粉末单元（隔层）
签名：Cartier Paris Londres New York
"鹰头"法国黄金纯度印记
制造者印记模糊
长：7.2 cm；宽：4.4 cm；
高：0.9 cm
私人收藏

这三个化妆盒完美地展示了围绕中心主题的变化。在卡地亚的产品中，经常会出现带有花和鸟的珐琅饰板。这种多样变化让我们相信，在"咆哮的 20 年代"，这些产品在卡地亚的客户中取得了巨大的成功。

粉盒与唇膏管，卡地亚巴黎，约 1928 年

金、珐琅、铂金、玫瑰切割钻石
签名：Cartier Paris Londres New York，Made in France
“鹰头”法国黄金纯度印记
长：10.5 cm；宽：5.5 cm
私人收藏

打火机，卡地亚巴黎，约 1928 年

金、珐琅、铂金、玫瑰切割钻石
签名：Cartier Paris Made in France
“鹰头”法国黄金纯度印记
高：4.5 cm；长：3.3 cm；宽：1.5 cm
私人收藏

这款打火机的珐琅饰板上，有着和左页化妆盒上相似的两只鸟的装饰。

附自动铅笔的日记本，卡地亚巴黎，约 1928 年

金、珐琅、玫瑰切割钻石
签名：Cartier Paris Londres New York Made in France
“鹰头”法国黄金纯度印记（位于自动铅笔上）
长：7.8 cm；宽：6.4 cm
私人收藏

（背部纹饰的细节）

在《纽约客》杂志上的广告，1943 年 10 月

由此可见，在 1925 年推出了这个盒子的 20 年后，该款产品仍然在售。

裁纸刀，卡地亚巴黎，约 1930 年

金、玉、铂金、钻石、祖母绿、红宝石
签名：Cartier Paris
“鹰头”法国黄金纯度印记
制作者印记模糊
长：22.5 cm
私人收藏

早在 1913 年 11 月，皮埃尔·卡地亚就在一封信中写道：“我希望看到镶嵌着宝石和黄金的玉器的流行，就像我们在东方看到的……裁纸刀一样。

化妆盒，卡地亚纽约，约 1925 年

金、珐琅、铂金、玫瑰切割钻石
签名：Cartier 18K
长：6.4 cm；宽：4.3 cm；
高：1.5 cm
私人收藏

这个化妆盒是广告中化妆盒的变体。研究中心装饰的朱迪·鲁道解释说，装饰盒盖的 19 世纪饰板可能来自印度东部的穆尔希达巴德。（J. Rudoe op. cit p. 169）

烟盒，卡地亚伦敦，1947 年

金、银、珐琅、红宝石
签名：Cartier London，JC
18K 英国黄金印记
长：8.5 cm；宽：7.8 cm；
高：1 cm
私人收藏

在东方主义盛行 20 年后，印度风格在伦敦重新取得了一定的成功，这一制于 1947 年的烟盒见证了印度的独立，该器物上装饰有一颗印度纽扣。

台式烟盒，卡地亚纽约，约1930年

14K 黄金、珐琅、象牙微缩画
签名：Cartier
长：12.2 cm；宽：8.7 cm；
高：4.5 cm
私人收藏

在微缩画的下面，盖子内侧有铭文：*"Jama Masjid，Delhi，Build 1648–1650 by Shah Jahan"*（见背面细节）。印度最大的清真寺是贾马清真寺。其通体为红色砂岩，它是按照莫卧儿皇帝沙贾汉（1627–1658）统治时期的铭文所述建造的，是他建造了著名的泰姬陵。

卡地亚，右页粉盒预绘图，巴黎
1925 年

透明纸上的铅笔、墨水和水粉
卡地亚档案

粉盒与唇膏管，卡地亚巴黎，1925 年

金、珐琅、绿松石、珍珠贝母、硬石、弧面蓝宝石、铂金；内附一面镜子、一个带过滤的粉饼隔层
签名：Cartier Paris London New York
“鹰头”法国黄金纯度印记
高：13.5 cm；直径：6.3 cm
卡地亚 – 日内瓦收藏

化妆盒，卡地亚巴黎，1938—1955 年间（图片为缩小尺寸）

（从上到下，从左到右）
– 铜、珐琅、碧玉、金、祖母绿
长：15.5 cm；宽：11.2 cm；
高：2.2 cm
– 铜、珐琅、金、玛瑙
长：14.7 cm；宽：10.2 cm；
高：1.7 cm
– 铜、珐琅、玛瑙、金、弧面祖母绿
长：15.5 cm；宽：11.2 cm；
高：2.2 cm
– 铜、珐琅、玛瑙、金、蓝宝石
长：15.5 cm；宽：11.2 cm；
高：2.2 cm

“汤姆拇指”打火机，卡地亚巴黎，约 1939 年
（图片为缩小尺寸）

（从上到下）
– 铜、玛瑙、金、珊瑚
高：3.2 cm； 直径：1.6 cm
– 铜、玛瑙、金、天青石
高：3.2 cm； 直径：1.6 cm
– 铜、沙金石、金、珊瑚
高：3.2 cm； 直径：1.6 cm

这些产品原产于印度，卡地亚工作室对打火机的点火机制进行了改进，添加了弧面硬石，对梳妆盒的内部及搭扣进行了后加工。该产品系列售价低廉，畅销了近三十年。

台式烟盒、卡地亚纽约、1930 年

金，玛瑙、珐琅、红宝石、铂金、
玫瑰切割钻石
无签名
长：11.9 cm；宽：8.5 cm；
高：2.8 cm
私人收藏

（盒盖细节）

中国风
CHINOISERIES

如果说马可波罗用奇迹之书让欧洲人初识华夏的话，[1] 而远东真正的吸引力则是被伟大的航海家们发现的。最早是葡萄牙人，紧接着是荷兰人，17 世纪初称霸海上的荷兰人，凭借他们的东印度公司，让欧洲充斥着丝绸、塔夫绸、瓷器和漆器。18 世纪的欧洲，这种流行甚至发展到了每一座城堡都会有一个装点着漆器家具的中式房间的程度。在 19 世纪末 20 世纪初，法国人重新燃起对中国文化的兴趣。[2] 那时刮起一阵收藏“古玩”的风气，这种被称为“古玩”的小器物具有异国情调，配有同为“古玩”的盒子。它们来自中国和日本，有着欧洲人不熟悉甚至从未见过的多种材质，使热爱旅行的欧洲人和探险家沉迷其中。

为了紧跟当时的潮流，一些奢侈品牌也受到中国艺术的影响。金匠波恩·塔伯雷特（Boin-Taburet）创作了一些融合新古典主义和中国装饰元素的作品。比如一款雪茄盒，具有路易十六风格写字台的外形，嵌有康熙时期的瓷器饰板，或者配有三块清代瓷板的镀金青铜屏风。[3] 瓷器制造商吉昂（Gien）在 19 世纪制造的一些动物钟也受到了东方风格影响。一家从 1886 年开始专门研究远东纺织品、瓷器和青铜器的品牌“Maison des Bambous”，在 1889 年的世界博览会上赢得了两枚银质奖章。

和来自印度和波斯的元素一样，路易·卡地亚对远东也充满着热情。他是中国和日本艺术品的热情拥趸，收藏了从印笼、陶瓷、画卷到家具等各种制品。[4] 品牌的创意导向，因当时的潮流，也再次和他的个人品位结合了起来。正如斯特拉文斯基在 1914 年所作的“中国”芭蕾舞剧《夜莺》一样。卡地亚追随着其预见的潮流，将“亚洲想象”融入了品牌的创意词库中。

1914 年，时尚杂志《The Gazette du Bon Ton》的一位编辑写道：“一切都已被看到过，一切都已被使用过……我们现在还要做什么？去哪里？好吧！感谢上帝，还有中国！—— 一个与柔软和神秘共鸣的名字。中国，龙的国家，文化的熔炉，智慧和裹足……。我想的越多，我就越相信中国是不可或缺的。首先是因为巴克斯特先生的“波斯”和波烈（Poiret）先生的“希腊埃及”风潮开始衰落，我们很快就没有任何东西供我们的佳人穿戴了。然而因为我们太过热爱我们亲爱的 18 世纪，而不能重新拾起那时对中国风的追捧。”[5]

似乎是在查尔斯·雅库的推动下，路易·卡地亚决定了品牌对于东方灵感的运用。中国风格的产品在数量上是最庞大的，同时也是他最成功的创造。

重访中国 China revisited

与埃及风格和印度波斯风格的珠宝、配饰和钟表相似，中式灵感也主要来自两个方面：

– 具有经典外形图案的器物和来自“古玩”的藏品部件，融入对于东方的美好幻想。

– 从中国物件的形制上汲取的灵感。尽管这些物品的构思来源于中国的古老物件，他们被部分或全部进行了重新设计，拥有新的形状或新的用途。比如用作书立的中式印章（见 317 页），或是改为墨水瓶的支架花瓶。在创作和制作物件中，区分“中国风”、图案的运用和真正来自中国的物件是很重要的。“中国风”本质上是欧洲风格，使用一系列

乔治·巴比尔

理查德·德·加利恩的《香氛罗曼史》书中插图，1928 年。

我们也能看到这些中国漆器底座上的回纹和卷形，被使用在台式时钟的象牙或硬石底座上。

一款重要的座钟表的灵感毫无疑问来自于19世纪的圆形床榻。圆柱形的立架转变为台式时钟的一种款式，内嵌红色环状珐琅的玉环。而在另两个款式上，则表现为角镶珊瑚环。黑色珐琅绘制的“龙”爪和白色珍珠贝母表盘形成强烈对比。玛瑙底座上的中式装饰，每款都各有不同。[10]

我们在卡地亚钟表和硬石碗边，经常看到的环形，其灵感很有可能来自中国墓葬中的古代青铜器皿上动物形象口中的环形。

与之类似，在巴黎的吉美博物馆收藏中，有一个18世纪的萤石印章，它与20年代制作的一款化妆盒十分相似。而20世纪初，一款用银、玉和珐琅制成的中式宝塔形座钟，成为了二十年后卡地亚一些钟表的范本。

卡地亚的六面或十二面的糖果罐，中间有螺钿漆板，配硬石把手，通常有装饰脚，盖子上有硬石装饰图案。其形状和尺寸和大尺型中国漆器糖果盒相同，也是十二面体。

1925年制作的，一款很可能是孤品的金化妆盒，灵感来自19世纪中国枕头的形状。这款化妆盒与品牌惯用的形状不同，除了有着切角的八角外形外，它的装饰也与众不同。另一个重要的特征是，内部分隔：两端是粉饼隔层，长的隔层为唇膏管空间，配有纵向放置的折叠化妆镜，而另一半，则用来放置香烟。最后，值得注意的是，搭配的透镜状小粉盒，其玑镂表面的设计，灵感来自于中国元代漆盒。

中国古代艺术品供应商

Ancient Chinese works of art suppliers

上世纪初，巴黎出现了数量重多的，经营中国和日本古董的店铺。卡地亚在克莱里街的重要供应商奥本海默兄弟（Oppenheimer brothers），在一则广告中展示了他们的经营范围：“扇子、漆器、瓷器、青铜器、裁缝的新奇饰品、篮、别具风格的丝绸服装和家具、素色或梦幻的丝绸手帕、各种类型的屏风。”早在1908年，卡地亚购入了一款中式雕刻玉鼻烟壶，它被改造为香水瓶，增加了珐琅金底和瓶塞，底座上镶嵌钻石。与一战前不同的是，卡地亚的古董购入数量在1920年后变得相当可观，向卡地亚供货的古董商的数量也在增加，豪斯曼大道上有米雄（Michon）；在纽约有一家日本经销商山中商社，在库尔赛尔街；有一家叫“C.T. Loo”的商店在卡斯蒂廖耐街；而中印精品店（Compagnie de la Chine et des Indes），与和平大道的商店只有几步之遥。卡地亚在1926年从那里购买了带有石狮的玛瑙香炉，它被改造成一个优雅的墨水瓶，并添加了一个玫瑰石英底座和迪林格设计的装饰元素。

卡地亚有时也会出售未经改装的中国古董。比如一些从古董商处购得的玉碗和茶碟，它们被放置在品牌精致的红金盒子里出售。其中，一组三睿猴就是如此：青白玉质，配有蓝宝石和钻石眼睛，被J.P.摩根于1905年4月3日以350法郎购得。

1927年制作的长方形台式烟盒，少见地结合了两种形式。在借用了中国古典艺术品的形状之外，它还搭配有中国古董部件。这款烟盒复刻了一款香盒的形状，香盒的侧面镶有青瓷，盖子上则配有粉彩瓷饰板。[11] 这块饰板镶在一列“如意”棕榈叶和长方形珍珠贝母饰板内。四角装饰着向内弯曲的飞檐形瑞兽头。屋顶造型的边缘为黑色珐琅，而底座则为阶梯造型的硬橡胶制成。（见328页）

在香水瓶和台式打火机的设计上，卡地亚引入了中国19世纪和20世纪的鼻烟壶设计，多采用玻璃、水晶、紫水晶、珊瑚、玛瑙、软玉或玉石制作，塞子和底座由硬石和珐琅制成（见325页）。其中一些款式，

底部设计为印章或火柴擦片。（见 411 页）

卡地亚纽约制作的一些墨水瓶，是由 19 世纪中国瓷器笔筒改制而成。1927 年的一个款式，牛血色的蜂巢外形，配有中式盖子和雕花木底座，装饰有金制几何图形（见 414 页）。另一外形与尺寸相近的款式，为中式青花瓷瓶。金质的盖子上，装饰了蓝色珐琅装饰线和中式图案，嵌有青金石珠，置于中式木座上。[12]

1930 年 S 部门制作了一款由中国印章改制而来的墨水瓶。滑石印章的顶部被削开，开口处涂有黑色珐琅，配有如意纹装饰。墨水瓶置于红黑漆架上。[13]（见 402 页）

让－查尔斯·沃思（Jean-Charles Worth）用两对硬石印章做成的书立（见 317 页），一对镶有金和珊瑚条，而另一对则镶有水晶、金和珊瑚。1938 年，卡地亚纽约将一只罕见的中国古董佛手，用作台式时钟的底座。这一装饰，在 1952 年被运用在珊瑚花和一款扁平骨质台式打火机上，该独特器物在卡地亚常规物品中独树一帜。[14]

1939 年 3 月，卡地亚向埃及法兹公主（Princess Fewkie）出售了一款由中国古代玉灯笼改制而成的电子伙伴钟。支柱的上下两部分的四角上，饰有珊瑚和玛瑙盘，用弧面珊瑚装饰玉石。表盘是用一块珍珠贝母制成，表盘的数字则是黑色中国式的阿拉伯数字。奇美拉指针由镶钻铂金制成（见 196 页）。[15]

中国瑞兽 Chinese beasts

动物形象在中国文化中因其寓意权力和地位[16]而极其重要，但对于卡地亚而言，这些寓意并无作用。中国瑞兽的魔幻色彩成了灵感的主要来源。这些和中国紧密联系的瑞兽以龙、凤、麒麟、佛狮和石狮为代表。虽然鱼、乌龟和蝙蝠也经常出现在中国的传说故事中，但它们很少成为卡地亚作品的主题。当然也有少许意外，比如 1930 年“S”部门制作的一款鱼形玛瑙裁纸刀（见 321 页），又如一款尾端以蝙蝠为次要装饰，1928 年制作的化妆盒。

龙凤 The dragon and the phoenix

在中国古代神话中，龙的地位无比尊崇，是一种掌控自然的瑞兽。西方的龙是邪恶的，而在东方文化中，龙是吉祥的象征。它代表着积极的保护力量，是阳刚的代表。龙驱散恶魔，是帝王的象征，其作为天子的保护神而出现在帝王的朝服之上。龙是权力、成功和幸福的象征。它上天入海无所不能，保佑着风调雨顺。双龙在春野中嬉戏，寓意着来年的好运和丰收。同样，龙也寓意着多子多福。正如时间掌控着地球上的生老病死、四季交错一样，龙掌管着宇宙的运行。[17]考虑到欧洲人在 20 世纪初，把龙看作中华文明的象征，卡地亚在设计中将其作为主要元素（见 309 页）或如钟表指针（见 307 页）、盒子铰链一类的次要元素使用，而其形象则并不固定。

龙被用作烟盒或粉盒上的主要装饰，有的是祥龙出水，有的是飞龙在天，多用珍珠贝母镶嵌和珊瑚制成，这种天才的展现则完全归功于拉迪米尔·马科斯基。（见 313 页）

在另一方面，龙也作为黑色背景上的金色珐琅图案出现（见 310 页），或者白色背景上的黑色珐琅图案。或单独或成对，出现在盒盖的饰带上，在晚宴包上，或在时钟的背面，盘在表盘背后用来隐藏传动轴。

1928 年制作的一款集合了红、黑、金三色的圆形粉盒上，盖子中央一条刻有金鳞的龙游走在黑色珐琅背景上。背面饰有“寿”字。两侧用珊瑚条装饰，象征着公正清廉（见 313 页）。

1927 年的一个金黑色珐琅烟盒，上下两面都有玉质的饰板，两端镶有珊瑚条，两侧镶珊瑚饰板。玉饰板镶嵌在两条黑色珐琅饰带之间，两条金龙四目相对。在一个1925年的圆形金制化妆盒上，一条龙位于一块象牙牌匾上，在两条绿松石杆之间的红云中翱翔，嵌于一个黑色背景的东方式框架内。在一款“入门级”金制烟盒的侧面，饰有螺钿面板，雕刻的龙被几何图案环绕。

另一种神话动物凤凰，象征着永恒，当它从灰烬中升起时，代表着死亡和复活的轮回。它的优雅和轻盈使它成为皇后的象征。它具有儒家的五常: 仁、义、礼、智、信，代表基本的道德标准。也意味着知识、孝顺、恒久、美德，使它能够分辨世界上的纯洁和智慧。龙凤呈祥是帝王夫妇和神圣婚姻结合的象征。

在卡地亚的作品中，很少看到凤凰作为主要的装饰元素。然而，在1925年，它出现在装饰艺术博览会“优雅馆”中展出的一个化妆盒上。化妆盒上挂着一块可能由马科斯基制作的饰牌，周围环绕着“如意”图案。同年，凤凰出现在一个长方形的红色珐琅化妆盒上。它的身体由一颗巨大的蓝宝石制成，它从化妆盒的中心穿过黑色珐琅背景上的珍珠贝母云彩，如腾云而飞。

奇美拉 The chimera

东方神话中的怪兽奇美拉，华丽而令人捉摸不定，它在卡地亚珠宝和器物上也是一个特别的存在。

在希腊神话中，它有着狮子的尾巴，山羊的身体和龙的后爪，但它的形象经常变化。神秘钟上的中国玛瑙奇美拉，有环形的尾巴和一个甲壳。1928年，一个具有相同特征的茶晶制19世纪中国奇美拉，毫无疑问其形状取自生活中的香炉，它被放置在一个玛瑙和珊瑚底座上，成为1928年的邮票盒和墨水瓶的款式。

1925年开始，灵感来自印度摩加罗款式的卡地亚手环频繁出现。这些用玉石、软玉、玛瑙、水晶、甚至有时由缅甸琥珀雕刻而成的造型，也被用在座钟表中，环绕在表盘之上。其他奇美拉的作品也在晚些时候制作，如卡地亚典藏系列中的一款裁纸刀，它于1943年制作，银刃的末端是珊瑚树干和两条枝干组成的华丽刀柄，装饰有佩戴褐色珐琅鬃毛的奇美拉头。

石狮 Fô dogs

石狮，又称佛狮，是象征快乐的动物，它们守护着佛教信仰下的墓葬。通常用作宫殿和寺庙门前的守护神兽，同时也是维护宅院的重要性、道德性和社会地位的象征。在中国形象中，有时候石狮与奇美拉狮合为一体。

石狮，是卡地亚除了龙以外，在“咆哮的20年代”，“中国”作品中出现最多的主题。特别是在钟表中，它们作为表盘的支撑，站在支柱顶端。如322页中，两只玉石狮，安放在缟玛瑙和水晶底座上。带黑色珐琅边缘的八角形座钟放置在水晶底座的中央。钟的侧面镶有珊瑚。红黑配色以及红色背景配上白玉表盘，强调了这款钟的东方风味。在有的款式中，石狮被安放在支柱的底部，作为水晶神秘钟“庙门”的守护者，亦或作为神秘钟的主要形象。1929年开始制作的款式上，用一只石狮和它的幼师作为钟体的支撑。石狮也会用于墨水瓶制作。在1927年的款式中，石狮站立在盖子上，带蓝色珐琅装饰。他的眼睛镶蓝宝石，脚爪为天青石制成。两侧雕刻有两只展翅的飞鸟，放置在长方形的玫瑰石英底座上，镶嵌有两颗巨大的蓝宝石。

另一款则展现了卡地亚文化融合的倾向，一只玫瑰石英制石狮，身上镶嵌着软玉、黑色珐琅和钻石，优雅地坐在波斯风格的珍珠贝母饰板上，它出现在1925年的一款台式烟盒的盖子上。盒子前面和侧面的角落，也镶有带中式图案的珍珠贝母饰板，这些图案取自中式窗棂和其他建筑元素。

受中国样式启发，卡地亚创作了石狮造型纹样的宝石雕刻。它们被运用在1929年的一款烟盒上。在烟盒中央，放置着一只石狮。它得意洋洋地站在中式珊瑚凳上，一只爪子把玩着宝石制成的花球。正面和背面的玛瑙饰板配有线段组成的珊瑚边饰，而两侧为玉饰板。

卡地亚还使用“apprêts”库存中的中国制各种石材雕刻的石狮印章，制作了烟灰缸（见442页）和桌面垫板。

玉石制成的石狮还被运用在唇膏管的底端或珐琅金香水瓶上。

卡地亚对于中国文化中博大精深的象征意义的探究，仅仅浅尝辄止。而对于“寿”字，除了在“中国”系列珍贵器物中反复出现外，正如查尔斯·雅库1910年在速写稿所记录，这个符号还被品牌的设计师们以法国的方式进行了再创造。中国元素无疑是新潮的，但卡地亚欧洲和美国的客户，对东方文化微妙之处的了解仍是贫乏的。在卡地亚的战略和风格选择上，欧洲大量的中国器物以及当时的东方时尚，都在不同方面对其产生了巨大影响，提供了众多灵感。纺织品、瓷器、建筑、瑞兽形象、书法，都是取之不尽的源泉，激发着品牌设计师的创作。这使得中国风格的器物系列成为两次世界大战之间，法国装饰艺术中数量最多、种类最丰富，也无疑是最饱含诗意的主题之一。

注释
Notes

1. 中国旧称，常见于马可波罗行记。

2. 类似对于北非的殖民让法国熟悉了阿拉伯美学，第二帝国对于交趾支那的殖民，以及之后进一步对越南东京和19世纪末整个印度支那（越南）的殖民，使法国人被远东的文化深深吸引。

3. 这个器物的设计让人想起1906年卡地亚制作的座钟，形似路易十六式屏风（见53页）。

4. 俄罗斯是唯一一个与中国有接壤的欧洲国家，圣彼得堡的宫殿里摆满了中国的物品，墙壁上覆盖着用中国图案装饰的织物。路易·卡地亚访问俄罗斯时，被这些器物深深吸引了。

5. *La Gazette du Bon Ton*，May 1914。

6. 从1926年9月迪林格签名的类似盒子中可以看出，其总造价为5450法郎，细分为盒子造价2500法郎、珊瑚条600法郎、整饰2300法郎和50法郎（难以辨认）。

7. 所有卓越的巴黎珠宝商，尤其是在和平大道15号有一家精品店的，卡地亚的邻居拉克罗奇（Lacloche），在20世纪20年代也使用了这个符号。

8. “如意”的字面含义为“好运”或“恭祝”。

9. G. Ecke，*Chinese Domestic Furniture*，Peking，1944，p.24。

10. 这是被K·范德比尔特（K·Vanderbilt）购得的三个款式之一。

11. 其总体呈现为粉色调的中式陶瓷。

12. 此器件属于莫娜·俾斯麦（Mona Bismarck）。

13. 滑石因易碎，所以不经常使用。

14. 此打火机现存于卡地亚－日内瓦收藏。

15. 这个钟是法兹公主和伊朗未来国王的结婚礼物。它以1.8万法郎的价格出售，一边是埃及王冠，另一边是伊朗王冠。镶玫瑰切割钻石的铂金款，则标价3500法郎。

16. 除了象征皇权的龙凤，许多其他动物图案被宫廷官员用来展示他们的不同等级、社会地位、道德风尚以及官员的能力和才能。

17. D. Vollichard，*Cartier, Le temps magique*，*l'œil*，n°400，November 1988，p.52-57。

卡地亚，右页座钟预绘图，和鸟一起呈现，1926 年

透明纸上的铅笔、墨水和水粉
卡地亚档案

座钟，卡地亚巴黎，1926 年

金、鎏金银、玉、缟玛瑙、玛瑙、珍珠贝母、珊瑚、珐琅、铂金、玫瑰切割钻石；金、钻石、珐琅指针
签名：Cartier Paris London New York
“鹰头”法国黄金纯度印记
“野猪头”法国白银纯度印记
高：13.5 cm
制作者：Couët
卡地亚－日内瓦收藏

这只钟在 1926 年进入巴黎库存时，并没有玛瑙底座。送到纽约后，做了一些调整，并从此保持不变。

晚装包，卡地亚巴黎，1927 年
（图片为缩小尺寸）

金、绒面革、珍珠贝母、珊瑚、祖母绿、珐琅、铂金、玫瑰切割钻石
签名 :Cartier Paris London New York
“鹰头”法国黄金纯度印记
制作者：Renault
高：17 cm；宽：28 cm
卡地亚 – 日内瓦收藏

1926 年 10 月，也就是制造这个包的几个月前，卡地亚申请了一项发明专利，他们发明了一个开口，可以让一只手在不拉扯铰链和损坏材料的情况下滑入包内。图中的包得益于这项发明。黑色的珐琅铰链可以打开包。

座钟，卡地亚巴黎，1929 年

金、珊瑚、珍珠贝母、螺钿漆器、铂金、玫瑰切割钻石、弧面月长石、象牙背板；铂金和玫瑰切割钻石指针
签名：Cartier
制作者：Couët
高：8 cm；长：8 cm；
宽：2.2 cm
私人收藏

刻度盘中间展示了一个画面，月光下的一座亭子，蝙蝠成列飞过。以珍珠贝母鱼鳞状拼合出的刻度盘似乎呈现出月亮的轮廓，而画面中的月亮则由一块月长石所制。卡地亚典藏系列中也有类似的款式。除了漆器风景以外，这两个台钟的背面外观不同。一个保留了原来的状态与象牙背板，而卡地亚典藏系列中另一个则使用了硬橡胶背板。

烟盒，卡地亚巴黎，1928 年

金、玉、珊瑚、珐琅、珍珠贝母、铂金、玫瑰切割钻石
签名：Cartier Paris Londres New York，Made in France
“鹰头”法国黄金纯度印记
长：9.1 cm；宽：5.9 cm；
高：2.2 cm
私人收藏

这件作品是为和平大道的店铺设计的，后来被送到纽约出售。卡地亚典藏系列中也有一个类似的化妆盒，上面有刻着动物和树叶的饰板。

jade, Laque, corail,

三问座钟，卡地亚巴黎—伦敦库存，1928 年

金、祖母绿、缟玛瑙、螺钿漆器、珐琅、珍珠贝母；铂金、玫瑰切割钻石指针；石狮形状的按钮
底座签名：Cartier Made in France
“鹰头”法国黄金纯度印记
制作者：Couët
高：12.4 cm；长：6.2 cm；
宽：4.9 cm
私人收藏

在 1926 年至 1930 年间，其他三个类似该款式的时钟也被制作出来。各自在漆艺中国风景和石狮上略有不同。按下石狮可触发报时。

（石狮细节）

（钟座下的钥匙细节）

台式粉盒，卡地亚巴黎，1924 年

金、玛瑙、象牙、硬橡胶、珊瑚、珍珠贝母；内附一面镜子、一个粉末单元（隔层）
签名：Cartier Paris
“鹰头”法国黄金纯度印记
高：8.2 cm；直径：12 cm
卡地亚－日内瓦收藏

盒盖的珍珠贝母镶嵌画面“蛟龙出水”可能是由拉迪米尔·马科斯基创作的。

座钟，卡地亚巴黎，1927 年

金、铂、钻石、缟玛瑙、螺钿漆器、玉石、珊瑚、水晶；铂金、玫瑰切割钻石指针
签名：Cartier European Watch and Clock Co
“鹰头”法国黄金纯度印记
高：11.4 cm；长：9.5 cm；宽：3.8 cm
私人收藏

（在玉铃顶部的“龙头”细节）

右页钢笔盒预绘图，1926 年

透明纸上的铅笔和水粉
卡地亚档案

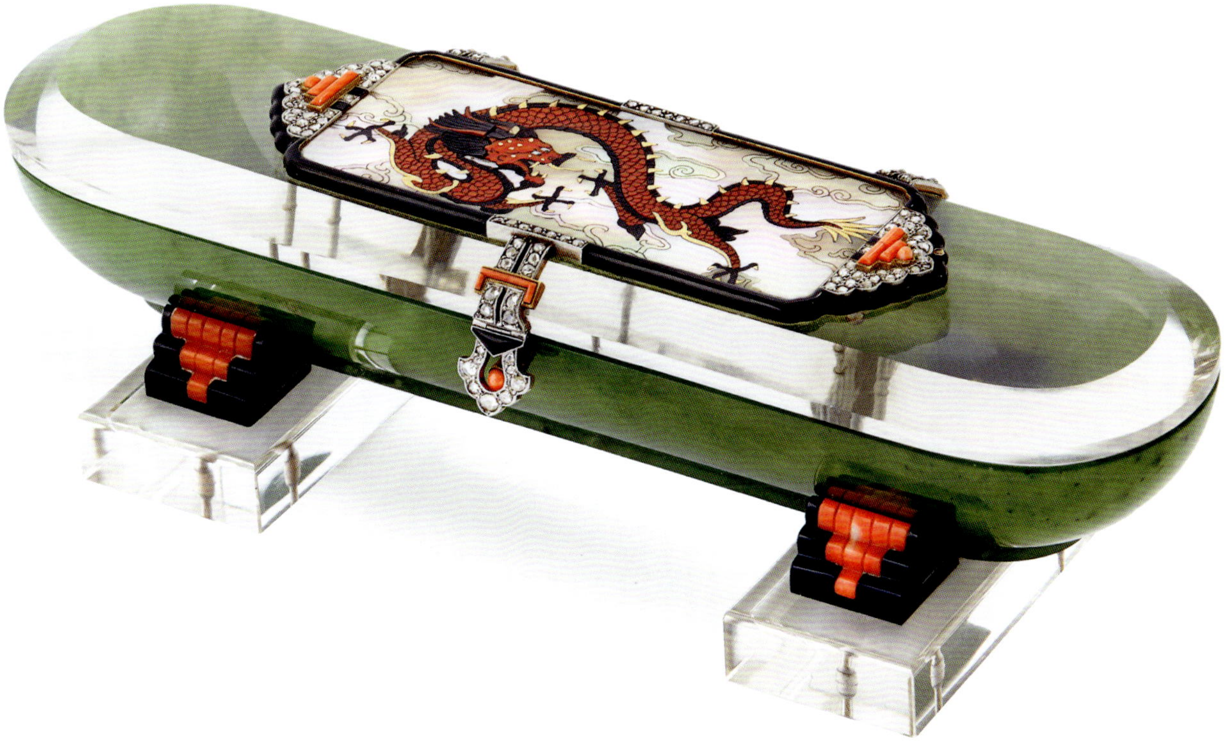

钢笔盒，卡地亚巴黎，1927 年

金、水晶、软玉、玛瑙、珊瑚、珍珠贝母、珐琅、铂金、玫瑰切割钻石
无签名
“鹰头”法国黄金纯度印记
长：18 cm；宽：6.5 cm；
高：5 cm
私人收藏

（盖子细节）

虽然没有签名，但很可能是拉迪米尔·马科斯基的作品。

插屏式座钟，卡地亚巴黎，1927 年（反、正）（图片为缩小尺寸）

金、玉石、缟玛瑙、珐琅、珊瑚、铂金、玫瑰切割钻石、珍珠贝母、弧面蓝宝石、祖母绿；金、珊瑚、弧面玉指针
无签名
“鹰头”法国黄金纯度印记
制作者：Couët

高：30.5 cm；长：22 cm；宽：11 cm
巴黎装饰艺术博物馆

这只钟被称为“屏风”钟，它与水晶和玉石制作的神秘钟风格相近，其工作方式如下：机芯隐藏于底座中，通过隐藏于两块玉石面板之间的齿轮，和隐藏在雕刻珊瑚球之下的传动轴，驱动时钟。

这只钟于 1927 年 12 月 16 日上市，1928 年 5 月 14 日卖给了乔治·布鲁门撒尔。三年后，在他的第一任妻子去世后，他把这件作品捐赠给了巴黎装饰艺术博物馆。

化妆盒，卡地亚巴黎，1925 年

金、珊瑚、珐琅、螺钿漆器、珍珠贝母、祖母绿、铂金、钻石
签名：Cartier Paris Londres New York
“鹰头”法国黄金纯度印记
制作者印记模糊
长 9.9 cm；宽 4.9 cm；高 1.3 cm
私人收藏

金匠们在箱子两面的漆画风景中使用了珍贵宝石以创造闪光，月亮处用了钻石，而灯笼处用了祖母绿。

粉盒，卡地亚巴黎，1927 年

金、铂金、玫瑰切割钻石、缟玛瑙、珊瑚和珐琅
签名：Cartier Paris Londres New York Made in France
“鹰头”法国黄金纯度印记
制作者印记模糊
直径：5.5 cm；高：1 cm
私人收藏

在这件作品与第 304 页所示的粉盒上，都有龙从海里腾空而出的画面，具有清康熙时期的特征。该珍珠贝母微缩画是由拉迪米尔·马科斯基创作的。

粉盒，卡地亚巴黎，1927 年

金、黑漆、珊瑚、玫瑰切割钻石、弧面红宝石
签名：Cartier Paris Made in France
“鹰头”法国黄金纯度印记
直径：4.4 cm；高：1.8 cm
私人收藏

在粉盒背面写着意为“长寿”的字符。（见右图细节）

化妆盒，卡地亚巴黎，1927 年

金、珍珠贝母、红玉髓、软玉、珐琅、弧面红宝石、弧面蓝宝石、珐琅、玫瑰切割钻石；内附两个单元（隔层），一个唇膏管、一个梳子空间
签名：Cartier Paris London
“鹰头”法国黄金纯度印记
长：9.3 cm；宽：5.3 cm；
高：2 cm
卡地亚 – 日内瓦收藏

因这两幅由拉迪米尔·马科斯基作的珠光贝母图，该化妆盒被命名为“Jour et Nuit”（日夜），一面镶有一颗弧面蓝宝石，象征着地平线上的太阳，巧妙地放置在两块珍珠贝母板的结合处。在背面，太阳被一颗弧面红宝石制成，这颗红宝石似乎落在地平线的后面，而风景似乎为更暗的色调。

从场景中散发出来的诗意，做工的精致来看，这无疑是一件非凡的艺术作品。

这个化妆盒属于爱丽丝·斯诺·芭比·路西（Alice Snow Barbee Lurcy，1906–1980），她以非凡的美貌而闻名。她藏有卡地亚的许多作品，相当于马荷丽·梅莉薇德·波斯特或黛西·法罗斯的收藏。她嫁给了法国银行家乔治·路西（Georges Lurcy，1891–1953），一位重要的慈善家和收藏家。他的绘画收藏，包括莫奈（Monet）、雷诺阿（Renoir）和高更（Gauguin）等的作品，于 1957 年在纽约出售。《时代》杂志称之为有史以来最重要的一笔交易。

书立，卡地亚巴黎，1930 年

金、玉石、鸡血石、珊瑚、弧面蓝宝石
无签名
“鹰头”法国黄金纯度印记
宽：6.6 cm；长：14 cm；
宽：9.9 cm
私人收藏

这对书立是用中国印章制成的，按照装在盒子上的银牌所示，它们被给予了让－查尔斯·沃斯(见右图)。他出生于1881年，是查尔斯·弗里德里克·沃斯（Charles Frédéric Worth，1825–1895）的孙子。他爷爷是位于和平大道7号的时装店的创始人。1910年至1935年任沃斯艺术总监的让－查尔斯是卡地亚家族的朋友。他的姑妈安德烈－卡罗琳是路易·卡地亚的第一任妻子，他的弟弟雅克（Jacques）是路易的妹妹苏珊娜·卡地亚的丈夫。因此，去隔壁邻居和亲戚家买贵重礼物也是情理之中。
在每个书立的底部都设置有镜子，可以通过巧妙的反射系统看到刻在封条上的字符。

唇膏管，卡地亚巴黎，1927 年

金、蓝珐琅、弧面祖母绿
签名：Cartier
“鹰头”法国黄金纯度印记
制作者：Lavabre
长：5.6 cm；直径：1.5 cm
私人收藏

最初，唇膏管被连接到一个类似于上图所示的粉盒。它们在 1927 年 12 月 10 日录入卡地亚库存，因没有找到买家，于 1932 年分开。后者于 1932 年 6 月 3 日第二次单独登记入库存，并于同年 11 月 24 日出售。装饰的珐琅图案可能来自中国瓷器、纺织品或地毯上的波浪或植物纹样。（J. Rudoe，op. cit.，p. 196）

化妆盒，卡地亚巴黎，1927 年

金、铂、玫瑰切割钻石、螺钿漆器、珐琅、珊瑚、弧面蓝宝石和翡翠
签名：Cartier Paris Londres New York
“鹰头”法国黄金纯度印记
制作者印记模糊
长：8.4 cm；直径：6.1 cm；
高：1.9 cm
私人收藏

粉盒与唇膏管，卡地亚巴黎，1927 年

金、珐琅、螺钿漆器、天青石、玉石、铂金、玫瑰切割钻石、弧面祖母绿；内附一个粉末单元（隔层）；两边各有一面镜子
签名：Cartier Paris
“鹰头”法国黄金纯度印记
高：11.7 cm；直径：5.3 cm
卡地亚 – 日内瓦收藏

这件作品是 1926 年亨利·拉瓦布雷（Henri Lavabre）工作室订单里三个相似的盒子中的一个。这件于 1927 年 1 月上市，第二件也是一月上市，第三件则是在 1927 年 12 月 10 日上市（见左页）。三件作品漆板场景各有不同，在这款的一面上，一个文人和他的侍从携带着传统乐器“琴”；另一面则是，一个官员骑着马，一旁的侍从带着他行李。这个粉盒卖给了路易·卡地亚的第二任妻子杰奎琳·阿尔玛西。

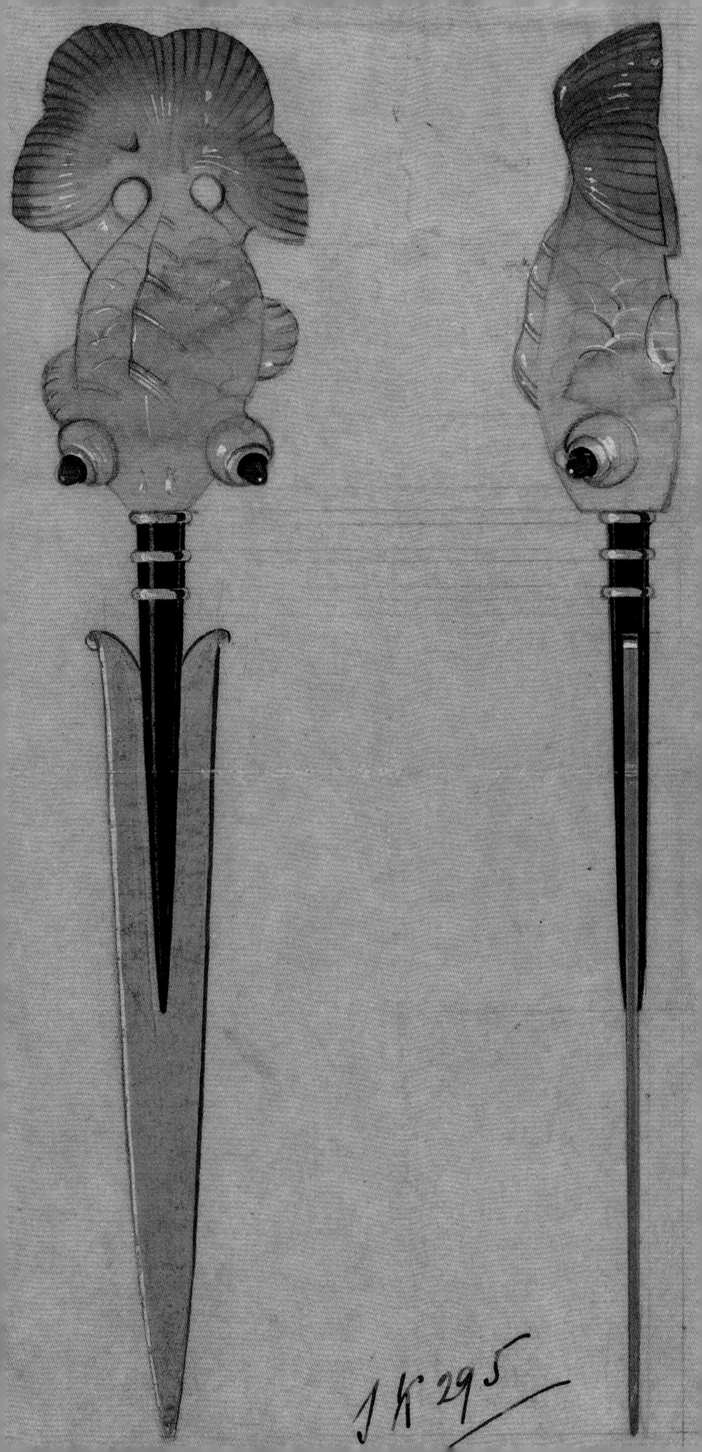

1 K 295

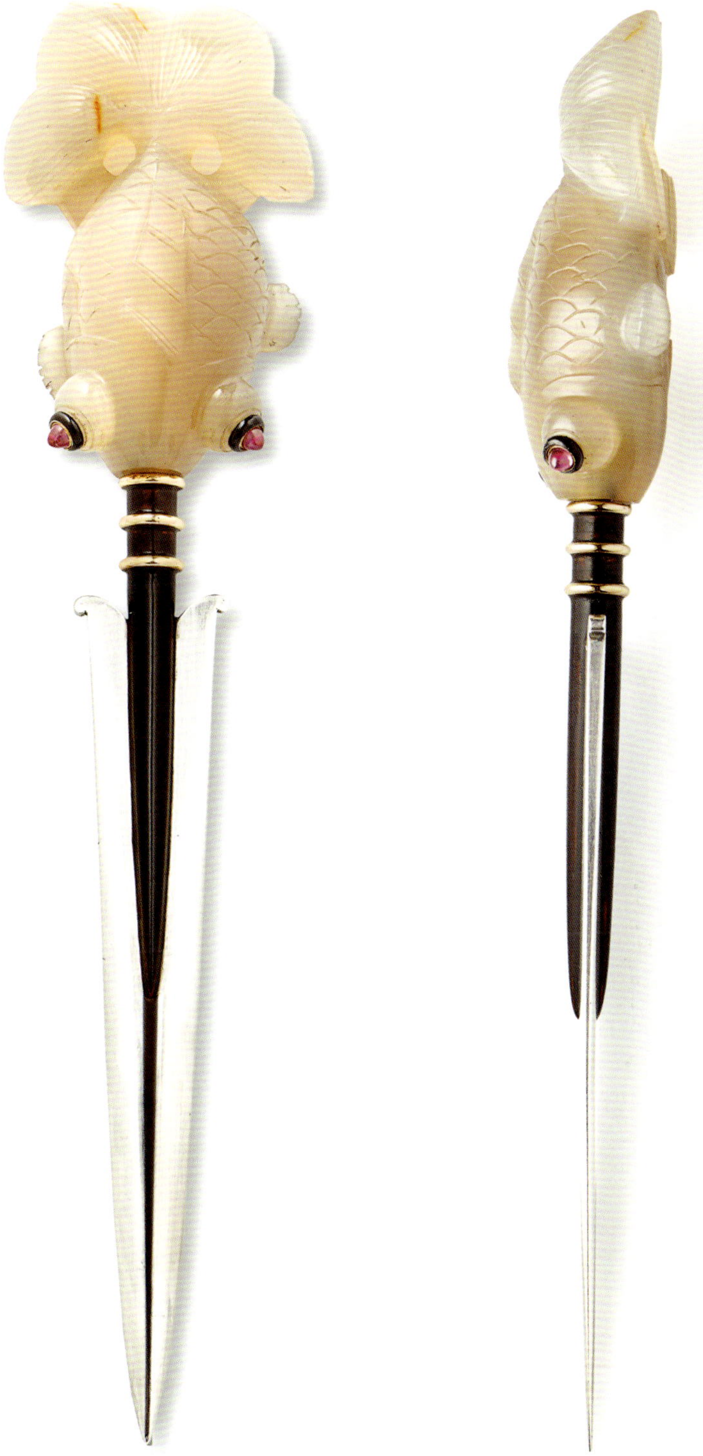

裁纸刀，卡地亚巴黎，1930 年

银、金、玛瑙、漆、弧面红宝石
签名：Cartier Made in France
混合“鹰头”黄金和“野猪头”白银法国纯度印记
制作者：Pillard
长：22.5 cm
私人收藏

这把纸刀是用中国鱼的雕刻件制成的，该雕刻件很可能来自于“apprêts”库存。

座钟，卡地亚巴黎，1927 年
（正、反）

金、银、铂金、钻石、珐琅、玛瑙、水晶、玉石、珊瑚、弧面红宝石、珍珠贝母；铂金、玫瑰切割钻石指针
签名：Cartier Paris
混合“鹰头”黄金和“野猪头”白银法国纯度印记
长：9.8 cm；高：8.8 cm；
宽：5.4 cm
私人收藏

（石狮细节）

台式烟盒，卡地亚巴黎，约 1925 年（图片为缩小尺寸）

金、银、硬橡胶、漆、螺钿漆器、弧面珊瑚、铂金、玫瑰切割钻石、木质内饰
签名：Cartier
“野猪头”法国白银纯度印记
制作者：Couët
长 21 cm；长 6 cm；高 9 cm
私人收藏

卡地亚用这种形式制作了几个盒子，并在档案中把它们描述成“船型”。与卡地亚典藏系列中的例子相比，上述作品是一个相对朴实的版本，后者的侧面有几何图案，用黄金、雕刻的玉石和分散的蓝宝石装饰。

香水瓶，卡地亚巴黎，
约 1926 年

金、银、玉、漆、珊瑚、珍珠贝母
签　名：Cartier Paris Londres New York Made in France
“鹰头”法国黄金纯度印记
高：8.3 cm；长：5 cm；
宽：3 cm
巴黎华雅收藏

这个香水瓶是用中国玉做的。有趣的是，通过与第 81 页和第 124 页的插图所示的制作于 1908 年的香水瓶对比，能清楚地看到这种款式的瓶子 20 年来风格的演变。

摩擦打火机，卡地亚巴黎，
1928 年（右页）

金、玛瑙、珊瑚、珐琅、天然珍珠、弧面翡翠
签名：Cartier，Paris
“鹰头”法国黄金纯度印记
高：6.9 cm；长：4.4 cm；
宽：2.6 cm
私人收藏

这个打火机很可能是用一个精油瓶制成的，它被卖给了迪特丁夫人（1904–1980）。她嫁给了石油公司壳牌的创始人、商人亨利·迪特丁（Henry Detterding）。

香水瓶，卡地亚巴黎，
1925 年

金、软玉、珐琅、弧面红宝石
签名：Cartier
“鹰头”法国黄金纯度印记
高：6.8 cm；长：3.4 cm；
宽：24 cm
卡地亚 – 日内瓦收藏

软玉瓶原件来自“apprêts”库存。

香水瓶，卡地亚巴黎，
1925 年

金、玉、珐琅、弧面蓝宝石
签名：Cartier
“鹰头”法国黄金纯度印记
高：6.2 cm；长：4.5 cm；
宽：2.5 cm
卡地亚 – 日内瓦收藏

这只用中国鼻烟壶制作的香水瓶，卖给了 W. K. 范德比尔特夫人（Mrs W. K. Vanderbilt，1875–1935），她是百万富翁詹姆斯·格雷厄姆·费尔（James Graham Fair）的女儿，他的财富来自于在内华达州发现的一个巨大的金银矿“康斯托克矿脉”。1899 年，她嫁给了威廉·K. 范德比尔特二世（William K. Vanderbilt II）。还有一个香水瓶由另一个中国玉鼻烟壶制成，采用相同的瓶塞设计，具有类似的弧面蓝宝石装饰和装饰中心的“寿”字。

香水瓶，卡地亚巴黎，
1924 年

黄金、水晶、珐琅、珊瑚、天然珍珠
签名：Cartier
“鹰头”法国黄金纯度印记
高：5.7 cm；长：4.1 cm；
宽：2 cm
卡地亚 – 日内瓦收藏

花瓶，卡地亚巴黎，1926 年

金、银、螺钿漆器、珍珠贝母、铂金、玫瑰切割钻石
签名：Cartier
鹰头法国黄金纯度印记
混合“鹰头”黄金和“野猪头”白银法国纯度印记
制作者：Couët
高：9.5 cm；宽：7.9 cm
私人收藏

这个花瓶是 1926 年詹姆斯·罗斯柴尔德男爵订单里的其中一件（见右页说明）。

烟灰缸，卡地亚巴黎，1922 年

金、银、缟玛瑙、珊瑚
签名：Cartier
“鹰头”法国黄金纯度印记
“野猪头”法国白银纯度印记
直径：10.3 cm
私人收藏

针盒，卡地亚巴黎，1927 年

金、螺钿漆器、珐琅
签名：Cartier Paris Londres New York Made in France
“鹰头”法国黄金纯度印记
制作者印记模糊
高：2.7 cm； 直径：4.5 cm
私人收藏

这个盒子卖给了芭芭拉·赫顿（1912–1979）。她富有但不快乐，在媒体上有个绰号叫“可怜的小富婆”。对卡地亚的珠宝和器物，她有着和她姑妈玛荷丽·梅莉薇德·波斯特一样的热情。

花瓶，卡地亚巴黎，1926 年
（右页）

金、珐琅、螺钿漆器
签名：Cartier
“鹰头”法国黄金纯度印记
制作者：Lavabre
高：12.1 cm；宽：4.4 cm
私人收藏

花瓶，卡地亚巴黎，1926 年

金、螺钿漆器、珊瑚
签名：Cartier
“鹰头”法国黄金纯度印记
制作者：Lavabre
高：12.6 cm；宽：4 cm
私人收藏

上面所示的两个花瓶以及左页上的一个花瓶，是詹姆斯·德·罗斯柴尔德男爵（Baron James de Rothschild，1878–1957）于 1926 年 11 月订购的一套 34 个花瓶的一部分。在他位于铂金汉郡的瓦德斯登庄园的家中举行圣诞晚宴时，他会向他的客人赠送这些花瓶。由于订单的重要性以及短暂的工期延迟，卡地亚使用了他库存中的漆面板，同时向米雄和中印精品店订购了不足的面板。并找了亨利·拉瓦布雷和莫里斯·库埃两个工作室制作花瓶。

34 个花瓶分为 4 种不同的款式：
14 件为左页款；
7 件为这页的左上款；
10 件为这页的右下款；
还有 3 件的款式未出现在这里。
圣诞夜里，当它们被展示时，每个都配有一个“魔法花色晴雨表”，它们会随着光线变色，正如档案里的图片，在一枝玫瑰边注明了一条文字：“魔法花色晴雨表，你将从这敏感的花色中得到收获。把它放在户外，暴雨之前，它是粉色的；天气晴朗，它是蓝色的；如果阴晴不定，它则是淡紫色。”

带花色晴雨表的中国花瓶照片，1926 年

卡地亚档案

台式烟盒，卡地亚巴黎，1927 年
（图片为缩小尺寸）

金、珐琅、瓷、珍珠贝母
内附一个鎏金银、可调节的双隔间（层）
签名：Cartier Paris London New York
“鹰头”法国黄金纯度印记
长 22 cm；宽 11 cm；高 8.5 cm
卡地亚 – 日内瓦收藏

这个盒子是用一个上面有瓷板的中国古董蟋蟀盒制成。

化妆盒，卡地亚巴黎，1924 年

金、木、孔雀石、天青石、绿松石、玛瑙、珊瑚、铂金、玫瑰切割钻石、珐琅、珍珠贝母、缟玛瑙；内附一面镜子、一个香烟单元（隔层）
签名：Cartier
“鹰头”法国黄金纯度印记
长：21.5 cm；宽：6.3 cm；
高：2.1 cm
卡地亚 – 日内瓦收藏

这两块原始的中国木板是由路易・卡地亚自己提供的，这两块木板来自 19 世纪，是用来装饰箱子的，绿松石来自“apprêts”库存。每个饰牌都表现有不同的场景。其中一块重温了张良和黄石公的会面，这是中国传统故事中的一个著名场景。另一块饰牌描绘了一个人在跳舞，可以被认为是“八仙”之一，是道教的显赫神明。作品中也有一些寓言主题，“寿”是长寿的象征，鹳（鹤）是不朽的象征。

异国风情
EXOTIC INSPIRATIONS

1889 年路易 14 岁时，致力于亚洲艺术的吉美博物馆开业了。1898 年，塞努奇博物馆向公众开放，展出了一批属于银行家的重要亚洲艺术藏品。巴黎博览会和奢侈品商店使这些东方的文化成为当时的时尚。[1] 这种流行延伸到应用艺术，“日本主义”风靡一时，建筑设计的品味也在向东方靠拢。欧文－琼斯[2]出版的装饰画册掀起了这一潮流，书中包括有数百幅印度、中国、波斯、阿拉伯和埃及的装饰物插图。在 20 世纪的头几年里，旅行并非易事，所以路易经常去博物馆参观，并在小册子里记录下他对珠宝和配饰的想法，这后来证明了他对这种遥远艺术的鉴赏力。东方是神话和传说的发源地，有取之不尽的装饰性图案，在接下来的几十年里，这种装饰可以在许多盒子、钟以及其他配饰和器物上看到。

日本 Japan

对卡地亚来说，远东是作品的灵感来源，这可以从其大量受到中国影响的作品中看到。由于 19 世纪末法国装饰艺术中日本器物的普遍流行，他们也将目光投向了日本。查尔斯·雅库于 1921 年寄出的一张圣诞卡片证实了这一点，卡片描绘的是在日本山水背景下，一位女士躲避暴风雪的场面。

在这里，路易·卡地亚作为日本浮世绘收藏家的兴趣再次与时尚同步。[3] 但在卡地亚的作品中，日本的影响相对较小，至少在程度上不及中国。它更多会体现在物体的外形上，而不是装饰元素中。

受中国或日本影响的设计并不总是有明显的区别。在世纪之初的巴黎，所有的古董商都会出售中国的艺术品，同时也会出售日本的器物。

它们都会被登记在古董商名录上。纽约最大的日本艺术品经销商——山中商社是卡地亚的供应商，从 1900 年开始，他们出售了大量中国艺术品，甚至比日本艺术品更多。卡地亚融合了中国和日本文化，同时借鉴了日本或中国神、道教大门[4]和中国古代玉器，在 1927 年创造了一个独特的重力时钟。[5] 软玉制的大门形状让人联想到日本的鸟居，该传统建筑通常建在神社的入口处，表示人们即将进入一个神圣的地方。它在设计中被用来支撑一个重力钟，配有细工雕刻的古玉表盘。时钟在两根柱子之间滑动。两侧用黑色珐琅和风格化的动物图案装饰，该装饰灵感来源于公元前 7–8 世纪的周朝青铜器。[6]（见 339 页）

从 1927 年的另一台缟玛瑙和珊瑚制的钟上也可以找到具有中国古代特色的牌坊形状。

鲤鱼，作为最具代表性的时钟支撑装饰物之一，与中国和日本文化有着密切的联系。同样的，鹳（鹤）在日本和韩国是不朽的象征。在巴黎制造的一个梳妆台上，每端都镶嵌了雕刻鹳喙形象的板。

但有些物品只含有日本的图案：

–1927 年的一个化妆盒上可以看到漂亮的珐琅装饰，其玉质的侧面装饰着蓝色珐琅金线，仿照一幅云图，它与印刷或木刻版画制作的日本壁纸上的特征相似。（见 338 页）

–1928 年的一个烟盒，其搭扣镶嵌了蓝宝石和玛瑙，每面都有一块玛瑙饰板，上面装饰着以日本布料[7]为灵感的蓝色和象牙色方块的几何纹样珐琅。1927 年也有一个相同款式的红黑珐琅版本。

器物与造型 Objects and shapes

远东对卡地亚的影响主要源自中国，但最为重要的无疑还是日本。从 20 世纪初，卡地亚搬到和平大道后不久，日本诗歌中对自然艺术的表现深深地启发了卡地亚的设计。正如 1906 年开发的玻璃罩中的花卉盆景，此前我们论述过这是对日本花道的重新诠释，而这种传统艺术的基础便是对花卉进行组合。品牌内部对于产品描述的命名，有“日本盆景”“日本木兰”“日本苹果树”等，也证明了该系列产品毫无疑问受到了日本的影响。也因为日本盆景中的角度一般都不是直角，所以一些盆栽作品的角和后来一些钟的装饰角都是由两条曲线相交形成，这种角就被称为“日本角”。

除了这些图案外，日本的生活用品和场景对卡地亚的创作有着直接的影响，设计中强调了艺术家如何抓住和再现大自然中的短暂瞬间，这很显然是受了日本的影响而创作的。

1904 年 2 月，卡地亚购买了一组可能是明治时期的青铜和象牙制的雕塑，它们也是硬石动物的雏形。其中有一头大象、一只兔子、一只猫头鹰、一只抬起头的老鼠、一只朝下看的老鼠、一头猛冲的大象、一只在挠东西的狗、一只在逗蝴蝶的猫、一头躺着的母牛、一头躺着的鹿和一头伏趴的老虎。

同年，卡地亚从古董商山中商社那里购得了一些硬石动物。1904 年 12 月 10 日的档案记录有“一只镶嵌钻石眼睛，偏红色的玉髓鸡”。[8]1904 年 12 月 15 日记录有“一只正在飞翔的碧玉蝉，配红宝石眼睛”。1905 年 12 月 22 日记录有“一只飞翔的黄色玉蝉”。

另有一只站在雕刻象牙枝干上的凤头鹦鹉，可以追溯到 19 世纪，来自日本，它也许启发了卡地亚制造了一款站在更高枝干上的硬石鸟作品。该支架还被移植到了 1924 年在纽约中央大皇宫的法国展上展出的神秘钟上。（见 214 页）

单腿站立的苍鹭，站在仿水面雕刻的水晶上，注视着一只青蛙，这是一个非常日本化的主题，但是在安徒生（Hans Christian Andersen）的童话故事《国王的女儿和花瓶》中也有相似场景。

在所有激发卡地亚灵感的日本器物造型中，“印笼”中是最忠于原型的。意思是“放药丸的容器”，它是一个给男性佩戴，带分格的小巧实用的盒子。由于和服没有口袋，所以“印笼”会配一根细绳，由一个叫做“根付”的小球拴住。卡地亚把这种男性穿戴的物件变成了女性用的化妆盒。“印笼”被改造成方形、六角形、矩形或圆柱形盒子。绳子变成了一条链子，“根付”则变成了一个镶钻铂金或硬石制的环。

在 1930 年，卡地亚甚至把一个化妆盒内置于“印笼”中作为一位顾客特别订单的礼物。[9] 卡地亚还会将日本的器物直接或间接地运用到自己的产品上：

一种用来观察照片饰板的黑漆古董放大镜与一些钟的款式非常相似。圆形目镜相对底部稍微偏离中心，卡地亚把它改造成了时钟两侧的一个圆环。

1930 年，一个长方形刷了红黑漆的银制台式烟盒，从它的高度来看有些与众不同。盖子悬挂在盒子的底部。两个硬橡胶支架放置在盒子高度方向的两侧，每端安装一个支架。两个支架都带方形的红漆脚。它几乎和明治时期的一个日本漆盒一模一样。

此外，卡地亚对传统日本梳子的弯曲造型进行了改造，创造了手袋梳子。一个小的八角形扁粉饼盒，点缀有青金石和绿松石镶嵌的“蜘蛛网”图案，这个产品是路易·卡地亚收藏品中一个 18 世纪日本漆盒的复制品，几乎与原作一模一样。[10]

一款1945年的“日本镜”钟，金制镶嵌珍珠贝母饰板和珊瑚条，可与架子分离。这是对一种日本传统带架镜子的忠实效仿，原型可以放于地面或低矮的家具上。卡地亚典藏系列中有一台带黄金和珐琅龙的钟，龙被用来隐藏传动轴。[11]

1962年的一只台钟灵感来自于一个由忠一签署制作的木制挂坠，它表现了三只海龟在岩石上叠成金字塔型。卡地亚用黄金、青金石和蓝宝石制作了一个类似的镇纸，三只略微缩小的乌龟重叠在一起。表盘安装在最大那只海龟的肚子上。

卡地亚有时也会出售日本原版作品。1927年3月和5月，卡地亚购买了两套并木（Namiki）墨水笔，该笔由同名工厂在东京生产。从1915年开始，这些精美的漆器笔就成为了该领域的参考物件。1929年，卡地亚出售了一支该笔给拉迪亚德•吉卜林（Rudyard Kipling）。在一个特殊的订单里，卡地亚还为两件该产品配上了珍贵的配饰环。1930年，当登喜路（Dunhill）获得并木笔在美国和欧洲的销售权后，卡地亚对这种笔的销售就停止了。

玛雅和美洲印第安文化
Mayas and American Indians

尽管玛雅雕塑的形状方正且棱角分明，而且色彩的细微差别应该可以和装饰艺术有很好的结合，但这两种文化在卡地亚作品中的影响却并不多见。

我们能看到一些镶有硬石的小型珐琅金台钟的形状是受到了玛雅石雕的启发（见209页），它们的机芯由Majestic制表公司在1928-1929年间提供。这些台钟正面和侧面的某些珐琅线图案也是受到玛雅雕塑的启发，而同时期的其他钟则受到中国文化的影响。

一把裁纸刀其灵感来自玛雅装饰，其手柄在握把处镶了一个时钟。品牌档案中称之为“时钟刀”。它是由库埃于1930年前后制造的，带朱红和蓝色珐琅，镶嵌珊瑚和祖母绿。它有些许玛雅雕塑的感觉，蛇型把手也能在玛雅文化中找到共鸣。（见343页）

据我们所知，卡地亚伦敦于1927年制造的一款化妆盒，是唯一的一件装饰灵感来自美洲印第安的例子。它用金色和蓝色的珐琅仿制青金石，上半部分饰以白色的鸭饰带，下半部分用几何翅膀图案装饰。它们采用的是印第安的传统设计，可以在其纺织品和陶器上找到。

一切以创新为目的，梦幻的才是最好的，现实在卡地亚眼中并不重要。在一个与东方视觉有关的梦境里，梦幻感远比现实意义更重要。无论是刻在“埃及”钟的珍珠贝母上没有意义的象形文字，还是将印度盒子上的“斋浦尔”图案与摩尔的边框并置，亦或是用波斯图案与中国玉雕风景画相结合，都无伤大雅。

卡地亚作品灵感来自于多元文化，它们不时地融合在一起，不断被重塑。这些物体经常被描述为“混合的”。例如，一个“中国式”台钟，但它有“日本”角；另一台是“波斯风”，但却配了“中国”圆柱。卡地亚为客户提供了一种异国情调的幻象，不必担心历史的准确性，只保留由精致的装饰创造出来的某种精巧外观。这些产品能令其把玩者仿佛置身一场时空的旅行。

注释
Notes

1.L'Escalier de Cristal便将这种巴黎的奢华和品位塑造成品牌的形象。它的老板乔治（Georges）和亨利·潘尼尔（Henri Pannier）赋予了公司这样的定位，并使其风名远扬。但1867年世界博览会后，日本主义席卷。同时人们也对阿拉伯珐琅产生了兴趣，于是19世纪80年代，他们在玻璃器皿上使用了涡卷和阿拉伯花纹。这种设计混合了远东地区的风格收获了成功。融合设计的风格被运用在了众多家具和器物上，这也正说明了这种异国情调对装饰艺术的影响。循着这个思路，花瓶会采用了中东的珐琅玻璃技术，日本的装饰和来自中国灵感的细工雕刻铜器。从1895年开始，这个品牌将带有日本图案和龙的图案的家具商品化。巴黎歌剧院建成后，L'Escalier de Cristal在离卡地亚不远的斯莱比街和奥伯街拐角处开店并站稳了脚跟。

2.他是英国建筑师和室内设计师，是伦敦1851年万国博览会的负责人。他著有《The Alhambra》（阿尔汗布拉宫）《The Grammar of Ornament》（装饰语法）《Chinese Ornament》（中国装饰花纹）等作品，在当时影响很大。

3.1962年3月16日路易·卡地亚庄园销售目录中描述道：
– 17和18世纪的日本漆器；
– 喜多川歌磨的漂亮的日本版画。

4.中国的门廊（牌坊）与日本的门廊（鸟居）具有不同的象征意义，可用于表达纪念或用来宣扬儒家价值观，同时还可以指示名称或作为进入一个神圣而重要地方的入口。

5．法国钟表匠马比尔（Mabille）从1840年开始制造重力钟。该钟在一周的时间里，利用重力逐渐沉到最低点。然后可通过手动将其复位到顶部，这也使得机芯倒回。

6.D. Lion-Goldschmidt，J. C. Moreau-Gobard，*Chinese Art*，Phaidon Press，Oxford，1980，p. 42。

7.这个盒子现存于卡地亚典藏系列。

8.这件作品后来出售给霍恩费尔森女伯爵，她嫁给了沙皇亚历山大二世的儿子保罗大公。

9.这件作品现存于卡地亚典藏系列。

10.Ader sale，16th March 1962，lot 34。

11.在一个有伊丽莎白二世女王皇家花押的相同形制器件中，三枚硬币和她父亲乔治六世国王取代了龙，并按由小到大的顺序排列。

台式烟盒，卡地亚巴黎—纽约库存，约 1930 年

金、银、硬橡胶、珍珠贝母、漆、珐琅、珊瑚、铂金、玫瑰切割钻石
签名：Cartier Paris New York
“野猪头”法国白银纯度印记
混合“鹰头”黄金和“野猪头”白银法国纯度印记
长：15.5 cm；宽：9.3 cm；
高：5.5 cm
私人收藏

这件产品是卡地亚少见的受日本影响的产品。虽然该烟盒的底部角落有中国如意图案，但更为标志性的还是盒盖上装饰的日本平莳绘漆板。当然也像其他产品一样卡地亚对原器件进行了翻新，为其镶钻和增添高价装饰。

日本苹果树，卡地亚巴黎，1907 年

珐琅胶、金、弧面月长石；象牙树；象牙支架配玫瑰石英、铂金、玫瑰切割钻石；木底座、玻璃罩
签名：Cartier
制作者：Berguin-Varangoz、Lavabre
高：15 cm；宽：12.6 cm
巴黎装饰艺术博物馆收藏

虽然这棵树看起来像一棵梅花树而不是一棵日本苹果树，但正是在这种描述下，这棵树于 1907 年 11 月和其他三个作品一起进入了巴黎库存。(J. Rudoe op. citp . 112) 1920 年，富里耶还制作了另外四个类似的版本。这件出售给了曼彻斯特公爵夫人孔苏埃洛·伊苏尼亚。

门廊与鸟，卡地亚纽约，约1920年

玛瑙、金、铂金、弧面红宝石、玫瑰切割钻石
签名：Cartier New York
高：3.3 cm；长：3 cm；
宽：1.1 cm
私人收藏

这个停了一只鸟的小门廊拥有日本神社的外形。

化妆盒，卡地亚巴黎，1927年

玫瑰金、玉、珐琅、轨道镶小型角石切割蓝宝石、铂金、钻石；内附一面镜子、一个粉末单元（隔层）、一个唇膏管、一把梳子
签名：Cartier
"鹰头"法国黄金纯度印记
制作者：Coüet
长：8.4 cm；宽：5.2 cm；
高：1.3 cm
卡地亚－日内瓦收藏

这种不同长度的珐琅装饰带的灵感很明显是来自日本，尽管它们被风格化了。许多17世纪的日本物品上会出现这种云纹。根据朱迪·鲁道所述，还有另外两个卡地亚的化妆盒用到了这种图案。(J. Rudoe, Cartier 1900–1939, op.cit., p.214) 1928年，这个盒子被出售给了埃德蒙德·罗斯柴尔德男爵（Baron Edmond de Rothchild，1845–1934），他是一位重要的金制盒子收藏家。

门廊重力时钟，卡地亚巴黎，1927 年（图片为缩小尺寸）

金、软玉、缟玛瑙、玉、珊瑚、玫瑰切割钻石、弧面红宝石；铂金、玫瑰切割钻石指针

无签名

“鹰头”法国黄金纯度印记

制作者：Couët

高：23 cm；长：12.1 cm；宽：7 cm

卡地亚 – 日内瓦收藏

这个钟的造型取自日本神社的鸟居，其创作的基础和248页上的“埃及”钟相同。

钟壳位于柱廊之间，在重力作用下，会在第八天下降到基座。然后需要手动将其放置回顶部。

这种钟制作得并不多。该钟是于1927年12月登记入档，原有两只玉石狮装饰在柱廊的顶部。1942年，就在这只钟被出售前不久，这个装饰被去掉了。

带支架座钟，卡地亚巴黎，1926 年

金、珍珠贝母、螺钿漆器、珐琅、绿松石、铂金、玫瑰切割钻石；硬橡胶支架；铂金、珐琅、玫瑰切割钻石指针
签名：European Watch & Clock C° Inc France
“鹰头”法国黄金纯度印记
制作者：Coüet
直径：9.4 cm
私人收藏

带支架座钟，卡地亚巴黎，1925 年

金、银、螺钿漆器、软玉、珐琅、铂金、玫瑰切割钻石；镀金金属支架；铂金、玫瑰切割钻石指针
签名：Cartier Paris
混合“鹰头”黄金和“野猪头”白银法国纯度印记
高：7.8 cm；宽：6.7 cm；
直径：1.9 cm
私人收藏

这些座钟虽然各不相同却有同一个装饰图案：一个漆制的“中国”表盘和双“S”型波斯风格表框。

书签，卡地亚巴黎—伦敦库存，约 1925 年

金、玉、珐琅
签名：Cartier Made in France，JC
18K 英国黄金印记
“鹰头”法国黄金纯度印记
长：26.7 cm；宽：5 cm
个人收藏

制作这个书签使用了两种玉器元素，柄来自印度，刃来自中国。按原来的预绘图所示，除了白玉把手外，其他元素都要另行搭配。种种原因导致这个原计划没有被执行，而是创造了一个更简洁的作品，用中国玉代替原来计划的缟玛瑙刃。

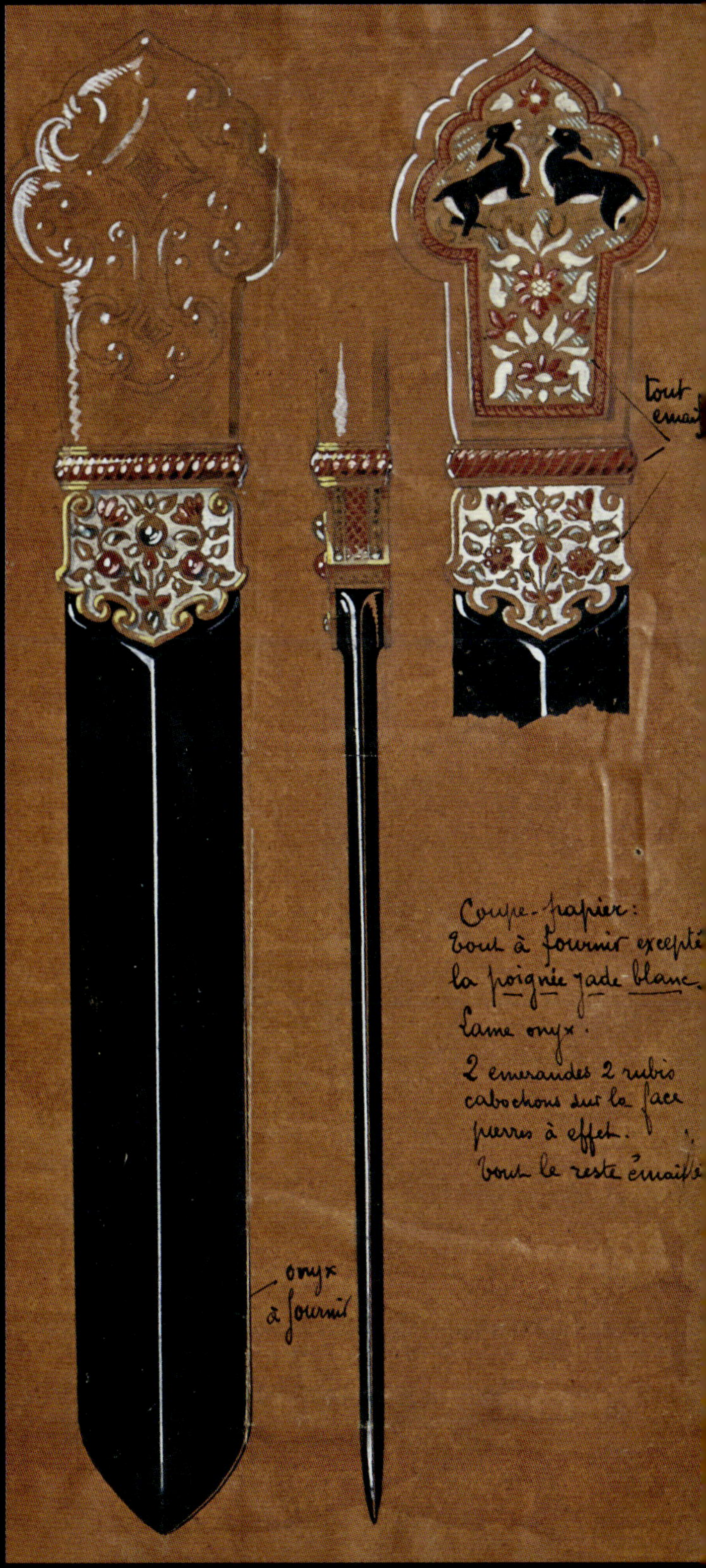

书签预绘图，约 1925 年

透明纸上的铅笔、墨水和水粉
私人收藏

VI

现代风格

A modern style

新潮女郎
FOR THE FLAPPER

当第一次世界大战于 1914 年夏天爆发时，卡地亚的商业活动正处在最巅峰。欧洲所有皇家宫廷都选择卡地亚在和平大道、邦德街以及第五大道的店铺做供货商，欧洲和新世界的富翁们也经常光顾这些店铺。15 年间，卡地亚已成为世界上最重要的珠宝店。

然而，战争中断了一切。卡地亚三兄弟和他们的亲密合作商一样，被动员参军。许多金匠工作室被迫关闭，匠人们背井离乡去往前线，或许再也无法归来。

由于需求减少，生产急剧放缓。美国富翁们不再造访巴黎，俄国贵族因革命变卖了在和平大道购买的器物，而被迫逃亡。一战于 1918 年 11 月结束，庞大的阵亡人数终于不再增长，但西班牙流感的蔓延仍使 30 万法国人受难，而最终的罹难人数竟达高达 140 万，另有约 400 万法国人也遭受了病痛。随之而来的“咆哮的 20 年代”，将为法国带来巨大的变革。

背景 The context

早在一战之前，重要的社会和艺术变革已露端倪。然而是这场战争，这著名的“欧洲自杀”方程式，加剧了变革的脚步，构成了西方当代历史一个重要转折点。从这时起，伤痕累累的人们想要忘却一个曾经导致灾难的过去。而当下的生活就是要创造一个新的世界，一种新的生活方式，切断与“美好时代”的传统社会的联系。这也催生了新的表现形式，如爵士乐、超现实主义、达达主义，当然还有伴随这些变化产生的应用艺术和装饰艺术。

尽管大量的中产阶级抵制这些新流行，但是在一个由贵族组成的新富裕阶层中仍然产生了颠覆旧传统、旧审美和旧艺术风格的新话语，力求以一个新时代的节奏来充实生活。随之诞生的“咖啡工社”以其充满想象力的社交聚会而引领着人们，也强烈影响了这十年的流行趋势。其成员富有而生活奢靡，在别墅和私人住宅里，他们举办华丽的盛装舞会，著名设计师们会根据主题亲自操刀，精心策划，这是社会生活新决策者的聚会。

一战引起的重要变化也包含了妇女社会地位的改变。战争期间，许多妇女取代了在前线作战的男子，她们在田野、工厂、车间、办公室、医院和许多其他经济活动空间中工作。这一现象影响了社会各个阶层，迫使妇女走出家门，扮演新的社会角色。她们开始主张一定的独立性，并力图从过去严格的男性统治中解放出来。战争产生了 50 万寡妇，作为战争的幸存者，她们不得不开始谋生，也必须开始经济独立。她们自己做决定、旅行、开车、化妆、抽烟，并选择她们认为合适的伴侣。《男人婆》是维克托·马格利特（Victor Margueritte）于 1922 年出版的一部小说，它成为这些新女性新态度的有力象征。这部小说讲述了一位年轻的独立女性，她获得了性别解放，平等地选择了男、女伴侣。这部作品制造了话题的同时也获得了巨大的成功，这也表明了人们态度的转变。[1]

衣服、发型和配饰变得更简约。而长期以来，化妆被认为是伤风败俗的标志，但如今，化妆品变得普及，化妆品业也在爆炸式地发展。服饰变得更加性感，颜色更明亮，对比也更鲜明。人们更爱在白皙的肤色上画上浓重眼妆和红色唇膏。资产阶级

路易斯·布鲁克斯（Louise Brooks，1906–1985）

她是美国演员，是好莱坞的新潮女郎象征。

的这种新风尚带来了对奢侈品永不满足的欲望，由于女性出外化妆，甚至在公共场合抽烟，所以如果能拥有化妆盒或烟盒来凸显美丽，将令人称羡。过去女性从来没有在白天或晚上，以及在家之外的地方，使用如此大量的腮红、脂粉和唇膏。正是在这样的背景下，20 世纪 20 年代诞生了许多女性配饰、香水和化妆品。

第一支唇膏产生于 1870 年，被娇兰命名为“Ne m’ououez pas”（勿忘我）。1915 年，美国发明家莫里斯·莱比（Maurice Levy）申请了滑动打开唇膏管的专利。1922，另一位美国人小詹姆斯·布鲁斯·曼森（James Bruce Mason Jr.）成为旋转唇膏管专利持有人。1927，法国化学家保罗·博德克鲁（Paul Baudecroux）进一步改进了第一代唇膏，并将其命名为“rouge baiser”（红色之吻），它被装在带有旋转结构的唇膏管中。

想要白天化妆的女人们，自然需要在手提包里放一个化妆盒。这也驱使珠宝匠们创造新的奢侈品，它们要既巧妙又实用，还要在设计上有所创新，使女士们能够安全又方便地携带化妆品、香烟和其他个人物品。卡地亚显然没有错过这一商机，在 1919 年至 1931 年间，也就是在欧洲开始感受到经济危机之前的这段时间，他们生产了许多设计巧妙、装饰精美的化妆盒和其他物品来满足这些女士们的渴求。

国际现代装饰和工业艺术博览会
L'Exposition internationale des Arts décoratifs et industriels modernes

从 1912 年开始筹划，原定在 1915 年召开的“国际现代装饰和工业艺术博览会”因战争而被推迟了四次，终于在 1925 年 4 月 29 日于巴黎正式举行。它汇集了 21 个国家，在塞纳河沿岸和荣军院举办。这个博览会的构想是基于 1902 年在都灵举办的“现代装饰艺术展”，而没有采用普通展览的模式。如果说都灵展览的目的，是为了鼓励和传播一种国际性的、排他性的现代风格，那么在巴黎举办的这个展览，便是注定要重申法国作为品位和奢华主宰的国际权威性，还要将巴黎牢牢地安置于世界时尚的中心。这次展览取得了巨大的成功，它是休闲、随机会面、城市探索和交流的好去处。这场盛会的简称还造就了一个新词“Art-Deco”（装饰艺术），该词被用来形容自 1915 年到 1940 年间占主流地位的艺术风格。

这次展览没有造就新趋势，更多的是对 1910-1915 年间创造的回顾，从而确立新现代风格的标准：拒绝模仿、坚持创新和原创性；与历史主义和过去风格决裂；发明新特征和新元素、新形状和新图案。

卡地亚作为珠宝商的一员，受益于 1925 年该展览规范中的一条：“没有必要指责挪用其他艺术领域、邻国的某种图案，或其他时期的艺术元素，应用到现在的作品中的行为，只要它们是以一种新的方式，来适应、改造和重新诠释以达到相应的目的”。从一开始，路易·卡地亚就想最大限度地利用这次展览所带来的机会，但他明白，要向“新”女性展示他的作品，他必须令自己的产品与竞争对手的有所区别。因此，他决定不在“珠宝馆”中展示他最重要的珠宝产品，而是在浪凡（Lanvin）和沃斯所在的“优雅馆”中展示。这是一次将他的珠宝与高定时装和其他与女士优雅有关的饰品联系起来的机会。事实上，卡地亚出席并参与展览的条件就是，希望他们能够在简奴·朗雯（Jeanne Lanvin）主持的“时尚与配饰”部分，与服装设计师一起展示自己的珠宝。他得到了准许，这也证明了卡地亚在巴黎的重要地位。卡地亚也是在这一区展出的唯一珠宝商，在阿尔芒 - 阿尔伯特·拉托（Armand-Albert Rateau）

设计的展会装饰中他们总共展出了150件珠宝、配件和手表。

制作这些展品花了三年的时间，其中32件在展览结束后被拆解。展品因为时尚内容可能不适合钟表和化妆盒，它们此后也很少展出。其中有三个烟盒，一个为中国主题；一个长象牙烟嘴一头为软玉制，镶有弧面蓝宝石，配镶钻奇美拉；一个圆形珍珠贝母化妆盒，以链条连接一个饰有凤凰的唇膏管。[2] 不过有几台座钟成为了例外。到1925年10月展览结束时，法国社会似乎已被带进了一个不会终止的派对。创意氛围吸引了来自世界各地的艺术家来到巴黎。而政治和经济社会环境也趋于利好。议会多数党“cartel des gauches”（左翼联盟）建议对资本征税，这促使了商人和资产阶级热衷投资于珠宝和艺术品等耐用品。[3]1914年以前，普通法国人非常节俭，靠收入过活，而在“咆哮的20年代”，富有了的法国人变得花销巨大，货币则日日贬值。摆脱胸衣束缚的女士们，在卡地亚提供的必备装饰配件帮助下，开启了现代时尚新潮女郎之门。

贞·杜桑 Jeanne Toussaint

一个女人才能更好地理解和满足另一个女人的品位。贞·杜桑出生于比利时，16岁时逃离了家庭，投奔了在巴黎的姐姐。经姐姐介绍，贞进入了“demi-monde”（社交界）。在那里，她很快就与巴黎那些从贵族到富裕中产阶级的重要人物打成一片。她与加布里埃（可可）·香奈儿（Gabrielle “Coco” Chanel）非常亲密，香奈儿甚至向她定做晚宴包。更重要的是，香奈儿女士在二战结束时，向她介绍了一位优雅的43岁单身汉路易·卡地亚。贞·杜桑很快就成了他的情人。从这段交往中，一种深邃且艺术化的共识诞生了，并升华成一种历久弥新的爱。[4]

1917年，贞开始为卡地亚工作，她的到来给这个品牌注入了新的活力。她的精致品味、精湛风格和优雅的气质将为卡地亚未来几年的风格定立标杆。[5] 她自学成才，从未学画，事实上也是路易劝她不要去学。她评论道：“我不会画画，却使我得以更好地欣赏别人的作品。”

路易认为她很有天赋，决定充当她的伯乐。他利用自己的经验来教导她，让她开始旅行和艺术学习。据她的同事热拉尔·德苏赛斯所说，她有非常明确的品位和取之不尽的创造力，她会排除那些不符合她品味的项目。总是能够提出非凡的建议，并出色地分析流行趋势。

她开始为女性设计各种手包和晚宴包，取得了很大成功。[6]1924年，她加入了由路易领导的负责所有新作品的委员会。委员会由几个成员组成——爱德蒙·弗艾（Edmond Forêt）[7]、热拉尔·德苏赛斯[8]和查尔斯·雅库。1934年路易离开后，她接管了委员会。在卡地亚，她是所有北非和印度异域风情设计的倡导者，后来她又提供了所有花卉和动物珠宝的灵感来源。

猎豹 The Panther

在查尔斯·雅库和彼得·勒马尚（Peter Lemarchand）等设计师的帮助下，贞创造出了一些非凡的作品：天堂鸟、昆虫和假想的野兽，并成功地将它们转化成了耀目的珠宝。路易·卡地亚给她起了“豹子”的绰号，她有着如猫科动物般的优雅举止，也很可能是因为她强韧的性格。值得注意的是，这种动物在当时非常流行。

1900年，由女演员莎拉·伯恩哈特（Sarah Bernhardt）主演的戏剧《l' Aiglon》（小鹰）在埃德蒙罗斯坦德首演大获成功，并持续上演到

1910 年，她曾用皮带牵着一只豹子接待了她的膜拜者；路易的好朋友博尼·德·卡斯特兰（Boni de Castellane），梦见印度奴隶在马莱城堡的花园里和豹子一起散步；1911 年，诸多艺术家的赞助者马奇奥内斯·卡萨蒂（Marchioness Casati）以驯兽师的身份和黑奴、豹子一起出现在她威尼斯的舞会上；来自“俄罗斯芭蕾舞团”的芭蕾舞女演员艾达·鲁宾斯坦（Ida Rubinstein）和一只金钱豹在 1913 年出现在《Vogue》杂志上；在巴黎，艾尔莎公主（Princess Elsa de la Tour d’Auvergne）和女演员塞西尔·索雷尔（Cécile Sorel）用豹皮装饰了她们的家；1919 年，著名室内装饰设计师埃尔西·德·沃尔夫，在凡尔赛的特里阿农宫里，用豹皮和斑马皮装饰了整个展示厅；这种装饰也出现在学徒保罗·路易斯·韦勒的住宅楼梯上。而比利时出生的贞·杜桑也一定受到比利时画家费尔南德·赫诺普夫（Fernand Khnopff）和他最著名的作品《爱抚》的影响，这部可追溯到 1896 年的作品中有一只豹子。当然也有可能是沃尔特·绍尔（Walter Sauer）1919 年的作品《变成豹子的女人》中的豹子形象启发了她。

虽然使用豹子形象的原因无法真正得知，但这一形象在这些来自上流社会的名人中的流行程度，足以使它成为妇女解放运动的象征。战争结束后，贞将豹的形象加入珠宝的制作中，并将其作为品牌的象征。

这一形象在卡地亚首次出现的时间是 1914 年。路易委托乔治·巴比尔（Georges Barbier）为珠宝展[9]制作了一幅插画，画中一位优雅的女士穿着一件波列长袍，脚边有一只豹。同年，这个图案也被用在手表上。1917 年，一只黑豹由缟玛瑙和钻以密钉镶工艺镶嵌在一个黑色“mille-raies”珐琅的椭圆形化妆盒上，还有一个配套的烟盒。

20 世纪 20 年代，黑色珐琅化妆盒和丝绸手袋上经常会装饰镶钻小豹，有时配有柏树的图案（见 359 页）。最重要的带黑豹图案的化妆盒，是受 1925 年艺术装饰展上“优雅馆” Baguès 品牌展品中的锻铁装饰栏杆元素的启发而设计的。[10] 这个化妆盒是一件细工镶嵌艺术品。在童话般的花园中一只黑色珐琅豹在红宝石制的太阳下向外张望。[11] 这种风格部分借用了保罗·乔夫（Paul Jouve，1880–

埃尔玛·拉姆齐胸像，皮埃尔·卡地亚之妻，拥有当时的新潮女郎发型。（私人收藏）

1973）的风格，他曾画过许多豹，并在拉迪亚德·吉卜林的《丛林书》中绘制了豹的插图。

在卡地亚位于“优雅馆”的展示空间里，也装饰有高定品牌珍妮（Jenny）的豹皮和卡洛特姐妹（Callot Sisters）的斑马皮。

豹皮上的斑点图案被用在晚宴包上，并装饰了密钉镶缟玛瑙和钻石。卡地亚典藏系列中的一个例子，就是在一个晚宴包的水平框架上使用了这个图案。豹型珠宝的流行始于1948年，当时贞在一块翡翠上饰以黑色珐琅，制作了一枚带有金色美洲豹图案的胸针。这成为了一个真正的美学壮举，第一个“三维”的豹型珠宝就此诞生。此后其他形状类似的珠宝相继被 制作给贵族和演艺界人士佩戴。

“S”部门 The “S” department

1923年，卡地亚成立了一个特别的部门。叫做“S”部门，代表银（silver）。贞负责这个部门，也肩负使它迈向成功的使命。这个部门同时针对男性和女性客户，创造了许多实用物件，既摩登又精致，没有过于复杂的装饰，“S”部门在1926–1927年最初销售的是手提包和手包，也有化妆盒、烟盒和桌面装饰等物件。这其中的一些器物具有多种功能，比如配置了时钟的裁纸刀（见343页）或者带万年历的墨水笔，甚至有配置万年历的伸缩铅笔，在其尾端可以加上印章。

从1927年开始，“S”部门开始生产诸如双陆棋、麻将（见421页）或桥牌（见420页）之类的游戏产品，当然，钟表制品并没有被遗忘，这些物品大部分是银制的，它们没有华丽的装饰，所以售价相对便宜。[12] 它们很受美国人的欢迎，这些美国人在两次大战之间停留在巴黎，会带着手包、手提包、钢笔和其他卡地亚的雅致又实惠的物品回家。1931年，当法国遭受经济萧条的打击时，“S”部门的物品在卡地亚全系产品中取得了惊人的成功。

贞·杜桑把她的和谐感、标准化和想象力运用在客户服务上。她复制了卡地亚伦敦的象牙和缟玛瑙怀表“多米诺”（Domino），并将其作为1939年圣诞节礼物加以推广。这些年终礼物被称为“幸运符”（fétiche）。作家维奥莱特·勒杜克（Violette Leduc）写道：“她的办公室散发着勇气和毅力的气息。”[13]1934年，逐渐淡出卡地亚巴黎的路易任命贞为高级珠宝部门的负责人。[14]

关于贞的想象力和坚定的决心，她的同事罗伯特·希尔（Robert Thil）写下了这样的记录：“她在我们的工作聚会中建议道，台钟结合水晶香水瓶必定会是一个了不起的成功。她特别留意到路易·卡地亚旅行箱中的一个水晶酒瓶。经过长时间的思考，贞说‘放个钟进去’。面对同事们的反对，她回答说：‘没有什么是不可能的。帆船也可以装在瓶子里’。酒瓶钟就这样被创造出来，金瓶塞上镶嵌了一颗蓝宝石作为上旋扳手。她看了后说：‘这是件最好的手工杰作。’”

那些了解品质、才能的人，了解这些时尚和大趋势源头的人都知道贞·杜桑。他们知道，她是带着责任为某种美学而奋斗的人，是维护巴黎作为世界时尚美学中心地位的拥有特殊品位的人。[15]

在二战期间，贞前往比亚里茨，安置卡地亚的珠宝和贵重金属存货（估值约5000万法郎）。为了表示对侵略者的不满，她做了一枚胸针，上面有一只红、白、蓝三色的鸟，锁在金笼子里，陈列于和平大道的店铺橱窗里。她的行为使她“赢”得了盖世太保的召见和审问。

在巴黎解放时，这款胸针被一个类似的款式代替，这次做成了笼子外的鸟。

1955 年，曾在 1948 年接掌卡地亚巴黎的皮埃尔・卡地亚，希望贞继续担任艺术总监。他给她写信说："我对你的艺术才能的钦佩，和对路易的一样，我说不出更多。总之，你若离开将是我和兄弟的第二次别离。"于是，她在自己品位的引领下诞生了强烈的自然主义倾向，这种倾向出现在 20 世纪 50 年代的珠宝和 60 年代末期的钟表中。设计师彼得・勒马尚成为了诠释这种风格的理想人选。

贞一直工作到 70 年代初，并持续关注卡地亚的风格走向。直到 83 岁时才停止工作，她于 1976 年去世。

晚宴包和手包 Evening bags and clutch bags

贞・杜桑最初展现才华便是在制作晚宴包上。卡地亚早在世纪之初就开始销售高雅女性配饰。第一款晚宴包由织物制成，带金框架配花环图案珐琅。有些款式用了当时很流行的金网（见 142 页）。到了 20 世纪 20 年代，这种网状物被珍珠串成的"织毯"所取代（见 364 页）。部分带金网的款式被称为"钱包"（bourse），它只能放置一两枚路易金币。随着贞・杜桑的到来，这些部件变得越来越流行，手提包、日装和晚宴包以及钱包都被添加到了目录中。这些产品中的大多数都是从 1923 年"S"部成立之初就开始售卖的。不言而喻，搭扣上装饰的宝石、硬石与豪华美丽的纺织品的美妙结合，使这些包比那些优秀的高定工坊品牌制作的款式，更漂亮、精致。一些晚宴包的骨架部分饰以黑色珐琅或珐琅镶嵌宝石或硬石，成为具有高价值的珠宝产品，例如那些带有"tutti frutti"精选宝石的产品（见 358 页）。这些袋子的制作都受到了异国情调的影响。缎子、天鹅绒、绒面革、鳄鱼皮、皮革、小牛皮和驯鹿皮等材料被染成蓝色、黑色或棕色使用。卡地亚也使用里昂丝绸厂的丝绸、旧织物和锦缎以及带有异域风情图案（中国、埃及、印度和波斯等）的织物，这些图案不仅与当时的时尚相匹配，也与品牌制作的珠宝和饰品的风格相匹配。卡地亚从瓦格纳（Wagner）、胜利广场（place des Victoires）、梅纳德（Meynard）、查彭街（rue Chapon）、沃斯、沃姆斯（Worms）和珍妮购买特殊面料。

丝绸、塔夫绸和驯鹿皮制成的，融入大量艺术装饰色彩的长方形或圆形手包，夹在手臂下面，显得非常优雅。

1922 年爱马仕为卡地亚制造了鳄鱼皮和红色

瑟姆（Sem），阿迦汗在卡地亚店铺前，约 1925 年。
这位伊斯玛仪派领袖频繁造访和平大道，是卡地亚器物的大收藏家。
（阿兰・卡地亚档案）

小牛皮包，有时会配上产品主人的花押。卡地亚在1926年获得了一个特殊的手提包搭扣的专利（见302页）。同年，印多尔大君购买了一个饰有珍珠和缟玛瑙的手提包；1927年，恩里科·卡鲁索夫人（Mrs. Enrico Caruso）买了一个饰有绿松石的手提包。

卡地亚十分清楚包袋是一个优秀的宣传和营销渠道，因而将手提包塑造为体现女性在生活中充满活力的标志。

–1921年5月，女性高尔夫杯的三等奖是卡地亚手包。

–1922年5月，二等奖的奖品为卡地亚手包。

–1925年5月，三等奖的奖品为一个丝绸手包。

–1927年5月，三等奖为一个带有金框的镶边翻毛皮手包。[17]

–1932年5月，一等奖的奖品是一个黑色驯鹿皮手包，上面有一个黑色漆扣，铂金上饰以镶嵌玫瑰切割和明亮切割钻石。

–1933年5月，二等奖的奖品是配有玳瑁色和金色钩子的绒面革手包。三等奖是玳瑁色手包。

–1937年的一个手提包上有一个厚重的金搭扣贯穿包的整个宽度，这个款式是“女性桥牌大赛”的一等奖奖品。

除了各种各样的手提包的轮廓外，卡地亚的创造力还被运用到了搭扣的外观上。这些搭扣几乎各不相同，极少重复，这赋予它们一定的独创性。这些搭扣是用各种珍贵材料制成的。玳瑁这种轻质而温暖的材料，很受欢迎，而硬石环也会配在搭扣上。对于信封形状的“钱包”，其翻盖有多种不同的形状（直的、波浪状的、“V”或“W”型等）。有一种经常被用于扣环的设计，拥有多个版本，它以一根配有链条的柱状物穿过一个正方形珐琅或硬石饰板支撑的孔位形成锁扣（见370页）。[18]

有些搭扣是可拆卸的，可以从一个手提包换到另一个上，这类包上都有一个金色的滑扣。它们是20世纪30年代和40年代末出现的产品的前身，后来的产品，比如那个著名的持鲜花的手别针，它可以被换到另一个手提包或者别的衣服上。

为了使它们看起来更奢华，一些手袋的中间或侧面悬挂着天然珍珠球。还有一些款式，时钟、石刻图案、首字母或王冠有时也会被安放在框架的中心。

大约从1935年起，兴起一种在手提包上悬挂一个特别大的环或手镯的设计，它们被用作把手。这些环通常用胶木或玳瑁制成，但也有金制的。这些结实的环比手镯大一些，可以轻易用手握住。

1938年前后，一件镶有珊瑚、黄金和钻石的珠宝被直接装饰在路易·卡地亚夫人的手提包上，该包没有夹层。

从1940年起，特别是在纽约，包的框架结构变得更大，并在平整处装上玑镂或细条纹金的硕大中心搭扣。这些搭扣高高耸立在手提包上，与当时流行的“鸡尾酒”（cocktail）戒指很相配。

化妆与美容 Make-up and beauty

1921年1月，卡地亚为埃尔西·德·沃尔夫制造了第一个附坠唇膏管的化妆盒。此前，唇膏管一直被放在化妆盒内。当时，一位《Vogue》杂志的编年史专家写道：“卡地亚为埃尔西·德·沃尔夫创造了这个迷人的化妆盒，包含镜子和必备的唇膏管。这个黑色珐琅的八角形盒子镶有钻石，中间刻着一只小狼的头像。唇膏管也是珐琅黑色，带有钻石镶边，连接到一条精细的镶钻铂金链子上”。[19]埃尔西·德·沃尔夫（1865–1950）是一位卓越的室内设计师和时尚领袖，她于1926年成为门德尔夫人（Lady Mendl），是卡地亚的重要客户。她受到社会高层的崇敬，为世界上最有钱的富翁如摩根斯（Morgans）和云狄宝（Vanderbilts）工作，她成为卡地亚在美国和欧洲的真正大使，因此她能享有一定程度的折扣。[20]

在化妆品配件方面，新产品的种类层出展现了他们罕见的创造力。卡地亚的天才和非凡的手艺似乎从未停滞。我们在前面几章中讨论过妇女解放和东方时尚，也正是凭借这个原因化妆盒被创造了出来。

仿照日本“印笼”的圆柱形化妆盒，因为在“apprêts”库存中很难找到与产品形状相配的古代文化元素。于是卡地亚会在这些款式的中心部分搭配各种几何图案的珐琅，末端有紧挨着的装饰物，装饰风格有波斯、中国、印度的，甚至是抽象的。

一个来自卡地亚纽约的金制款式有一个特别的装饰，也许与圣诞节有关。两端为红色珐琅，中央部分配树的珐琅图案，为垂直绿色三角形。整个设计以蓝色珐琅为背景衬托。化妆盒挂了一条黑色珐琅链子，配一枚缟玛瑙环。另一个款式是蓝色和金色菱形的“哈乐昆”（Harlequin）图案，这对于卡地亚的产品来说是不太寻常的设计。

另一个坠带水晶环的链子款式，上面装饰了白色和绿松石色的“pékin”花纹珐琅，这种风格在同一时期制造的许多座钟上都能看到。1923 年的一些圆柱形化妆盒，搭配的链条末端有一个环，这样它们就可以被套在手指上，后来用一个可以握在手中的唇膏管代替了指环。到 20 世纪 20 年代末，化妆盒不再带有链条。

化妆盒设计的背后有想要模仿过去手提包的因素。而化妆盒也不再仅仅分为粉和腮红层，而是要成为一种多用途的“瑞士军刀”。从 1929 年起，矩形化妆盒的侧面被安上了镶有钻石的钟表，变得更为丰富化。有些盒子不仅有烟格、香水瓶格和胭脂格，还有梳子和烟嘴分隔。它们有许多不同的设计，混合了几何图案和带有异域风情的装饰。下面可以看到一些例子：

– 为丝绸云纹，制作了精细的波状线条和平行线条，形成视觉陷阱。

– 卡地亚纽约制作了中间有一座宝塔的盒子，宝塔里有一尊佛像。

– 卡地亚纽约制作了装饰灵缇犬或赛马图案镶满宝石的款式。

– 根据价格和对颜色搭配的要求，盒子的侧面可以装饰珐琅，也可以搭配硬石饰板。

一般集成在化妆盒中的化妆品配件也可单独出售。很多方形或圆形的唇膏管，它们通常用化妆盒上能找到的图案来做珐琅装饰，或者用玉、珊瑚甚至镶有钻石的锯齿状设计。

“S”部门的旅行系列中，卡地亚申请了一个银质支架专利，在这个支架上有两面可以转动的镜子，可以使产品直立放置。它是与“Mirex”品牌合作的，Mirex 是巴黎一家主要的镜子制作者，因此在产品上混合了两个签名“Cartier”“Mirex”。1927 年的一个款式进入巴黎市场，由黑色珐琅和黄金制成，上面镶有两块螺钿漆板。

外出包袋的搭配，应根据它们的使用者性别，以及是用于修理指甲还是用于个人护理，而有所不同。大部分产品来自都彭（Dupont）。带宝石镶嵌的金色或棕色玳瑁手包用山脊型梳子，放进与手包相匹配的布袋里，可便于取用。这些产品也可以是漆银的。[21]1937 年，芭芭拉·赫顿在伦敦订购了一把长 17.7 厘米、镶有圆形和长方形钻石的铂金山脊型金色玳瑁梳子。

钟表制造也没有被遗忘，卡地亚生产了大量专供女性客户的钱包时钟。该产品一般用几何图案珐琅装饰，其带尖角的轮廓与那个时期的流行趣味完美协调。在钟的框架内藏有一个巧妙的机械装置，可通过按压侧面的金制装饰或蓝宝石来显示表盘（见368页）。从1929年开始，品牌的三个门店同时出售该系列产品，并大获成功。

除了看似珠宝配饰的女式时钟，卡地亚还提供其他小型“印章”手表。这是1910年挂表的后代衍生品，这些表上挂着长长的丝线，与可可·香奈儿和让·巴杜（Jean Patou）设计的新长直裙完美搭配。从带悬挂缟玛瑙环的简单的金制圆形盒子到镶嵌着钻石和彩色宝石的更精致的版本，应有尽有。

在1893年芝加哥一个哥伦比亚展览上，尤拉利亚公主（Infanta Eulalia）在公众场合吸烟所制造的丑闻似乎成为了一个遥远的回忆。为了女性解放，实现做原来“只有男人能做的事”的愿望，并在她们的挑逗游戏中增加一个额外的撩人姿态，新潮女郎们开始抽烟了。

1924年，菲利普·莫里斯（Philip Morris）推出了第一支专为女性设计的香烟：有着红色烟嘴的万宝路（Marlboro）“五月温柔”（mild as May）。就此，卡地亚为女性制作了各种各样的设计方案，这些方案显然是基于和她们的化妆盒相匹配的意图。因此，一个装饰有小花和碎点的金盒子诞生了，与烟盒相比它们因厚度不同在价格上有所差别，由于有盖子和隔层，一个化妆盒的价格至少是一个烟盒的两倍。随之而来的改变则是女性用盒子变得更为轻质，烟嘴上装饰有雕刻翡翠、红宝石和蓝宝石。

1932年，威廉·K·范德比尔特夫人从卡地亚巴黎订购了一个金色的烟盒，这并不是特别女性化的设计。它带有波斯式样的黑色珐琅鹿图案，背景衬托有兔子和象牙色珐琅花。两侧都是黑色珐琅。这款盒子的原创性在于，打开盖子后，一个叫做“电梯”的弹簧机构被激活，使香烟更容易被取出。

1912年由卢西恩·沃格尔（Lucien Vogel）出版的《杜邦顿公报》是第一本展示女性日常生活时尚的杂志——女性们在布洛涅森林散步、和孩子玩耍或穿衣打扮去参加聚会，而不只局限在时装沙龙里。在1925年5月16日开幕的《优雅馆》副刊中，编年史专家写到了卡地亚：“目前，他致力于实用物品、烟盒、化妆盒和当代女士熟悉的配饰。卡地亚有着非凡的创新精神，一切传统和异域风格的物件都是用精湛的技术创造出来的。把最稀有的材料进行和谐的设计，把玛瑙和水晶，黄金和铂金，玉和珊瑚，石英和天青石镶嵌在一起，着重突出宝石，所有这些都可以是美丽的挂饰。今年，它们会出现在妇女精致的手腕上，会在展会上和18世纪鼻烟盒、装饰盒一起展出。”

注释
Notes

1. 这本书在十年中卖出了100万本，被翻译成12种语言。

2. 这些物件现存于卡地亚典藏系列。

3. 他们在1925年被击败，取而代之的是由雷蒙·普恩加莱（Raymond Poincaré）领导的右翼政党执政，直到1929年，一直保持着社会政治稳定。

5. 社会摄影师塞西尔·比顿（Cecil Beaton）对贞本人、她的品味和生活方式的生动描述如下：“杜桑夫人的公寓，只有一些灵魂开明的人会被邀请到访……这些几乎空荡却“沸腾”的房间布置在精神上是现代的，然而家具是由最罕见和最美妙的18世纪的作品组成的。在抛光得像玻璃一般的镶木地板上立着一个古老的石头花瓶，里面装满了白色丁香花的花冠，一张精致迷人、比例匀称的桌子上点缀着一个希腊雕塑的碎片，一朵坚定的百合花，它从放在架子上的一个中国壶里长出来，而柱子上的佛头则是小心地让其阴影投射在一个弯曲的屏风上。……集合了艺术家和收藏家的细腻，她的设计成果是高度理智的。杜桑夫人在珠宝中流露出的敏感性，在她招待的美酒佳肴中也有所体现，这是美食家的享受。不寻常的是，这里不只有为男人思考的布置，还带有女性的思考。杜桑夫人是一个典型的具有法国品位的天主教徒。作为一名珠宝商，她在与生活艺术的结合中展示了特殊技能。事实上，令人惊奇的是，法国人竟然能够在战后的困难世界中保持这样高标的创造力。”引自：*The Glass of Fashion*，Shenval Press Ltd.，London，1954，page 274 -275。

6. 在贞·杜桑的授权下，比贝斯科公主（Princess Bibesco）在1948年记录道：“起初我做包只是个业余爱好。它们在当时非常新颖，也很成功。所以路易·卡地亚告诉我他将给我一个关于珠宝的职位。他不想让我学画画，因为这样我就不能继续修改别人的画了”。

7. 他是天才设计师，负责审查来自设计工作室的提案。

8. 他负责研究项目的技术可行性。

9. “卡地亚珠宝珍藏展”，1914年5月27日到6月6日，在巴黎和平大道。

10. 这个图案作为插图出现于：*Gazette du Bon Ton*，special edition Le Pavillon de l'Elégance。1924-1925。

11. 这个化妆盒属于萨德鲁丁·阿迦汗（Sadruddin Aga Khan）王子夫妇的收藏。

12. 926年11月，英国《Vogue》杂志刊登了一则广告，展示了邦德街精品店一楼中“新部门”设计的一个烟盒和一个化妆盒。

13. Leduc，Violette，*La Bâtarde*，Gallimard，Paris 1964，p.64。

14.1924年，路易与匈牙利女伯爵杰奎琳·阿尔玛西结婚。他和他们的儿子克罗德住在布达佩斯的城镇住宅和匈牙利乡村住宅里。当他来到巴黎的时候，便在里茨酒店安顿，从11点到中午会客，下午就前往店铺。

15.1948年，比贝斯科公主写道：
“我知道有一条小溪哺育着我们这个时代最著名的珠宝商的品味。这条溪水来自和平大道，在一座供奉财富的狭窄庙宇中的黄黑柱子之间。从巴黎，这汪泉水的波光照亮了伦敦和纽约，然后从那里开始，它的水域遍布所有的大陆。我知道有一些特殊的器物，如流动的星星，令全世界都能认出卡地亚珠宝，但我却不知道这是一个女人的精神，是其赋予了它们无与伦比的品质。正如诗人所说，‘有一种美丽非同寻常，如果没有它的话，最大的钻石、最纯净的祖母绿、最深邃的蓝宝石、最厚重的红宝石和最硕大的珍珠也只不过是岩石或粗俗的货币而已。’
我想知道巴黎王朝的所有组成，自然想了解这位女士；我想了解她想象的一切，她的意图，她的判断，她将形状和色彩以及生命的本质传达给了这些珍贵但没有生命的石头。我的愿望实现了。我遇到了那位女性，那个默默担任公司艺术总监的女人。她出现了，手里拿着一束紫藤。像寓言一样，法国乡村精致的春花仿佛是她的一部分。她刚把花朵浸入魔法喷泉中，又把它拿了出来，像刚从窗户里拿出来一样清新、柔和、带有香味，但在魔法水中短暂停留，它就变成了一束钻石。你是谁，谁给了钻石芬芳，把财富变成诗歌？但在其他地方，它却是丑陋和沉重的。这就是我想问的……贞·杜桑，你是谁？”*Cartier-The Legend*，p. 283. Published Arlington Books，London 1983。

16. 引用自：*Cartier*，*Style and History*，op. cit，p.23。

17. 为了证明女性也同样可以戴袖扣，两个一等奖奖品是袖扣。

18. 卡地亚不是唯一一个使用这种结构的品牌。Mappin & Webb and Morabito的手袋上也会用到一个相近的搭扣。

19. *Vogue*，February 1921。

20.1936年10月，她在卡地亚伦敦以160英镑的价格购买了一个大型“埃及”旅行钟，其标价为180英镑。

21.1925年6月，一把玳瑁和黄金制作的口袋梳子被授予了女性高尔夫杯的二等奖获得者；1929年，一把镶有印度风格玉石、钻石和黑色珐琅金的山脊型金玳瑁梳子被授予了同一比赛的二等奖获得者。

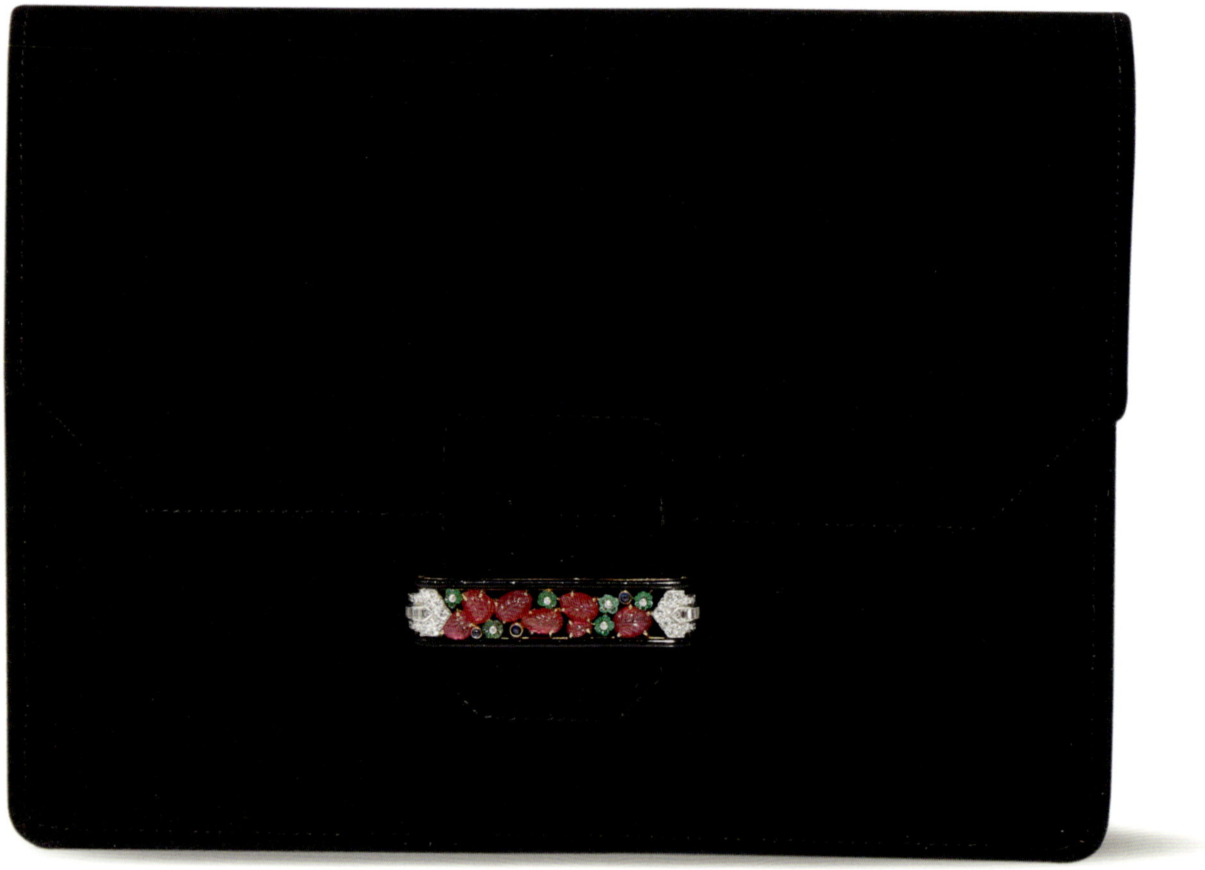

手包，卡地亚巴黎—伦敦库存，约 1925 年（图片为缩小尺寸）

金、铂金、钻石、蓝宝石、祖母绿、雕刻红宝石、珐琅、绒面革
签名：Cartier Made in France
长：25 cm；宽 19 cm
私人收藏

雅克·卡地亚在 20 年代中期的印度之行后，受异国情调和雕刻彩色宝石的启发，并说服他的兄弟们制作了一系列珠宝和配件，比如这个包上的搭扣，色彩搭配反差很大，甚至有点杂乱，与几何严谨的装饰艺术风格形成鲜明对比。这种风格是由雕刻宝石和弧面宝石组成的浆果、叶子和花组成的，很快就以“水果沙拉”或“tutti frutti”的名字而闻名。被各大珠宝店所采用，它至今仍然是卡地亚艺术创作天赋的象征。

化妆盒，卡地亚巴黎，1920 年

金、珐琅、铂金、玫瑰切割钻石、轨道镶红宝石、轨道镶祖母绿、小型角石切割红宝石、小型角石切割祖母绿；内附一面镜子、三个粉末单元（隔层）、一支唇膏管
签名：Cartier Paris Londres New York
“鹰头”法国黄金纯度印记
制作者：Lavabre
长：9.5 cm；宽：7.7 cm；
高：2 cm
日内瓦皮埃尔·卡地亚基金会收藏

皮埃尔·卡地亚向亨利·拉瓦布雷工作室订制了这个化妆盒，并把它送给了妻子埃尔玛。
据皮埃尔和埃尔玛的独生女儿马里翁·卡地亚说，在私下里，他们称对方为“我最受欢迎的小狗”，同时称他们和女儿为“三只小狗”。所以有可能这两只成年灵缇犬代表皮埃尔和埃尔玛，而躺着的小狗则是马里翁。
这只盒子原来有一条绿色的丝线，链接两个在盒子顶部的珐琅环。

化妆盒，卡地亚巴黎，1928 年

金、珐琅、铂金、玫瑰切割钻石、弧面缟玛瑙宝石、小型角石切割红宝石、长方形钻石；内附一面镜子、一支唇膏管、一个粉末单元（隔层）、一个香烟单元（隔层）
签名：Cartier Paris Londres New York，Made in France
“鹰头”法国黄金纯度印记
制作者：Lavabre
长：10.9 cm；宽：5.5 cm；
高：1.8 cm
卡地亚－日内瓦收藏

这件作品的灵感来源于乔治·巴比尔的一个设计，这个设计上第一次出现了著名的豹，后来成为卡地亚的标志性装饰。
1914 年兴起的斑点皮毛设计较为平面，而到了 40 年代豹的元素以更为立体的形式呈现在设计中，例如一个美轮美奂的胸针，上面有一只豹坐在一颗 152.35 克拉的克什米尔弧面蓝宝石上，这个胸针属于温莎公爵。
这个化妆盒于 1928 年 10 月完成，并送到了订购者、诗人和作家利奥波德·马克思（Leopold Marx）手中。

卡地亚，皮带扣设计图，约 1920 年

透明纸上的铅笔、墨水和水粉
巴黎华雅收藏

皮带扣，卡地亚巴黎，1922 年

金、铂金、缟玛瑙、珊瑚、铁线绿松石、钻石、弧面蓝宝石
无签名
“鹰头”法国黄金纯度印记
制作者：Droguet
长：10.5 cm；高：4.8 cm
私人收藏

皮带扣，卡地亚巴黎，1920 年

金、缟玛瑙、铂金、玫瑰切割钻石
无签名
“鹰头”法国黄金纯度印记
长：10.8 cm；高：5 cm
制作者：Droguet
私人收藏

皮带扣，卡地亚巴黎，1922 年

金、铂金、缟玛瑙、铁线绿松石、珐琅
签名：Cartier Paris
“鹰头”法国黄金纯度印记
制作者：Droguet
长：11.4 cm；高：5 cm
卡地亚 – 日内瓦收藏

用铁线绿松石制作的这个皮带扣来自于拉瓦布雷 1920 年制作的一个项链，这条项链被卡地亚收购得，然后拆成了几部分运用在不同的产品上。（J. Rudoe，op. cit p. 217）

这些皮带扣原来配了黑色丝质皮带，我们可以在左页的设计图中看到。
亨利・拉瓦布雷至少用铁线绿松石——一种有叶脉纹理的绿松石，为卡地亚制作了七个皮带扣，其中四个制作于 1922 年。

晚宴包，卡地亚纽约，1930 年

金、珐琅、铂金、钻石、红宝石、祖母绿、雕刻蓝宝石、天然珍珠、真丝绳带
签名：Cartier
长：16.7 cm；宽 13.9 cm
卡地亚 – 日内瓦收藏

烟盒，卡地亚巴黎，约 1928 年
（右页）

金、铂金、缟玛瑙、玫瑰切割钻石、雕刻红宝石
签名：Cartier
“狗头”法国铂金纯度印记
制作者：Pillard
长：9.1 cm；宽：6.6 cm；
高：1.7 cm
私人收藏

烟嘴，卡地亚巴黎，1927 年

金、铂金、玳瑁、硬橡胶、雕刻祖母绿、玫瑰切割钻石
签名：Cartier Made in France
“鹰头”法国黄金纯度印记
“狗头”法国铂金纯度印记
制作者：Pillard
长：13.3 cm
私人收藏

烟嘴，卡地亚巴黎，1928 年

金、铂金、玳瑁、硬橡胶、雕刻祖母绿、玫瑰切割钻石
签名：Cartier
“鹰头”法国黄金纯度印记
“狗头”法国铂金纯度印记
制作者：Pillard
长：12.5 cm
私人收藏

伸缩铅笔，卡地亚巴黎，1929 年

铂金，珐琅，翡翠，玫瑰切割钻石
签名：Cartier Paris，Mecan
“鹰头”法国黄金纯度印记
“狗头”法国铂金纯度印记
长：5.5 cm；宽：1.1 cm
私人收藏

这支笔的法语名中有“Mecan”标识，“Mecan”意味着物体的一部分是由非贵金属的材质组成的。在上图所示的伸缩铅笔中，这指的是可以显露铅芯的机构。根据法国相关法规，这种标识是为表明一件物品并非纯金。

化妆盒，卡地亚巴黎，1930 年

金、缟玛瑙、祖母绿、红宝石、铂金、玫瑰切割钻石；内附一面镜子、一支唇膏管、两个粉末单元（隔层）
签名：Cartier Paris Londres New York
“鹰头”法国黄金纯度印记
长：9.6 cm；宽：5.6 cm；
高：2.1 cm
私人收藏

这个盒子的形制取自一个有“豹”图案的化妆盒。（见 359 页）只有尺寸和中间的花纹略有不同。

（盒盖细节）

化妆盒，卡地亚巴黎，1929 年

金、珐琅、蓝宝石、红宝石、祖母绿、绿松石、铂金、玫瑰切割钻石、长方形钻石；内附一个香烟单元（隔层）、两个粉末单元（隔层）、一面背后装饰玳瑁的镜子、一个唇膏管
签名：Cartier Paris Londres New York
“鹰头”法国黄金纯度印记
制作者印记模糊
长：8.4 cm；宽：4 cm；
高：3.8 cm
私人收藏

（盒盖细节）

烟盒，卡地亚巴黎，约 1923 年

金、珐琅、弧面缟玛瑙宝石
签名：Cartier Paris Londres New York
“鹰头”法国黄金纯度印记
制作者：Lavabre
长：6.7 cm；宽：7.5 cm；
高：1.1 cm
阿兰・卡地亚收藏

按下盒子侧面的弧面缟玛瑙宝石，盒子会像嘴一样张开。

粉盒，卡地亚巴黎，约 1925 年

金、珐琅；内附一面镜子，一个粉末单元（隔层）
签名：Cartier Paris
“鹰头”法国黄金纯度印记
制作者印记模糊
高：5.5 cm；宽：11 cm
私人收藏

嵌饰在盒面和唇膏管一侧的饰板可以刻未来主人的首字母花押。

唇膏管，卡地亚巴黎，约 1930 年

金、珐琅
签名：Lift Jean Patou，Cartier
高：5.5 cm；宽：1.3 cm
私人收藏

这支唇膏管是著名香水制作者让・巴杜和卡地亚的合作成果，因此产品上标有混合的两个签名，该产品于 1928 年、1930 年分别在法国和美国申请了专利。

火柴盒，卡地亚巴黎，约 1925 年

金、珐琅
签名：Cartier Paris
“鹰头”法国黄金纯度印记
制作者：Peyroulx
长：6.6 cm；宽：5.4 cm；
高：0.7 cm
私人收藏

钱包表，卡地亚巴黎—纽约库存，1939 年

黄金、玫瑰金、乳石；金指针
签名：Cartier France REGI
直径：3.6 cm
私人收藏

背面刻有“Married an angel”（嫁与天使）的字样，纽约店的产品目录中的插图（见上图）下写着一行对该产品的描述：用金和乳石制作的留声机唱片，带有音乐符号和红色表盘。

钱包时钟，卡地亚巴黎，1929 年

金、珐琅；蓝钢指针
签名：Cartier France
制作者：Jaeger
长：4.8 cm；宽：2.8 cm
私人收藏

钱包时钟，卡地亚巴黎，1930 年（合、开）

金、珐琅；蓝钢指针
签名：Cartier
“鹰头”法国黄金纯度印记
制作者：Jaeger
长：4.8 cm；宽：2.8 cm
私人收藏

这些表上的表盘，叫“eclipse”（遮蔽）可以通过按压位于时钟上下方的弧面蓝宝石按钮来打开。这些时钟从 1929 年开始商品化。

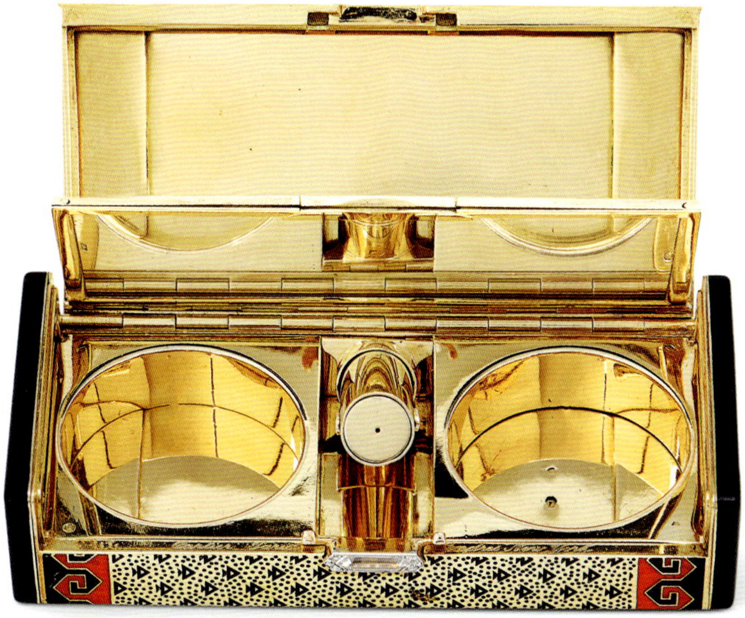

钱包时钟，卡地亚巴黎，1929 年（合、开）（左页）

金、珐琅；蓝钢指针
签名：Cartier France
“鹰头”法国黄金纯度印记
制作者：Jaeger
长：4.8 cm；宽：2.8 cm
私人收藏

化妆盒，卡地亚巴黎，1927 年

金、珐琅、玫瑰切割钻石、长方形钻石；内附一面镜子（缺失）、一个香烟单元（隔层）、两个粉末单元（隔层），一支唇膏管
签 名：Cartier Paris Londres New York
“鹰头”法国黄金纯度印记
制作者：Renault
长：10.1 cm；宽：4.5 cm；
高：2.2 cm
私人收藏

（珐琅图案细节）

手包，卡地亚巴黎，约 1930 年

绒面革、金、乌木、珐琅
签名：Cartier Paris
“鹰头”法国黄金纯度印记
制作者：Pillard
长：20 cm；宽：18 cm
私人收藏

这种搭扣在卡地亚的手包上很常见。通常是方形或长菱形，从左边的图片我们可以看到它采用了几种不同的材料来制作：金、玛瑙、玳瑁、钻石、珊瑚、蓝宝石、祖母绿等等。

烟盒，卡地亚伦敦，1930 年

9K 金
无签名
长：7.1 cm；宽：6 cm；
高：2.6 cm
私人收藏

这个盒子为路易·卡地亚的第二任妻子杰奎琳·阿尔玛西所有，可以看到盒上有其首字母花押。
该产品中的笼形设计是为了让那些不便拿取的香烟包装通过顶部的盖子变得坚固而易于开合。同时可以方便辨识香烟的品牌。

烟嘴，卡地亚巴黎，约 1939 年

金、象牙、“mille raies”珐琅
签名：Zeus Cartier Paris
“鹰头”法国黄金纯度印记
制作者：Pillard
长：15.2 cm；宽 1.3 cm
私人收藏

“zeus”（宙斯）是这种烟嘴的特别称呼。

路易·卡地亚女士，婚前为原杰奎琳·阿尔玛西女伯爵，1931 年

阿兰·卡地亚收藏

成熟与阳刚

MASCULINITY AND SOPHISTICATION

灾难性的第一次世界大战并没有影响和平大道13号珠宝店的声望。1918年，国家还委托品牌工坊制作了费迪南·福煦（Field Marshals Foch）和菲利普·贝当（Pétain）两位协约国元帅的鎏金铜指挥杖。[1]

当然，受战争影响，生意减少了许多。[2]但卡地亚三兄弟，以他们一惯独到的商业理念和艺术思维，在最惨淡的环境下找到了生存之道。1917年8月，雅克在目睹兰斯大教堂化为废墟的可怕景象后，曾写信给他的兄弟："我亲爱的路易，我认为你需要派人去兰斯购买所有能找到的教堂彩色玻璃残片。除了那些可以辨识的具体形象比如说天使或者圣象之外，那些拥有动人颜色的碎片可以成为非常有吸引力的珠宝，那些美国人肯定会在战争后来扫货，主教或牧师可能直接变卖它们。这些碎玻璃可以用来制作珠宝，他们会有特殊的含义，我不认为我们需要担心它们太寻常。你怎么看？"由此，卡地亚制作了带有教堂彩色玻璃的珠宝，这些碎片的历史可追溯到13世纪。另一方面，路易受雷诺（Renault）制造的第一辆巨型坦克的启发，创作了钟表史上最著名的作品之一："坦克"腕表。然而，不得不提到的是，从在战壕中度日，到维持品牌运营，这都是一段艰难岁月，充满着种种危险。1918年6月，因德军向巴黎进攻，阿尔弗雷德被迫前往波尔多，安排店铺所有库存的转移。所幸德国皇帝的军队被阻挡在马恩岛，终于在1918年11月被击败。

不容乐观的是，整个法国的东北部地区都被战火摧毁，国家负债累累。而美国形势也乏善可陈，为了对抗通货膨胀，美联储不得不提高利率，这催生了巨大的通货紧缩以及证券交易萎缩的连锁反应，从而导致1921年–1922年的经济衰退。在新的十年之始，卡地亚前途未卜。未来生意是否一如现在般惨淡？三兄弟是否对未来充满疑虑？或许他们已经疲于奔命？皮埃尔在1922年12月31日给路易的信中暗示："我们都有着相同的期待，希望得一日清闲"。无论他们个人感受如何，事实是他们的确曾考虑过将其品牌出售。

幸运的是，这并没有付诸行动。当经济开始复苏，品牌的出售计划也就取消了。得益于美国高收入阶层的所得税大幅降低，奢侈品销售表现恢复强劲。此外，流亡的俄国贵族大幅抛售珠宝，更加大了这一趋势。[3]从1923年起，财务储备和珍贵物资的数量已经充裕，同时，卡地亚也得益于外国，特别是美国的客户而恢复了元气。究其原因，首先是1920年美国实施的禁酒令，同时1919年到1926年间，美元兑法郎的汇率增值十倍，使得美元购买力剧增。[4]这些美国客人出现在巴黎，成为一战后卡地亚出货量增加的主要原因。[5]这一时期，出现了一些非常昂贵的产品：神秘钟，"行星"和"彗星"座钟、复杂的逆跳时钟，以及便携钟表等等。

除了广受欢迎的钟表，特别是手表以外，烟具也广为流行。在1920年，吸烟几乎成为绅士的必需。卡地亚通过推出打火机、烟嘴和烟盒等产品，满足了这些市场需求。

现代风格与舶来的文化元素结合，使设计中出现大胆的色彩和前所未有的配色。"配件，它不可

伯纳德·布埃特·德·蒙维尔，
在旺多姆广场前的自画像，
1932年

布面油画
高：107.5 cm；宽：89.5 cm
私人收藏

面处足以安放钟表。这种器物中，最具装饰性的作品来自纽约店铺，它由硬石镶板组成，如玛瑙或软玉。通常饰以漂亮的黑色珐琅波斯蔓藤图饰（见274页）。另一个版本是用银制成的，带有相同的阿拉伯花纹，价格比硬石版本便宜。它的盖子上装饰着纽约市地图。

这些器物的大尺寸容许他们有一些显著的差别。一个银质的款式正面放有钟表，虽然没有之前列举的款式华丽，但是上面刻着马球队比赛双方运动员的名字，他们是1929年在美国举行的一次国际马球比赛中的决赛选手。而纽约制造的两个漂亮的14K金台式烟盒，为当时流行的多彩设计。其中1931年的一款卖给了杰西·伍尔沃斯·多纳修（Jessie Woolworth Donahue）。它的中央有一个把手，天青石带尖角。两个盖子可向内打开，每个盖子上都镶有精雕的玉质长方形饰板。（见463页）

另一款烟盒可以追溯到1935年，有一个软玉、珊瑚和红珐琅的马蹄形把手。两个盖子向内打开，每个盖子上都有一个长方形荔枝面软玉饰板。

在大形烟盒中，笼型结构的主要在纽约销售。它们有像笼子的金属框架，内有玛瑙、玫瑰石英、软玉或缟玛瑙的大饰板。为了打破这些单色表面的单调，有的款式在盖子的中央装饰有花瓶纹样。而一个软玉款式，盖上的金色字母拼有“wee willie winkle”字样。[9]

在20世纪30年代，卡地亚纽约也提供相对廉价的台式烟盒，它们通常是漆银制的，支脚也贴合整体轮廓，通常用一小块雕刻的玉石或几颗珊瑚珠装饰。这些相对便宜的器物与卡地亚巴黎制造的豪华烟盒成了鲜明对比。在巴黎制作的款式中，支脚通常是和主体用同一块石材雕刻的，或是和其他石材配合呼应。（见315页）器物的重点是铰链和搭扣的装饰，从1925年开始，这些铰链和搭扣通常以硬石环的形式出现。这些烟盒造价高昂，因而在1930年经济危机中停止了制作。

卡地亚还专为办公室制作了烟罐。花瓶一样的造型使它们经常被误认，它们有着圆或方形的横截面。灵感来自花盆或橘子树托架的形状，由硬石制成。

书房器物 Articles for the study

20世纪上半叶摄影技术的迅猛发展，对装饰艺术产生了深远影响。新的图像印刷技术在报纸和杂志上的运用，使得潮流和格调传播广泛。《艺术与装饰》（Art et décorations）和《装饰艺术》（l'Art décoratif）等杂志在巴黎出版，发行量很广。这说明了应用艺术的发展迅猛，想法层出不穷。在现代室内装饰中，照片取代了耗时费力的昂贵肖像画。

从世纪之初，卡地亚就为照片提供了各种风格的相框，从时尚中吸取养分来扩大产品类别。在新的相框设计中，带有硬石底座的相框，其框上刻有可以分离底座与相框的凹槽。这些相框形状多变，从八角形到矩形，搭配切角或“日本角”，层出不穷。底座通常是长方形的，由玛瑙、玫瑰石英、缟玛瑙和水晶雕刻而成，有时镶嵌有青金石。相对最经典的硬石相框，有些款式是专为两到三张照片设计的，轮廓也各有不同，配有多样的图案装饰，有用钻石星装饰边角的，或做成类似波斯窗的圆顶拱门的东方相框。

美国最富有的女性，玛荷丽·梅莉薇德·波斯特，就曾是卡地亚相框的忠实藏家。其中许多是特别定制的，材料和颜色与相片或象牙微雕形成绝妙组合。在矩形款式的边角，珐琅图案或精美的珍贵宝石图案将饰板连接处完美隐藏，使相框整体平衡。一些相框放置在有层次的底座中间。其他的则用水平图案装饰，图案有鸟、树叶或花，用绿松石或青金石雕刻而成。这些是从纽约分店工作坊的珠宝设计中

卡地亚巴黎、伦敦和纽约店铺，约 1910–1920 年。

衍生出来的田园装饰物。

个人配饰 Personal accessories

“多样性”是卡地亚自 1920 年起的产品的重要特征。在制作器物品类丰富和工艺多样方面，没有任何珠宝商可以与和平大道的卡地亚相匹敌。这些专门为客人实现特定功能的原创性器物，被盎格鲁 – 撒克逊客人昵称为“新奇事物”。我们可以在此列举一二：

– 一款黄金和珐琅制成的圆形万年历，其大小相当于一枚硬币，两个圆圈分为七部分，代表一周中的七天。

– 用抛光黄金和珐琅制成的铅笔刀，有一个或两个刀片，带镶嵌有宝石和钻石的底座。

– 剃须刀组。

– 银质铅笔刀。

– 名片盒和支票盒。

– 钥匙扣，一个型号带有链条，末端可以插入圆柱形卡扣，另一个型号有一端用金制成，边缘呈钥匙一样的锯齿状。[10] 而另一款，钥匙扣上挂着一个镶有钻石的金钱包，打开时可见内藏相框。[11]

在纽约，有些器物甚至让人乍舌。一个例子是，一件 14K 黄金铸造的金币，上面有美国乡间民俗珐琅图案，比如画有象征民主党的驴子，头是红色的，背部是蓝色的。另一个例子是一枚上釉的蓝色金币，一边是两头猪的上半身正跳过栅栏，另一边则是猪的下半身。这些硬币被用来抛掷，玩“猜正反”的游戏。

让人吃惊的是纽约制造的一款占卜水晶球，它被放置在一个白色的珐琅金底座上，上面有四个镶月长石的爪子。

直到 20 年代末，卡地亚为其男性客户提供了一系列奢华多样的选择，有手杖把手、小胡子梳、口袋火柴匣到钟表袖扣、一只手就能点燃的汽油打火机，当然还有烟盒等。这些器物通过几何图案和强烈的对比色，体现了男子气概的魅力。在巴黎、伦敦和纽约，新贵族们与世界上最显眼的花花公子们接踵而至。温莎公爵、萨夏·吉特里（Sacha Guitry）和好莱坞的明星及演艺新星，开始对这些精巧别致的物品产生浓厚兴趣。

瑟姆，威尔士王子，未来的爱德华八世国王到访卡地亚，1924年。

路易·卡地亚和瑟姆的熟识正如这张海报所示：“A Louis Cartier bien sempathiquement, Sem”，瑟姆玩了一个拼字游戏，将自己的名字“Sem”代入了“symphatiquement”（有好感的）。

（阿兰·卡地亚收藏）

注释
Notes

1. 元帅们的指挥杖现存于巴黎的军事博物馆。它们由鎏金青铜和天鹅绒制成。

2.1914 年至 1918 年间，库存中缺乏珍贵的宝石证明了这种情况。1918 年 6 月，路易还写信给他的弟弟：“我们在巴黎看到的客户很少。”

3. 皮埃尔·卡地亚在 1923 年 5 月 11 日出版的《亚特兰大日报》的采访中说道：“有趣的是，任何国家公民拥有的珠宝数量与该国经济繁荣的比例是对等的。法国大革命后，大多数拥有贵重珠宝的法国贵族和保皇党，被剥夺原有财富后，选择移居国外，并出售他们最珍视的财产。他们自然而然将目光投向英国和俄罗斯，彼时后者拥有健康的经济，适合在那里出售珠宝。然而今天，英国和俄罗斯都不能算是最繁荣的国家，在路易十六的统治下，凡尔赛宫的这些宝石被带到美国，卖给那些在该国繁荣的第一个时期积累到财富的人。世界上最珍贵的珠宝就在那里出现了。只有最令人惊叹和最美丽的宝石被看中，因为美国人是第一个要求他们的珠宝能在质量与美术和音乐相抵的。珍珠似乎是美国妇女最喜爱的时尚珠宝。镶有漂亮珍珠的项链和苏托尔是最令人眼红的首饰之一。除了珍珠，钻石和祖母绿是最受欢迎的宝石。然而，红宝石的销售也很不错，而且非常流行。逐渐地，购买宝石和珠宝开始被认为是一种投资。奥地利和俄罗斯革命爆发强化了这一趋势。那些拥有珠宝的人发现，他们拥有一种国际财富，即使他们用来交换的货币几乎贬值为零，珠宝也能保持其价值。许多住在国外的俄罗斯人靠出售珠宝生存了下来。”

4.1919 年 1 月，1 美元价值 5.45 法郎，到 1926 年 7 月则达到 50 法郎。

5. 在与记者莫里斯·德瓦莱夫(Maurice de Waleffe)的一次会面中，路易·卡地亚宣称：“那些使用美元、先令、比塞塔和弗洛林斯的人会来的！关系较少的人将逃离法国，有钱的人会涌向法国。对于英国游客来说，一间 35 法郎的酒店房间并不令人望而却步，他只需 10 英镑就可以支付！对纽约人来说，一双 85 法郎的靴子只需 10 美元，真是个笑话。珠宝的销售便是得益于这种情况。”见：*Les modes, revue mensuelle des Arts décoratifs appliquez à la femme*，November 1919，p. 4。

6. 路易·卡地亚夫人拥有一款卡地亚伦敦制作的 9K 金的款式。

7.1928 年 6 月，费米纳女性高尔夫杯三等奖被称为“一个为了汽车制造的猪皮包”。

8. 这件商品的造价明细以代码标注，NRS（380 法郎）用于水晶碗，IK（50 法郎）用于中心柱，FSK（400 法郎）用于两只猫头鹰，RS（80 法郎）用于四颗钻石，ESI（905 法郎）用于装配。设计上的一个注释强调：“当用黄金制作猫头鹰的爪子时需要小心！”相比之下，在 1928 年，用玛瑙做的矩形烟灰缸和用蛋石在珊瑚板上雕刻的猫头鹰的成本则只需 825 法郎。

9. 它是 19 世纪流行的童谣。

10. 在 20 世纪 30 年代，这些钥匙扣经常被作为奖品提供给由女性杂志组织的高尔夫比赛。

11. 这件物品于 1953 年被比利时国王波杜因（Baudouin）购买。

烟盒，卡地亚巴黎，约 1939 年

金、木
签名：Cartier Paris
“墨丘利头像”法国出口黄金纯度印记
“鹰头”法国黄金纯度印记
“犀牛头”法国黄金纯度印记
制作者：Frontin
长：11 cm；宽：8.5 cm；
高：1.6 cm
私人收藏

这个盒子的开合就像一个“美式”文件柜，通过滑动木卷帘开合。这个系统也被卡地亚用在了钱包时钟上（见 363 页）。
在今天的卡地亚典藏系列中，这是一个标示性的盒子，它在 1938 年出售给了好莱坞明星马林·迪特里希（Marlene Dietrich，1901–1992）。

烟盒，卡地亚巴黎，约 1928 年

金、珐琅
签名：Cartier Paris Made in France
混合“鹰头”黄金和“野猪头”白银法国纯度印记
制作者：Frontin
长：12 cm；宽：7.6 cm；
高：1.3 cm
私人收藏

打火机，卡地亚巴黎，约 1928 年

金、珐琅
签名：Cartier Paris Made in France
混合“鹰头”黄金和“野猪头”白银法国纯度印记
制作者：Frontin
高：5 cm；长：3.9 cm；
宽：1.7 cm
私人收藏

带刻钟报时的旅行钟，卡地亚，约 1928 年

金、皮革、弧面紫晶宝石；蓝钢指针
签名：Cartier
高：7.2 cm；长：5.3cm；宽：3 cm
私人收藏

可通过滑动表身背后的裱皮滑盖来打开。在卡地亚典藏系列中有一个相似的时钟。

钱包时钟，卡地亚巴黎，约 1925 年（正、反）

金、珐琅；蓝钢指针
签名：Cartier
“鹰头”法国黄金纯度印记
制作者：Jaeger
高：5.7 cm
私人收藏

火柴盒，卡地亚巴黎，约 1925 年

金、珐琅、弧面蓝宝石
签名：Cartier Paris Londres New York
“鹰头”法国黄金纯度印记
制作者：Boulon & Taragnat
高：4.5 cm；宽：4.3 cm
私人收藏

伙伴钟，卡地亚巴黎，约 1925 年
（图片为缩小尺寸）

银、金、青金石、软玉；银指针和数字
签名：Cartier France Made in France
“野猪头”法国白银纯度印记
制作者：Couët
高：21 cm；长：20.1 cm；
宽：11 cm
私人收藏

这款具有建筑气势的时钟有两面。当放在书桌上的时候，坐在书桌两面的人都能够读取时间。这个款式也有单面钟的型号。

（放大的花押）

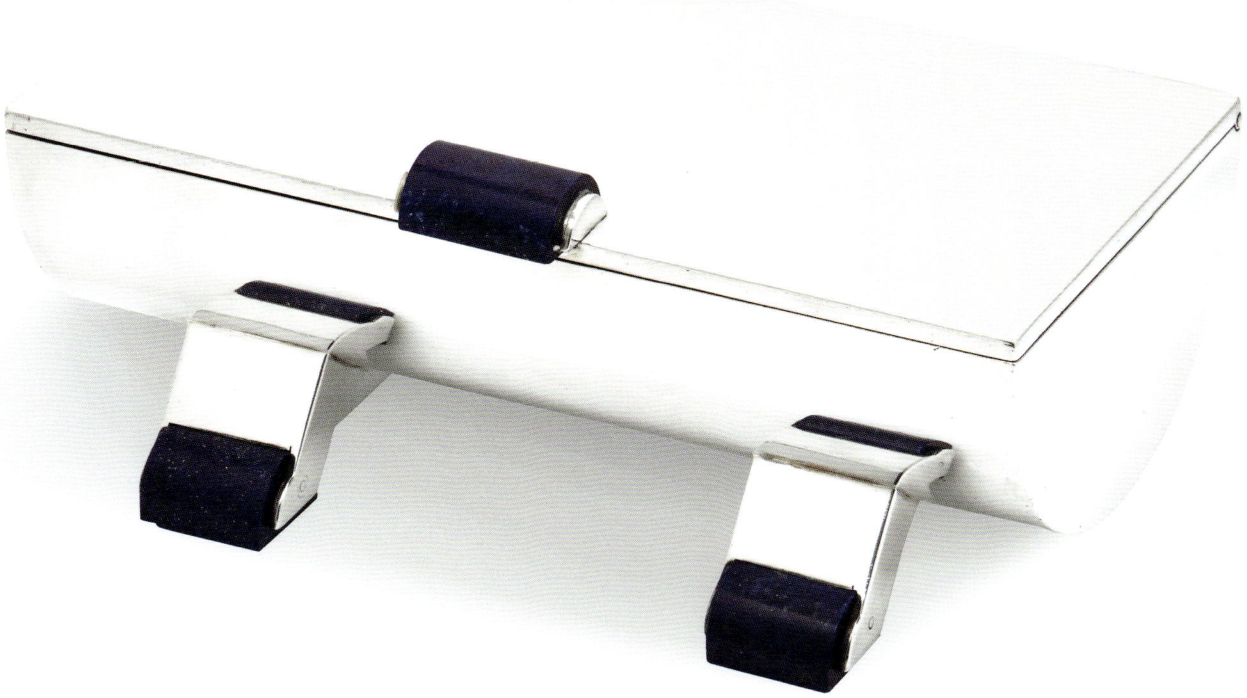

台式烟盒，卡地亚伦敦，1938 年

银、青金石
签名：Cartier London，JC
英国白银纯度印记
宽：16.5 cm；直径：9.5 cm；
高：6.8 cm
私人收藏

这个款式做了好几个版本，其中大部分的区别在于青金石装饰元素和脚的形状。

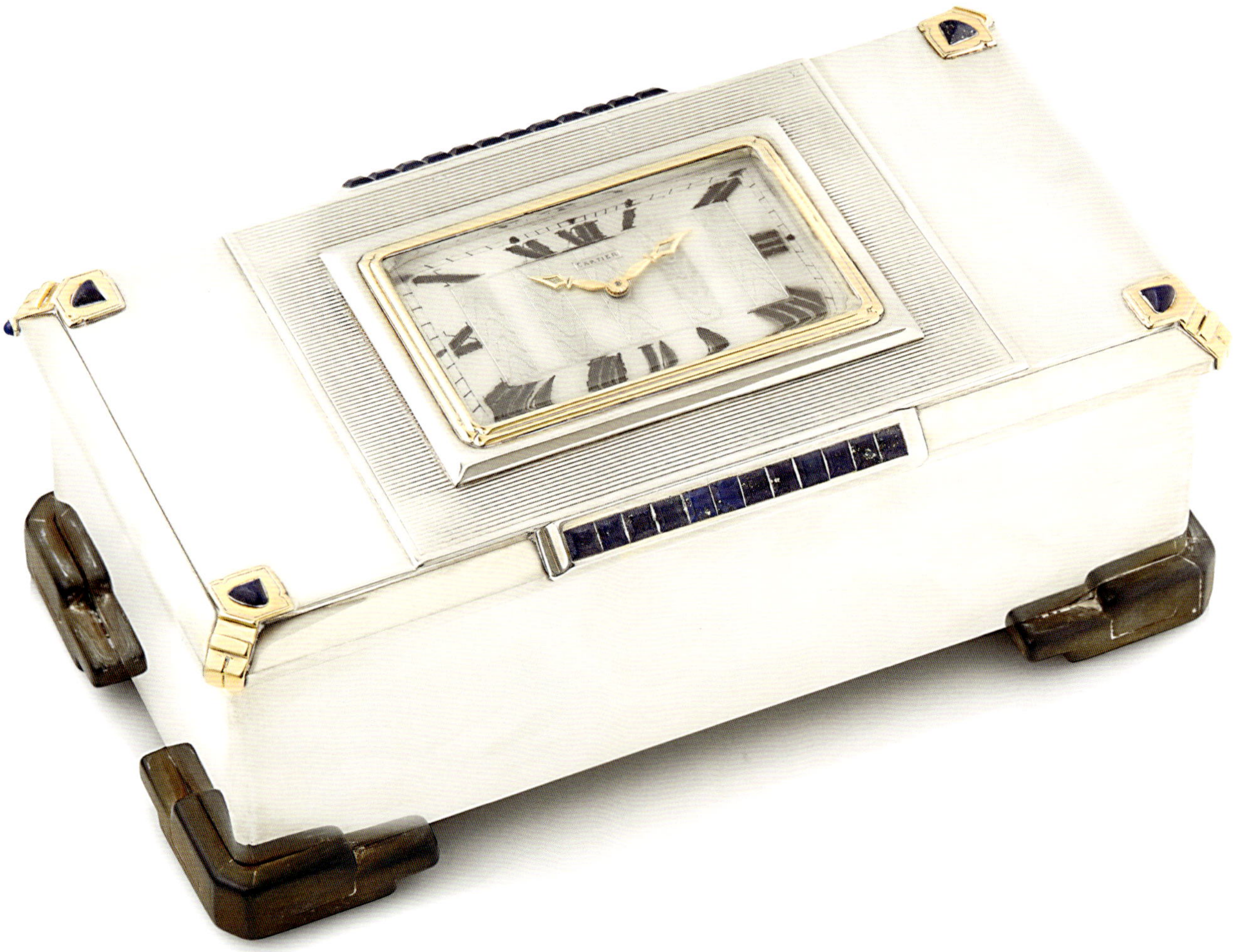

带时钟的台式烟盒，卡地亚巴黎，约1927年（图片为缩小尺寸）

金、银、青金石、硬橡胶、木；银指针

签名：Cartier Paris

“鹰头”法国黄金纯度印记

制作者：Frontin

高：7 cm； 长：19 cm； 直 径：10.5 cm

私人收藏

这个盒子卖给了媒体巨头威廉·R·赫斯特（William R. Hearst），他喧嚣的一生启发了奥森·威尔斯（Orson Welles）最卖座的《公民凯恩》。

相框，卡地亚巴黎，1928 年
（图片为缩小尺寸）

金、银、青金石
签名：Cartier Paris Londres New York
“野猪头”法国白银印记
制作者：Boulon & Taragnat
高：23 cm；宽：18.1 cm
私人收藏

有趣的是，就算是在装饰艺术风格期间，卡地亚还是延续了新古典主义时期的希腊回纹支架。这张照片上的人物是卡拉克·盖博（Clark Gable）。他是一位好莱坞明星，腕表爱好者，经常会佩戴卡地亚的“坦克”腕表在他的手腕上。

怀表，卡地亚纽约，约 1935 年

金、高透有机玻璃、绳、皮球；蓝钢指针
签名：Cartier Switzerland
长：4.9 cm；宽：4.2 cm
私人收藏

这只表可别在纽扣孔上悬挂。

带时钟和指南针的钱夹，卡地亚巴黎，约 1936 年

黄金、玫瑰金、弧面蓝宝石；蓝钢指针
签名：Cartier
“鹰头”法国黄金纯度印记
制作者：Jaeger
长：5.2cm 宽：4cm
私人收藏

怀表 – 指南针带日晷，卡地亚巴黎，1938 年（正、反）

黄金、玫瑰金
签名：Cartier
“鹰头”法国黄金纯度印记
制作者印记模糊
长：4.5 cm；宽：3.2 cm
私人收藏

20 年后制作的一件类似的时钟现在卡地亚典藏系列中。

“斗牛犬”钱夹，卡地亚，1940 年（左页）

金
签名：Cartier Paris
“鹰头”法国黄金纯度印记
制作者：Bournadet
长：5.5 cm；宽：3.3 cm
私人收藏

带支架座钟，卡地亚巴黎，约 1930 年

金、鎏金银、软玉；硬橡胶背板；
镀金折叠支架；金数字和指针
无签名
混合“鹰头”黄金和“野猪头”白银法国纯度印记
制作者：Couët
长：11.2 cm；宽：11.2 cm
私人收藏

在今天的卡地亚典藏系列中有一款类似的台式时钟，曾出售给乔凡尼·阿涅利（Giovanni Agnelli，1866–1945），他是菲亚特汽车的创始人。

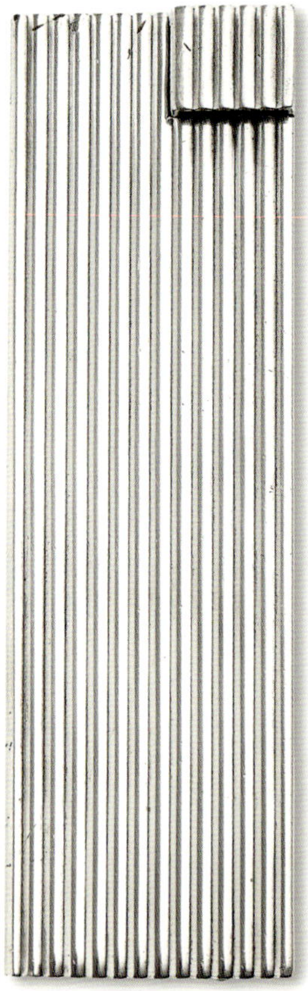

打火机，卡地亚巴黎，约 1935 年

金
签名：Cartier Paris
“鹰头”法国黄金纯度印记
“犀牛头”法国黄金纯度印记
制作者：Frontin
高：4.8 cm；长：3.5 cm；
宽：1.5 cm

在该打火机的一侧刻有：“30.12.63 Papa”，伴有一只瓢虫的图案。在另一侧则有：“Pour les allumer toutes”(把他们点燃)。

台式打火机，卡地亚巴黎，约 1940 年

银
签名：Cartier Paris
“野猪头”法国白银印记
高：12.3 cm；长：3.6 cm；
宽：1.8 cm
巴黎华雅收藏

打火机，卡地亚巴黎，约 1935 年

银
签名：Cartier Paris
“野猪头”法国白银印记
制作者：Frontin
高：4.5 cm；长：3.5 cm；
宽：1.6 cm
私人收藏

带时钟的打火机，卡地亚巴黎，约 1935 年

金；蓝钢指针
签名：Cartier France Made in France
“鹰头”法国黄金纯度印记
高：5 cm；长：4 cm；
宽：1.7 cm
私人收藏

带时钟的打火机，卡地亚巴黎，约 1935 年（左页）

银；蓝钢指针
签名：Cartier
“野猪头”法国白银纯度印记
制作者：Frontin
高：5 cm；长：4 cm；
宽：1.7 cm
私人收藏

盖子上刻有字母“L.C.O”。

台式打火机，卡地亚巴黎，约 1943 年

金、银
签名：Cartier Paris
“野猪头”法国白银纯度印记
制作者：Frontin
高：7.4 cm；长：5.8 cm；宽：
2.6 cm
私人收藏

这个款式与左页的金制款式很相似，只是尺寸更宽大，可以直立放在桌面上。

雪茄打孔器，卡地亚伦敦，1954 年（开、合）

9K 金、钢
签名：Cartier London，JC
9K 英国黄金印记
高：6.8 cm
私人收藏

雪茄剪，卡地亚巴黎，1923 年

金、弧面蓝宝石、钢
签名：Cartier Paris Londres New York Made in France
“鹰头”法国黄金纯度印记
制作者：Boulon & Taragnat
长：5.6 cm；直径：3.9 cm
私人收藏

这个雪茄剪的款式叫做“剪刀”（scissors），现在卡地亚典藏系列中也有这个款式，他从 20 世纪初就出现在品牌产品目录上了。

男式口袋笔刀套装，卡地亚纽约，约 1937 年（开、合）

14K 金，钢
签名：Cartier 14K
长：8.9 cm；宽：1.9 cm
私人收藏

现在卡地亚典藏系列中也有类似的款式。

口袋手电筒，卡地亚伦敦，1939 年

9K 金、胶木
签名：Cartier London，JC
9K 英国黄金印记
长：9.5 cm；直径：1.5 cm
私人收藏

旋转环可用来开关手电筒。这个口袋手电筒有几个尺寸，在商品目录中有一个 5.5cm 的版本，现属于卡地亚典藏系列。

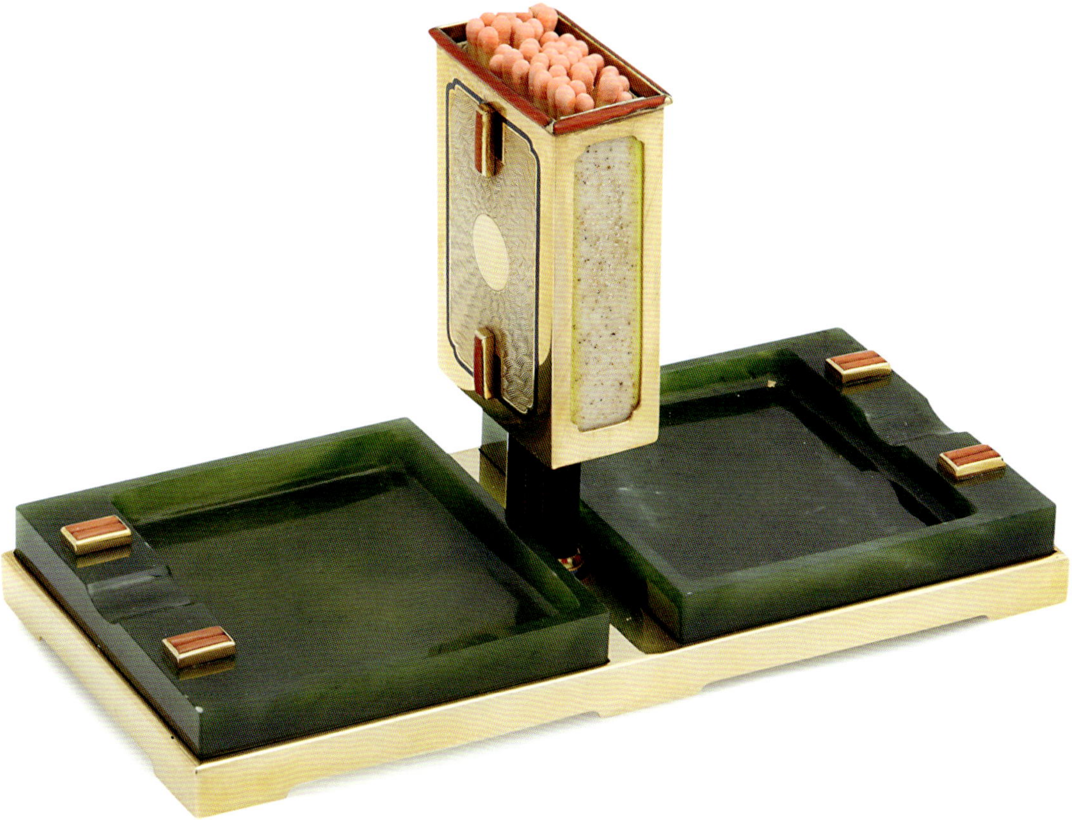

带火柴盒的烟灰缸，卡地亚
纽约，约 1930 年
（图片为缩小尺寸）

14K 金、黑曜石、珊瑚、软玉
签名：Cartier 14K
直径：13.6 cm；高：7 cm
私人收藏

带火柴盒的烟灰缸，卡地亚
纽约，约 1930 年
（图片为缩小尺寸）

14K 金、珐琅、珊瑚、软玉
签名：Cartier 14K
长：15.5 cm；宽：7.4 cm；
高：9.3 cm
私人收藏

带时钟的裁纸刀，卡地亚巴黎，1930 年（图片为缩小尺寸）

银、软玉、青金石；金指针
签名：Cartier Made in France
“野猪头”法国白银纯度印记
长：33.5 cm；宽：3.8 cm
私人收藏

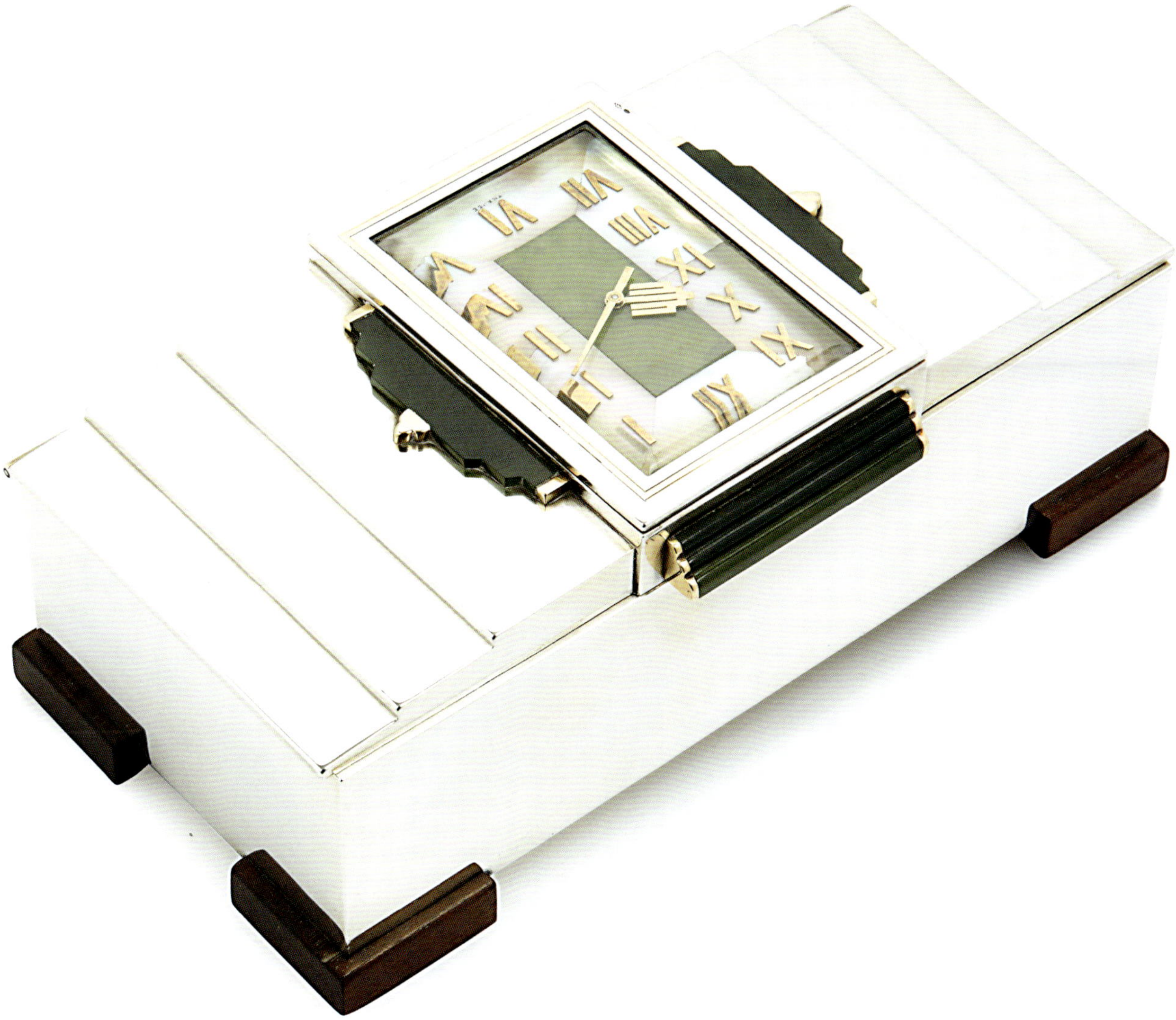

带时钟的裁纸刀，卡地亚巴黎，1930 年（左页）（图片为缩小尺寸）

金、银、青金石；金指针
签名：Cartier Made in France
“鹰头”法国黄金纯度印记
“野猪头”法国白银纯度印记
制作者：Couët
长：33.5 cm；宽：3.8 cm
私人收藏

带时钟的台式烟盒，卡地亚巴黎，约 1927 年（图片为缩小尺寸）

金、银、珍珠贝母、乌木、软玉；金指针
签名：Cartier，France
Made in France
混合“鹰头”黄金和“野猪头”白银法国纯度印记
“野猪头”法国白银纯度印记
制作者：Coüet
长：19.5 cm；宽：9.5cm；高：7.5 cm
私人收藏

配有圣克里斯托弗的汽车仪表盘，卡地亚巴黎，约 1925 年

金、象牙、珊瑚、珍珠贝母、珐琅、鎏金金属背板
签名：Cartier Paris Londres New York
“鹰头”法国黄金纯度印记
高：6.5cm；宽：4.2cm
私人收藏

配有圣克里斯托弗的汽车仪表盘，卡地亚巴黎，约 1925 年

黄金、青金石、铂金、抛光小型角石切割祖母绿、珐琅、鎏金金属背板
签名：Cartier Made in France
“鹰头”法国黄金纯度印记
高：6.9cm；宽：4.5cm
私人收藏

此型号中，通过按下中央图案两端的钻石，可以移动金色窗帘显露圣克里斯托弗。

配有圣克里斯托弗雕像的汽车仪表板，卡地亚巴黎—伦敦库存，1934 年（见左页）

黄金、玛瑙、抛光小型角石切割蓝宝石、珐琅、鎏金金属背板
签名：JC
“鹰头”法国黄金纯度印记
高：6.8cm；宽：4.4cm
私人收藏

配有圣克里斯托弗的汽车仪表盘，卡地亚巴黎，约 1925 年

金、软玉、小型角石切割抛光蓝宝石、珐琅、鎏金金属背板
签名：Cartier，Paris，Londres，New York
“鹰头”法国黄金纯度印记
高：6.5cm；宽：4.2cm
私人收藏

Le Lavandou
Var — 21 juillet 1922

Cher Picasso

Enfin ta carte arrive et me rassure — je me demandais si vous étiez tous malades. Moi je commence à guérir d'une "bronchite" prise au soleil. Se méfier du soleil.

J'étais venu pour ne pas travailler et disant même que je n'écrirai plus. Mais il y a un diable en nous. Je travaille malgré tous mes efforts.

As tu vu le duel (Kousnezoff) de Bathi dans la gazette musicale — Je l'ai envoyé à Stravinsky — Si tu ne le connais pas je lui écrirai de te l'envoyer — Donne des nouvelles lorsque

Jean

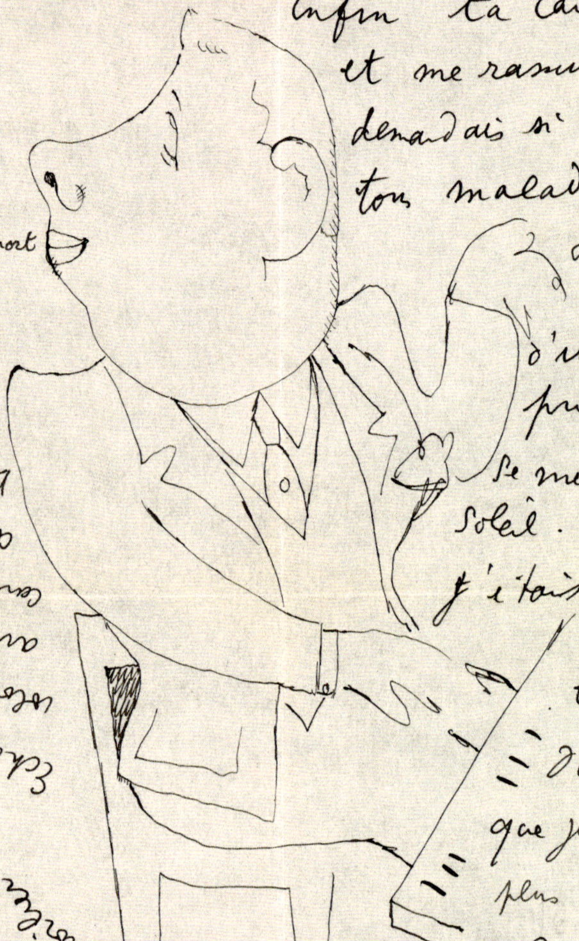

Le trapèze encense la mort

Échangerais volontiers portraits artistes connus ou cartes postales Keyer contre aquarelles Biarritz et coquillages

lisez "De l'un à l'autre" supplément de la "Revue de Madame"

achète la
C'est sublime.
♡

As tu aimé la haute époque Pal Guillaume trouvé sur la plage ? et Paul et le cheval — et Paul est il capitaine sur le voilier bleu ? —

书写工具
WRITING INSTRUMENTS

自 19 世纪以来，卡地亚一直为客户提供品类繁多的奢华器物，自然也不会错过书写领域。伟大的文明都源于书写，而西方文化中最极致的象征——和平大道，当然也不落人后。

卡地亚第一批记入库存的书写工具，是碧玉和铂金制的铅笔。1859 年 1 月，卡地亚的监事人玛蒂尔德公主订购了一款“碧玉笔搁”。在其后的不到 10 年里，库存记录中就出现了许多笔搁和自动铅笔。在店铺搬到和平大道之后，书写工具则开始采用“卡地亚”风格的珐琅和新古典主义装饰设计。20 世纪伊始，书写成为最广泛使用的个人或职业交流手段，卡地亚也顺理成章地制造了大量的写作工具。与其他出售的物品相比，其售价相对低廉，这促进了文具的畅销。

馈赠重要客人的礼物 Small gifts for important clients

为和平大道店铺的书写工具专门著有一本书的作家弗朗索瓦・夏耶告诉我们，品牌的大部分客人喜爱用这些价格便宜又小巧的器物，作为迷人的礼物。[1]

1906 年 10 月，美国银行家 J.P. 摩根购买了一个顶端带银色珐琅装饰的笔杆和一个带配套笔搁的玳瑁笔柄。1908 年 7 月，他添置了一支绿色“pékin”珐琅金笔，[2] 次年又购买了两支分别用黑白和绿白“pékin”珐琅制成的大号金笔。他还购得了一支较小的白色“pékin”珐琅金制款。最后在 1910 年，他买了三支自动铅笔，一支为圆锥形的蓝色珐琅金铅笔，用珐琅点和镶钻花朵装饰，另一支使用了紫色珐琅，还有一支则使用了灰蓝色珐琅。

就像纽约的银行家一样，客户会毫不犹豫地购买几件商品，有时还搭配类似笔搁的其他产品来组成套装。

当笔与笔搁一同出售时，它们会有相似的装饰。[3]1920 年 11 月，施特劳斯（Strauss）、阿拉德（Allard）和迈耶（Meyer）工作室一起向卡地亚交付了一系列的五款笔杆，有配套的带新古典主义动物和棕榈叶装饰的金和银制笔搁。这是一个很特别的范例，因为在 20 世纪上半叶，自来水笔和笔套都是特雷西街的同一个工作室为卡地亚制作的，后来被德库（Descoux）工作室代替，再然后由莱弗尔（Lefèvre）工作室接替。从 1933 年起，他们供应卡地亚所有的铅笔、钢笔和其他自动铅笔。在购买书写工具的著名买家名单中，也有资助发现图坦卡蒙墓的金融家夫人阿尔米娜・卡纳冯（Almina Carnavon）女士。1904 年，她购入一个饰有弧面蓝宝石的铂金螺旋铅笔搁，次年又购入一个带金月桂叶珐琅的金色玳瑁笔搁，搭配笔成套。

歌剧女演员内莉・梅尔巴也曾多次购买自动铅笔。在 1905–1908 年期间，她购买了几件产品组成套装，包括一个鎏金银蓝色珐琅笔尖和玳瑁笔杆，上面装饰了金月桂叶，一个笔搁、一把刮刀、一支铅笔杆和一个带蓝白 “pékin”珐琅的的双面橡皮擦套。（见 72 和 129 页）

路易・卡地亚的朋友卡斯特兰伯爵是富有的女继承人安娜・古尔德的丈夫。他在 1905 年购买了一支笔杆，笔杆上有一个金色玳瑁把手，杆尾饰绿色“pékin”珐琅及两圈白色珐琅圆点。

让・古克多写给巴勃罗・毕加索（Pablo Picasso）的信，1922 年

纸上墨水
巴黎，毕加索国家博物馆

卡地亚曾为让・古克多（Jean Cocteau）制作院士宝剑，正是这位先生，他在这封信里回忆起了与和平大道工作室紧密相连的人物：巴克斯特为“俄罗斯芭蕾舞团”作的演出套装深深影响了卡地亚，而为这出舞剧的几首曲子作了曲的斯特拉文斯基恰好是卡地亚器物的拥趸，他在他的卡地亚烟嘴被盗后，曾“大发雷霆”。

在那个时期，一款相对罕见的，装饰两个细圈玫瑰切割钻石的玑镂珐琅金自动铅笔出现了。这支铅笔有相当细长的圆锥外形。顶部可以旋下以添加铅芯（见 143 页）。

1907 年，另一位歌剧女演员丽娜·卡瓦里艾莉（Lina Cavalieri）购买了一款比较受欢迎的笔杆，柄是金色玳瑁制的，带金或银制杆尾，装饰了绿色、蓝色或粉色的珐琅在两条白色珐琅线或两片月桂叶之间。

20 世纪初，伸缩铅笔开始流行，它通常有一个带链条的环，取下笔帽，链条就会展开。（见 131 页）这些铅笔通常用来在比赛中下注，记下高尔夫分数或证券交易所的交易数字。

早在 1904 年，部分书写工具的制作，就委托给了莫斯科金匠亚尔。在交付的货品中也有笔杆的附属品——笔搁。尽管创作灵感和实现方式有所不同，但在 20 世纪初，书写工具的设计大多采用了一种奇特的“牛仔长筒靴”（bootjack）形，借用它的形状来实现使用功能。在俄罗斯工匠制作的一个款式上，有三个白色珐琅金莲花的装饰，这是法贝热在 1896 年至 1906 年制作的一个红宝石款式上所采用的装饰（见 72 页）。1906 年，另一个使用紫水晶制作的版本面市。

1908年在法国制作的另一个笔搁，为方形玛瑙制，更高且垂直，竖立在蓝绿色珐琅玑镂金底座上。[4] 同样的风格，也延续到了自动铅笔和伸缩铅笔的设计中。

例如，在 1906 年出现的罕见的“Liseuse”款式，这是一种扁平的可伸缩铅笔，也可以当作书签或裁纸刀使用。它用玑镂金和粉红珐琅制成。而另一个名为“à système tombant”（下降系统）的型号，顶端按钮可以松开铅笔。

许多款伸缩铅笔都是用一种或多种颜色，或者“pékin”玑镂珐琅金制成的。

在 1916 年的一个例子中，铅笔带笔鞘，一端有环，另一端是紫水晶，可以雕刻作为印章使用。

钢笔杆和自来水钢笔 Pen holders and fountain pens

由于人们与日俱增的流动性和旅行需求的增加，促生了便携书写工具的生产。刘易斯·沃特曼（Lewis Waterman）在 1884 年发明了第一支集成了储液罐的钢笔，这一发明迅速流行起来。因墨水包含在笔中，而且笔尖有盖子保护，钢笔就不再需要墨水罐或笔搁了。其中一些配有可供女士佩戴的环，或配有可以连接男士手表链子末端的装置，也可以直接放入口袋或包中。这种产品的便捷在一战中更为突显，在 1914 年到 1918 年期间，法国邮政局发送的信件量从每天 400 万封增加到 1000 万封。卡地亚也销售来自其他制作者，如沃特曼（Waterman）、万宝龙（Montblanc）或康克林（Conklin）的产品，当然会在其中加入一点卡地亚的气质。正如我们在第五章中所看到的一样，卡地亚也会出售一些由同名制作者生产的并木笔，它们有最好的日本漆器工艺装饰。

1919 年，卡地亚制作了一支盎格鲁 – 撒克逊人称之为“自来水笔”的钢笔，以及一支自动铅笔，其笔帽或上端有黑白或蓝白色珐琅的万年历。日历有英语或法语版本。供墨系统被称为“气动”系统。它比“滴管”系统更安全，也比卡地亚纽约售卖的，如康克林、谢弗（Shaeffer）或沃特曼推出的杠杆系统更美观。虽然杠杆的构造隐藏于笔身，但是会破坏笔身的线条。“气动”系统则没有这种顾虑。只需简单地取下钢笔的盖子，就会露出一个小橡皮气囊，排出空气，将笔尖浸入墨水瓶中，释放气囊来吸取墨水。

20 年代时人们仍然在使用蘸水长笔杆，卡地亚也参与了改变笔杆设计和材料的变革。手柄会用一块或多块硬石制成，如玉石、青金石、珍珠贝母或玳瑁。笔尖则为抛光或拉丝金带几何或东方图案珐琅。

在其中的两个款式中，设计包括接连的圆柱型，用象牙或玛瑙制成，以珐琅或硬石垫圈隔开，顶部镶有一粒弧面宝石。在其他的硬石版本上，手指所在的位置会用抛光金或珐琅金制成。

在书写产品的领域中，设计师的想象力似乎是无限的，在尺寸、设置和功能上变化万端。

一支金制的三角形自动铅笔，带有白色珐琅标尺，可当做尺来使用，另一支则带有珐琅桥梁标记。一些铅笔款式两端各有笔头，分别是红黑两色。（见405页）还有配打火机的款式（见404页），也有配钟表或两者兼备的款式。1934年，著名的英国剧作家诺埃尔·科沃德爵士（Sir Noel Coward）在伦敦购买了一支配有电筒的自动铅笔，可以在黑暗中书写。

30年代，卡地亚销售了一种压力充墨，并可以看到墨水余量的钢笔，还在1936年生产了第一支带有玻璃墨胆的钢笔。[5]1939年的一款钢笔上饰有镶钻的黑色小瓢虫。另外，带有储墨胆的自来水金笔自1938年起加入了彩色装饰，比如在笔帽螺纹附近的两个黑色珐琅环之间装饰珊瑚制饰带，或者装饰一条金字塔型弧面青金石宝石饰带。

在书写产品中，新开发的款式十分便利，尤其是圆珠笔的发明导致了钢笔使用的减少。

尽管1888年就出现了圆珠笔最早的雏形，但直到1950年法国人马塞尔·比希（Marcel Bich）对圆珠笔作了重要改进，才使得圆珠笔大获成功。与此同时，金或银制的自动铅笔还在继续生产。当然珐琅消失了，但新的装饰形式出现了，比如将一枚奖牌或硬币用圆环悬挂在笔的上端，又或设置一个铰链，可以折叠放置一个矩形的放大镜。

墨水罐和桌面套装 Inkwells and desk sets

从20世纪初开始，卡地亚就为那些追求美好事物，且希望用优雅的桌面套装来装点自己书桌的人们，提供包括墨水罐、笔杆，有时也包含钟表的书桌套装产品。卡地亚典藏系列中最著名的一款该类产品是1908年制造的，它由蓝灰色和紫色的玑镂珐琅制成，装饰月桂叶，是战前的典型作品（见132页）。1907年制作的另一个中心没有时钟的款式，它有两个蓝色、白色和绿色珐琅的方形墨水罐放在镭射纹玑镂珐琅底座上，四个角上都饰有玫瑰花图案。

在20世纪20年代，卡地亚继续销售的桌面套装，自然已经没有了新古典主义的特征，而呈现出当时的装饰艺术风格外观。以一款饰有玛瑙和双色蓝绿珐琅的产品为例，将中国香炉改造成墨水罐，放置在孔雀石和天青石镶嵌的底座上。1930年，南斯拉夫亚历山大国王和玛丽王后购买了同款的蓝绿色的天青石和软玉制桌面套装。

品牌设计师们继续大胆创新，推出了墨水罐－时钟－笔搁套装，这是1929年款的升级版。它有一个传统的布局——中间为一个钟，两端是墨水罐，前面为笔搁，后面是一个由中国传统玉壶制成的墨水罐，盖子附时钟，得益于盖子上的支撑，时钟可直立起来。盖子还可以用来放置钢笔。

书签和裁纸刀 Bookmarks and letter openers

与写作和书籍世界密不可分的是裁纸刀和书签，卡地亚的潮流革命也延伸到了这些领域。和一般裁纸刀不同的是，书签虽有一个刀片，其末端却通常为宽圆形，而非尖头，这种刀的刃并不锋利。在1914年之前，书签和裁纸刀会用珐琅装饰，例如1906年的款式，配有“薰衣草”蓝色珐琅柄，饰月桂叶，并配以长而平整的象牙刀。[6]另一件沿其整个长度覆盖浅蓝色珐琅的款式则更显简洁。这些珐琅产品能够自然地与带有标志性新古典主义装饰的产品共存。

1912年，希腊回纹出现在一系列带珐琅柄和白玉刀片的裁纸刀上。在把手和刀片的交接处，有一个银环上装饰了希腊风格的“波浪”（见60页），这是一个流行的主题，可以在盒子上以及当时许多巴黎建筑的造型上找到这个图案。还有一个从 1912 年开始制造的“印度 – 波斯”风格裁纸刀，为比较细巧的匕首形状，用一整块软玉雕刻而成，中间有一个由四块蓝宝石镶嵌而成的方形图案。[7]

一个 1913 年的款式中的软玉刀片有更不寻常的设计。它的握柄借鉴了爱奥尼亚柱头的形状，镶嵌弧面蓝宝石，并用黑色珐琅装饰。这个产品后来被卖给了阿迦汗，不久之后又被卡地亚买了回来。[8]J.P. 摩根在这类产品中购买了一个装饰有蓝宝石的软玉裁纸刀、一个带萤石把手的银制放大镜和几枚金蓝宝石印章。

很快，一阵东风吹入卡地亚的创作，将中国器物引入卡地亚系列产品的设计中。这一时期的产品虽在外形上没有多大改变，但却产生了全新的用途。从中国艺术品经销商那里购买的清代“扁方”式翡翠发簪被改造成书签。而莫卧儿和波斯文明则启发了大型硬石书签的制作。

1928 年，“S”部门有一个银制的尾端配有长方形放大镜的裁纸刀款式，有的配平板刀片，有的刀片带镂空，雕刻有运动图案，其中包括：游泳、高尔夫、网球、钓鱼、狩猎。（见 412 页）

1927 年，罗斯柴尔德男爵特别订购了 24 件和这款裁纸刀类似的，但没有放大镜的款式，作为赠送他人的圣诞礼物。在金属裁纸刀的刀刃上，会出现巡回猎犬、野鸡、鸭子和鹧鸪的形状（见 412 页）。在上端刻有“Ferrières Xmas 1927”的字样。[9]这种特别定制体现了一种生活艺术中的奢华概念。在 20 世纪之初，器物的个性化设计会通过装饰一个花押字母或家族纹章来体现。也会刻上主人生命中值得纪念的事件，如出生日期、好运符、赛绸或队号等，都被应用于实际制作中。到了 20 世纪 20 年代，在物件上刻上词句成为时尚。爱的宣言、旅行的回忆或友谊的标记，这些字符往往成为亲友间牵绊的见证，就像这个曾经属于墨西哥驻巴黎大使米格尔・德・伊图尔（Miguel de Yturbe）的金制烟盒一样。（见 415 页）

从 1928 年起，莫里斯・库埃工作室交付了一系列原创且稀有的裁纸刀。它们被以“手表刀”（Couteaux Montres）的名称记入存货清单。正如名字所示，它们配有大型刀片，多为硬石或银制成，配把手，这个把手是一块从边缘凸起的钟表，这让人联想到卡地亚从 1906 年开始制作的著名的“酒桶”（Tonnau）手表。在一些款式中，表盘上饰有点翠制成的马赛克装饰图案。在表盘下镶有青金石或珊瑚棒，有的会呈现东方主义风格，在金属包头上装饰“如意”图案（见 392 页）。上弦把手是由开槽的球形珊瑚宝石、天青石或绿宝石制成的。前几章中提到过的，一个蓝色和红色珐琅的款式，与其他款式的设计不同，在表盘下面的图案是卡地亚作品中罕见的使用玛雅风格图案的示例之一。这件作品饰有蓝色珐琅的“蛇”形指针，而其他作品则为金指针。（见 343 页）

卡地亚巴黎设计了一个款式，在中心部分有一个刀刃，刀刃被分成两个等宽的重叠部分，纸张在这两部分之间滑动和楔入。顶部为圆柱形，由像水晶一类的硬石制成，或装配钟表。较小的金制款式上舍弃了中间切割部分，留下一个可以嵌入一张纸或书页的标签。

1930 年，为了纪念一个与皇室有关的事件，店铺特意推出了几件带有拿破仑三世（Napoleon III）和尤金妮皇后（Queen Empress E ugenie）标识的黑色珐琅银制款式，并搭配有白色的盒子。（见 407 页）黄金款式的顶部会采用各种各样的镂空雕刻或珐琅图案，如圣诞树、帆船、汉字、猫头鹰，有的会饰以用硬石和珐琅制成的镶钻爱情鸟，还有的则饰以黑色珐琅猫造型。带这些装饰的产品，会刻上标志性的短语“happiness follows me”（幸福伴我行）。（见 407 页）

除了这些小型产品外，还有来自卡地亚纽约生产的大型款式，有一件用软玉制成，上面有用白色珐琅固定的小玛瑙环，并镶嵌弧面蓝宝石装饰。它们的尺寸有时超过50厘米，被用于报纸的版面标记。另一个款式是两部分分开设计的。手柄和刀片会由不同的硬石制成，通过一个或两个珐琅金装置连接在一起。

1929年的一个款式使用了白玉制的莫卧儿匕首柄和刻有“寿”字的白玉中国刀片，但从其最初的设计草图可以看出，原本的设计会采用不同材质的刀片。（见341页）

另有一个单独的款式，在它的手柄中央，配有带装饰图案的一个或两个珐琅箍环。它有几何图案、印度珐琅饰板、波斯风格、绿松石镶嵌（见268页）的设计，又或者，再次出现硬石上水平放置的玮致活饰板。

封蜡印章 Seals

除了这些书写工具外，还有桌面放大镜、简单的镇纸或结合了时钟的镇纸（见204页），当然还有信纸，1925年纽约分店推出的蓝色款式大获成功。在所有这些简单或精致的器物中，我们最后必须提到能在封蜡上留下优雅字母的印章。雕刻工匠们的大胆想象，再次被运用在了印章的设计中。这些印章的把手大多为圆形、方形或六角形，由雕刻成动物的硬石制成，比如三只背靠背的青金石猫头鹰，或水晶雕刻的斗牛犬。也有一款小型银制款式，它的把手是一个镂空雕刻的汉字，中间饰以黑色珐琅制的首字母。（见411页）

基于传统来说，多数印章会刻有主人姓名的首字母。

最后，还有一个奇怪的款式，它是1925年制造的一个结合了印章和香水瓶的产品。它由取自“apprêts”库存中的中国紫水晶雕塑制作而成，饰有蜜蜂落在玉米穗上的雕刻装饰。印章上有几何图案珐琅，顶端有雕刻过的红宝石盖子。

注释
Notes

1. F. Chaille，*Cartier: styles et stylos*，Paris，Flammarion，2000。

2. “Stylographe”，是一个经常被建筑师使用的，用以描述钢笔的单词，在那年出现在卡地亚的库存记录上。

3. 这两件产品放在长方形竖盒中出售，笔搁在左侧，笔杆在右侧。

4. 该产品现存于卡地亚典藏系列。

5. 橡胶墨胆只在1954年由JIF进口法国的沃特曼钢笔上出现。

6. 该产品现存于卡地亚典藏系列。

7. 同上。

8. 同上。

9. 第二帝国时期建于巴黎以东的费里耶尔城堡是罗斯柴尔德的住宅。

墨水罐，卡地亚巴黎，1930 年

银、硬橡胶、皂石、漆
签名：Cartier Paris Londres New York Made in France
“野猪头”法国白银纯度印记
制作者：Renault
高：12 cm；长：7.6 cm；直径：9.8 cm
私人收藏

这个器物是用一个中国文人的古董印章改造而来的。印章被掏空，底部被切下作为盖子，安放在一个阶梯式底座上。
这件作品由滑石制成，这种石材容易雕刻，但缺点是很脆。

（盒盖细节）

蘸水笔，卡地亚，约 1929 年

金、玛瑙、珊瑚、珐琅
长：15.8 cm
卡地亚－日内瓦收藏

自动铅笔，卡地亚巴黎，约 1940 年

金
签名：Cartier Paris
“鹰头”法国黄金纯度印记
制作者：Lefèbvre
长：12.5 cm
私人收藏

这款自动铅笔和配套的钢笔，配有红色皮革笔袋一同销售。

自来水笔，卡地亚巴黎，约 1940 年

金笔头
签名：Cartier
“鹰头”法国黄金纯度印记
长：12.5 cm
私人收藏

自来水笔，卡地亚纽约，约 1930 年

金
签名：Cartier 14 CT（14 K）
长：9.1 cm
私人收藏

自来水笔，卡地亚巴黎，约 1950 年

金
签名：Cartier
“鹰头”法国黄金纯度印记
制作者：Lefèbvre
长：8.6 cm
私人收藏

自来水笔和自动铅两用笔，卡地亚纽约，约 1935 年（合、开）

14K 金
签名：Cartier
长：14.4 cm
私人收藏

配打火机的自动铅笔，卡地亚纽约，约 1935 年（合、开）

金
签名：14K
长：13.9 cm
私人收藏

自动铅笔，卡地亚巴黎，约 1950 年（右页）

金
签名：Cartier
"鹰头"法国黄金纯度印记
制作者：Lefèbvre
长：8.1 cm
私人收藏

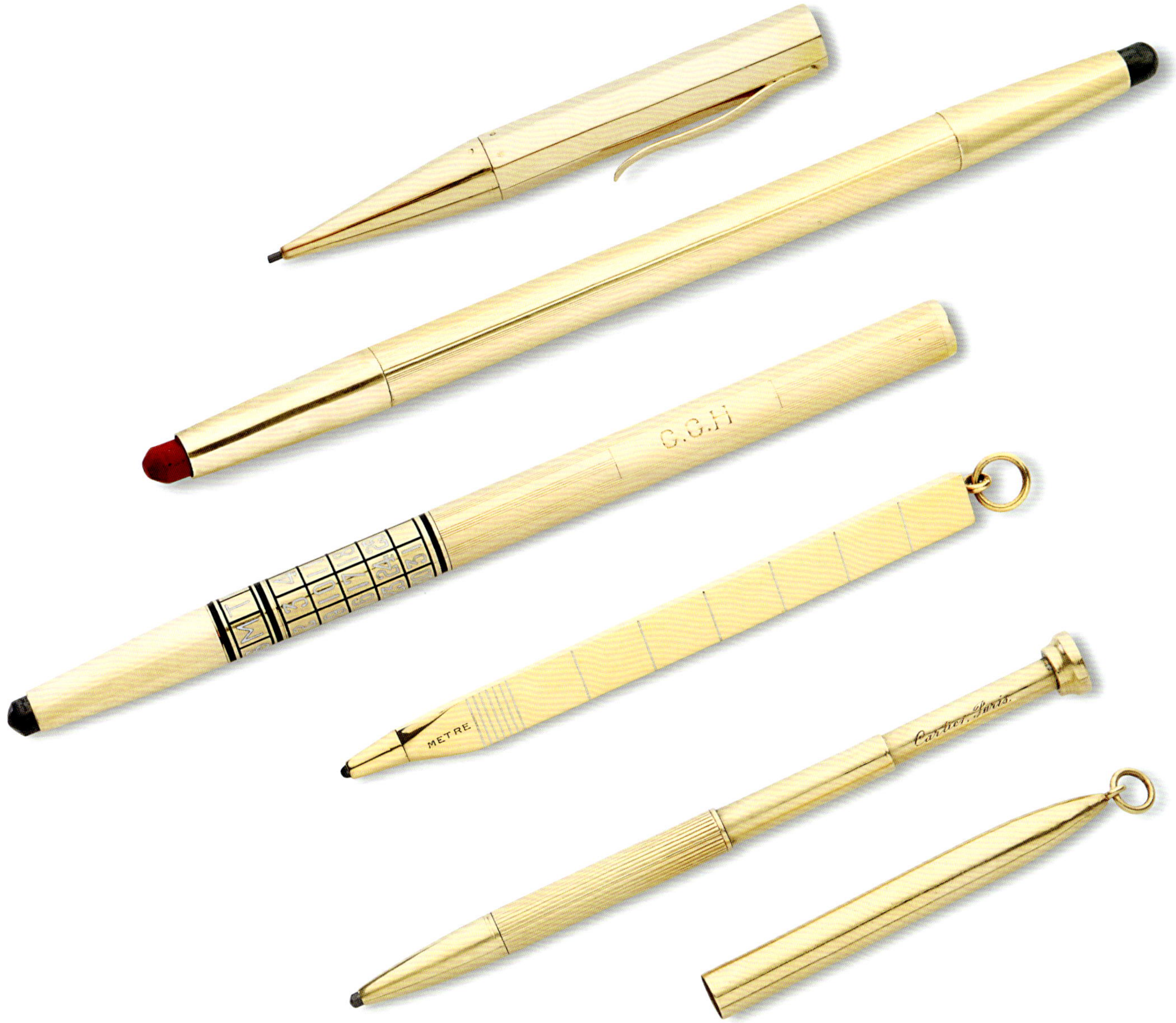

双色自动铅笔 卡地亚纽约，约 1930 年

14K 金
签名：Cartier
长：15.3cm
私人收藏

带万年历的自动铅笔，卡地亚纽约，约 1926 年

金、珐琅
签名：Cartier New York
长：14.7 cm
私人收藏

抛光金可以让主人刻自己的名字花押在上面，这里是：“C.C.H”。

带尺的自动铅笔，卡地亚巴黎，约 1935 年

金、珐琅
签名：Cartier Paris
“鹰头”法国黄金纯度印记
制作者：Lefèbvre
长：10.4 cm
私人收藏

伸缩铅笔，卡地亚巴黎，1927 年

金
签名：Cartier Paris
“鹰头”法国黄金纯度印记
长：7.5 cm（闭合）
私人收藏

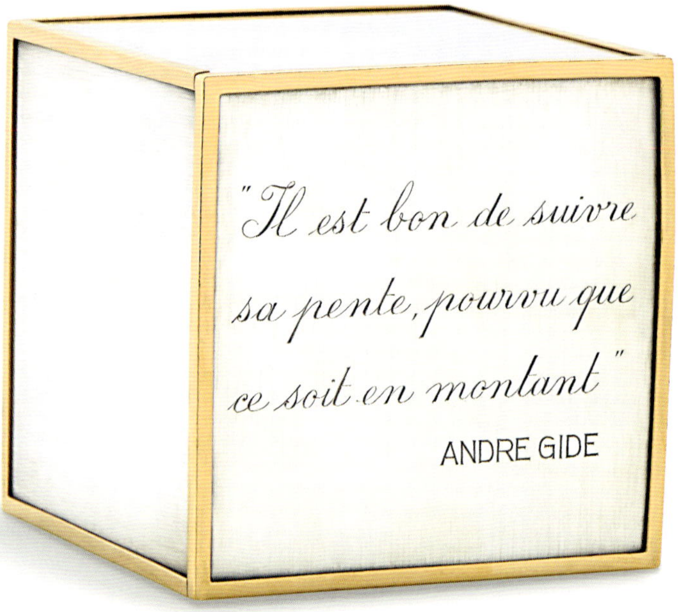

镇纸，卡地亚巴黎，约 1955 年

金、银
签名：Cartier Paris
制作者：Cartier
长：6 cm；宽：6 cm；
高：6 cm
私人收藏

引述安德烈·纪德（André Gide）的一句名言："遵循自己的道路，只要它是向上的。"取自他于1925年出版的小说《伪币制造者》。

配笔记本夹的伸缩铅笔，卡地亚伦敦，约 1930 年

金
签名：Cartier 14K
长：5.7 cm（铅笔），长：5.2 cm（夹子）
私人收藏

印度巴罗达的盖克沃尔的臂章刻在了这个夹子上。他让雅克·卡地亚作为他个人珠宝购买收藏的顾问。

书签，卡地亚纽约，约 1930 年
（右页）

金、珐琅
签名：Cartier NY
长：8.7 cm
私人收藏

这个书签也是一把小裁纸刀。上面刻有"le bonheur me suit"（幸福伴我行），配一只黑猫的版本是一个定制款。

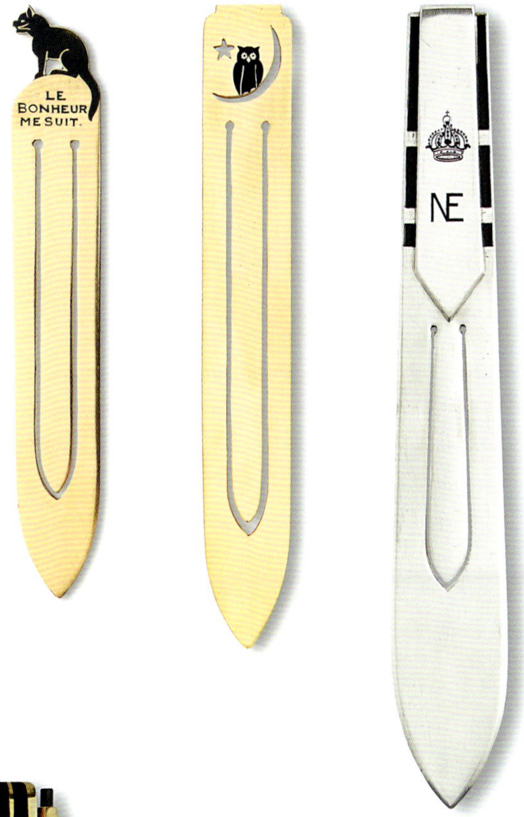

书签，卡地亚纽约，约 1930 年

金、珐琅
签名：Cartier 14K
长：9.1 cm
私人收藏

书签，卡地亚巴黎，1930 年

银、珐琅
无签名
长：12.3 cm
私人收藏

一个这款书签现在卡地亚典藏系列。

笔记本封皮带自动铅笔，卡地亚巴黎—伦敦库存，1928 年

金、珐琅
签名：JC
18K 英国黄金印记
“鹰头”法国黄金纯度印记（铅笔）
制作者：Renault（笔记本）、Descoux（铅笔）
长：10 cm；宽：6.7 cm
私人收藏

笔记本封皮带自动铅笔，卡地亚巴黎—伦敦库存，约 1930 年

金、黑珐琅
签名：Cartier Paris Londres New York Made in France
“鹰头”法国黄金纯度印记
制作者：Boulon & Taragnat
长：8 cm；宽：6.4 cm
私人收藏

几何图案珐琅是受到了中国图案影响。

50 60 70 80 90
40 100
30 110
20 120
10 130
Cartier
Fahrenheit

N
NW NE
W E
SW SE
S

CHANGE
STORMY . RAIN
FAIR . VERY DRY
Cartier
Barometer

JUL

带时钟的桌面套组，卡地亚巴黎，1930 年（图片为缩小尺寸）

金、银、软玉、石板、珍珠贝母、蓝宝石；金、蓝钢指针
签名：Cartier
“鹰头”法国黄金纯度印记
混合“鹰头”黄金和“野猪头”白银法国纯度印记
制作者：Couët
长：22.5 cm；宽：13 cm；
高：13 cm
私人收藏

这件作品的中心立方体做了一个轴，让时钟、气压计、温度表和日历从任何位置都可以看到。在立方体的顶部放了一个指南针。该款式具有多种功能，配有软玉底座。

蘸水笔配笔搁，卡地亚，约1925年

金、硬橡胶、珐琅、珊瑚、弧面缟玛瑙宝石、铂金、玫瑰切割钻石
签名：Cartier
长：15.4 cm（蘸水笔）
高：3cm（笔搁）
卡地亚 – 日内瓦收藏

自动铅笔，卡地亚巴黎，1927年

金、软玉、珐琅、珊瑚
签名：Cartier Paris
长：14 cm
卡地亚 – 日内瓦收藏

自动铅笔，卡地亚巴黎，1926年

金、珊瑚、珐琅、玫瑰切割钻石、祖母绿
长：11.7 cm
卡地亚 – 日内瓦收藏

自动铅笔，卡地亚巴黎，1928年

金、珐琅、弧面红宝石、玫瑰切割钻石
签名：Cartier
长：10.8 cm
卡地亚 – 日内瓦收藏

印章，卡地亚巴黎，约 1925 年

银
签名：Cartier
“野猪头”法国白银纯度印记
高：2.7 cm
私人收藏

印章，卡地亚纽约，约 1925 年

金、水晶、弧面红宝石
签名：Cartier 14K
高：5.2 cm
私人收藏

印章，卡地亚巴黎，1926 年

金、珊瑚、缟玛瑙、珊瑚、弧面祖母绿、铂金、玫瑰切割钻石
无签名
“鹰头”法国黄金纯度印记
高：6.8 cm
私人收藏

印章，卡地亚巴黎—纽约库存，约 1925 年

金、玉
签　名：Cartier Paris Londres New York
“鹰头”法国黄金纯度印记
高：6.5 cm
私人收藏

带印章的香水瓶，卡地亚巴黎，1928 年

金、紫晶、珐琅、红宝石
无签名
“鹰头”法国黄金纯度印记
制作者：Couët
高：9.3 cm
巴黎华雅收藏

这件物品是一个封口镶有雕刻红宝石的香水品，也是一个印章，印章位于瓶底。这件物品是用一件“apprêts”库存中的刻有麦穗的中国紫晶器物改造而成的。

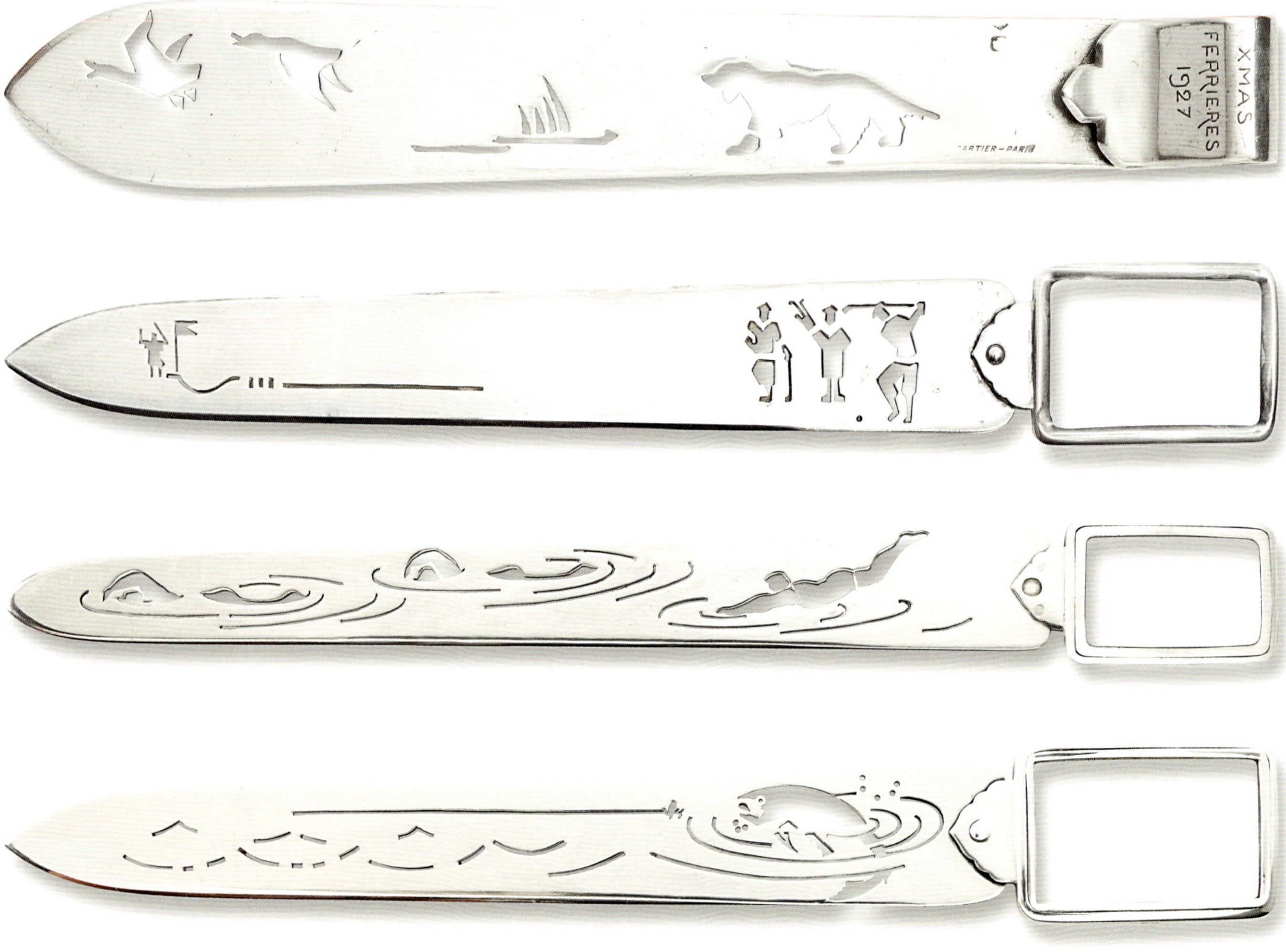

裁纸刀，卡地亚巴黎，1927 年
（图片为缩小尺寸）

银

签名：Cartier Paris
“智慧女神头像”法国白银纯度印记
制作者：Chauvot
长：21.2 cm
巴黎华雅收藏

这把裁纸刀是 1927 年罗斯柴尔德男爵为圣诞节所委托制作的 24 件类似物品中的一件，因此铭文为“XMAS Ferrières 1927”。“费里耶尔”是一座靠近巴黎的由詹姆斯·德·罗斯柴尔德所建造的庄园的名字，建于 19 世纪中叶，建成时被认为是法国最豪华的住宅。

1926 年，英国罗斯柴尔德家族也向卡地亚订购了一套 34 个“中国”花瓶，作为在沃德斯登庄园举行的圣诞晚宴上的礼物。

在卡地亚的收藏中，还有其他 23 把裁纸刀，其中一把也有猎犬和鸟的图案，但位置不同。这里所举的例子是由雷内·查沃特（Rene Chauvot）制作的，他发明了世界上最著名的手表之一“逆跳”（Reverso）。

带放大镜的裁纸刀，卡地亚巴黎—伦敦库存，约 1928 年
（图片为缩小尺寸）

银、玻璃
签名：Cartier Made in France
制作者：Linzeler
长：25.5 cm
私人收藏

带放大镜的裁纸刀，卡地亚巴黎—伦敦库存，1928 年
（图片为缩小尺寸）（左页）

银、玻璃
签名：Cartier Made in France
制作者：Linzeler
长：25.5 cm
私人收藏

除了展示钓鱼、游泳、高尔夫以外，卡地亚的裁纸刀上还会出现网球和骑马的图案。

带放大镜的裁纸刀，卡地亚巴黎—伦敦 / 纽约库存，约 1928 年（图片为缩小尺寸）（左页）

银、玻璃
签名：Cartier Paris
制作者：Linzeler
长：25.5 cm
私人收藏

桌面套组，卡地亚巴黎，约 1930 年（图片为缩小尺寸）

银、黑金花大理石
签名：Cartier
“野猪头”法国白银纯度印记
长：35 cm；宽：11 cm（托盘）
长：25 cm（裁纸刀）
长：13.5 cm；宽：6 cm（印台）
长：4.5 cm；高：6 cm（火柴罐）
制作者：Linzeler
私人收藏

这个书桌套组是用黑金花大理石制成的。它与 1899 年由大理石石匠霍多特（Houdot）选择的用于装饰和平大道店铺入口的大理石相同。这种大理石用于装饰所有卡地亚在世界各地的精品店，见到这种大理石往往能与卡地亚联系在一起。

卡地亚，墨水罐预绘图，1927 年

透明纸上的铅笔、水粉和水彩
卡地亚档案

墨水罐，卡地亚纽约，
约 1927 年（开、合）

金、瓷器、木
签名：Cartier
高：9.1 cm；直径：6.3 cm
卡地亚 – 日内瓦收藏

这款墨水罐的底座和盖子是用中国清代的木雕制成的。卡地亚强调了罐子的远东风味，并在罐边加上了长寿的符号。它被出售给了莫娜·俾斯麦（1897–1983）。她原名莫娜·斯特拉德，Mona Strader）出生于美国南部一个普通的家庭，1926 年嫁给了金融巨头哈里森·威廉姆斯（Harrison Williams）。从那时起，她收集香水和衣服，并在 1933 年被评为“世界最佳着装女性”。因此，这位对珠宝以及古代和中国瓷器都非常狂热的女士，在她喜欢的珠宝商那里购买墨水瓶，也就不足为奇了。

烟盒，卡地亚巴黎，约 1927 年
（正、反）

金、玉、软玉、珐琅、铂金、玫瑰切割钻石；内附一个火柴单元（隔层）、一支自动铅笔
签名：Cartier Paris Londres New York Made in France
“鹰头”法国黄金纯度印记
长：9.5 cm；宽：6.3 cm；
高：2 cm
私人收藏

这件商品是墨西哥驻法国大使米格尔·德·伊图尔向卡地亚订购的。在盒子底部，刻有他的家庭住址：“Yturbe，16 place des Etats-Unis，Paris”，以及 1902-1927 年的日期，以及他朋友签名的复刻字样。

享乐世界
WORLDLY PLEASURES

在蒙梭公园或布劳涅森林的私人宅邸里，贵族和资产阶级不再玩惠斯特纸牌或“tric-trac”游戏，它们早在20世纪初就已被废弃。扑克也不受待见，那时它还是一种在臭名昭著的赌场里玩的下流游戏。相反的是，像美丽的格雷夫人一样，他们会将桥牌作为自己的选择，[1] 于是卡地亚在产品目录中列出了好友之间进行游戏的所有必要配件：硬石烟灰缸配珐琅王牌，让你在比赛中能享受一支烟的美妙时光（见154页），还要用金或银制铅笔和记事本来标记分数。在伦敦的贵族俱乐部中，穿着燕尾服的绅士们在玩双陆棋，卡地亚把双陆棋放在皮盒子里，就像一本装订好的书。[2] 在曼哈顿的高档公寓里，富有的美国女人们互相传递从卡地亚购买的银制和珐琅游戏盒，里面有两层卡片、四支银制铅笔和两个记事本。这些盒子是1927年制造的，都属于“S”部门出品，[3] 有红色或黑色皮革的版本，配有金制和珊瑚制的棒状搭扣，里面有几副彩色的波斯风格装饰卡片（见420页）。[4] 对于更富有的人，他们有漆木游戏盒，里面有代币托盘和硬石、珍珠贝母装饰的迷人东方风景画。这里当然也会有烟灰缸。在卡地亚生产的所有款式中，最成功的是一款四个烟灰缸的套装，大部分是圆形的，为银制或硬石制，由两个小柱子架起并叠加固定在硬石底座上。（见425页）

咖啡公社 Café Society

在大战之后，人们仍然没有从战争恐怖的创伤中恢复，无用的游戏世界填补了上流社会的人心空洞。在20世纪30年代产生的一个群体，被著名的美国“八卦”作家艾丽莎·麦克斯韦（Elsa Maxwell）和记者卢修斯·比伯（Lucius Beebe）称之为“咖啡公社”，今天我们称之为“Jet Set”（飞行一族），他们对这些肤浅的、世俗的快乐情有独钟。这个咖啡公社成员，包括沃利斯·辛普森（Wallis Simpson）、亚历克西斯·德·瑞德（Alexis de Redé）、莫娜·俾斯麦和戴西·法罗斯，他们是咖啡公社最突出的几位代表人物，他们喜欢在巴黎、伦敦和纽约等大都会的咖啡馆会面。他们是品位和优雅的新裁判。同时，他们都很富有，也很乐于跨越社会地位的障碍，将欧洲的旧贵族和美国的财富新贵联姻起来。[5] 在艺术上，他们认为，多此一举反而必不可少，辅助的艺术才是最主要的。贞·杜桑走在了时尚的最前沿，凭借她的眼光，卡地亚发现了高定时装，以及高定珠宝，这归因于她的人脉和高超的人际交往技巧，她是时尚最好的发言人。卡地亚的重要客户埃尔西·德·沃尔夫将室内建筑和装饰打造成了一门独立的学科。她把自己的品位灌输给了巴黎和纽约的全球最顶级富翁们。因此，像《Vogue》和《时尚芭莎》这样的杂志可以为优雅定下基调也就不足为奇了。仅仅有出生门第早就不够了，必须拥有品位，而且被接纳到高雅的圈子里，还要能够在里维埃拉最美丽港口的游艇上度过夏天。这个地区有很多赌场，“咖啡公社”们会在那里挥霍。在卡地亚的特别订单中能够窥见赌场游戏的品位规则，例如，这个钢制烟盒正面，它的主人为它定制了一个镶钻轮盘（见30页），或者卡地亚纽约店的一个烟盒，其盒盖上刻了红黑色的轮盘（见423页）。从1919年开始，一款三角形截面的带有珐琅桥牌符号自动铅笔面市（见423页）。另有其他六角形截面的铅笔，配有几种尺寸。它们成对地放在游戏箱里或单独出售。1937年5月，一个金制的该笔被作为了女子高尔夫杯的参与奖。其他的游戏主题产品还有，一个1955

乔治·巴比尔

谁！
刊于《Falbalas et Franfreluches》
杂志，1925年

年卡地亚伦敦出品的金骰子展开形成的相框，配有一个金垂饰，坠有两颗象牙骰子。而在20世纪30年代纽约店制造的红黑漆台式烟盒中，有一款的盖子上被嵌入四张王牌来进行装饰。

早在1910年，身为赛艇运动员的路易·卡地亚就在他记录想法的笔记中写道，有必要为男人准备和运动及帆船相关的礼物。随后游艇主人们开始向卡地亚订购装饰自己的游艇俱乐部旗帜的配件。威廉·K.范德比尔特二世（1878–1944）也因此拥有了几件物品，包括一个纸镇和一个台式烟盒，上面装饰了他的游艇"Alva"和纽约游艇俱乐部的珐琅旗帜。[6]

20世纪20年代，林泽勒为卡地亚巴黎和纽约制作了许多银质运动奖杯。它们不仅作为汽车或船等速度比赛的奖杯，也作为高尔夫、马球、赛车、赛马等比赛的奖杯，包括后来还成为了美国网球公开赛的美国草地网球锦标赛的奖杯。[7]

1928年，作为航空爱好者的皮埃尔·卡地亚在纽约的丽思大厦举办了一个招待会，以庆祝迪尤登·科斯特斯（Dieudonné Costes）和约瑟夫·勒布里克斯（Joseph Le Brix）在前一年首次飞行横穿南大西洋。[8]

1930年，科斯特斯和莫里斯·贝隆特（Maurice Bellonte）实现了巴黎与纽约之间不间断的飞行。后来，卡地亚在第五大道的商店赠予了贝隆特一架银制的双翼飞机模型——"问号"。1933年，法国政府将其捐赠给了纽约洛克菲勒中心，如今仍能在那里的法国大楼一层欣赏到它。

在1933年芝加哥举办的"世纪进步博览会"上，卡地亚展出了一件水晶和铂金制奖杯，当时被称为珠宝史上用量最大的铂金制品。[9]

酒吧 The bar

卡地亚纽约的特色之一是制造酒吧配件，如摇酒器、搅拌器、水晶杯和银罐，还包括可以放在车船后备箱中的便携酒吧套件，以便在美丽的夏日午后去海上旅行时享用鸡尾酒。

自1920年开始颁布在美国禁止销售和消费酒精的"禁酒令"以来，法郎也遭遇连续贬值，美元持有者的购买力大幅度提高，富有的美国消费者成为法国，特别是巴黎经济复苏的巨大推动力，当然他们也乐得享受这世界级的美好环境。在马克西姆餐厅用餐，观看约瑟芬·贝克（Josephine Baker）的舞蹈，喝着Heidsieck香槟，直到其中一个人面色发青烂醉如泥。"唯一一个不会让你宿醉的品牌"，卡地亚于1922年制造的一个金制镶嵌蓝宝石的热源打火机上刻着这样一句话。

香槟爱好者的必备配件，即盎格鲁–撒克逊人所说的"调酒棒"，可以被用来在玻璃杯中搅动香槟，在喝之前减少气泡。卡地亚制造了几个款式。有些是单独出售的，例如这个用克若利安桦木装饰尾端并饰有一颗弧面蓝宝石的款式（见426页），或另一款带一颗沿杆子向下滑动的小珠子，可以让六根金制骨架自由收缩的款式。其他的则为成套销售，比如1927年库埃工作室制作的12支调酒棒，由象牙和月长石制成，悬挂在银、金和水晶制成的支架上（见427页）。其他的则由木头、象牙和鎏金银制，由两部分组成，调酒棒水平地放在一个形似摩天大楼的架子上，一端是一个小杯子，另一端用叉形支架支撑。

游轮、赌场、舞会和社交鸡尾酒会让富有的客人们可以利用到他们从卡地亚订购的物品，还能顺便达成炫耀的目的。这些物品是专门为在休闲场合使用或展示设计的，不仅因为其材料和美观的设计，而且因为它们代表了某种奢侈、优雅和艺术生活方式的概念，才显得珍贵。

注释
Notes

1. 热爱嘲弄他人的华威女伯爵在一封信中写道："包格雷夫人在内的这些愚蠢的女人们，她们的生活要么消耗在卡地亚和沃斯之间，要么游走于爱德华七世的宫廷和牌局中。" 摘录自：Anita Lesley，*Edwardians in Love*，Hutchinson publishers，1972，p. 181。

2. 该产品现存于卡地亚典藏系列。

3. 见354页。

4. 1944年，卡地亚在纽约的一则广告中夸赞其出售的卡片以质量优和选择多样著称，并展示了八种由最好的亚麻面料制作的样品。

5. 在这些婚姻中，我们应该提到范德比尔特家族和万宝路家族，辛格家族（Singers）和迪卡泽斯家族，古尔德家族和卡斯特兰家族，最后最著名的是温莎公爵和沃利斯·辛普森。

6. 在巴黎，游艇用品陈列在和平大道店铺的绿沙龙。在纽约，卡地亚向客户提供可以用自选的旗帜装饰的游艇用具。

7. 在由女性杂志于法国举办的体育比赛中，卡地亚提供的奖品主要是小件珠宝、手表、手包或其他配件，如唇膏管和粉盒等。

8. 皮埃尔·卡地亚的这一举动能够反映法国公众在两次世界大战期间的航空热情，表现在两方面，一方面是对飞行员农杰索（Nungesser）和科利（Coli）、科斯特斯和贝隆特的英雄事迹的崇拜，另一方面是对梅尔莫兹（Mermoz）、圣埃克苏佩里（Saint-Exupéry）或吉约梅（Guillaumet）这些被提升为国家英雄的运输机飞行员的敬重。

9. 我们可以在1934年11月"第一届洛克菲勒艺术中心博览会"的目录中找到："铂金奖杯是为芝加哥的世纪进步博览会，在卡地亚自己的工作室设计和制作的。它用铂金和水晶制成，高18英寸，有18个面，看上去像一个漂亮的碗躺在冰柱上，这是由一整块铂金制成的，也是美国珠宝商有史以来用量最大的一件铂金制品，重达150盎司。其现代的线条反映了珠宝商的艺术水准在过去的几年中取得了进步，不过作为奖励形式与传统上没有太大的区别；这里还有第一个铂金梳妆服务台——有镜子、刷子、梳子。他们还成立了一个低价新奇物件板块，在展览会上展出。在第五大道大楼的低价柜台集中了卡地亚的最新创意，这里包含了大量多种多样的有趣礼品可供选择，价格从1美元到35美元不等，可以进行快速选购。有扑克牌、雾化器、水晶烧瓶、珠宝盒、奢侈品、手袋、烟盒、打火机、糖果盒等产品。"

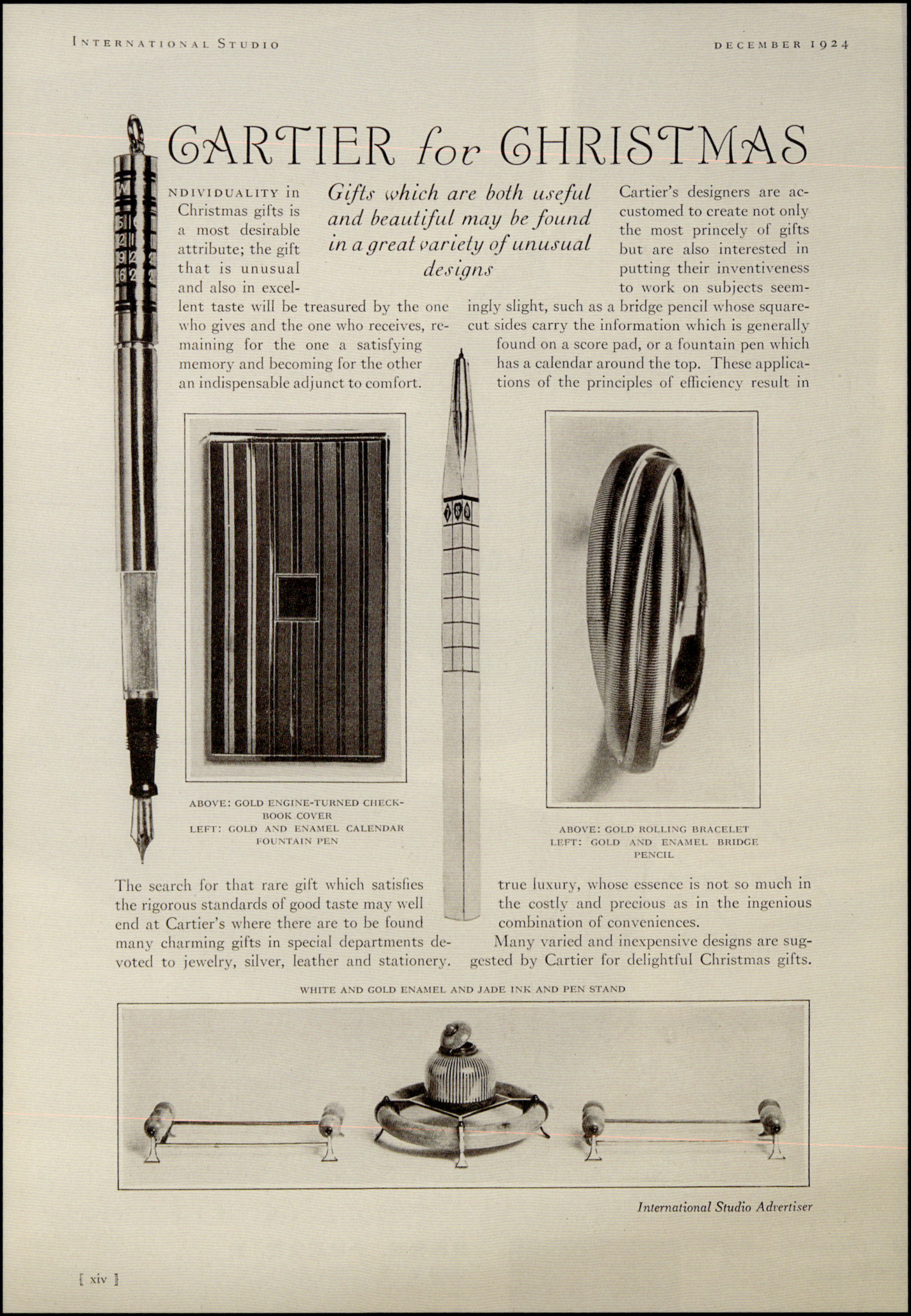

CARTIER for CHRISTMAS

Gifts which are both useful and beautiful may be found in a great variety of unusual designs

INDIVIDUALITY in Christmas gifts is a most desirable attribute; the gift that is unusual and also in excellent taste will be treasured by the one who gives and the one who receives, remaining for the one a satisfying memory and becoming for the other an indispensable adjunct to comfort.

Cartier's designers are accustomed to create not only the most princely of gifts but are also interested in putting their inventiveness to work on subjects seemingly slight, such as a bridge pencil whose square-cut sides carry the information which is generally found on a score pad, or a fountain pen which has a calendar around the top. These applications of the principles of efficiency result in true luxury, whose essence is not so much in the costly and precious as in the ingenious combination of conveniences.

ABOVE: GOLD ENGINE-TURNED CHECK-BOOK COVER
LEFT: GOLD AND ENAMEL CALENDAR FOUNTAIN PEN

ABOVE: GOLD ROLLING BRACELET
LEFT: GOLD AND ENAMEL BRIDGE PENCIL

The search for that rare gift which satisfies the rigorous standards of good taste may well end at Cartier's where there are to be found many charming gifts in special departments devoted to jewelry, silver, leather and stationery.

Many varied and inexpensive designs are suggested by Cartier for delightful Christmas gifts.

WHITE AND GOLD ENAMEL AND JADE INK AND PEN STAND

International Studio Advertiser

1924 年 12 月《国际工作坊》杂志刊登的广告，展示了自来水笔和自动铅笔（见右页）。

烟盒，卡地亚纽约，约 1929 年

金、漆；金指针
签名：Cartier
长：8.8 cm；宽：7.5 cm；
高：1.5 cm
私人收藏

盖子底下刻有一行字："Percy L. Hance March 14.1929"。

带万年历的伸缩钢笔，卡地亚纽约，约 1924 年

金、乳石、珐琅
签名：Cartier
长：17 cm
私人收藏

侧面刻有首字母"T.R"。

自动铅笔，卡地亚纽约，约 1924 年

金、珐琅
签名：Cartier
长：14.4 cm
私人收藏

钟，卡地亚纽约，约 1930 年
（正、反）（图片为缩小尺寸）

玻璃、金属、漆、高透有机玻璃、软木；蓝钢指针
签名：Cartier
高：29 cm
私人收藏

这只钟是在美国禁酒令期间制造的，钟体安装在一个喝剩的“Old Grand-Dad”威士忌酒瓶里。
这是大型钟表品牌对当时的时代和法律环境给予的反击和讽刺。

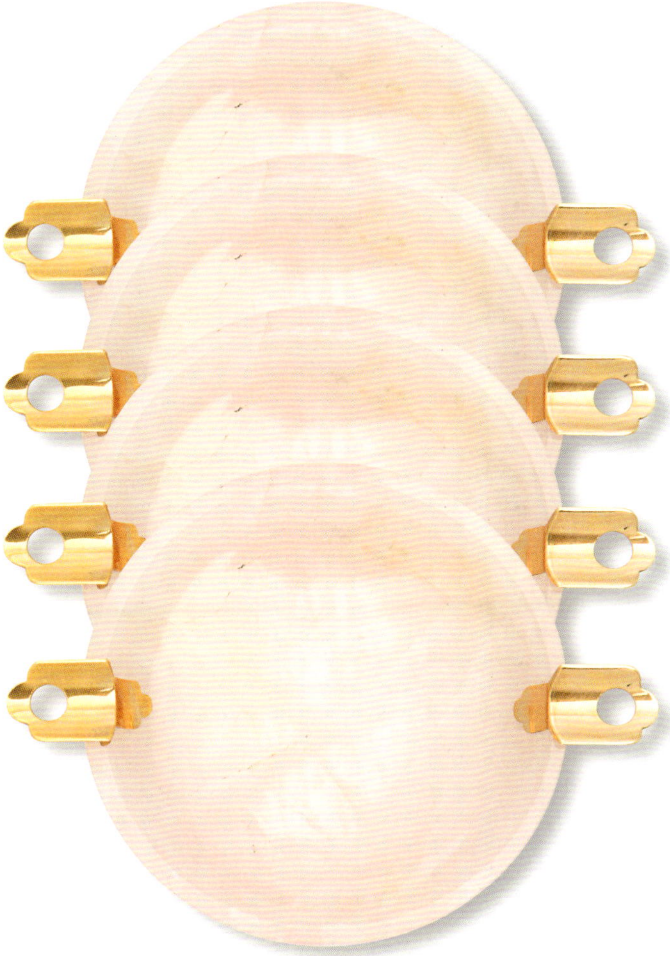

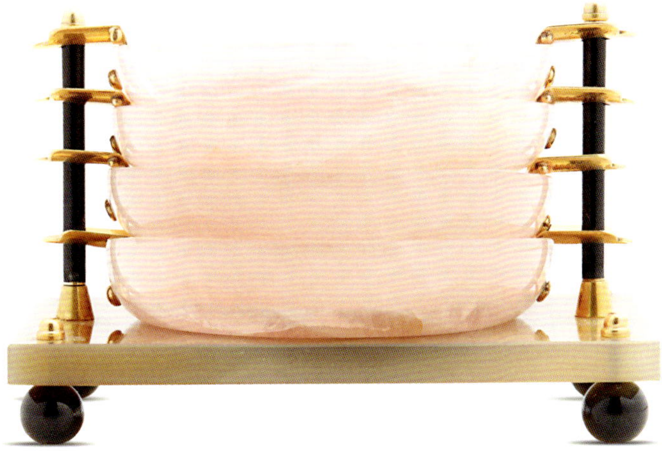

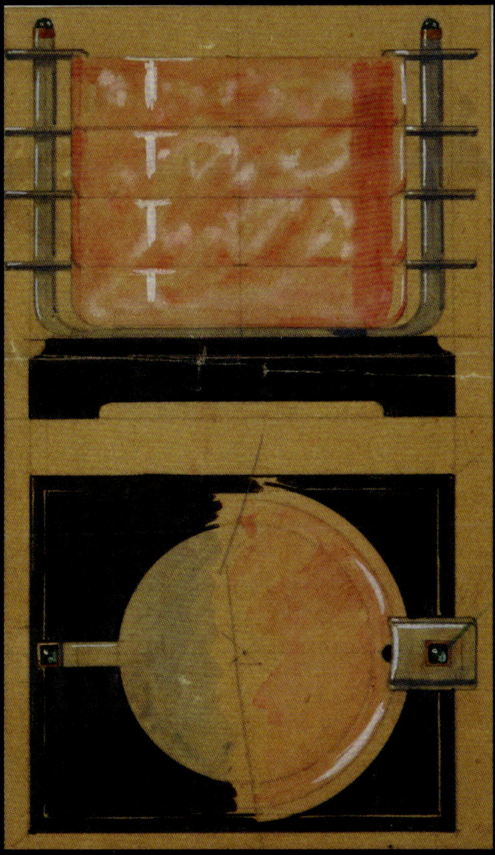

卡地亚，一套四个烟灰缸预绘图

透明纸上的铅笔和水粉
阿兰·卡地亚收藏

这套烟灰缸是为桥牌玩家设计的，
它们用许多种不同的材料制成。

**四只烟灰缸套组，卡地亚巴黎，
1925 年**

金、缟玛瑙、玛瑙、玫瑰石英
签名：Cartier
长：8.7 cm；宽：6.2 cm；
高：5.9 cm
私人收藏

调酒棒，卡地亚巴黎，约 1920 年

金、克若利安桦木、弧面蓝宝石
签名：Cartier
长：8.2 cm
私人收藏

调酒棒，卡地亚巴黎，约 1924 年

金
无签名
“鹰头”法国黄金纯度印记
长：7.4 cm
私人收藏

牙签，卡地亚巴黎，约 1935 年

金、银、珐琅
签名：Cartier Déposé
“鹰头”法国黄金纯度印记
混合“鹰头”黄金和“野猪头”白银法国纯度印记
制作者：Lefèvre
长：5.3 cm
私人收藏

这根牙签模仿了法国警察的警棍。

烟灰缸，卡地亚纽约，1928 年
（左页）

14K 金、珐琅；烟灰缸中央刻有代表“寿”“富”“乐”“喜”的汉字变体
签名：Cartier New York，14K
直径：6.7 cm
私人收藏

另一套类似的烟灰缸上面刻有“和”、“寿”、“信”和“福”的汉字变体。每一个烟灰缸在第五大道精品店的售价为 42 美元。

调酒棒及支架，卡地亚巴黎，约 1927 年

金、银、水晶、象牙、弧面月长石
签名：Cartier
“野猪头”法国白银纯度印记
制作者：Coüet
高：21 cm
私人收藏

针盘，卡地亚巴黎，约 1930 年
（图片为缩小尺寸）

银、象牙、白玛瑙
无签名
“智慧女神头像”法国白银纯度印记
制作者印记模糊
巴黎华雅收藏

象牙制的骰子刻了多个面，可以取下。

VII

精确几何

Geometric rigor

大胆简化
AUDACIOUS SIMPLICITY

“咆哮的20年代”的能量不仅仅体现在文化和科技上，对经济也有很大影响。当时美国已经是世界上第一经济大国，但其快速的增长没有任何减弱的迹象。十年来，国家财富翻了一番，工业产值猛增，证券交易也成倍增加。[1]

伴随着货币的充沛和信贷业务的丰富，当时人们的生活方式、个人支出和金融投资都极度冒险和奢侈。

危机 The crisis

繁荣的景象就在1929年10月的华尔街大崩盘之后戛然而止。信贷的突然受限摧毁了许多大财阀，并导致经济大萧条。20世纪30年代，世界上的主要货币都相继贬值。[2] 那些在华尔街金融危机中幸存下来的富翁和遗产继承人继续以和之前一样的“无所谓”态度消费着，而卡地亚认为这种消费主要是针对珠宝。

由于法国的独立经济大多建立在中小企业的基础上，更重要的是法国投资者倾向于投资黄金而不是股票，因此法国在一定程度上避开了危机最糟糕的影响。尽管积累了重要的黄金储备，有助于维护珠宝市场，并能让工匠为客户顺利完成订单，但经济危机对卡地亚的器物和饰品的生产和商品化还是产生了更深远的影响。危机对巴黎、伦敦和纽约的每个分店都或多或少产生了不同程度的打击。

1923年，巴黎开设了“S”部门。贞·杜桑负责领导这个部门并创作贵重物品，而她开发的这些产品没有用昂贵的宝石装饰，因此价格较为低廉。起初是生产晚宴包，随后迅速扩展产品范围，包括文具和银制办公配件。这样的产品出现的时机恰到好处，销售增长迅速，代价是更昂贵的产品受到了冲击。卡地亚和其他奢侈品公司一样，为了适应新的经济环境对价格进行了重新评估，并降低了工匠的薪资；与卡地亚历史上曾合作过的一些工作室，比如拉瓦布雷等也停止了合作，但新的合作也陆续开始，或者说继续以很快的速度与普卢哈维（Ploujavy）、勒沃耶（Le Voyer）和皮拉德（Pillard）等比较小众但更低价的工作室进行合作。1928年至1930年底，卡地亚的产品库存发生了变化，例如，金和银制打火机的销售额增长了50%，而硬石、螺钿、漆器或宝石类等装饰丰富的产品销售额则下降了相同的份额。最华贵的化妆盒被银镀金的黑色珐琅粉盒取代，上面装饰小巧的钻石镶嵌图案，售价约1500法郎。玉石、珊瑚和花瓶图案在使用时，比以前更为朴素、小巧，售价也更低。

新材料，新创造 New materials, new creations

这场危机为卡地亚带来了意想不到的结果，它促进了新发明和新创造。由于无法使用昂贵的珍稀材料，设计师们集中精力尝试大胆的设计和创新的

粉盒，卡地亚巴黎—伦敦库存，1934年

银、鎏金银、漆、珊瑚、铂金、玫瑰切割钻石；内附一面镜子、一个粉末单元（隔层）、一支唇膏管
签　名：Cartier Paris Made in France，JC
“野猪头”法国白银纯度印记
制作者：Pillard

长：9.6 cm；宽：8.5 cm；
高：1.6 cm
卡地亚－日内瓦收藏

这个粉盒在伦敦店的档案中因为它扁平的设计被称为“小甜饼”（flap-jack）。这个名字来自于一种英国燕麦饼干。它于1935年4月计入库存，并出售于1936年1月20日。

机械构造，从法国工商部记录的在此期间卡地亚注册的专利数量中可以看出。[3]

当然，这种全新的创造力不仅与产品的类型、形状或用途有关，也与所用的材料相关。

我们可以注意到在材料的变化中，珐琅逐渐被漆所取代。这是一种制造成本较低的天然材料，由于它的灵活性而具有额外优势，它可以覆盖在很大的表面上。由于作品的尺寸在某些类别中有所增大，例如具有梵克雅宝(Van Cleef & Arpels)的“百宝匣”(minaudière)特征的化妆盒，长约 15 厘米，漆面尤其适合这些新产品。因为漆器只能制出一些特定的颜色，也就意味着颜色的选择范围较小，最常见的是黑色、象牙色和红色。橙色、绿色、蓝色和仿玳瑁比较少用。20 世纪 20 年代的物品以强烈的色彩为特征，如今取而代之的是某种相对朴素的风格。

另一种在卡地亚作品中占有重要地位的材料是镜面。由于技术进步，这种材料工艺价格低廉，可以使用在一些新品上。皮埃尔·拉丁(Pierre Lardin，1902–1982)[4] 是一位著名的玻璃大师，为卡地亚巴黎公司工作，擅长使用玻璃和漆器来制作产品，而卡地亚伦敦和卡地亚纽约则进口成品。白色或粉色的镜面被大量用于装饰一些钟表的表面。它们被用在几个相同的款式中，有些是使用电池或接线的电器产品。例如，一个带有粉红色玻璃棒和饰板的大型黑漆钟，它有镜面表盘，里面配有电铃机械装置。

一系列装饰差异比较小的垂直长方形座钟的正面覆盖镜面，侧面刷黑漆，有少部分为象牙色漆，在钟体和黑漆底座之间水平安装了一块粉色的镜面。圆型的珍珠贝母表盘放置在镜子的中间，台阶型的黑色漆指针给人一种摩天大楼的感觉。

1930 年制作了一个更贵价的版本，用软玉镶板代替了镜面。该款式的其他版本采用了玻璃扶壁，并用糖包山切割的珊瑚装饰，突出了这款时钟的建筑风格。(见 443 页)

虽说粉色镜面主要用于卡地亚钟表的制作，其实它也用在许多其他的产品上。

在桌面香水瓶(见 445 页)、镜子、粉盒、唇膏管、台式打火机，甚至是书桌套装(见 445 页)和带有若干成套配件的服装套组中的一个相框和一个座钟中都能见到粉色镜面。[5] 通常情况下，一颗弧面珊瑚宝石会给物体增加贵重感，橙色的珊瑚也与粉色镜面很相配。

有一款独特的时钟，放在中国古董漆盒里，盒子里有一个类似衣柜门的内置把手。内部覆盖镜面，以弧面珊瑚固定，周围饰有黑色珐琅。

另一件作品，也反映了中国文化对卡地亚的重要影响，这是一个刷黑漆、带镜子的涡卷型托盘。涡卷的末端镶嵌有弧面珊瑚宝石。

弗龙廷工作室制造的一个黑色漆面打火机，装饰有镜面玻璃或一块螺钿漆板在中间，以镜面玻璃棒装饰弧线外形(见 440 页)。[6]

所有这些款式都是立方体结构，根据汉斯·纳德霍夫的说法，这是“20 世纪 30 年代建筑对现代主义运动最纯粹的贡献”。[7]

本地工作室 The local workshops

受到经济危机的影响，地方保护主义出现，消费关税大幅增长，巴黎对英国和美国的出口逐渐减少。卡地亚伦敦和卡地亚纽约必须通过在当地制造产品来弥补空缺。

如果需要证明的话，那卡地亚伦敦生产的重要项链产品已经超过巴黎制造的这一现象就能说明一切。从 1933 年至 1939 年间，伦敦制造了大约 300

条项链，其中 45 条是苏托尔长项链。伦敦的库存在乔治五世统治的最后几年以来从未如此重要过，设计师和工作室也从来没有像彼时这样多产。事实证明这是可行的，因而伦敦分店推广了这种英国工匠的“才干”。[8]

随着经济持续衰退以及大萧条在美国影响加速，卡地亚纽约选择了与巴黎和伦敦不同的商业战略，开始提供一些更廉价的商品。[9] 这也意味着商品库存策略需要变化。那时，纽约店铺还出售有许多从瑞士进口的欧洲钟表公司的台钟，这些钟表没有巴黎制造的标识。

皮埃尔·卡地亚每年都会出版一本珠宝和配饰产品目录。其中一本目录专门记录了纽约分店沙龙销售的雕刻品。这些目录中列举了珠宝产品，同时提到配件，如化妆盒、烟盒和晚宴包。“皮革”部门提供了周末旅行箱或专门为开车人士打造的手提箱，“黄金柜台”则出售了金丝网晚宴包、烟盒、火柴盒和烟灰缸。同时也有信纸、圣诞卡和结婚请柬之类的商品。

烟具出现在了类似的 1928 年的专门目录上，1929 年，这个目录专门记录了银制品。在目录中，这些产品配插图且公布有价格。

在股市崩溃的同一年，卡地亚出版了一本圣诞目录，其中除了三件镶有宝石的物品，比如“中国化妆盒”以外，礼物的建议售价皆低于 50 美元、25 美元、10 美元。按照最低的售价可以购买到一个金项针。

尽管做出了这些努力，卡地亚纽约的账目仍显示 1931 年的业绩远不如 1930 年。[10] 因此卡地亚纽约开始出售 14K 黄金制品，比巴黎或伦敦的金制品更便宜，他们也开始倾向于用银来代替黄金制作配饰和器物，例如书写文具。一种配珐琅万年历的自动铅笔在 20 世纪 20 年代是金制的，而到了 30 年代变成了银制。在伦敦，客人们更喜欢购买 9K 黄金制品而不是那些从法国进口的漆面银制品。[11]

时钟与座钟 Clocks and table clocks

20 世纪 30 年代制造的钟表产品一直持续生产到 40 年代，主要是漆面产品——象牙色、红色、黑色、丁香蓝色、橙色、玳瑁色和瓶绿色，有带或不带粉色镜面的版本。正方形或长方形，大型凸面或平面，这些产品看起来很像纪念碑。表盘的边框经常用镀银或珊瑚条装饰。[12] 根据年代不同，这些产品具有不同的特征，正如我们上面所讲到的那样。

1935 年，巴黎成立了一家名为“德尔维卡”（Delvicar）的公司，计划在阿根森街的工作室专门生产电池或电力驱动的漆面台钟。但这个项目没能如愿进行下去，可能是因为产品不可靠，更可能是因为法国在 1939 年加入了第二次世界大战。然而在 1935 年至 1938 年期间这个品牌仍然生产了 400 台时钟。没有贵重材料来制作产品已成为常态，当然不排除部分款式也会带贵重装饰的情况。其中一个带有两个黑色漆脚的方形大挂钟的表框内有一个镜面表盘，表框由四根软玉长棍组成，用金钉在角落固定。表盘上为阿拉伯数字。钟背面也覆盖着镜面。最后，卡地亚纽约生产了许多银色或鎏金铜制的长方形桌面带支柱的钟，配有时钟、气压计，有时还有温度计。

在 40 年代末，可能由于公司在巴黎和纽约店铺的资本重组，一直为纽约店铺进口钟表制品的“欧洲钟表公司”解散。

其他物件 Other objects

在经济危机爆发之前，《Vogue》杂志的一位编年史专家写道：“如今的时尚掌握在了解女性社会角色的人们手中，这不再是那个 18 世纪优雅女性的轻佻时代。钢铁时代已经破坏了皇室的习俗。在我们写这篇文章的瞬间，钢筋混凝土的世纪正在建立一个能够完全适应严苛的现实生活的优雅典范。”

皮拉德工作室制作的一个方形粉盒能够诠释这种新风尚。其形制为方形，以黑漆、三个珊瑚、玉或金制的条状物装饰前后的边缘。六件该产品被送到了伦敦。

与传统的深型粉盒不同的是，由皮拉德于 1931 年制造的新型粉盒叫做“flap-jack”，可以把压实的粉末放进去。（见 430 页）

卡地亚巴黎推出大量用涂漆的银或带硬石环的金生产的小圆形粉饼盒。在伦敦，同款粉盒是用 9K 金制成的，而在纽约是用 14K 金制成，它们被称为“香水海绵盒”，可以镶嵌宝石。[13]

为了使它们变得更加立体，一种新的设计出现在这些矩形盒子的铰链上。用珊瑚条装饰轮廓，以黑色珐琅金隔开，或者装饰密钉镶钻石，从而与盒子其他部分的漆或金形成对比。在某些款式上这种设计会作为装饰放在盖子上，位于铰链上方（见 448 页）。

从 1938 年开始，一种不寻常却相对成本低廉的设计思路被运用到产品中。这些产品有钟、器物和配件，它们用珐琅铜制成，装饰了卡地亚从印度订购的印度饰品。卡地亚通过在器物和配件产品的搭扣上镶嵌宝石和半宝石来增加它们的精致感，（见 290 页）而时钟则通过采用硬石底座来达到这种效果。

在盒子上刻上献词、一句话或签名来庆祝一个快乐的时刻或特殊的日子一直是个传统。从 20 世纪 30 年代开始，这种风尚也越来越流行。香农夫人（Lady Channon）有一个盒盖上刻有蜜月行程表的盒子，上面镶有宝石来表示重要的目的地。爱德华八世非常喜欢这个盒子，所以沃利斯・辛普森在 1935 年圣诞节送给他一个同款，上面刻着他在欧洲的几次旅行。

正如 20 年代的包袋和手包一样，在这个十年的伊始卡地亚又一次用自己的产品来进行推广。

为女性竞赛捐赠奖品是宣传的主要途径：

–1929 年，银或鎏金银黑漆化妆盒被作为女子高尔夫杯的一等奖奖品。

–1931 年，女子高尔夫杯一等奖是一个带有粉色镜面的黑漆大手套盒。

–1932 年，同一个比赛的二等奖是一个银制黑漆粉盒，带玫瑰切割钻石和珊瑚装饰的珐琅金铰链；三等奖是一个小的圆柱形“汤姆拇指”打火机，刷红漆镶青金石。

–1933 年 5 月，女子高尔夫杯的四等奖是一副望远镜。

–1934 年的奖品是一个黑漆配粉色镜面图案盖子的粉盒。

–1937 年女子桥牌锦标赛的冠军队获得一个银镀金黑漆烟盒，正面配一个金表，本次比赛的三等奖是四个小矩形糖果盒，每个盒子都为黑漆带珊瑚装饰图案，由两个镶有钻石的铂金钉固定。

鲁尔曼、伊里巴（Iribe）和格鲁喜爱使用木材、皮革、珍珠贝母或鲨鱼皮[14]等异域材料替代传统的珍贵材料，名声也越做越大，卡地亚也开始这样做了。

卡地亚伦敦的“手提包”部门出售的手提包和日记本是用鳄鱼皮或带金角的鲨鱼皮制作的，同时还有金或鎏金银底座的立式笔记本。可以取出顶部的金色伸缩铅笔来释放并打开笔记本。卡地亚使用了胶木，这是一种珠宝商很少使用的材料。[15]它可以模仿木头、大理石、琥珀和动物角。尽管这种材料缺乏耐

用性，在二战后也留下了令人怀疑的名声，但在整个 30 年代，胶木作为一种神奇的材料被广泛接受。

尽管自 1934 年以来经济略有好转，但卡地亚纽约仍然保留了相对便宜的礼物产品目录，这些产品是用较廉价的材料制做的，如胶木或其他同等材料。1938 年出版的目录中记录有：

– 一只带红色表盘的圆形钱包时钟，表盘包裹在金和酪素塑料[16]制的“黑胶唱片”中。（见 368 页）

– 一只圆形铁制钱包时钟带珐琅数字，上面刻有“Monte–Carlo”的字样，有可能是赌场客人的名字。

– 一块圆形银质圣克里斯托弗饰板镶在镜面相框内。

– 一个用有机玻璃制作的长方形烟盒。

– 一个台式烟盒，带有镀铬金属弧形玻璃盖。

为了避免玻璃破碎的风险，卡地亚开始使用一种新的透明材料，叫作合成树脂或有机玻璃，用来放在怀表或其他便宜的产品上。[17] 因此从 1931 年到 1932 年，也就是经济危机真正袭击法国的时候，卡地亚改变了产品风格。器物的形状和装饰变得更加大胆和简洁。这场危机可能不是决定这一新策略的唯一因素，因为 1929 年在巴黎时装博物馆的展览上已经能看到抽象化风格产品的端倪。[18]

也许这是唯一一次卡地亚的产品与“现代艺术家联盟”的作品在轮廓上有极其巧妙的相似度。在那之前，卡地亚更多会受到“俄罗斯芭蕾舞团”和带异域风情的“野兽派”的启发，并坚持装饰艺术的风格，但现在卡地亚的灵感更多来自立体派的几何造型，这表明这个品牌的设计师们与著名建筑师阿道夫·路斯（Adolf Loos）的观点相同，他写道：“人们的生活已经足够充实先进，所以装饰品不再能带来快乐。在已经足够充实和先进的情况下，只有一个光滑的烟盒才能使他们感到快乐，他们并不会再购买过度装饰的东西，即使是以同样的价格”。[19] 事实上，卡地亚从未完全放弃装饰，正如其从未在珠宝方面屈服于山度士或 Fouquet 带来的建构主义形式的冲击。然而，其在创作作品时对这些形式更为开放，因为他知道形式建筑原则和工业美学可以适用于钟表、盒子和其他化妆盒。

卡地亚巴黎所设定的风格在三家分店一直都很统一，也使产品具有品牌特色，但在大萧条时期和二战期间很难继续下去，这时每家分店都在创作上留了更大的余地，在不同的环境下创造力和风格趣味都可以重新考虑，需要给予更多的空间去看待当地的不同可能性。

注释
Notes

1. 从 1925 年到 1929 年，在证券交易所上市的股票增加了 110%，而商品供给却只上涨了 15%。

2.1931–1932 年，以金本位制为基础的货币体系已不复存在。1931 年，英镑放弃了以黄金为基础的固定汇率，允许其浮动，结果货币贬值，1933 年，美元不再能用黄金偿还，随后美元也贬值，在法国，1936 年 10 月 1 日，布鲁姆政府使法郎对黄金贬值 25% 至 34%。1937 年 6 月 30 日，新政府放弃了金本位制，从而使法郎贬值，在达拉迪耶（Daladier）政府的领导下，法郎在 1938 年 11 月再次贬值。

3. 在法国申请的专利必须加上来自伦敦和纽约的专利。

4. 他毕业于法国布尔工业高等应用艺术学院，在进入卡地亚之前在埃德加·布兰特（Edgard Brandt）那里工作。

5. 其中一套卖给了帕蒂亚拉大君。

6. 不幸的是，与珐琅质相反，漆往往老化严重，随着时间的推移会渐渐失去光泽，这意味着它需要重新抛光。

7.H. Nadelhoffer，op. cit.，p. 212。

8. 卡地亚伦敦的一则广告出现在一个戏剧节目中，该广告宣传其商店里的珠宝为英国工匠制作。

9. 在 20 世纪 20 年代，卡地亚纽约公司已经在其目录中提出了低价商品方案。

10.1931 年 9 月，卡地亚纽约的一名雇员埃德蒙·柯伦（Edmund Kehren）写信给皮埃尔·卡地亚，说道当年销售额很低，需要对库存进行重组，以使价格保持合理，同时工作室的一些珠宝工匠应该会毫不犹豫地接受他们提供的薪资。

11. 在英国，14K 金直到 1932 年才被法律允许使用。

12. 这些产品相较于 20 世纪 20 年代的产品售价更为低廉。大部分的钟表和座钟都加入了“S”部门的产线。

13. 巴黎在 1935 年左右就不再生产漆盒，取而代之的是玑镂或棱纹金盒。

14.1926 年 7 月，女子高尔夫杯的二等奖是卡地亚的鲨鱼皮烟盒。

15. 这是一种酚醛树脂，是塑料的前身，由半合成热硬化工艺制成，1909 年由比利时化学家利奥·贝克兰德（Léo Baekeland）获得专利。

16. 这是塑料的祖先，由法国化学家 J.J. 特里拉特（J.J. Trillat）于 1889 年发明。

17. 这并非不可能，因为卡地亚在当时已经有用有机玻璃替换损坏的水晶支柱的先例。

18. 展览：“珠宝、首饰和贵金属艺术”，巴黎时装博物馆，1929 年。

19.Adolf Loos，*Ornements et crimes et autres textes*，Ed. Rivage，Paris，2015，p. 112。

烟盒，卡地亚巴黎，约 1929 年

金、缟玛瑙、珊瑚
签名：Cartier Paris
“鹰头”法国黄金纯度印记
长：8.6 cm；宽：6 cm；
高：1.7 cm
私人收藏

化妆盒，卡地亚巴黎，约 1930 年

金、银、漆、珊瑚、铂金、玫瑰切割钻石
签名：Cartier Paris
“野猪头”法国白银纯度印记
制作者：Pillard
长：5.9 cm；宽：4.9 cm；
高：1.5 cm
私人收藏

化妆盒，卡地亚巴黎—伦敦库存，约 1935 年

金、银、漆、珊瑚、铂金、玫瑰切割钻石、弧面蓝宝石
签名：Cartier Made in France
“野猪头”法国白银纯度印记
长：8 cm；宽：6 cm；
高：1.7 cm
私人收藏

带支架座钟，卡地亚巴黎，1929 年

金、水晶、缟玛瑙、珊瑚、半珍珠；金、铂金、玫瑰切割钻石、珐琅指针
签名：Cartier Made in France
“鹰头”法国黄金纯度印记
长：7.2 cm；宽：7.2 cm
私人收藏

这个座钟还有一个银制版本，配有红黑漆的底座。

相框，卡地亚巴黎，约 1929 年

金、银、水晶、珐琅、珊瑚
签名：Cartier Paris Londres New York
“野猪头”法国白银纯度印记
混合“鹰头”黄金和“野猪头”白银法国纯度印记
制作者：Couët
长：14.5 cm；宽：8.8 cm；高：5.4 cm
私人收藏

台式打火机，卡地亚巴黎，约1933 年

银、镜子、漆
签名：Cartier Paris Made in France Breveté Déposé
“野猪头”法国白银纯度印记
制作者：Frontin
高：7 cm；宽：5.2 cm；
直径：3.2 cm
私人收藏

台式打火机，卡地亚巴黎—伦敦库存，1935 年

银、镜子、漆、螺钿漆器
签名：Cartier Made in France，JC
英国白银纯度印记
制作者：Frontin
高：7.6 cm；宽：4.5 cm；
直径：2.5 cm
私人收藏

弗龙廷工作室制作了两款形状相同，但尺寸略微不同的款式。它们展示了 20 世纪 30 年代对镜面玻璃的使用。粉红色或白色，有时搭配螺钿漆板。

台式打火机，卡地亚巴黎，约 1934 年

金、银、玛瑙、珐琅、绿玉髓
签名：Cartier Paris Made in France
“野猪头”法国白银纯度印记
混合“鹰头”黄金和“野猪头”白银法国纯度印记
制作者：Frontin
高：9.2 cm；宽：5.8 cm
私人收藏

这个打火机是由一个中国鼻烟壶改造而成的。

台式打火机，卡地亚巴黎，约 1924 年

银、鎏金银、玛瑙、珐琅、弧面绿松石
签名：Cartier Paris Made in France
“野猪头”法国白银纯度印记
高：9.8 cm；宽：4.5 cm
私人收藏

烟盒，卡地亚巴黎，约 1935 年

银、玛瑙、珊瑚
无签名
“野猪头”法国白银纯度印记
制作者：Pillard
长：8.7 cm；宽：6.1 cm；
高：2.1 cm
私人收藏

该烟盒盖子通过其左下角的一个枢轴可以滑动，采用两颗糖包山切割珊瑚宝石作为标记。这是一个在卡地亚制造的盒子中很少见的开合系统。这给了该盒子一个现代主义的视角，雷蒙•坦布利耶（Raymond Templier）和他的“现代艺术家联盟”的朋友们对此一定不会陌生。

烟灰缸，卡地亚巴黎，1922 年

银、缟玛瑙、玛瑙、铂金、玫瑰切割钻石
无签名
高：6 cm；直径：9.5 cm
私人收藏

该烟灰缸的把手是由一个中国石狮印章改制而成的。

时钟，卡地亚巴黎，约 1930 年

银、镜子、漆、珍珠贝母、珊瑚；
银、珊瑚、漆指针
签名：Cartier France
“野猪头”法国白银纯度印记
高：16 cm；宽：15 cm；
直径：8.5 cm
私人收藏

歌剧眼镜，卡地亚巴黎—纽约库存，约 1930 年

胶木、金、珊瑚
签名：Cartier Paris Made in France
长：9 cm；宽：5.5 cm；
高：3.1 cm
私人收藏

歌剧眼镜，卡地亚巴黎，约 1930 年

胶木、珊瑚、铂金、玫瑰切割钻石
签名：Cartier Paris Made in France
长：9 cm；宽：5.5 cm；
高：3.1 cm
巴黎华雅收藏

这两副歌剧眼镜只有在中间镶嵌的珊瑚上有所区别，一副中的珊瑚为糖包山切割，另一副的为瓜形切割配玫瑰切割钻石。

香水瓶，卡地亚巴黎，约 1933 年
（图片为缩小尺寸）

银、漆、镜子、珊瑚
签名：Cartier Made in France
“野猪头”法国白银纯度印记
制作者：Le Voyer
高：9.2 cm；宽：10 cm；
直径：6.2 cm
巴黎华雅收藏

墨水罐，卡地亚巴黎，约 1932 年
（图片为缩小尺寸）

银、漆、镜子、珊瑚
签名：Cartier Made in France
“野猪头”法国白银纯度印记
制作者：Le Voyer
长：25cm；宽：10.5 cm；
高：8.5 cm
巴黎华雅收藏

这两件器物是卡地亚巴黎的代表作，其立体几何造型反映了 1930 年代的建筑时尚。

香水瓶，卡地亚巴黎，约 1930 年

银、镜子、漆、珊瑚
无签名
“野猪头”法国白银纯度印记
高：16 cm；宽：7.5 cm
私人收藏

该香水瓶有两种不同的尺寸，刻有印度帕蒂亚拉大君的花押。它们是一个梳妆台的一部分，梳妆台上装饰着斜边镜子，套装包括：一个桌面镜子、一台钟、四个刷子、一个针盘、三个盒子和一个手持镜。

化妆盒，卡地亚巴黎—伦敦／纽约库存，约 1930 年（合、开）

金、银、漆

签名：Cartier Paris

“墨丘利头像”法国出口黄金纯度印记

制作者：Cartier

长：8.2 cm；宽：6 cm；高：1.9 cm

私人收藏

台式烟盒，卡地亚巴黎，1928 年

金、白玛瑙、珊瑚、珐琅、弧面祖母绿宝石
签名：Cartier Made in France
“鹰头”法国黄金纯度印记
制作者：Couët
长：12.5 cm；宽：8.5 cm；
高：5.5 cm
私人收藏

1928 年 11 月 16 日，这个盒子登记在巴黎库存上，描述如下：“来自墨西哥的白玛瑙台式烟盒，带金铰链。盒子上有两个圆柱形珊瑚图案，用黑色珐琅相连，末端有两颗祖母绿宝石。铰链下有两颗弧面珊瑚宝石。锁上饰有珊瑚环和黑色珐琅连接件”。

1927 年 12 月，一个几乎相同的盒子卖给了让·查尔斯·沃斯，他的姑姑安德烈·卡地亚是路易·卡地亚的第一任妻子。

（铰链细节）

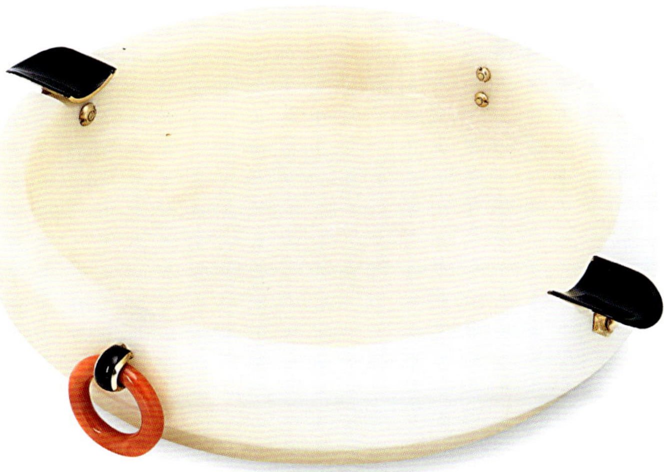

烟灰缸，卡地亚巴黎，
约 1930 年

金、珐琅、白玛瑙、珊瑚
签名：Cartier
“鹰头”法国黄金纯度印记
制作者：Pillard
直径：10.5 cm；高：1.9 cm
私人收藏

带烟灰缸的烟罐，卡地亚巴黎，
1933 年

金、银、白玛瑙、珊瑚
无签名
混合“鹰头”黄金和“野猪头”白银法国纯度印记
制作者：Le Voyer
高：6.2 cm；长：7.8 cm
私人收藏

奢华空间
LUXURIOUS VOLUME

20世纪30年代初，直线和棱角图案是“严谨的”。这种强烈的艺术装饰风格的轮廓往往表现为两维图案，这可以在“Flap Jack”粉盒中看到。（见430页）从1935年开始，这些平面的图案被转换为立体的。罗杰•纳利斯（Roger Nalys）在1935年的一篇文章中特别提到了珠宝，但这也同样适用于器物。他写道“在繁忙的生活和剧烈的运动变革中，我们不能无动于衷。我们想要看到坚实的建筑，我们想要看到空间以及与空间产生的关系。……因此，现代珠宝成为了建筑作品，在空间中可以从各个角度去看它，而不是像以前那样仅从长和宽两个维度去欣赏”。[1] 于是卡地亚采用了以强烈的对比色来增加冲击力的简单形式来回应这种时代的召唤，比如用红色和黑色，其后又加入金色与深黑色珐琅的对比。

受几何风潮的影响，卡地亚在1930年开始大胆采用简单形状来制作产品，并搭配装饰图案。

虽然卡地亚的设计师在他们对奢华的诠释中使用了简化的手法来表达现代性，但他们在装饰艺术的处理中确实回归了优雅和女性气质，这些都隐含在图案中：水果篮、鹿和豹。这些图案中的形象又回到了马约尔（Maillol）或博纳尔（Bonnard）的作品中的典型造型。体积和形状又重现出来。女性重新看待自己的身体，不再穿直筒裙和露肩装，取而代之的是凸显胸部和臀部的时尚。

在艺术产品中加入建筑元素
Applying architecture to objects de vertu

办公室时钟激发了设计师们对不朽建筑的思考，它们融合了现代主义和古典主义的原则。简单的几何形状、正方形、拱形和圆形被大量保留了下来，柔美的线条被强有力的几何形状所取代。这种纪念碑式的表达是不妥协的、永恒的，它展示了一种集中的能量，是强大而审慎的象征。这是一个汽车、流线型摩托车和飞机的时代。当时，德国、意大利和苏联也崇尚这种力量，强调体育精神和英雄主义，随之而来的几年却发生了灾难性的动荡。

正是在这种背景下，卡地亚艺术产品的规模和体积都在增长，而建筑风格则成了其器物的关键。

由库埃制作的一件特别的书桌套装，结合了蓝色和绿色配以建筑风格的设计语言。它是由一个厚实的软玉台子组成的，台子的四角都是“日本角”，上面有两个阶梯式的软玉台子，用条状装饰和圆形类金字塔状的天青石点缀。左边是一个带铰链盖的方形墨水瓶，右边是一个长方形的罐子，用来支撑一支钢笔，带放吸墨纸的空间。这两部分都装饰着青金石饰板，并用带孔雀石条装饰的金色圆形金字塔装饰点缀。在软玉阶梯上可以放一支饰有孔雀石棒的青金石钢笔。金脚上镶有青金石饰板。这个桌面套装上还装饰了一顶东方的皇冠。

但是对卡地亚来说，为其建立一个精确的风格年表是不现实的，几种风格往往同时存在。从1930年开始，尽管很少能再找到中国风格的功能性产品，但1931年出品的一套特别的书桌套装依然仿照了东方园林的设计，完全使用珐琅、硬石和珍贵材料制成。而在同一时期，人们对简约装饰这种新审美的追求鲜活而强烈，可以从一件银制桌面套装看出，其装

巴黎东京宫，1937年

为“现代艺术与技术国际博览会”而建于1937年。这个建筑反映了在应用艺术，尤其是卡地亚产品中可以看到的新装饰艺术美学的风格。

饰有弧面玉石和黑漆，包括一个配套的座钟和两个墨水瓶，还有一处可以放一支伸缩铅笔和两支钢笔的笔搁。这个套装的温和曲线背后似乎有一个埃托·布加迪（Ettore Bugatti）的流线型机械世界，而不是基于单纯的书写艺术本身。（见465页）

这件具有想象力的未来主义器物的设计之美和原创性，只有同时从正面和侧面观看，才能真正欣赏到。这类产品的商品化恰好在20世纪的前三分之一期间，紧跟了汽车和飞机的设计潮流，这说明卡地亚并没有一直观望，他们非常清楚当下的流行趋势和艺术风格，也知道如何利用它们。我们已经讨论过狄亚格列夫（Diaghilev）和他的"俄罗斯芭蕾舞团"，在卡地亚20世纪初的设计中的影响。也许野兽派、表现主义、未来主义、建构主义、立体主义和新造型主义在品牌的风格语言中也自由地发挥了作用。设计师们都关心着主要的艺术形式，并且能够取之精华地运用到应用艺术创作中去。

1924年，路易·卡地亚迎娶了匈牙利女伯爵，他大部分时间都生活在六年后成为哈布斯堡王朝第二大城市的布达佩斯。因此，他非常了解维也纳分离派和维也纳工坊。虽然后者最初作品的几何结构稍显生硬，但它逐渐转向了更柔和的线条和艺术视角，用鲜花和象征语言来装饰了许多作品。1925年的"装饰艺术博览会"上，这群艺术家以极有影响力的方式在奥地利馆展出了风格的变革。家具和器物的设计采用几何形式，没有受到历史参考的影响，让人想起查尔斯·雷尼·麦金托什（Charles Rennie Mackintosh）的实用主义风格，在此基础上还使用原色的混合线性图案。

一种新的女性气质 A new femininity

除了当时那些不喜欢线条和力量感的美国人可能会说这是一个"魔鬼年代"之外，这个时期，伦敦、纽约和巴黎都达到了高雅的巅峰。

在第二次世界大战之前的动荡时期，裸体和神话场景充斥着画廊的墙壁。这也是一个跟随卓越的好莱坞女星——葛丽泰·嘉宝（Greta Garbo）和玛琳·黛德丽（Marlene Dietrich）的脚步征服世界的时代。卡地亚此前从未与化妆品公司如此紧密地联系在一起。从1931年起，在让·巴杜的许可下，"LIFT"款式的产品开始商品化。这个方形物体的中心开口可以用手指沿着唇膏管的侧面滑动一个类似薄片的开关，使唇膏自动显露出来。

1931年，两个化妆盒采用了新的巴杜唇膏款式。

1935年，卡地亚为这种可以单手打开的唇膏管申请了专利，后来被伊丽莎白雅顿（Elizabeth Arden）采用并推广开来。1935年，娇兰开始为卡地亚提供唇膏，用于"S"部门生产的方形黑漆唇膏管。这些管体是通过旋转装置在前面的盘片打开的。盘片为珊瑚制或鎏金银制，最后用珐琅写上"Forget me not"或"Ne m'oubliez pas"（勿忘我）。[2]

卡地亚也与品牌——科蒂（Coty）和霍比格恩特（Houbigant）有商业合作，他们的唇膏和粉盒会用在卡地亚的化妆盒里。

1938年，卡地亚与香水生产商皮诺（Pinaud）开始商业合作，或许是为了生产他们的第一款香水。

20世纪40年代，卡地亚为浪凡的"Arpège"设计了香水瓶，1948年，卡地亚特许Lentherie品牌使用它们的唇膏管。

除了一些唇膏管会搭配时钟外。其他的则为筒形，银质黑漆，以一个珊瑚和钻石镶嵌的瓢虫作为搭扣。而在棱纹银制的版本上，会用金制甲虫或雕刻玉石叶取代瓢虫。

卡地亚巴黎店的双棱纹银唇膏管的设计非常新

奇。一边为白天用的唇膏，另一边为晚上用的唇膏。有一些产品上的搭扣是用棱纹玉石珠制作的。[3]

纽约卡地亚的一个更薄的银质版本使用了漆来模仿玉石或青金石等硬石的质地和颜色。该唇膏管体的上半部分，可以垂直伸出。一个表盘通过放在轴下半部的装置打开。

有一个涂有漆的银制筒形款式就像两个背对背的“汤姆拇指”打火机，而另一款唇膏管则被设计成放在一个金和银制的步枪子弹里。

金和几何 Gold and geometry

到了20世纪30年代中期，世界经济危机的影响开始逐渐放缓，于是卡地亚恢复使用黄金来制造珍贵器物。

卡地亚在1924年纽约中央大皇宫的法国展中的展柜。214页插图中的神秘钟展示在左上方。架子中层的方形时钟，预示着品牌十年之后的审美，强调方形和体积。

事实上，也许在巴黎，卡地亚从未完全停止使用黄金，而自 1935 年起所有产品都是黄金制造的。器物中的许多小物件都为黄金制，比如一个 14K 金钱夹，有一个带五张照片的折叠系统设计，照片为直接印刷在黄金上。

这些钱夹可以有几种不同的设计或几个相关的功能，例如带时钟功能的伸缩铅笔。这是卡地亚纽约店的其中一个例子，表盘被放置在一个钱夹尾端的圆柱上或在另一个款式中表盘被放置在椭圆形状的中间。巴黎制造的一款钱夹则结合了镂空雕刻的金制牛头犬头像和一根鞭子。（见 386 页）

在那些集成时钟的多功能产品中，有化妆盒、打火机、笔、日记本封套、[4] 裁纸刀、唇膏管、钱夹，有上方带有时钟的指南针（见 386 页），甚至有一个椭圆形的金怀表，一面为时针表盘，另一面为日晷和指南针（见 386 页）。[5]

手表、打火机和笔通常都装饰有几何图案、抽象图案和重复图案，这些图案要么作为边框，要么平铺在产品的整个表面。它们会以金属雕刻或覆盖珐琅的形式出现，黑色是最常见的颜色。这些几何图案——线形、“Z”字形、碎裂纹，都是装饰艺术设计的重要元素。这些图案的使用是受到如立体派、建构主义、包豪斯浪潮等前卫艺术的影响，甚至还受到“Simultané”纹［由索尼娅·德劳奈（Sonia Delaunay）于 1925 年 3 月在巴黎开办的一家店铺而得名］的启发。

这里仍然有受到东方灵感的设计。在二战之前，东方艺术对卡地亚作品的贡献是显而易见的。这些图案，无论是重复花纹还是几何花纹，都出现在卡地亚描述为“背景装饰”（Jeux de fond）的设计中，他们经常会重新诠释中国或印度的装饰，比如如意和万字符。

银制的大型桌面器物，如雪茄盒、壁炉钟等持续地受到人们越来越多的喜爱。设计中需要加入直线型和体积感。有趣的是，人们会将艺术品与高级珠宝并列比较，《Les Modes》杂志的一名记者写道：“随着对 1900 年的追忆被开启，珊瑚、琥珀、玳瑁和黄金的材质无疑正在回归流行。我们希望它们能让珠宝制作者创造出兼具艺术感和装饰性的作品，制作出兼备白天和晚上所用物品的套装。我们卓越的珠宝商紧跟潮流，邀请我们参观他们的礼品展。它们的产品不再只能吸引百万富翁，也能成为新穷人的精美纪念品。卡地亚的一切艺术……都体现在纯粹的设计和完美的执行力上。“Clips”是最受欢迎的系列之一，其中一些会镶嵌迷人的长方阶梯型切割钻石”。[6]

夹子、项链、王冠的灵感来源都是卡地亚钟表。它们体积硕大，镶嵌着大型的精美宝石——海蓝宝石、紫水晶、黄水晶，它们被制成方形切割或长方阶梯型切割的宝石，大多产自伦敦。在伦敦，他们又一次用精致的珠宝搭扣来显示盒子和化妆盒强烈的几何特征。这些盒子通常是用 9K 金制成，上面装饰着简单的条纹或雕刻有棋盘图案，会点缀大型长方形铂金搭扣和长方阶梯型切割钻石，来凸显它们奢华而饱满的设计。（见 459 页）

相应的，器物的体积和尺寸也在增加。

1930 年制作的双面八角形东陵石伙伴钟，侧面的石材刻有方形装饰，指针模仿摩天大楼的设计，是建筑风格桌面摆件的一个很好的例子。

大型相框的款式基本相同。由弗格尔·弗拉雷斯（Verger-Freres）生产的那些最具特色。它们通常是为奥斯特塔格（Ostertag）或梵克雅宝品牌设计的。20 世纪 30 年代末，卡地亚纽约出售给玛荷丽·梅莉薇德·波斯特一件产品（见 456 页）。尽管它是卡地亚转手而非自己制作的产品，但它仍然是一个绝好的例子，展示了装饰艺术时期的最后几年里物体形状是如何进化的。

装饰艺术时期丰富的风格化纹样受了多种文化的影响："俄罗斯芭蕾舞团"和野兽派的强烈色彩；未来主义的速度崇拜和空气动力学中设计线条的表达；立体主义中简单的形状；还有遥远而有魅力的东方文明。卡地亚是受到所有这些不同方面的影响后，而又回归到某种令人感到慰藉的 30 年代末期的新古典主义风格。

大胆地把卡地亚在这一时期的作品与建筑相比较，其作品就像巴黎不朽的新古典主义艺术复兴的象征——夏乐宫一样：简洁而坚固，线条平滑，带有阶梯型装饰。

全世界风云莫测的变幻预示着 1939 年 9 月风暴的来临，卡地亚在传统西方价值观中找到了慰籍，他克制地使用了一种新古典主义风格来与此安定宏伟的文化相抗衡。

注释
Notes

1. R. Nalys "Bijoux d'aujourd'hui", *l'Officiel de la couture et de la mode*, Paris, n° 170, p. 20.。

2. 这里需要提到 1870 年生产的第一支唇膏是娇兰命名的。

3. 战后，这个款式会用金制，并在搭扣上镶钻石或弧面宝石。

4. 1929 年安东尼·德·罗斯柴尔德夫人（Mrs Antony de Rothschild）购买了一本长方形的黑漆金制日记本封皮套，在角上带一个方形表盘，在对面的角上有她的花押字母刻在金饰框上。

5. 这件有力量感的产品是受了一个一样大小形状但更老的器物的直接影响，老款不带时钟，而是在同一边有指南针和日晷。1939 年的复活节，这款的其中一件送给了温莎公爵沃利斯·辛普森。

6. *Les Modes: revue mensuelle des Arts décoratifs appliqués à la femme* (February 1934)。

相框，卡地亚巴黎，1929 年

金、玛瑙、软玉、珐琅、象牙、弧面红宝石
签名：Cartier
“鹰头”法国黄金纯度印记
制作者：Verger Frères
高：17 cm；宽：12cm
希尔伍德庄园博物馆和花园收藏

这个相框不同寻常。这件作品是弗格尔·弗拉雷斯工作室的特色产品，它所用的材料以及配色共同造就了其鲜明的角形轮廓，它与卡地亚在 20 世纪 30 年代初所推崇的风格大不相同。尽管在这十年里，品牌向几何形体设计敞开了怀抱，但路易·卡地亚从未被这种大型建构主义的建筑风格所征服。也有可能这个相框原本就是从供货商那里买来的，然后由卡地亚签名，又卖给另一个碰巧正在第五大道精品店橱窗浏览的顾客。这是当时的一种常见做法，很多器物都属于这种情况。

烟盒，卡地亚巴黎，1925 年

金、皮革
签名：Cartier Paris Londres New York
“鹰头”法国黄金纯度印记
制作者：Boulon & Taragnat
长：7.9 cm；宽：3.5 cm；
高：1cm
私人收藏

卡地亚伦敦公司于 1927 年将一个类似用途但带有中国图案的盒子卖给了印度曼迪大君（Maharajah of Mandi）。如今属于卡地亚 – 日内瓦收藏。

伸缩铅笔，卡地亚巴黎，约1930年

金、珐琅
签名：Cartier Paris，Made in France，Mecan
“鹰头”法国黄金纯度印记
制作者：Descoux
长：8.5 cm（收起）
私人收藏

“Mecan”意为，这件物品使用普通金属来制作了机械组合部件。

打火机，卡地亚伦敦，1938年

黄金、玫瑰金、银
签名：Cartier London，JC
18K 英国黄金印记
长：3.6 cm；宽：3.3 cm；
高：1.5 cm
私人收藏

打火机，卡地亚巴黎—纽约库存，约1930年

金、珐琅
签名：Cartier
长：4.3 cm；宽：3.3 cm；
高：1.6 cm
私人收藏

首字母“WHB”刻在了顶部。

化妆盒，卡地亚巴黎，约1930年

金、珐琅、铂金、钻石
签　名：Cartier Paris Londres New York
“鹰头”法国黄金纯度印记
长：7.6 cm；宽：5.3 cm；
高：1.2 cm
私人收藏

伸缩铅笔，卡地亚伦敦，约1930年

金、珐琅
签名：Cartier London，18 CT
长：7.5 cm（收起）
私人收藏

座钟，卡地亚巴黎，约 1940 年

金、银；金指针
签名：Cartier
高：6.5 cm；宽：4.8 cm；
直径：3.2 cm
私人收藏

座钟，卡地亚纽约，约 1945 年

14K 金；硬橡胶底座；金指针
签名：Cartier 14K
高：5 cm；宽：4 cm；
直径：3 cm
私人收藏

化妆盒，卡地亚伦敦，1937 年

9K 金、铂金、钻石
签名：Cartier London，JC
9K 英国黄金印记
长：11.5 cm；宽：7.6 cm；
高：2 cm
私人收藏

这个款式是典型的伦敦工作室在 20 世纪 30 年代末的作品，它有平槽边框和它的法式长条钻石扣。由于使用了 9K 金，这个盒子相对较轻，这与其具有力量感的机械图案产生对比。盒子可以从两面打开，一面可以装散粉，另一面可装香烟。

烟灰缸，卡地亚巴黎，约1930年（图片为缩小尺寸）

玛瑙、苔纹玛瑙、金、弧面红宝石
无签名
直径：9.1 cm；高：3.7 cm
私人收藏

这个烟灰缸有着这个时期标志性的装饰艺术风格，圆形玛瑙盘配阶梯型带直角的撑脚。

烟盒，卡地亚纽约，约1944年

14K金、珐琅
签名：Cartier 14K
长：7.9 cm；宽：5.4 cm
私人收藏

粉盒，卡地亚巴黎—纽约库存，约1910年

黄金、玫瑰金、青金
无签名
“鹰头”法国黄金纯度印记
“墨丘利头像”法国出口黄金纯度印记
制作者：Chailloux
长：5.2 cm；直径：5.5 cm；
高：0.8 cm
私人收藏

从1906年开始，卡地亚尝试制作轮廓更为抽象的作品，不仅将这种风格运用在珠宝上，也运用到类似粉饼盒的产品上。尽管上面所示的香烟和粉盒都用了相同的几何图案装饰，但它们的制作时间却间隔了三十多年。这就是为什么汉斯·纳达尔霍弗尔写道：“按时间顺序看卡地亚的作品，而忽视不同风格并行存在，这将是……一个错误。”(op. cit.，p. 201)

台式烟盒，卡地亚伦敦，
1938 年（图片为缩小尺寸）

金、银
签名：Cartier London
长：21.9 cm；宽：15.7 cm；
高：2.5 cm
私人收藏

由于20世纪30年代的经济危机，卡地亚销售了大量银制品，它们的价格低于镶钻黄金和硬石制品。从30年代开始，类似这个盒子的银制品销售，占据了品牌不同分店营业额中不可忽视的一部分。

座钟，卡地亚巴黎，1926 年

金、银；金指针，镀镭
签名：Cartier
混合“鹰头”黄金和“野猪头”白银法国纯度印记
制作者：Coüet
高：14.5 cm；宽：13.1 cm；
直径：7.9 cm
私人收藏

尽管制作于20世纪20年代后半叶，这款钟表的设计完美结合了优美的体量和清爽的外观。这预示着之后十年卡地亚钟表的设计走向。这款钟表也有搭配青金石和黑色珐琅表盘的版本出售（见右图）。

带时钟的桌面套组，卡地亚巴黎—纽约库存，1931 年
（图片为缩小尺寸）

银、漆、软玉；附两支钢笔、一支银质自动铅笔、漆、糖包山玉石、金自来水笔
签名：Cartier Made in France
“鹰头”法国黄金纯度印记
长：24 cm；宽：12.5 cm；
高：7.5 cm
卡地亚 – 日内瓦收藏

这张带有流线型轮廓的桌面套组拥有 20 世纪 30 年代初作品的典型特征。其重点是体现设计上的力量感，来弥补由于经济危机带来的珍贵材料的短缺。

相框，卡地亚纽约，1929 年

金、大理石、青金石、珐琅
签名：Cartier
宽：22.1 cm；长：29.4 cm
希尔伍德庄园博物馆和花园收藏

背面的铭文可以看出，这幅肖像是查尔斯·W.波斯特（Charles W. Post）的，他是谷物麦片帝国的创始人，也是玛荷丽·梅莉薇德·波斯特的父亲，这使玛荷丽成为美国最富有的女性之一。

座钟，卡地亚巴黎，约 1930 年

银、大理石、青金石；金指针，镀镭
签名：Cartier France
“野猪头”法国白银纯度印记
制作者：Coüet
长：17 cm；宽：11.6 cm；
高：20.3 cm
私人收藏

30 年代开始，座钟虽缺少了珍贵属性，却胜在尺寸。这台钟具有的建筑设计风格，令人很容易想象到它放在帝国政府大楼的办公室壁炉上的样子。

VIII

回到“黄金年代”

The return of the “Golden Age”

VOGUE

LA VIE A PARIS

LES COLLECTIONS DE DEMI-SAISON

LE SKI - LES CADEAUX

DÉCEMBRE 1950 - JANVIER 1951 • REVUE MENSUELLE • IMPRIMÉE EN FRANCE • PRIX : 500 FRS

战后时期
THE POST—WAR PERIOD

1940 年 6 月，尽管被认为是最好的军队之一，法军还是被击败了。失败和随之而来的占领所带来的动荡、物资匮乏和客户流失，都加剧了卡地亚家族的动荡。1937 年 2 月，路易的女婿勒内·雷维隆（René Révillon）因病去世。而早在 1933 年，由于心脏病发作，路易就告病暂离了公司。尽管长途跋涉，他还是决定在 1940 年 8 月去纽约和兄弟皮埃尔团聚，随后于 1942 年 7 月客死异乡。令卡地亚在过去四十年里成为世界上最著名的珠宝商的灵魂和精神，在他死后消失了。

马里翁·卡地亚的丈夫皮埃尔·克劳德尔曾在德国遭受牢狱之灾，苏珊娜·卡地亚的丈夫雅克·沃斯于 1941 年 1 月去世。至于雅克·卡地亚，三兄弟中最小的一个，“温柔的雅克，是一位典型的艺术家，但他为了赶上兄弟的步伐而成为了一名国际商人”，[1] 他在 1941 年 9 月死于法国达克斯，他的肺因在一战战壕中吸入的气体而遭受损伤。

尽管被敌军占领，和平大道的商店却仍然活跃，展示有许多新品。他们尽了最大努力不将商品卖给德国人。为了做到这一点，他们会向那些在交易贵重物品时不愿意透露身份和职业的购买者，故意提出许多详细的问题。不过这并没有阻止戈林在战前来购买“Model A”时钟，也没能阻止他委托卡地亚制作他的陆军元帅杖。[2]

他们试图不让占领者看到更多更令人惊叹的作品。贞·杜桑当机立断，随后将最重要的部分作品藏到了“自由区”。[3]

在伦敦，于雅克缺席期间主管伦敦分店的艾蒂安·贝朗格（Etienne Bellenger），从 1940 年 6 月起专门为夏尔·戴高乐准备了一辆车和一间雅克的办公室。“英国艺术品”工作室为英国航空制造仪器，他们也为“法兰西自由联盟”制作徽章和奖章。

路易·德沃，[4] 是路易·卡地亚最重要的同事之一，他在家族成员缺席的情况下，于战后公司重组期间担任了这家珠宝公司的总裁。

解放 The Liberation

法国解放时，皮埃尔的女婿皮埃尔·克劳德尔重返卡地亚巴黎。而皮埃尔·卡地亚成为卡地亚国际公司总裁，雅克的儿子让－雅克·卡地亚（Jean-Jacques Cartier）接管了伦敦商铺的管理。从而，皮埃尔主导所有三家分店，他准备让女婿在巴黎接棒总指挥，在 1948 年他退休去瑞士修养之前，让原管理纽约分店的路易的儿子和孙子，克罗德和勒内－路易·雷维隆，回来接管法国店铺。

战后一段时间的特点是工业激增；农村人口向城镇迁移；中产阶级和职业女性数量增加。与之相伴的是国家在战后进行部分损毁的重建；大多数王室倒台；经济衰退使贵族减少从而成为新兴中产阶级的一部分。最重要的是，它带来了人们价值观的改变：对那些展示财富和过度奢侈等曾经出现在“美好时代”和“咆哮的 20 年代”的习性的摒弃，这是一个理性而节制的时代。

这一切的结果就是制度、政治组织和欧洲各国税法的重建。因此，从 1940 年起，英国对所有的新产品都开始征税，珠宝首饰以及金银制品作为奢侈品被征收最高税率。税率一度高达 125%；在 20 世纪 60 年代，这一比例仍然达到 55%[5] 这样的税率对生产和销售新珠宝和艺术品产生了巨大的影响。

除此之外，还必须看到宏观经济也产生了重大变化，特别是 1944 年 7 月，在布雷顿森林协定生效后，英镑、法郎和美元多次贬值。这导致奢侈品市场萎缩，而这种萎缩在战争结束后仍然持续。从这以后，直到 1960 年，卡地亚的日子都过得很艰难，重要的和昂贵的产品数量大幅减少。

寻根 Back to their roots

在解放的欢欣鼓舞中，生产又恢复了往日的秩序。在战争期间，铂金作为一种战略储备，很少被珠宝商使用。而由于铂金在工艺品制作中也从来都不是一个受欢迎的选择，所以这对器物和配饰的生产并没有很大影响。而在 1935 年就已大量使用的黄金，在战后更是成为了贵金属的首选。

卡地亚伦敦的“银和黄金部门”使用 9K 金，与巴黎店相比更少使用 18K 金。在纽约店，14K 金占主导地位，尽管偶尔也会用 18K 金制作产品。

让人联想到辉煌而自信的“美好年代”的俄罗斯帝国装饰主题重新出现，珐琅和漆器消失了，但保留金制表面以获得类似的效果。在制作过程中可以选择的金制饰面效果有：抛光、螺纹、棱纹、退纹、缎光、拉丝、玑镂和树皮纹，甚至有模仿篮子的编织纹。

平坦或凸出的棱纹，有时呈波浪形，或带有轻微喇叭型状的“台球棒梢形”，成为了烟具配饰的标志性纹理。覆盖棱纹的烟盒和化妆盒上，有大颗的湖面蓝宝石、红宝石或祖母绿来装饰搭扣，这与法贝热于 20 世纪初在其烟盒上所使用的搭扣类似。它们的外观给人的印象要比 1900 年期间制造的更为厚重，让人很容易就能确定它们的制造时间。(见 480 页)

“samorodok”（金块）花纹来自世纪之初的俄罗斯装饰“百科全书”。这种图案主要运用于烟盒和化妆盒。这种图案是由金属被加热到熔点，然后突然冷却而形成的。不规则的表面让人想起了金块，也因此而得名（见 490 页）。在战后，卡地亚从未似彼时那般频繁地使用玑镂工艺。许多物品的表面都用该工艺来装饰，但与世纪之初的情况相反，这些物品没有装饰珐琅。基于昔日的“mille-raies”或“pékin”珐琅的纹理，衍生出了不带珐琅的放射和辐射纹理。

本章节后的插图展示了用这些花纹装饰的各种功能和类型的产品。例如，在二战前，梳子是被设计成放进盒子里的。而到了二战后，梳子从尾部的关节处延伸出了把手，折合成盒子后会创造出一个完美的带弧形尾端的矩形，并点缀了一个迷人的珐琅瓢虫作装饰（见 485 页）。

漂亮的玑镂工艺还被运用在了一个原创的蛋形化妆盒上，并配有一条粗重的金链（见 483 页）。同样玑镂工艺也用在了大型的桌面化妆盒上，全金制作，搭扣镶钻。这种化妆盒对该系列来说是种创新，它们带有一点弧度，可以作为晚宴包使用。

二战后最具象征意义的图案之一，是装饰钟壳（见 492 页）、墨水瓶边缘（见 484 页）以及烟盒和化妆盒盖的绳纹图案。还有一种简单的设计，使用两条金线交错放在主表面上，背景表面可以是一些自然主义的浅浮雕图案，配以一些如花朵、飞翔的小鸟、栖息在新月上的猫头鹰（见 486 页）、镶嵌宝石的乌龟或在海里游泳的鱼等主题。图案的表面与背景表面处理不同，来强调对比的效果。在某些盒子的盖子上，以前是使用珐琅处理的风景画（例如东方的树木和鹳鸟），彼时则会用几种不同颜色的金来表现。另一种方法是把同样的装饰图案直接刻在金或银制盖子上。[6]

在 20 世纪 50 年代，风格的影响和设计的变化缤纷络绎。如前所述的自然主题、抽象和异国情调愉快地并存，给予了女性多样化的风格选择。而在

1947年，克里斯汀·迪奥（Christian Dior）拒绝了战前的时尚风格，推出了由《时尚芭莎》的编辑命名为"新造型"（New-Look）的设计。他宣称为"有柔软的肩膀、突出的胸部、如藤蔓和旋转花冠

1927年神秘钟的广告。用卡地亚战前的标志性材料金配青金石制造。

裙般紧收腰线的精致女人"设计裙子。同样，20世纪30年代末的笨重器物也被饰以彩色宝石且轮廓圆润的器物所取代。这种时尚在很大程度上要归功于贞·杜桑，她是红白蓝笼中鸟的推手，这款作品象征着1940年被占领的法国，也是卡地亚和珠宝的历史见证（见478页）。在贞·杜桑的支持下，鲜花和动物设计也越来越多地出现在珠宝中。这是鸟类设计的大好时期，它们被做成了大型胸针，身体上镶嵌了硕大的宝石。花卉胸针也以类似的方式来丰富造型，这种自然主义也体现在了卡地亚的钟表上。

有一款非常规的时钟，其板条箱形状的金制底座上组合了青金石饰板。从底座上生长出一根长长的花茎，上面有风格化的叶子和一朵金玫瑰，花上镶嵌了青金石珠，中心还有一个时钟。这件作品属于杰奎琳·科克伦（Jacqueline Cochran）。花卉艺术设计的另一个例子是一只时钟被放置于一朵金制玛格丽特菊的中间，上面镶了钻石和青金石，菊花长在一根弯成180度的花梗上，配以一个用金和青金石制的底座。[7]

钟表 Horology

1918年标志着神秘钟的生产回归，同样随之而来的还有解放和乐观的精神，鼓励卡地亚开始钟表创作的新理念。

除了我们前面提到的"Model A"时钟内部的新装饰，战后时期的神秘钟与1931年以前的大不相同。打破了20世纪20年代的门廊钟和具象钟的传统，战后的神秘钟体型要大得多。许多是用黄金和青金石制成的，其中一个款式作为新款的门廊钟被推出，在1947年的两个版本中，两根方柱支撑着一个由金和水晶制的八角形时钟。用20世纪60年代之前卡地亚一直沿用的金绳图案，来分隔金表盘与

水晶钟壳。（见 473 页）

1947 年制作的神秘钟有 30 厘米高，放置在米色大理石底座上。底座符合了战后卡地亚喜好使用新型硬石的特点，也是对世纪之初使用普通石材的某种回归。底座采用新古典主义设计，四周环绕着一根金绳。水晶表盘和玻璃用一根金线分隔。

不同于前两台神秘钟的一个款式为水平放置，其直径 24 厘米，从形状看像一个带有三个脚支撑的盘子。1953 年的一个版本为金制，青金石数字以钻石镶边，它被安装在一个金制钟壳里，钟体为水晶制。（见 494 页）

1959 年的另一个款式有玑镂金钟壳，上面有拱形金制绳纹图案，只有一些数字用了钻石镶嵌。也许是由于每家分店相对于巴黎总店的独立性越来越强，且自主研发能力也有所增强，所以几家店都开发了自己的时钟。然而，与伦敦店的情况有所不同，巴黎和纽约还是较为类似。战争爆发前夕的法国，得益于部分重整，经济环境较好，于是卡地亚巴黎着手制作带支架座钟。

与 20 世纪 20 年代制造的产品相类似，这种座钟有数百种不同的变体，形制上和以前相比没有太大的变化，被作为钟表部奢侈品系列的入门级基本款。与“咆哮的 20 年代”的前辈们尺寸相同，这些产品是围绕着一块硬石饰板设计的。它们的区别不在于大体外观，而在于细节。考虑到价格因素，很少装饰支脚和饰角，主要用金制作而没使用很多宝石。表框不再装饰珐琅，而是光滑的表面，相比之下表盘比较素净。

尽管经历了战争，卡地亚的设计师们还是继续发挥着他们的创造力。20 世纪 40 年代，人们崇尚朴素的装饰风格，设计师仿照 20 年代的款式，制作了一个棱面水晶的圆形版本。饰板上的螺钿漆面换成了金制表盘，中国风格指针换成了普通的镶钻指针。透明珐琅的罗马数字被光滑的金条数字所取代。

一件 1943 年制作的较为罕见的伙伴钟，有当时标志性的金制镶钻绳纹图案，其表盘、钟壳、脚和底座都是用黄色碧玉制成的。从 1940 年起，卡地亚纽约也开始生产与巴黎类似的入门级产品。我们不确定这是由于两个分店较早之前的战略决定，还是因为路易在 1940 年秋季抵达纽约的原因。不管什么原因，座钟整体外观保持不变，细节上与之前有所不同。表框和钟壳尺寸相同，更多用黄铜而不是贵金属制成。折叠支架没有像巴黎的产品那样有一或两个圆形轮廓组成，而是一个从表壳顶部延伸下来的椭圆形。机芯由君皇制表公司提供。

为战后在伦敦生产的钟表分类要困难得多。英国的设计师们想象力丰富，设计出各种各样的款式，有趣而又大胆。例如 1958 年制作的一个多面体座钟，其设计灵感来自于一个 18 世纪的印度盒子，后来又增加了一个大三脚架作为支撑。[8] 同年，按照当时珠宝的流行趋势，一只绿松石和紫水晶制成的大猫头鹰被装饰在金制钟的边缘。表盘上用珍珠贝母马赛克镶嵌了圆形玫瑰图案。也是在同年，罗伯特·埃默森（Rupert Emmerson）[9] 设计了一个梯形钟，它是带提花图案的棱纹金制的，安放在一个长方形底座上，表盘和基座周围都有绳纹设计。[10] 其他款式也设计了棱纹金盾牌安装在波浪形或金字塔形的底座上。

巴黎、伦敦、纽约：多样化
Paris, London, New York: diversification

在危机时期，比如 1929 年华尔街崩盘产生经济滑坡后，皮埃尔·卡地亚实施了一项生产策略。他让产品目录的选择更加民主化，让卡地亚纽约制造更多小巧、有趣和别致的产品。它们是完美的馈赠之选。这些有多种功能和形状的产品有：

– 小型编织篮花纹的金制旅行相框，用盒子的下半部作为撑架；有各种尺寸的折叠相框。

– 带有翻盖的钱夹，可以打开露出相框中的照片。

– 另一个版本的钱夹结合了万年历铅笔和笔记本。

– 鼓型、骰型或美式信箱型的药盒。

– 顶部藏有打火机的细金笔。

– 带绳纹装饰的微型哨子（见 487 页）。

– 带有绳纹或其他图案装饰的钥匙（见第 487 页）。

– 一个男士皮带扣，配有钟表。

一般说来，纽约制品上的独创，甚至是怪异的设计，有时也会在巴黎的产品中出现，而且常常能在伦敦的产品中看到。

化妆盒变了，从简单的几何形，如长方形、正方形或椭圆形，变成了更复杂的形状，如马蹄形、法国地图型、贝壳扇形，甚至郁金香型。在伦敦，他们的许多金制器物都配有钟表，钟表被放在微型鼓、橡子、坚果形状的器物里，甚至放到小型相框上。

硬石材质也没有被遗忘。世纪之初会使用各种各样的奇石，到 20 年代已减少得所剩无几，而到了这一时期又回归了。打火机会用黄铁矿石或图利特矿石制成。烟灰缸被称为“free-form”，也就是没有明确的形状，会用孔雀石、拉长石或虎睛石制成。一个有埃及法老王冠轮廓的烟壶是用枝蔓状玛瑙制成的，而一些针盘则被雕塑成鲸鱼、鱼甚至鸭子的形状。

尽管战后几个月经济上困难重重，巴黎店铺仍试图重振奢侈品市场，上一次出现这种情况是在 20 世纪 30 年代末。一些最昂贵的瓷器被法国政府收购，作为官方礼物赠送。

碑型神秘钟是 1944 年制作的（法国的碑有拱形轮廓的），黄金制，水晶和青金石装饰成洛林十字。戴高乐将军在 1945 年 10 月进行国事访问时将其作为礼物赠送给了比利时伊丽莎白王后（Queen Elizabeth）。

在此的几个月前，另一台神秘钟由戴高乐访问莫斯科期间，赠送给了共和国临时政府领袖斯大林。

1945 年 7 月戴高乐从和平大道店铺购买了一块奢侈品手表，在波茨坦会议上送给杜鲁门总统的女儿。[11]

12 年后，伊丽莎白女王二世于 1957 年 4 月对法国进行国事访问时，巴黎市政府赠送了她一个书桌套装，套装里的钟中央的表盘由黄金和钻石制成，表盘边缘饰有金制绳纹图案。钟体放置在一个青金石和金制的希腊庙塔型钟壳内，每一边都配一个金和青金石制墨水瓶，整个装置放在金制底座上（见 481 页）。另一个型号，可能是为一位君主设计的，钟体装在一个由金、青金石和绿松石制的高大的中东风格瓶子里，安装在青金石制的，镶有硬币的金字塔型底座上。

具有原创性的款式，延续了品牌的声誉。1949 年，一个半神秘钟上重现了旋转的环形表盘：两根金制心形柱子垂直地安装在一个白色缟玛瑙底座上，底座上悬着一颗草莓，草莓是用镶有红宝石的镂空金绳形成的，中心旋转着水平表盘。

1965 年的另一个环形表盘的款式，它的设计可以追溯到 19 世纪末，表盘放在一个圆形底座上，底座饰有金棱纹，镂空的表盘是椭圆形的，表盘上镶有钻石。上面是一个由金海藻包裹的青金石蛋。

20 世纪 60 年代，卡地亚与欧洲和美国的艺术家合作，这些艺术家以装饰艺术闻名，比如保罗·米勒（Paul Millet），他的首字母花押就会出现在鎏金银或鎏银瓷器的“Sèvres”（塞弗尔）印记旁边。塞弗尔陶瓷制成的有盖的罐子、花瓶和碗，通常由林泽勒工作室镶嵌银或鎏金的青铜。埃米利奥·马拉菲（Emilio Maraffi）用橄榄绿的珐琅银打造了六套栩栩如生的“叶子”烟灰缸。

意大利人阿尔弗雷多·西阿洛塔（Alfredo Sciarotta）为 Cartier[12] 制作了模仿枫叶的和其他简洁形制的银碗。

彼得·威尔汀对大英博物馆的捐赠 The Peter Wilding donation to the British Museum

1963 年，收藏家彼得·威尔丁（Peter Wilding，1907–1969）和他的朋友、著名作家、法贝热的忠实拥趸伊恩·弗莱明（Ian Fleming，1908—1964）打了一个赌：为了证明金匠和珐琅匠的艺术仍然健在，卡地亚有能力制造出与五十年前同样精美的器物。[13] 根据这个赌约，威尔丁定制了这批盒子，盒子是按照已有的设计复制而来，因而缺乏独创性。也正因为如此，即使图案装饰上带有一些原创性，这些器物的设计和结构仍然会有一种“似曾相识”的幻觉，这些盒子可以根据黄金表面工艺和玑镂珐琅工艺分为两类。

1972 年，17 个烟盒完成，这也许是珍贵器物创作的尾声。从这一天起，奢侈品的创造就被明确搁置，取而代之的是更实惠、面向更广泛受众的产品。

路易·卡地亚的遗嘱 Louis Cartier’s testament

路易斯·卡地亚在他的遗嘱中写道：“家庭分裂会带来毁灭和痛苦，我真诚地希望我的继承人能和他们的表亲保持亲密关系。如果他们出售公司股份，我将扼腕万分，谨请他们按我的意愿行事：

– 他们相互交叉持股

– 其次，他们要提供一半股份给我的兄弟或他们的直系后裔。

不幸的是，这种意愿没有得到尊重。他的继承人，克罗德·卡地亚和勒内 – 路易·雷维隆，从他们的父亲和祖父那里继承了财富，却没有继承他的商业敏锐度。

克罗德在美国长大，生性躁动易怒，与其说他是一名商人和一家重要国际公司的管理者，不如说他是一名体育和美女爱好者。必须指出的是，他在 17 岁时失去了父亲，这剥夺了他从父亲精明的建议中获益的机会，而路易、皮埃尔和雅克三兄弟则不同，他们一直能够从自己父亲阿尔弗雷德的建议中获益，直到 1925 年他去世。1948 年，克罗德与他的叔叔皮埃尔达成了股票交易。他用巴黎分公司的股份来交换皮埃尔在纽约分公司的股份，还附有一张据说是一百万美元的支票（不包括那栋大楼），这在当时是一笔巨款。[14] 克罗德每年都会去美国和欧洲旅行几次，其中值得注意的是参加摩纳哥王子雷尼尔（Rainier）和格蕾丝·凯利（Grace Kelly）的婚礼。1962 年，克罗德决定出售纽约分公司，与他父亲的遗愿相反，他既没有把他的股份分享给他的叔叔皮埃尔，也没有把他的股份分享给他的表兄让 – 雅克，（让 – 雅克在其父亲死后继承了伦敦分店），而是把股份卖给了珠宝代理商 Black Starr & Frost。从而，卡地亚纽约第一个脱离了卡地亚家族。另外两个分店紧随其后，巴黎和伦敦的分公司分别于 1966 年和 1974 年被出售。

正如 1929 年华尔街崩盘时一样，1973 年的石油危机中止了奢侈品的销售。到了 20 世纪 80 年代，卡地亚再次开始制作神秘钟，尽管烟盒、化妆盒等奢侈配件因生产成本过高而不再合时宜，但一些尤为精美的盒子仍在继续制作。卡地亚，珠宝商的国王，国王的珠宝商，延续着高级珠宝和钟表的传奇，在超过四分之三的世纪里，向世界提供了有史以来最非凡的器物，创造了奇迹般的惊艳工艺，这些非凡器物，直到今日都是值得称叹。

注释
Notes

1.Gilberte Gautier，*Cartier - The Legend*，Arlington Books，London 1983 p. 224。

2.1940 年夏天，戈林委托制作了镶有钻石的金元帅杖，他在巴黎丽兹酒店主楼梯的楼梯间里公开展示了这支元帅杖。

3.1945 年，《纽约时报》报道路易·德沃和皮埃尔·克劳德尔之间的面谈，路易解释说："卡地亚设法隐藏了属于欧洲和美国犹太人客户的，价值超过 5 亿法郎的器物、珠宝和宝石，以及价值更多的品牌库存：业务看起来像往常一样，但实际上所剩极少。我们假装继续这个游戏，展示了大量的小物品，如烟盒、奇特的小玩意儿、打火机、小珠宝。多亏了朋友和我们工作人员的努力，重要的珠宝、大石头、项链等物品在非占领区都得以保全。"

4. 他与弗尔南多·梅诺（Fernand Meneau）和弗朗索瓦·包法利（François Bolvary）一起管理路易·卡地亚的私人图书馆和他的投资。1942 年至 1946 年，他掌管卡地亚巴黎，1946 年至 1949 年，他又掌管了卡地亚纽约。离开卡地亚后，他成为壳牌法国公司的总裁。

5. 为了避免这种情况，可以在物件的设计师名字上加盖印章，并以此将该物件归类为"objet d'art"（艺术对象）进行输出。

6.1951 年，苏伊士运河公司向埃及国王法鲁克赠送了一款大型金制台式烟盒。它使用超过 2 公斤的黄金，装饰着埃及的图案，上面还刻有苏伊士运河的地图。现存于卡地亚典藏系列。

7. 这台钟现存于卡地亚典藏系列。

8. 这只钟的设计灵感可能来自一个 18 世纪的印度金盒子。

9. 罗伯特·埃默森是战后卡地亚伦敦最好的设计师之一。

10. 英国博物馆收藏的彼得·威尔丁（Peter Wilding）捐赠的盒子中，有一个 1967 年的烟盒，也是同样的设计。该作被称为"queue de billard"（桌球杆）。

11. "他（我的父亲）给我带来了最漂亮的礼物，这是戴高乐将军送给我的，作为法国人民友谊的象征。这是一件卡地亚的作品，开启了卡地亚珠宝的全新潮流。我仍然很高兴可以戴着它——一个沉甸甸的金手镯，上面镶满了红宝石、绿宝石、蓝宝石和钻石，中间有一块小小的手表，周围环绕着钻石。这是我收到的最珍贵的礼物之一。"

12. 出生于意大利的水下武器专家阿尔弗雷多·西阿洛塔（Alfredo Sciarotta）1943 年在 OSS（战略情报局）的掩护下移民到美国，领导一个团队为美国海军设计一种磁爆鱼雷。20 世纪 50 年代，他转行为卡地亚提供手工制作的银碗和银托盘的自然主义作品。他还为其他美国零售商供货。

13. 这涉及用黄金制作的 17 个烟盒，这些烟盒上有珐琅或镶有硬石、宝石，是威尔丁去世时捐赠给大英博物馆的器物。卡地亚－伦敦也希望于一战后在英国推广高质量的工艺。自 1908 年起，伦敦金匠、银匠和珠宝商艺术委员会组织比赛，以促进和奖励在这些领域工作的英国工匠在设计和执行方面的卓越表现。卡地亚的工人和工匠们曾参加了多年的比赛。第二次世界大战后，理事会在资助组织这些竞赛方面遇到了困难。因此，1958 年，让－雅克　卡地亚提议设立"雅克·卡地亚纪念奖"，以纪念他的父亲雅克·卡地亚。这个新奖项将每年颁发一次。

14. 这笔交易不包括第五大道那栋大楼的出售。

唇膏管，卡地亚巴黎，约 1945 年

金、银、弧面蓝宝石、弧面红宝石
签名：Cartier Paris
“鹰头”法国黄金纯度印记
混合“鹰头”黄金和“野猪头”白银法国纯度印记
制作者：Cartier
长：9.9 cm；直径：2 cm
私人收藏

这款双唇膏管上只少了一颗钻石，它的缺失把这个产品变成了卡地亚在法国解放时期大量使用的配色。1944 年 9 月 19 日，巴黎刚刚从德国占领下解放了三周，卡地亚向法国工业部申请专利，根据这项专利，女性可以随意搭配她们的化妆管“一支胭脂和一支眉粉……或者两支不同颜色的胭脂，一支用于日妆，另一支用于晚妆”。

烟盒，卡地亚巴黎，约 1945 年

金、弧面蓝宝石
签名：Cartier Paris
“鹰头”法国黄金纯度印记
制作者：Cartier
长：8 cm；宽：6.4 cm；
高：1.8 cm
私人收藏

打火机，卡地亚巴黎，约 1945 年

金、弧面蓝宝石
签名：Cartier Paris
“鹰头”法国黄金纯度印记
制作者：Cartier
高：3.5 cm；长：3.3 cm；
宽：1.5 cm
私人收藏

这套烟具上有明显的棱纹，具有典型的 1940 年代风格，用了诸如“samorodok”工艺和玑镂工艺制成，是对世纪之交的俄罗斯装饰工艺元素的重现（见第二章）。它们装饰有弧面蓝宝石，这两件产品能很自在地躺在一些欧洲“美好时代”的俄罗斯贵族口袋中。

桌面套装，卡地亚巴黎，1957 年（图片为缩小尺寸）

金、青金石、铂金、钻石、金指针
无签名
“鹰头”法国黄金纯度印记
制作者：Cartier
长：25cm（约）
伊丽莎白二世女王皇家收藏

1957 年 4 月，英国女王伊丽莎白二世首次正式访问法国时，巴黎市议会向她赠送了这件桌面套装。时钟上刻有首字母花押和皇冠，底座上刻有巴黎的臂章。
早在 1938 年，市议会赠送给伊丽莎白二世的父亲乔治五世国王一个黄金和蓝宝石制的卡地亚烟盒，上面刻有国王臂章，盒盖上还刻有一条铭文：“La Ville de Paris à Sa Majesté le roi Georges VI en souvenir de sa visite à l'Hôtel de Ville，20 juillet 1938”，（巴黎全城尊敬的乔治五世国王陛下，1938 年 7 月 20 日访问市政厅留念）。

棱镜座钟，卡地亚巴黎，约 1963 年

金、珍珠贝母、玻璃；金指针
签名：Cartier Paris
“鹰头”法国黄金纯度印记
制作者：Cartier
高：6.6 cm；长：4.6 cm；宽 4 cm
私人收藏

粉盒，卡地亚纽约，约 1950 年

金、弧面绿松石、弧面蓝宝石、小型角石切割蓝宝石；内附一面镜子
签名：Cartier 18K
直径：6.7 cm；高：1.7 cm
私人收藏

电话计时器，卡地亚纽约，约 1930 年

金、珐琅
签名：Cartier
长：10 cm
私人收藏

这个计时器的侧面刻有持有人“Hélène Pereira”的名字。圆形的末端可以用来拨电话。当电话被拨通以后，按下另一端的按钮开始计时，使用者就能根据它的刻度知道这次谈话进行了多长时间。

长柄眼镜，卡地亚巴黎，约 1955 年（右页）

金
签名：Cartier Paris
“鹰头”法国黄金纯度印记
长：13.2 cm；宽：4 cm
私人收藏

唇膏管，卡地亚巴黎，约 1950 年（右页）

黄金、白金
签 名：Cartier Paris，breveté S.G.D.G（无政府担保）
“鹰头”法国黄金纯度印记
高：5.2 cm；直径：2 cm
私人收藏

怀表，卡地亚巴黎，1951 年

金、铂金、长方阶梯切割钻石、小型角石切割蓝宝石；蓝钢指针
签名：Cartier
“鹰头”法国黄金纯度印记
高：5.7 cm；直径：4.3 cm
私人收藏

微型哨子，卡地亚纽约，约 1950 年

14K 金
签名：Cartier 14K
长：4.3 cm；宽：1.2 cm
私人收藏

打火机，卡地亚巴黎，1944 年

金、铂金、玫瑰切割钻石
签名：Cartier Paris
“鹰头”法国黄金纯度印记
制作者：Cartier
高：3.6 cm；长：3.5 cm；宽：1.5 cm
私人收藏

钥匙，卡地亚纽约，约 1950 年

14K 金、金属镀金
签名：Cartier 14K
长：5 cm
私人收藏

棱镜表钟，卡地亚巴黎，约 1945

金、水晶岩石、蓝钢指针
签名：Cartier Paris
“鹰头”法国黄金纯度印记
制作者：Cartier
高：2.5 cm；长：1.4 cm；宽：1.4 cm
私人收藏

根据潜望镜的原理，小型“棱镜”座钟是由莫里斯·库埃的同事光学效应专家加斯顿·库辛于 1919 年发明的。1937 年，卡地亚申请了一项专利，“在表盘的反向设置框架，钟……基本由单一或多个透明的元素组成，正确地放置这件器物，并带着敬意仔细查看它时表盘才会可见，或根据观看角度的不同表盘又会重新出现。结果就是，这个钟有一定的神秘感，并能很好地提起顾客的兴趣。”它有不同尺寸，由金或银制成，有时还用珍珠贝母、珊瑚和各种硬石加以装饰，如今它们仍在卡地亚的商品目录中，这就是它们成功的实力依据。

钢笔、圆珠笔和自动铅笔，卡地亚巴黎，1935—1950 年间

金、竹
签名：Cartier
“鹰头”法国黄金纯度印记
制作者：Lefèbvre
私人收藏

这件产品不能完全代表卡地亚的竹制书写产品，但我们还是能从中看到产品的多样性，它持续生产了将近 20 年。其他的竹、金结合的产品也是在同一时期制造的。

唇膏管，卡地亚巴黎，约 1943 年

金、银、竹
签名：Cartier déposé
“鹰头”法国黄金纯度印记
“野猪头”法国白银纯度印记
制作者：Lefèbvre
私人收藏

底部刻有：“Noël 1943”。

台式打火机，卡地亚巴黎，约 1950 年

金、鎏金银、竹
签名：Cartier modèle déposé
高：9.3 cm；直径：3.6 cm
私人收藏

台式烟盒，卡地亚伦敦，1960 年（图片为缩小尺寸）

银、金；木质内部装饰
签名：Cartier London
长：25 cm；宽：20 cm；
高：4.5 cm
私人收藏

烟盒，卡地亚伦敦，1950 年

金、弧面红宝石
签名：Cartier London，JC
18K 英国黄金印记
长：7.7 cm；宽：6.3 cm；
高：1.2 cm
私人收藏

这两个盒子显示了一种品位的回归，使用了俄罗斯的“samorodok”工艺。这种工艺在 20 世纪的俄罗斯开始流行，法贝热经常使用这个工艺，该工艺是持续加热金属直至熔点，然后放到水中急速冷却，从而产生一种类似金块的不规则表面效果。

烟盒，卡地亚纽约，约 1948 年

14K 金、铂金、小型角石切割蓝宝石、钻石
签名：Cartier 14K
长：9.8 cm；宽：7.2 cm；
高：2 cm
私人收藏

在 1933 年 3 月 18 日，卡地亚向工业协会提交了一项新的镶嵌工艺专利，叫做“隐形镶法”。这种镶法能将金属隐藏起来，从外表上只看得到铺设的宝石。这是高级珠宝的指定工艺，它也迅速被运用到装饰盒子两端，有时也会被用到盒盖上，就如这里展示的盒子一样。
1937 年 9 月，梵克雅宝对这种工艺进行了改进并申请了他们自己的专利。芳登广场的珠宝店有许多产品都运用了隐形镶嵌法，也因此为其带来了名声。

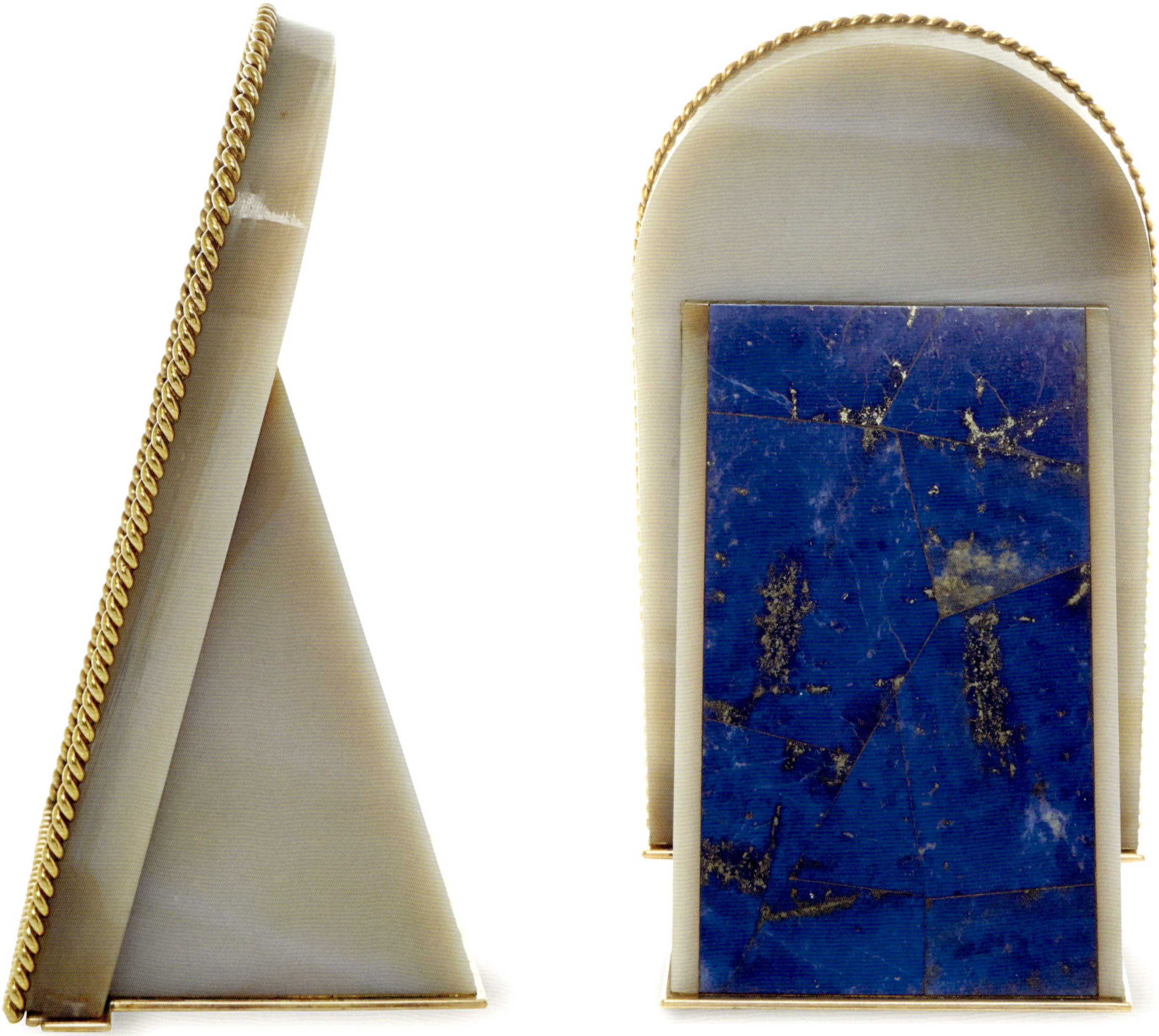

钟，卡地亚巴黎，1946 年

金、青金石、玛瑙、铂金、玫瑰切割钻石；铂金、玫瑰切割钻石指针
签　名：Cartier European Watch and Clock C° Inc France
“鹰头”法国黄金纯度印记
制作者：Cartier
高：18.4 cm；宽：10 cm；
直径：8.6 cm
私人收藏

钟体上大量的绳纹装饰是 20 世纪 40 和 50 年代的标志性风格。这件微型金浮雕古董是从“apprêts”库存中来的。钟的造型也是那段时期的典型，能在 1941 年“埃及”钟和 1953 年的“豹”钟（见 497 页）上看到。

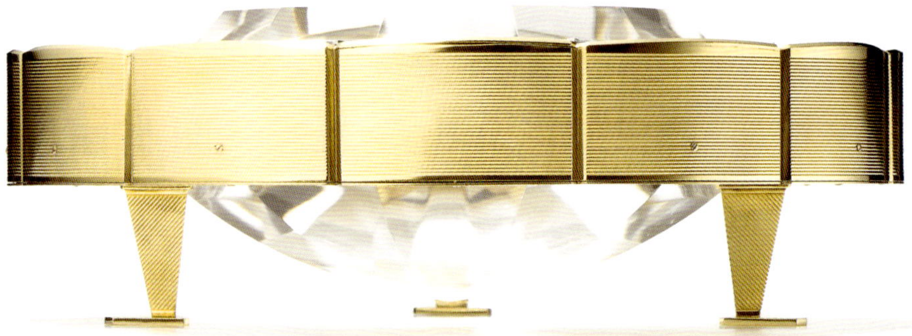

“盘”神秘钟，卡地亚巴黎，1953 年（图片为缩小尺寸）

金、水晶、青金石、铂金、钻石；铂金、钻石指针
签名：Cartier Paris Londres New York
“鹰头”法国黄金纯度印记
制作者：Cartier
直径：23.5 cm；高：8.4 cm
卡地亚 – 日内瓦收藏

这只钟属于金宝汤公司的小约翰·T. 度伦斯（M. John T. Dorrance Jr）先生，其公司是一个由他父亲创建的美国罐装汤公司，因安迪·沃霍尔（Andy Warhol）于 1962 年创造的伟大波普艺术品《金宝汤罐》而闻名。

神秘钟，卡地亚巴黎，1952 年

金、铂金、钻石、黄水晶；铂金、钻石指针
签 名：Cartier Paris Londres New York
“鹰头”法国黄金纯度印记
“狗头”法国铂金纯度印记
制作者：Cartier
高：14.5 cm；宽：6.5 cm；直径：6.8 cm
阿兰·卡地亚收藏

钟底座的顶部借鉴了一个 1937 年制造的粉盒的郁金香造型，这是来自卡地亚档案中的该作品记录。
在这台钟和另一台 30 年前制造的带中轴的神秘钟身上可以看到明显的风格改变。黄水晶表盘还是相似的，但其他材料变得多样化，珐琅和硬橡胶被黄金、东方阿拉伯风格浅浮雕和类绳纹装饰取代，这都是典型的二战后风格。

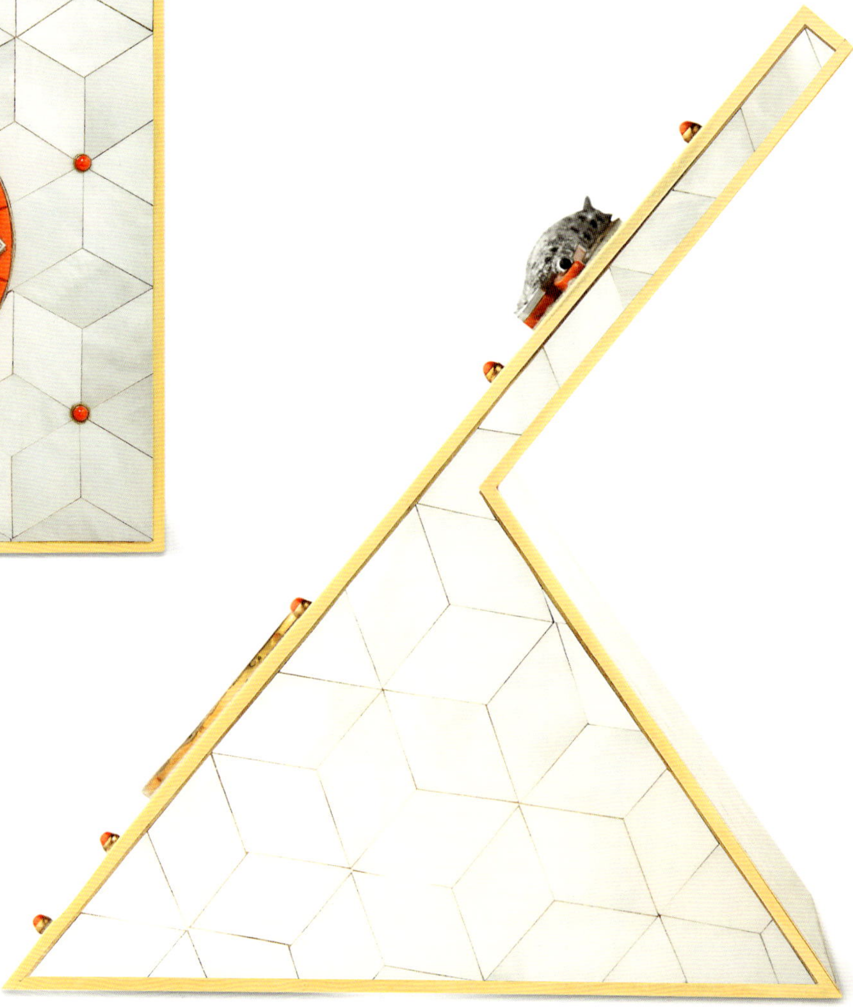

钟，卡地亚巴黎，1953 年

金、珍珠母贝、珊瑚、钻石、铂金、钻石；缟玛瑙、珐琅豹；金、钻石指针
签 名：Cartier Paris Londres New York
“鹰头”法国黄金纯度印记
“狗头”法国铂金纯度印记
制作者：Cartier
高：15.5 cm；长：11.5 cm；宽：13 cm
私人收藏

世纪之初诞生的豹纹图案在之后的许多年启发了许许多多的珠宝和精品器物。1953 年，在制造这台钟的时候，豹的装饰不仅仅是用豹纹唤起，而是用整只豹的形象表现出来，并以珊瑚投影来突出这一有史以来世界最大珠宝店的标识。

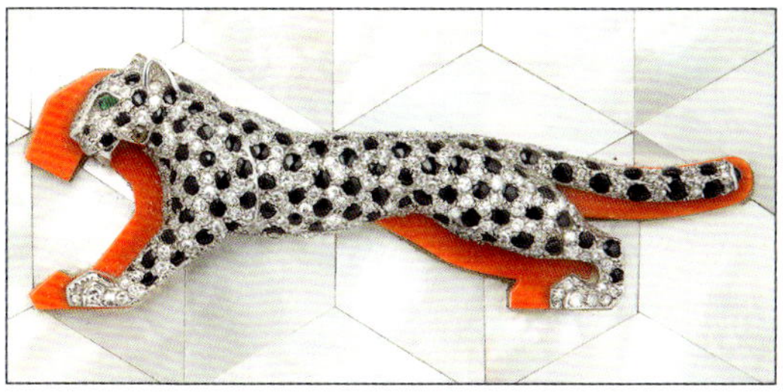

CARTIER
OLD

后记
AFTERWORD

一切都是最好的安排。

结识本书的作者奥利维尔（Olivier）和阿兰（Alain）也是源于一系列的机缘巧合。当然这其中也包含了我生命中最重要的那位绅士。

在了解两位作者写书的初衷，当我阅读完他们称之为“宝贝”的英文原版之后。我对奥利维尔说，如果你们不发表中文版，不把这些卡地亚珍贵器物介绍给中国的读者和古董爱好者的话，你的“宝贝”是不完整的。

在筹备中文版的这段时间里，我始终处于高压状态。原因很简单，首先，他们把自己的“孩子”交给我，我不能辜负两位作者的信任。第二，书的内容实在太精彩，希望中文版可以原汁原味地将作者的专业知识以及他们对卡地亚珍贵器物的这份热爱呈现给中国的读者。

于我而言人生的美好来自于许多的细微之处，感谢在筹备本书中文版过程中所有支持和帮助过我们的朋友们：林莉、包晨晖、郑舒佳、李莹君、蒋雯、微雪、老潘……

本书两位作者花费了将近六年的时间，拜访了众多重要的艺术馆和神秘的收藏家，获取了大量珍贵的信息。

中文版共八个章节，五百多页，包含数百件迄今为止没有在任何卡地亚的出版物中出现过的摆件及饰物的图片和设计稿。它娓娓道来，从卡地亚诞生之初至蓬勃兴起，即 1875-1965 年间这历史翻天覆地变化时期的历史人文、艺术等珍贵信息，尤其当你读到一些相当熟悉的历史名人时，请跟随我们的作者以艺术的角度去解读他们。

图注和释文部分是本书很有特色的内容之一。除了对正文的补充说明以外，风趣的作者还把一些彩蛋信息保留在这里。

最后，我想说“缘分”有的时候特别奇妙，让我结识了巴黎华雅的创始人之一吉勒·查路理翁先生（Gilles Zalulyan），以及本书的两位作者，并有机会将他们的作品变成中文，呈现给对收藏、历史、艺术等不同领域有兴趣的中文读者，也让巴黎华雅收藏的卡地亚古董珠宝及珍贵器物第一次大规模地漂洋过海来到中国上海，让西洋古董器物收藏这个在欧洲已经非常成熟的行业，有机会在亚洲的土壤上生根落地。

正如《金融时报》近期采访吉勒的一篇文章中说的：“近十到十五年间，中国消费者在西洋古董领域的成长非常的快。”我们乐意为这个巨大的市场带来像本书这样精采的内容。

胡斌珏

2019 年 10 月于上海

图片来源
PHOTOFGRAPH CREDITS

所有图片皆由 Nina SLAVCHEVA 拍摄，除：

Photo © RMN-Grand Palais (château de Versailles)/Franck Raux, p. 19
Bruce M. White, Hillwood Estate, Museum and Gardens, p. 76, 58, 456
Ed Owen, Hillwood Estate, Museum and Gardens, p. 466
Nills Herrmann, Cartier collection ©, p. 47, 48,74, 77, 78,124, 125, 130, 131, 138, 139, 144, 244, 245, 246, 247, 250, 258, 259, 268, 270, 288, 289, 302, 306, 316, 319, 320, 325, 327, 328, 342, 359, 361, 402, 410, 414, 430, 462, 465, 483
Nick Welsh, Cartier collection ©, p. 42, 43, 44, 46, 47, 56, 57, 75, 80, 132, 179, 182, 183, 187, 189, 193, 194, 204, 205, 222, 223, 224, 225, 227, 228, 229, 232, 233, 243, 248, 249, 251, 259, 274, 300, 301, 314, 315, 329, 338, 339, 364, 463, 494
Marian Gérard, Cartier collection ©, p. 225, 301, 306
Virginia Museum of Fine Arts, Richmond, gift of Mr Dimitry Troubs, Photo Katherine Wetzei, p. 134
Bibliothèque Nationale de France, p. 79, 163
Photo © RMN-Grand Palais (Musée national Picasso, Paris)/Mathieu Rabeau, p. 396
Photo © Centre Pompidou, MNAM-CCI Dist. RMN-Grand Palais (Image Centre Pompidou, MNAM-CCI), p. 450
Photo © Alamy Ltd, p. 343
Photo Nelson Evans, p. 439
Photo © The Metropolitan Museum of Art, Dist. RMN-Grand Palais, image of the MMA, p. 64
Photo © RMN-Grand Palais (Musée d'Orsay)/Hervé Lewandowski, p. 117 Mme Max
Photo © Les Arts Décoratifs/Jean Tholance, p. 94, 109, 310, 311, 337
Karim Tabar, LCK Studios, p. 283, 286, 359, 445, 459
Photo © Victoria and Albert Museum, London, Dist. RMN-Grand Palais/Image Victoria and Albert Museum, p. 416
Photo © Eugène Robert Richée, p. 346
Cartier archives Paris © Cartier, p. 21, 26
Petit-Palais/Reproduction Parisienne de photographie, p. 32, 40, 41, 67, 78, 103, 130, 138, 152, 238, 239, 266, 278
Royal Collection Trust/ © Her Majesty Queen Elisabeth II 2015, p. 86, 102, 135, 153, 481
Sotheby's/Art Digital Studio, p. 372

Cartier
Socté Anme Capital: 25.000.000 Fs
Joaillier-Orfèvre
13, RUE DE LA PAIX _ PARIS
Cartier Ltd
LONDRES
175-176, NEW-BOND ST
Cartier Inc
NEW-YORK
653, FIFTH AVENUE

图书在版编目（CIP）数据

案上风华 ：卡地亚的非凡器物 /（法）奥利维尔·巴切，（法）阿兰·卡地亚著 ；宋晖，曹之易译．-- 上海 ：上海人民美术出版社，2019.11
ISBN 978-7-5586-1473-6

Ⅰ．①案… Ⅱ．①奥… ②阿… ③宋… ④曹… Ⅲ．①艺术品－收藏－世界 Ⅳ．① G262

中国版本图书馆 CIP 数据核字 (2019) 第 242443 号

案上风华 —— 卡地亚的非凡器物

著　　者：（法）奥利维尔·巴切　（法）阿兰·卡地亚
策　　划：胡斌珏
翻　　译：宋　晖　曹之易
监　　制：包晨晖
责任编辑：郑舒佳
书籍设计：包晨晖　李莹君
出版发行：上海人民美術出版社
社　　址：上海市长乐路 672 弄 33 号
印　　刷：上海雅昌艺术印刷有限公司
开　　本：635×965mm　1/8
印　　张：63
版　　次：2019 年 11 月第 1 版
印　　次：2019 年 11 月第 1 次印刷
书　　号：ISBN 978-7-5586-1473-6
定　　价：880.00 元